国家社会科学基金项目、河南省高校科技创新人才支持计划项目、河南省高等学校哲学社会科学基础研究重大项目资助出版

岁有生 著

近代河南县域财政变迁与地方社会研究

（1901—1927）

JINDAI HENAN XIANYU
CAIZHENG BIANQIAN YU DIFANG SHEHUI YANJIU
（1901—1927）

人民出版社

目　录

序：财政与地方社会的历史镜鉴

陈　锋

岁有生教授的新著《近代河南县域财政变迁与地方社会研究》成稿后，希望我写一个序言，义不容辞。通读该著后，平时的一些体会，可以藉此在这里进行归纳。我觉得，研究历史上的财政问题，有三个值得注意的特性：

一是财政史研究的重要性。我已经指出过："传统社会的财政，从总体上体现着国家政权为实现其职能，对一部分社会产品进行分配和再分配而形成的以国家为主体的分配关系。这种分配关系的简明形式就是国家对财政收入与支出的把握，其实质则是国家凭藉权力对剩余产品的占有和重新分配。在不同的社会制度下，国家财政具有不同的性质，财政随着国家的产生而产生，并随着国家本质（社会性质）的变化而变化，但其主要职能并不因社会制度的变化或朝代的更替而改变"[1]。财政是国家治理的基础和重要支柱，其重要性，自先秦以来就不断有先贤予以论述，唐代的著名财政改革家杨炎称："财赋者，邦国大本，而生人之喉命，天下治乱、重轻系焉"[2]。宋人苏辙称："财者，为国之命，而万事之本，国之所以存亡，事之所以成败，常必由之"[3]。明人李承勋更在前人的基础上总结出"仁政"

---

① 陈锋：《清代财政史》上册，湖南人民出版社 2013 年版，第 1 页。
② 《新唐书》卷 145，《杨炎传》。中华书局 1975 年版，第 4723 页。
③ （宋）苏辙：《上神宗乞去三冗》，《宋名臣奏议》卷 103，《财赋门·理财下》。文渊阁四库全书，第 432 册，台湾商务印书馆 1986 年版，第 246 页。

说、"虐政"说、"无政"说："夫量入以为出，是谓仁政；量出以为入，是谓虐政。既不量入为出，又不量出为入，杂然而牧，泛然而用，是谓无政"①。晚清名臣赵尔巽在财政空前危机的特殊情势下，更有新的认识："庶政繁兴，在在需款，财力竭蹶，百事空谈。从来富强之基，理财为要。我国理财之方，固难于开源，尤难于节流，不在多取民财，而在剔除中饱。从前凡有税捐新增之款，无不归地方官经征，贤者例取平余，不肖者多所侵蚀，而丁书差役染指不知凡几"②。也就是说，财政关乎"国计民生"，国家治乱兴衰、朝代更替，往往与财政制度、财政治理能力以及官吏的财政素养、政治品格息息相关。

二是财政史研究的繁杂性。财政史研究是专门化程度较高的专门史研究，既涉及财政制度、财政管理、财政收入、财政支出、国家财政、地方财政、皇室财政等大的类项，又有田赋、关税、盐课、关税、厘金、杂税、杂捐、所得税、营业税、消费税、国家税、地方税、俸禄、养廉、规费、军费、河工水利等"税捐""税费"的具体筹措与开支，以及奏销册、会计册、赋役册、丈量册、鱼鳞册、税票、由单、清单等册籍凭据和计量统计。有相当大的研究难度，也非一般的泛泛研究所能厘清。晚清处于百年大变局的特殊时期，财政更加繁杂纷乱，《甘肃财政说明书》所说："财政至今日紊乱极矣，收支浮滥，视若故常，下既不报，上亦不究。一省之财政淆，伸缩操纵之权，封疆不得而主之。外销闲款，向不奏咨，入既无额，出亦无经。各省之财政淆，盈虚调剂之权，中央不得而主之。无财无政，何以立国？……夫借债也，加税也，搜括也，裁并也，皆筹款之技也，非财政也。财政者，以财行政，即以政生财。……自军兴后，库帑不敷，各省自筹自用，因有外销名目。是为财政紊乱之始。此后课税、厘捐日益增加，新筹之款数倍于前，不复入拨造报。间或奏咨立案，而不实、不尽，莫可究诘。

---

① （明）李承勋：《定经制以裕国用疏》，《明经世文编》卷100，《李康惠公奏疏》。上海书店出版社2019年版，第2册，第971页。

② 档案，朱批奏折。光绪三十四年八月十八日四川总督赵尔巽奏：《为通省经征事宜设局试办，以维财权而清积弊事》。档案号：04-01-35-0586-032。中国第一历史档案馆藏。

江河日下，渐至泛滥而不可收拾"①。辛亥革命，推翻"帝制"，中华民国建立，特别是在民国初年的一段时期内，在政治体制变更，政治、军事、财政、经济、社会的变局之下，既有对传统财政的承继，又有东西方农业文明和工业文明的交汇，也有国计与民生的纠结。同时，在很大程度上呈现出在国弱民贫、军阀割据、地方自治的状态下，谋"财"多于谋"政"的财政范式。这意味着，研究晚清民初的财政，更加繁难。

三是财政史研究的融通性。这种"融通性"可作两面观，一方面是学科间的融通，对此，我已经有所表述："财政史作为历史学与财政学、经济学的交叉学科，财经学界的学者和历史学界的学者在研究历史上的财政问题时体现各自的特色是毋容置疑的，但问题在于，历史学界的学者注重史实的罗列和考辨，一般不太注意财政理论与方法的探讨，影响到财政史研究的理论归纳和宏观视野。财经学界的学者则大多不愿在史料的挖掘和考证史实上下功夫，人云亦云，以致错讹百出。之所以如此，是由于对财政史的学科特征和本身的定位有关。财政史作为专史，具有交叉学科的特征，财政史学者的出身、经历、学养不同，有的偏重于历史学，有的偏重于财政学，研究方法会有所不同，但不管如何不同，并不能改变财政史的历史学特征。笔者认为，财政史毕竟是历史研究，一旦研究财政史，必须遵循历史学的研究规律，尽量还原历史，把财政史实缕述清楚，史料是基础，实证是主要的手段，财政学以及经济学理论与方法，只能是一种理论与方法，处于从属的地位"②。另一方面，是研究路径的融通。财政史研究是制度史研究，财政史研究的主题是相关财政制度的分析，但由于财政是传统社会统治者最为重视的类项，传统社会的经济政策更多地表现为一种财政政策，财政涉及并影响到社会的方方面面，牵一发而动全身，所以应该遵循财政——经济——社会的

---

① 《甘肃清理财政说明书》初编上，《总序》。陈锋主编《晚清财政说明书》第 4 册，湖北人民出版社 2015 年版，第 378 页。

② 陈锋：《近 40 年中国财政史研究的进展与反思》，《江汉论坛》2019 年第 4 期。

研究路径。反过来说，财政史又是研究经济史、社会史的重要基础，历史上的大多事项，均与财政有关，所谓历史上的财政问题，往往是经济问题、社会问题，财政与经济、社会交织在一起。在这个意义上，一般性的历史研究，特别是经济史研究，应该对财政问题予以关注，财政史研究更应该跳出就财政论财政的窠臼，根基于财政，探讨由财政问题生发出来的各种面相。

我觉得，认识以上三点，对财政史研究是有助益的。有生教授在中国人民大学清史研究所跟随张研教授读博士期间，主要关注的是清代社会经济史研究，随后有几年时间在武汉大学做近代地方财政史的博士后研究，与笔者以及其他老师有了更多的沟通机会，连续获得博士后面上资金和国家社科基金的资助，发表了一系列财政史的论文，并出版专著《清代州县经费研究》，逐渐形成目标明确的研究方向，对财政史主要是晚清民国财政研究以及上述三点有了更多的感悟。

《近代河南县域财政的变迁与地方社会研究》聚焦于河南的"县域财政"（县财政）和地方社会，有其独特的视角和研究时段的选择，更多的体现出财政史研究的本体性和融通性色彩。

晚清民初是地方财政从酝酿到形成的关键期，该著用"近代地方财政思想的引介与传播""近代地方自治实践与县地方财政的形成""近代河南县域财政支出""近代河南县域财政收入"四章的篇幅，系统勾勒地方财政的形成过程和河南的个案，无疑是很好的谋篇布局。其研究时段如该著的副标题所示是1901—1927年，下限断在1927年，不存在问题，上限起于1901年（光绪二十七年），作者或许有自己的考虑，但没有给出理由，应该不是一个恰当的年份，尚值得斟酌。

研究中国传统社会财政史、经济史的学者，经常使用"中央财政""地方财政"的用语，只是一般的套用。大要说，在中国传统社会，与"中央财政"对应的是"地方财政"，与"国家财政"对应的是"皇室财政"（或"宫廷财政"），中央、地方、皇室这三大块，基本能代表传统社会财税的分割和财权的划分。笔者已经说过，传统社会并没有严格意义上的中央财政与地方财政的分野，但有以"起运"与"存留"为标志的中央财政与地方财政的划分和调整①。需要特别指出的是，从严格的意义上说，"存留"不具备"地方财政"的性质，或许称为"地方经费"更为合适。而且，所谓"起运"与"存留"比例的划分，只是就主要的税收田赋而言，在盐课、关税等税收中既有另外的起解方式，也有与皇室财政的关联，并没有这种比例划分。

太平天国军兴之后，清廷陆续提出"就地筹饷""就地筹款"的政策，地方有了自主筹措经费之权。"就地筹饷"与"就地筹款"虽然只有一字之别，但其包含的意蕴有所不同。"就地筹饷"的最初提出，主要是针对咸丰初年镇压太平天国筹备饷需而言。同治、光绪年间，依然有"就地筹饷"的谕令，也依然是针对饷需，特别是筹办海防和编练新军而言。"就地筹款"的范围则广泛的多，主要是针对光绪以降筹措时局所需的各种款项而言。"就地筹饷"已经意味着户部财权的下放，逐步改变了清代前期以来中央财权一统的格局，地方财权日益扩大。"就地筹款"主要实施于"庚子之变"以后，地方官员从此有了自主筹设财政机构以及自主举办杂税杂捐开征之权和财政收入的支配权，地方财政渐次形成。此后，随着"宪政"的推进和《城镇乡地方自治章程》和《府厅州县地方自治章程》的颁布，随着国家税和地方税的划分等系列措施，地方财政在清季已经具备雏形，并在民国初年进一步完备。

该著认为："近代国家税和地方税的划分，主要是在中央和各省之间进行，县地方税并不在考虑之列"。这种认识大致不误，也是学界一般性的说法，但并不完全准确，实际上，在宣统二年黑龙江巡抚周树模的奏折中，针对黑龙江财政说明书的编纂，已经指出："订成全省财政沿革利弊说明书，计上中下三册，……以用项属于中央事业者为国家税，以用项属于地方事业者为地方税。地方税约分三级：其由司库经管者，曰省税；由各属就地自筹者，曰府厅州县税；由自治团体抽收者，曰城镇乡税"②。这

① 陈锋：《清代中央财政与地方财政的调整》，《历史研究》1997年第5期。
② 档案，朱批奏折。宣统二年八月初三日黑龙江巡抚周树模奏：《为江省财政说明书依限编成咨送备核事》。档案号：04-01-35-1097-007。中国第一历史档案馆藏。

说明，在清季的地方税中，已经有"省税""府厅州县税""城镇乡税"之区别。财政问题至为复杂，各省的情况也不一致，一些细致的环节尚需要认真的梳理和考辨。

至于县级财政，业师彭雨新教授是最早的系统研究者和开拓者，早在1945年已经由商务印书馆出版了他的专著《县地方财政》，有生教授已经予以关注，并对其他先贤时俊的研究成果有较好的把握，这是严谨的学术研究所必须遵守的学术规范。

有生教授对河南地方财政与地方社会的关联研究，仅有"吏风、吏治与河南的县行政"和"近代河南的农业政策、农村经济与农民负担"两章，略显单薄。在地方财政和地方社会的研究方面，可以论述的问题很多，这或许需要作者进一步努力。希望作者以本书为新的起点，不断做出新的贡献。

2021 年 9 月 9 日于百研斋

绪 论

"国有百政，而财为之母。榷国强弱，视政修替；榷政修替，从财丰觥。今昔中外，罔或逾此朔也。"[①]财政乃百政之基，财政的丰觥事关一国的治乱兴衰。鉴于财政在国家兴亡成败中的决定性作用，以财政为视角来审视一个国家或者一个地区变迁的内在理路，无疑是一个比较重要的切入点。

一、研究的缘起和意义

清末民初是中国社会转型的重要时期，苟延残喘的清王朝在拒绝维新派的变法改革要求之后，迫于内忧外患的险恶形势，不得不主动求变以自存，清末新政因之以起。清末新政涵盖政治、经济、军事、文化教育与社会生活等领域，清廷的初衷是以此挽救王朝大厦于将倾，但客观上促成了中国社会的全面转型。

1906 年 9 月 1 日，清廷颁布预备立宪谕旨，标志着政治改革开始突破传统的藩篱，由对固有制度的修修补补到采用日本宪政变更旧制度为取向的新阶段。预备立宪被视为救亡图存的利器，而地方自治则被视为实施宪政之根本。正如两江总督端方上奏："非立宪无以自存，非地方自治无以植立宪之根本。"[②]在推行地方自治的过程中，传统的县政开始更张，地方财政也由此而生。

在传统社会，县级政权是最基层的政权。国家对基层社会的管理，无不诉诸州县，州县承担着最基本却又最广泛的国家管理职能。州县履行职

---

① 贾士毅：《民国财政史》（上），陈锦涛序，上海商务印书馆 1917 年版。

② 《两江总督端方等奏江宁筹办地方自治局情形折》，载故宫博物院明清档案部编：《清末筹备立宪档案史料》（下），中华书局 1979 年版，第 722 页。

能的幅度和力度，常视州县的财政良窳以为断。毕竟，国家职能的有效履
行是以财力的充裕为前提的。在清代前中期，由于州县存留有限，且支出
有纲，州县无法履行更多的社会职责，仅掌刑名钱粮而已。地方的各种公
益事业，如修治道路、疏浚沟渠、赈济鳏寡、扶贫救灾、兴办教育等事
业，多由人民捐资自办。所谓地方经费，实际上是地方官府的行政支出。
而社教建设、公用事业等各项费用，则绝无仅有。赋税之征榷、财务管理
之甄择，悉集中于中央之手，地方唯听令受命而已。地方财政，实乃中央
财政的附庸，只可分享中央之财源，而无地方之独立收入。

1908 年、1909 年，清廷先后颁布《城镇乡地方自治章程》《府厅州县
地方自治章程》，明确提出"以地方之财办理地方之事"，地方自治"不能
动用国家正款"，应于"旧有公款公产"而外，"别开筹措之策"。[①] 国家
财力已属自顾不暇，无法为地方的学务、卫生、道路、农工商务、治安、
善举等各项公益事业注入更多的资金，唯有承袭早前的"就地筹款"遗意，
任由地方自主擘画。在地方自治的旗号下，自清末始，县级财政制度及其
功能开始嬗变，由传统财政向近代财政过渡。那么，这种裹着现代化外衣
的基层财政有着怎样变化？对于中国的基层社会，县财政对其施加什么影
响？产生什么效果？这是一个值得深入探讨的命题。

近年来，区域史研究蔚为大观，或聚焦于民众生活日常，或聚焦于区
域习俗、惯行，或聚焦于经济关系和社会网络，或聚焦于民间信仰和社会
文化等，揭示了事物发展的多样性，大大丰富和深化了中国历史的研究。
但或出于资料的便捷，或出于地域情怀，大多研究主要聚焦于华北、西
南、长江中下游、华南、东南等地。如利用顺天府档案、获鹿县档案和
满铁史料等对华北的司法、教育、经济和社会控制等的研究[②]，利用巴县、

---

① 《宪政编查馆奏核议城镇乡地方自治章程并另拟选举章程折》，载《清末筹备立宪
档案史料》（下），第 726 页。
② ［美］黄宗智：《华北的小农经济与社会变迁》，中华书局 2000 年版；［美］杜赞奇著，
王福明译：《文化、权力与国家：1900—1942 年的华北农村》，江苏人民出版社 2008 年版；［美］
马若孟著，史建云译：《中国农民经济：河北和山东的农民发展 1890—1949》，江苏人民出版
社 1999 年版；［美］李怀印著，岁有生、王士皓译：《华北村治》，中华书局 2008 年版；等等。

南部县档案对衙门运作的研究①，利用江浙等地的资料对长江中下游地租田赋与农民斗争以及乡村社会经济的研究②，利用契约文书、宗谱、乡土调查等对安徽、华南、东南和两湖地区的研究③，利用四川巴县、顺天府宝坻县、台湾淡水府—新竹县档案等对清代民国州县司法的研究等④，无不揭橥了地方社会运行的实际与多样性。

　　作为中华文明发源地的河南，缩毂中原，屏障畿辅，"拥山带河，轮轨四达。觇中国者，固以此为南北之中枢，安危之重都也"⑤。但在帝制之世，由盛而衰。由于其经济地位的衰落，以及近代长期的战乱而造成资料的损毁，其研究并未得到应有的重视。虽然《河南通史》《河南经济史》等专著，以及一些相关研究论文的出现弥补了这一缺陷，但明显是宽泛有余，深入不足。中国地域广袤，各地条件千差万别，各省之社会运行自有其特色。因此，细化对河南的研究，捕捉其地域特色，才能全方位多角度地了解中国社会运行的实际及其规律。

---

　　①　[美] 白瑞德：《爪牙：清代县衙的书办差役》，斯坦福大学出版社 2000 年版，等等。

　　②　[美] 白凯著，林枫译：《长江下游地区的地租、赋税与农民反抗斗争》，上海书店出版社 2005 年版；[美] 黄宗智：《长江长江三角洲的小农家庭与乡村发展》，中华书局 2000 年版。

　　③　叶显恩：《明清徽州农村社会与佃仆制》，安徽人民出版社 1983 年版；[美] 科大卫著，卜永坚译：《皇帝与祖宗：华南的国家与宗族》，江苏人民出版社 2009 年版；刘志伟：《在国家与社会之间：明清广东地区里甲赋税制度与乡村社会》，中国人民大学出版社 2010 年版；陈春声：《市场机制与社会变迁：18 世纪广东米价分析》，中国人民大学出版社 2010 年版；[英] 莫里斯·弗里德曼著，刘晓春译：《中国东南的宗族组织》，上海人民出版社 2000 年版；陈支平：《民间文书与明清赋役史研究》，黄山书社 2004 年版；陈支平：《民间文书与台湾社会经济史》，岳麓书社 2004 年版；郑振满：《明清福建家族组织与社会变迁》，湖南教育出版社 1992 年版；郑振满：《乡族与国家——多元视野中的闽台传统社会》，生活·读书·新知三联书店 2009 年版；杨国安：《明清两湖地区基层组织与乡村社会研究》，武汉大学出版社 2004 年版；杨国安：《国家权力与民间秩序：多元视野下的明清两湖乡村社会史研究》，武汉大学出版社 2012 年版；任放：《明清长江中游市镇经济研究》，武汉大学出版社 2003 年版；等等。

　　④　[美] 黄宗智：《清代的法律、社会与文化：民法的表达与实践》，上海书店出版社 2001 年版；《法典、习俗与司法实践：清代与民国的比较》，上海书店出版社 2003 年版。

　　⑤　河南省档案馆、河南省地方史志编纂委员会整理：《河南新志》（上）序二，中州古籍出版社 1990 年版，第 3 页。

二、学术史梳理

就清代民国的地方财政而言，学者们的关注之点主要集中于以下方面：

（一）地方财政思想研究

19世纪60年代以后，西方财政学开始在中国传播。西方财政学在近代中国的传播经历了常识层面、理论层面、相对成熟阶段三个阶段，具有两个明显的特点：一是西方财政学的传播为财政改革提供服务；二是国人特别青睐瓦格纳所倡导的以财政政策改善收入分配的财政理念。[①] 瓦格纳的财政思想之所以受人欢迎，原因有三：一是瓦格纳的社会政策对落后国家具有示范性效应；二是近代西方财政学由德国—日本—中国的特定传播路径；三是中国具有嫁接瓦格纳财政理论的文化沃壤。[②]

在地方财政思想方面，目前见到的最早的地方财政学理论是1907年《北洋法政学报》连续七期刊载的《地方财政学要义》。该文共分绪论、总论、地方经费论、共有财产论四部分。第一编总论部分界定地方财政的含义、性质和种类，分析了地方财政与私人经济之间的差别，以及自治体财政的权限；第二编为地方经费论，主要论述了地方经费的必要性、地方经费增长趋势及其原因、地方岁出的类别及其控制，并对英国、法国、普鲁士等国的地方税进行介绍，尤重于日本的地方税。第三编为共有财产论，主要介绍了共有财产的性质、森林或土地等共有财产、日本市町村的作业收益以及共有财产管理办法。[③]1919年，日本财政学者小林丑三郎的《地方财政学》一书翻译出版，该书系统地介绍了当时流行的财政学的理论，以期为日本的地方财政改革提供镜鉴。在界定地方财政学定义及其特质的基础上，重点论述了英、法、德、日等国的地方预算制度、支出类别、税收等财政运行环节，最后指出各国税制的优劣。英制地方税有救贫税、州税、市税、区税、道路局税、学务税等，其种类虽多，但皆以不动产收益

---

① 夏国祥：《西方财政学在近代中国的传播》，《财经研究》2011年第3期。

② 夏国祥：《近代西方财政学在中国的传播》，《江西财经大学学报》2004年第6期。

③ 王琴堂：《地方财政学要义》，《北洋法政学报》1907年第22、25、26、27、28、29、30期。

价格为基础；不动产收益价格，由地方评价委员会核定，一年一小修，五年一大修，但税率基本固定不变；故英国地方税的增减，不在于税率的高下，而在于不动产收益价格的消长。英国地方税有三大优点：简单易知；国家税与地方税分离独立，以养成地方团体的自治及节约思想；课税标准简单，征收费用低。法国主义地方税以附加税为主，德国地方税以特别税制为主。附加税的优点是手续简捷，且税收总量可以预测；而特别税既经独立，足以确保财政分限，并可以补救国税的不足。法国附加税以五种附加税附加于直接国税之上，税率复杂。德国特别税为征收企业税、筑用地税、土地增价税等特别税及市町村地税、家屋税、营业税等国家让与税。由于德国地方团体有国家让与之财源，故财力逐渐宽裕，地方事业逐渐发达。日本采取的是附加税与特别税制相结合的税制，故宜兼采二者之所长，而避免其缺陷，由此应注意以下几点：一、附加税附加率务须整齐划一；二、特别税的课税标准亟待统一；三、改地方营业税为收益税；四、杂税分类必须明确；五、改户数割为家屋税；六、宜改反别割为从价率；七、举办动产所得税及土地增价税；八、废止消费物税。①

（二）中央财政与地方财政的划分

县地方财政滥觞于清末，形成于 1941 年国民政府财政系统的改制，其间屡经波折。县财政形成最主要动因是近代国家职能的扩张，中央无法兼及所有管理事务，从而让渡于地方一部分社会管理职权。为了有效发挥地方管理职能，自不能不分予一部分财权。因此，研究县财政，中央与地方的财政划分应是首当关注之问题。

彭雨新考察了有清一代中央和地方的财政关系，将中央与地方财政关系分为三个时期：太平天国以前的中央集权之制、太平天国战争以后各省督抚的财政专擅，以及宣统年间度支部的清理财政以统一财权。② 陈锋阐述了清代中央财政和地方财政的变动与调整特点及其作用，认为清代前期

---

① 　[日] 小林丑三郎著，姚大中译，卢寿箋校注：《地方财政学》，上海崇文书局 1919年版，第 6 页。

② 　彭雨新：《清末中央与各省财政关系》，《社会科学杂志》1947 年第 9 卷第 1 期。

主要是钱粮起运、存留比例的变动；后期则为中央财政的运转失灵以及财权的下移。财权下移虽然有助于清廷和各地渡过难关，但又致使财政体制弊端迭出。① 申学锋将清代中央与地方的财政关系分为咸丰之前的中央集权型、咸同年间的地方分权型、光宣时期中央和地方的争权型三个阶段；财政关系的变革是清廷内外交困的必然产物，也在不断腐蚀着清代的财政体制。② 邓绍辉着重分析了咸同时期清朝由中央集权的一元财政管理体制向中央与地方分权并存的二元财政管理体制递嬗及其影响。③ 马金华则以外债为视角来审视晚清中央与地方财政关系的消长。④ 何汉威的研究呈现了晚清财政制度变迁中中央和地方的复杂关系。清廷虽然可以通过强制摊派的方式从各省获取收入，但已无力整顿地方财政。各省截留税源源于财力的衰竭，并不能视为财政上督抚专擅及朝廷失控。各省与朝廷关系复杂，并不能以简单的地方财政独立而蔽之。⑤ 张神根梳理了清末中央财政与地方财政划分的缘起、酝酿与顿挫，认为清末财政划分是中国首次具有近代性质的财政改革，其失败既有政治上国家的分裂与财政改革本身的失误，也有经济上工商业的幼稚和农村的残破。⑥ 民国学者李权时的《划分中央与地方财政问题》一文，首先系统梳理了清末民国时期中央财政与地方财政划分的经过及划分方法，在吸收借鉴法、德、美、英等国经验的基础上，对划分中央财政与地方财政提出自己的见解：省财政独立，采用德国制，将中央财源与省财源完全划分；地方财政独立，应采用美国制，省财源与地方财源需有部分划分；省与地方财政诸如最高税率、地方公债最高额及期限等需通过宪法、立法及行政上进行限制与监督。⑦ 孔庆宗在分析中央财政与地方财政分离的原因、中央财政与地方财政划分方法和标准

① 陈锋：《清代中央财政和地方财政的调整》，《历史研究》1997 年第 5 期。

② 申学锋：《清代中央与地方财政关系的演变》，《河北学刊》2002 年第 5 期。

③ 邓绍辉：《咸同时期中央与地方财政关系的演变》，《史学月刊》2001 年第 3 期。

④ 马金华：《晚清中央与地方的财政关系》，《清史研究》2004 年第 1 期。

⑤ 何汉威：《清季中央与各省财政关系的反思》，《"中央研究院"历史语言研究所集刊》2001 年第 72 本第 3 分。

⑥ 张神根：《清末国家财政地方财政划分评析》，《史学月刊》1996 年第 1 期。

⑦ 李权时：《划分中央与地方财政问题》，《东方杂志》1923 年第 20 卷第 15 期。

等问题之后，强调地方财政独立，必须先养成人民自治能力。否则，以地方之款办地方之事，恐难收涓滴归公之效。如人民无监督能力及处分方法，而听任董其事者自由支配，其结果必然是，除便利少数人中饱之外，地方无法受其实惠。①

民国时期是中央财政和地方财政划分的重要时期，自然成为研究者浓墨重彩地进行研究的着力点。北洋政府在 1913 年颁布的《国家税法与地方税法草案》《国家费目地方费目标准案》和 1923 年底曹锟颁布的宪法，确立了中央财政和地方财政的划分原则和标准，但并未认真实施。日本学者长野朗的《中国的财政续》一文，通过对北洋政府时期地方财政与中央财政关系的分析，呈现了中央与地方权力争夺中的各种利益博弈。②

国民政府则相对完备地实施了中央财政和地方财政的划分，主要经历三个阶段。从 1928 年第一次全国财政会议到 1941 年第三次全国财政会议为第一阶段。该阶段实行三级制，其中省、县两级为地方财政，但省级财政是主体，县市财政处于附庸地位。从 1941 年第三次全国财政会议到 1946 年 6 月财粮两部联合会议为第二阶段。该阶段实行二级制，即国家财政和地方自治财政两级，省财政依附中央政府，县市是真正的自治单位。1946 年 6 月以后为第三阶段。该阶段财政收支系统分为中央、省（或院辖市）、县（或省辖市）三级，县一级财政相对独立。③

杜恂诚考察了民国时期中央与地方财政划分体制的形成、演变过程及其运作实态。由于社会动荡、金融体系和货币政策缺乏独立性，以及财政收支严重失衡，民国时期的财政划分徒具形式。④ 张连红指出南京国民政府时期中央与地方财政收支结构的划分与实施，尽管受制于各省的强大阻力以及中央政府自身缺失等诸多因素，但到抗战全面爆发前夕，中央与地方的财政关系开始由无序走向有序，现代化财政体制基础基本在全国得以确立。但由于对边远贫瘠省区缺少必要的政策倾斜，东西部省区财政差异

① 孔庆宗：《中央财政与地方财政之研究》，《合力周报》1925 年周年纪念刊。
② ［日］长野朗著，李占才译：《中国的财政续》，《民国档案》1994 年第 4 期。
③ 杜恂诚：《民国时期的中央与地方财政划分》，《中国社会科学》1998 年第 3 期。
④ 杜恂诚：《民国时期的中央与地方财政划分》，《中国社会科学》1998 年第 3 期。

极大。① 刘慧宇认为 1928 年和 1935 年南京国民政府对中央地方税的划分准则虽不十分妥善，但已具备了现代财政制度的形式。但在实践过程中因中央、地方利益诉求的不同，效果并不理想。② 张神根指出 1941 年 11 月国民政府将全国财政分为国家财政与自治财政两大系统，标志着中国近代国家、地方财政关系发展到一个新阶段，在抗日战争时期也发挥了重要作用。但也存在着对农民的过分搜刮、财政官员的贪污腐败等弊病。③

（三）地方财政的运行规律

在清代中央集权的财政体制之下，州县的存留项目和开支数量偏少，标准僵化。但当时各州县存有大量必不可少的法外支出和收入，造成了制度设计与实际运行之间的严重背离。④ 因此，"非正式经费体系""不完全财政""原额主义""封建家产制""二元财政"等说纷纭。曾小萍认为清代存留经费极其有限，无法满足地方行政多样化的需求、官员自身的生活和上司的需索。因此，地方官员只有寻求额外资金以弥补，其主要方式有地方捐助、挪用正项钱粮和利用征税额外浮收。因此，在正式的经费体系之外，形成了一种非正式的经费体系。虽然是非正式的，且会导致经征人员侵渔中饱，但它是对帝制晚期财政无法向官员提供履行职责手段的一种回应。⑤ 何平以"不完全财政"为名来分析这种经费体系的表征及其缺陷，其主要表现是官吏俸薪的低微、地方公费的缺乏和军费开支的不足。不完全财政与定额化的赋税有关，一方面造成经征中贪污行贿，额外苛索；一方面或因加征而造成民众负担沉重，或因对正项钱粮的挪用引起的钱

① 张连红：《南京国民政府时期中央与地方财政收支结构的划分与实施》，《江海学刊》1998 年第 6 期。

② 刘慧宇：《论南京国民政府时期国地财政划分制度》，《中国经济史研究》2001 年第 4 期。

③ 张神根：《论抗战后期国民党对国家与地方财政关系的重大调整》，《历史档案》1997 年第 1 期。

④ 魏光奇：《清代州县财政探析》（上）（下），《首都师范大学学报》2000 年第 6 期，2001 年第 1 期。

⑤ ［美］曾小萍著，董建中译：《州县官的银两》，中国人民大学出版社 2005 年版，第 43—44 页。

粮亏空①。岩井茂树用"原额主义"来分析明清两朝财政体系的本质和特点，在 18 世纪以后，随着物价的不断上涨，正额财政的实际规模却反而不断缩小，地方官府财政日益窘迫。地方政府通过征收附加税或追加性课征项目的范围和数量来补苴缺口，造成了财政负担的不均衡。而"馈送""规礼"等各种陋规的广泛存在，导致吏治日益颓坏，社会不稳定因素逐渐扩大，最终导致了王朝的覆亡②。魏光奇则阐述这种财政的"家产制管理"本质。③

　　针对清代州县办公经费存在着公私不分、上下不分和使用无确定限度的缺陷，同光年间一些督抚曾加以整饬，但未根本解决问题。在清末清理财政的背景之下，清廷依循"化私为公"的老路，再次推行州县公费改革。但由于利益纷争严重，各地办法不一，实施力度有别，并没有实现"公私分离""财政统一"的既定目标。④霍晓玲列举了清末地方自治经费来源及使用，重点分析了中日两国自治的结局。日本由于国家稳定、权力集中，国家可凭借权威对中央、府郡县、市町村的税源进行分配，大体上是国税优于地方税，府县税优于町村税，以确保国家集中财力进行现代化建设。清末的中央集权财政开始瓦解，中央财政空虚，无力进行大规模的经济建设，更无力对地方财政予以支持，任由各地设法自筹；在官治相对衰弱的社会情况下，地方士绅参与地方自治事务的管理，与官府相互勾结，横征暴敛，结果是自治成效不尽如人意，由"自治"发展成为"自乱"。⑤

　　1939 年 9 月，国民政府颁布《县各级组织纲要》，县财政问题开始受到关注，但主要集矢于国民政府成立以后，其中最具影响的当推彭雨新与朱博能，二人皆认为当时各项县财政法制日臻完备，唯若干问题尚值探

---

　　①　何平：《清代赋税政策研究：1644—1840 年》，中国社会科学出版社 1998 年版，第 110—127 页。

　　②　[日]岩井茂树著，付勇译：《中国近代财政史的研究》，社会科学文献出版社 2011 年版。

　　③　魏光奇：《有法和无法：清代的州县制度及其运作》，商务印书馆 2010 年版，第 345 页。

　　④　刘伟、刘魁：《晚清州县的办公经费与公费改革》，《安徽史学》2013 年第 3 期。

　　⑤　霍晓玲：《清末地方自治经费来源、管理使用考》，《史学月刊》2019 年第 10 期。

讨，并各自指陈增进与调整之意见。

彭雨新对1943年以前的县地方财政的收入、支出及财务行政沿革及现行制度详加分析。[①] 朱博能爬梳了县财政收支以及财政管理中存在的各种问题，并提出相应的解决方案。[②] 财政部地方财政司编写的《十年来之地方财政》，以1928年第一次全国财政会议为起点，简要叙述省县地方财政的产生和发展。[③] 吴长春《县地方经费研究》阐述了民国时期县地方费与地方行政制度及地方自治制度，县地方经费目前存在的问题及解决方法。[④] 杨世铭从收入、支出、预算、决算、金库、会计、审计七个方面提出了县财政的改进意见。[⑤] 张一凡叙述了民元以来地方财政主体、收入范围、规模的变迁，以及地方财政的重要整理、地方财政之复员与整理等。[⑥] 朱博能分析了当时县财政中审计、税务行政以及地方预算中存在的问题，并提出了相应的改进意见。[⑦]

魏光奇注意到国民政府取得全国政权后对此前存在的双轨制财政的整合。从清末和北洋政府时期国家财政与自治财政并存的双轨制，到国民政府时期国家财政与自治财政的并轨整合，经历了一个适应现代化趋势的改革过程。[⑧] 魏氏又论述了清末至国民政府时期县财政的"自治财政"，并分析"自治财政"下县自治的财政基础。[⑨] 尹红群指出国民政府县财政政策主要着眼于政治发展，以国家财政系统变迁为线索，以筹划税收配合县

---

① 彭雨新《县地方财政》，重庆商务印书馆1945年版。

② 朱博能：《县财政问题》，重庆正中书局1945年版。

③ 财政部地方财政司编：《十年来之地方财政》，重庆中央信托局1943年版。

④ 吴长春：《县地方经费研究》，《财政经济汇刊》1932年第1卷第6号。

⑤ 杨世铭：《改进县财政之刍议》，《中国经济评论》1940年都2卷第4期。

⑥ 张一凡：《民元以来我国之地方财政》，载朱斯煌：《民国经济史》，上海银行学会、银行周报社1948年版，第175—192页。

⑦ 朱博能：《县审计问题及其改进》，《财政评论》1945年第5卷第3期；《县税务行政制度及其改革》，《东南经济》1941年第5期；《县地方预算问题及其改进方针》，《财政评论》1939年第2卷第6期。

⑧ 魏光奇：《国民政府时期县国家财政与自治财政的整合》，《首都师范大学学报（社会科学版）》2005年第3期。

⑨ 魏光奇：《官治与自治：20世纪上半期中国县政研究》，商务印书2005年版。

政、推动自治事业为政策目标。国民政府虽然将权力触角下沉到基层社会，但由于仍以国家政治为归依，且受货币政策影响甚大，最终陷入恶性通货膨胀的泥潭，自治财政政策逐渐演化为摊派政策。① 李铁强则阐明，在国民党的政权建设中，县财政制度并未能为国家权力的延伸提供有力的支持，县财政呈现出不完全性特征，严重削弱了国家对地方的控制能力。②

（四）县地方财政个案研究

清代民国地方财政形成过程中，因地制宜、因时制宜演变之复杂情形，几于每省各异。近年来，一些研究者如冯小红、尹红群、李龚忠、岁有生、汤太兵、曾凡贞、李镇君等人关注于县域财政的研究，如对清代直隶州县经费、近代宁绍地区县财政的研究以及对 1928 年以后河北、浙江、山西、广西等省县地方财政与乡村政权和社会治理的影响等等。至于"京畿屏障、中原缩毂"之河南，除民国时期天倪对河南县级财政管理机构的流变以及曹仲植对抗战时期河南县财政进行详描外，深入的研究成果相对较少。

冯小红的博士论文集中探讨乡村治理转型与县财政之间的互动关系，从而揭示乡村治理转型失败的县地方财政因素。③ 尹红群重点探讨了浙江省地方财政体制和县政事业的财政压力，认为省与县之间、事权与财权之间的各种矛盾逼迫国民政府于 1941 年对财政体系进行改革。④

李龚忠从县级财政预算岁出结构的角度，分析 20 世纪 40 年代后期山西"国统区"交城、翼城、安邑、大同四县的年度财政预算资料，将当时的县域财政归结为两大特征。一是行县政费支出比例过高，达百分之八十以上。二是县行政费高度集中于保安与警察、政治与行政、财税等部门，

---

① 尹红群：《国民政府县财政政策演变述论》，《江西师范大学学报（哲学社会科学版）》2010 年第 5 期。

② 李铁强：《现代国家建构中的县财政：以国民党统治时期的湖北省为例》，《长江论坛》2010 年第 2 期。

③ 冯小红：《乡村治理转型的县财政研究（1928—1937）：以河北省为中心》，复旦大学 2005 年博士学位论文。

④ 尹红群：《民国时期的地方财政与地方政治——以浙江为个案》，湖南人民出版社 2008 年版。

比重高达四分之三以上，县财政支出结构严重畸形。[1]

岁有生在对清代直隶各县的衙门经费、祭祀经费、教育经费和公共工程经费等开支进行量化分析，并且论述了其在清末的演变，由此得出二元财政的概念。二元财政虽然有利于州县官在各种经费短缺的情况下能够有效地履行自身的职责，但二元财政并不是建立在发展经济拓宽税源的基础之上，而是通过加征等手段获取的，最终只能是一种饮鸩止渴的选择。[2]

汤太兵量化分析了近代宁绍地区的两次县自治财政（1911 年至 1914年 2 月，1922 年至 1927 年），认为当时的县财政吸收了西方的民主原则和法治原则，既注重权力的分立与相互制衡，又建立了预算与决算，并向民众公开。县自治财政的推行及县自治财政的运作对民国时期的县财政与县政职能产生了深远影响。[3]

曾凡贞分析了 20 世纪 30 年代新桂系当局通过改革财务行政机构、整理县地方税捐、清理地方公有款产、建立健全预决算制度和会计制度等方式，建立起了具有现代性质的县财政体系。但这些成果又在从 20 世纪 40年代开始的"回潮"和"断裂"中功亏一篑。[4] 曾凡贞又以三江县为个案，梳理 20 世纪 30—40 年代广西的县财政收支，分析其高比例的行政支出、合理水平的公共服务支出及低水平的经济建设支出的特点，民生改善的问题仍然没有得到应有的重视。[5]

李继业的博士论文《传承与更新：1912—1937 年吴县县政研究》分析了 1912 年至 1937 年吴县财政变革的深层原因和深远影响，为解决吴县的财政所面临的征收制度积弊过深、土地分配不公、政府开支膨胀等问题。吴县进行了以制定政费标准、建立独立的县财政机关、加强财务稽核力

---

① 李龚忠：《谁之县政：民国后期山西四县财政预算岁出结构的案例分析》，《中国社会历史评论》2009 年第 10 卷。

② 岁有生：《清代州县经费研究》，大象出版社 2013 年版。

③ 汤太兵：《论近代宁绍地区的县自治财政》，宁波大学 2010 年硕士学位论文。

④ 曾凡贞：《20 世纪 30、40 年代广西县财政改革探析》，《广西社会科学》2011 年第 4 期。

⑤ 曾凡贞：《民国时期广西县财政改革及其收支：以三江县为个案的探讨》，《广西地方志》2013 年第 2 期。

度、审查地方经费预算为主要内容的改革。县财政改制以后，不仅增加了公共安全、教育、公共卫生和公共工程等公共服务的提供，而且综合运用文化心理、社会准则、法律规范和组织制度等手段，贯彻执行或者实施了一系列的控制和动员政策。①

李镇君在分析清末山西州县财政收支的基础上，探讨了州县财政与税收负担、生活水平和经济发展之间的关系。最后得出结论，山西人民的税收负担不是来自于县地方财政，而是来自于正税。山西全省人均税收负担额为白银0.5342两，人均税收负担率为3.25%，人均税收负担并不高。相较而言，山西人民的生活成本却很高，大多数家庭仅能维持最低限度的消费水平。在税收结构中，山西各县的工商业税收与经济发展相互促进，标志着在西方资本主义经济的影响下，山西的近代化、工业化、商业化水平有所提高。②

相对而言，河南的县财政研究未能深入。曹仲植在1941年出版的《河南省地方财政》一书详述了田赋、营业税两大财政收入来源以及当时的财政制度，而且对抗战时期河南的金融和物资、游击区的财政也有述及③。帖毓岐的《河南田赋概况》④、郑世璇的《汜水田赋研究》⑤分别对河南省和汜水县的田赋进行了考察和探讨。天倪系统介绍了1927年至1936年河南省县财政机构的演变过程及其表征。⑥苏全有、阎喜勤论述了晚清河南省级财政机构的变迁，以及财权由中央到巡抚的转移。晚清的财政机构及其运行方式的不断变化，无助于改变税收日趋加重的局面。⑦李宁宁主要论

----

① 李继业：《传承与更新：1912—1937年吴县县政研究》，苏州大学2013年博士学位论文。

② 李镇君：《清末州县财政实证分析：以山西为例》，山西大学2014年硕士学位论文。

③ 曹仲植：《河南省地方财政》，重庆文威印刷所1941年版。

④ 萧铮主编：《民国二十年代中国大陆土地问题资料》，台北成文出版社有限公司、（美国）中文资料中心1977年版。

⑤ 萧铮主编：《民国二十年代中国大陆土地问题资料》，台北成文出版社有限公司、（美国）中文资料中心1977年版。

⑥ 天倪：《河南省各县地方财务行政机构之沿革》，《河南政治月刊》1936年第6卷第10、11、12期，1937年第7卷第2期。

⑦ 苏全有、阎喜勤：《有关晚清河南财政税收的几个问题》，《河北经贸大学学报》2010年第3期。

述抗战前河南省县级财政的确立、运作和管理，认为 1927—1937 年是河南省县级财政发展最关键的十年，逐渐完善的县级财政体制在南京国民政府稳定基层政权方面发挥了重要作用。[①] 黄建新的《1927—1937 年河南田赋研究》论述了 1927 年至 1937 年南京国民政府对田赋的整理，以及田赋与河南地方财政和农村社会经济的关系[②]。

（五）县财政与地方社会

所谓财政，即以财理政，与地方社会息息相关，但大多学者的关注之点是财政与地方行政的关系以及对农民负担的影响。曾小萍（美国）、孔飞力（美国）、黄宗智（美国）、杜赞奇（美国）、魏光奇、史玉华、尹红群、侯鹏、梁勇等人，重于前者。而郑起东、刘五书、朱汉国、张君卓等学者则主要分析财政体制的痼疾与由此导致的农民负担沉重。相对而言，县地方财政对经济生活以及对地方治理格局之影响，则关注较少。

曾小萍从地方对耗羡的管理和使用层面，来论证清代地方财政的形成。指出雍正朝实施耗羡归公，不仅将州县私自征收的火耗作为地方官员养廉银和办公经费，更为重要的是将这些经费的使用权也交给地方官员。因此，地方官府拥有了一定程度的财政自主权，有利于地方行政主动性的发挥。耗羡归公的改革可以说是为康乾盛世夯实了财政基础。[③] 魏光奇分析了清末直隶各县自治财政的产生和运作，认为州县自治财政为地方自治提供物质基础，从而对地方社会的近代化建设起到了一定的促进作用。[④] 史玉华论述了州县财政和基层社会的关系，指出清代的基层社会控制中正式的国家权力与非正式的基层行政实践相结合的特点。[⑤] 侯鹏认为清末地方新政的筹款来源复杂，征收主体分散。在开辟财源的同时，也为地方社会权力结构重组提供契机。[⑥]

---

① 李宁宁：《南京国民政府时期河南省县级财政研究（1927—1937）》，河南大学 2009 年硕士学位论文。

② 黄建新：《1927—1937 年河南田赋研究》，河南大学 2007 年硕士学位论文。

③ ［美］曾小萍：《州县官的银两》，中国人民大学出版社 2005 年版，第 6 页。

④ 魏光奇：《直隶地方自治中的县财政》，《近代史研究》1998 年第 1 期。

⑤ 史玉华：《清代州县财政与基层社会——以巴县为个案》，上海师范大学 2005 年博士学位论文。

⑥ 侯鹏：《清末浙江地方新政筹款》，《华东师范大学学报》2011 年第 2 期。

梁勇依托清代巴县档案，详细地考察了四川经征局的运作实态，经征局征收契税、肉厘、油捐、酒捐，以"政务繁简、税契多寡、路途远近"为标准，将各县分为五等，给予相应的行政经费补贴。四川经征局的设置，在一定程度上维持各县的财政平衡，但也削弱了州县财权。① 清末，全国大部分州县遍设巡警。巡警除维持社会治安外，承担消防、维护城乡卫生和社会公共秩序的职能。由于州县巡警制度匆忙上马，人员素质参差不齐，执行政务时恃权虐民事件屡有发生；各种警捐五花八门，大多取资民间，导致警察与民众冲突不断。② 近代，各地以就地筹款的方式解决乡村教育经费支问题，但这一政策遭到乡村社会的强烈抵制，由此而引发的冲突事件层出不穷。从实际看，民众的抵制并不是因为负担沉重，而是由于经费征收中的负担不均、腐败现象严重，以及其对乡村民众的心理与生活习惯的冲击。③

黄宗智《华北的小农经济与社会变迁》一书中论及民国时期县财政和地方赋税征收系统的变迁，并以此分析 20 世纪国家与自然村落关系的演变。④ 杜赞奇把农村的赋税征收人员分为"保护型经纪"和"赢利型经纪"，进入民国以后，"保护型经纪体制"逐渐退出历史舞台，"赢利性经纪"势力逐渐粉墨登场，国家政权开始出现"内卷化"。⑤ 尹红群通过对 1912—1945 年地方财政的一般性制度变革，以及南京政府时期浙江兰溪县政改革的考察，认为地方财政的根本问题是社会政治问题，只有政治步入正轨，财政才有实施成效。⑥

近代农民负担日益加重与国家的财政体制变革关系很大。清廷通过附

---

① 梁勇：《清末四川经征局的设置与州县财政改革》，《华中师范大学学报（人文社会科学版）》2018 年第 2 期。

② 刘伟、石武英：《清末州县巡警的创办与基层社会》，《社会科学》2012 年第 12 期。

③ 田正平、陈胜：《教育负担与清末乡村教育冲突》，《浙江大学学报（人文社会科学版）》2008 年第 3 期。

④ ［美］黄宗智：《华北的小农经济与社会变迁》，中华书局 2000 年版。

⑤ ［美］杜赞奇著，王福明译：《文化、权力与国家：1900—1942 年的华北农村》，江苏人民出版社 2008 年版。

⑥ 尹红群：《民国时期的地方财政与乡村政治：以浙江兰溪模式为中心，兼论"内卷化"模式》，《广西师范大学学报（哲学社会科学版）》2009 年第 1 期。

加税、新增捐税以及摊派等方式，筹措教育、地方自治、巡警等各种新政费用，百姓负担急剧增长，对官府的横征暴敛日益不满，与官府的直接冲突激烈发生，加剧了社会动荡。[①] 郑起东认为在条块分割的财政体系下，中央的财政原则是损下益上，竭力压榨地方；而地方的财政原则是就地筹款，尽力隐瞒地方财政实情。因此，在这种情况下，中央很难了解地方财政的情况，而在需用紧急时，地方很难得到中央的财政支援。这种体制的发展，导致征税成本日益加大，农民负担日益加重，官吏腐败日益加深，财政混乱日益加剧。[②] 刘五书的《20 世纪二三十年代中原农民负担研究》一书探讨了 20 世纪 20—30 年代河南农民田赋负担状况。[③]1927—1937 年南京国民政府虽然对基层政权包括田赋制度进行了改革，但是其始终以有效控制基层社会，扩张其财政汲取能力为宗旨，从而加剧了政府与农民之间的矛盾。[④] 国家提高税额、增加税种，导致华北乡村捐税负担沉重，严重影响了他们的日常生活，乡村工商业以及乡村社会自身也在捐税的重压下陷入萧条的困境。[⑤] 北洋政府时期，农民田赋苛重带来了极其严重的后果：农民生活日趋恶化，失业、饥饿与死亡严重笼罩农村；削弱了农业再生产能力，阻碍着农业技术的进步；农村丧失抵御自然灾害的能力，致使灾害频繁而严重；耕地荒芜，农产萎缩；苛重的农民负担促使"中央财权日轻，地方财权日重"的"干弱枝强"的局势得以持续和强化。[⑥]

[①] 陆兴龙：《清末新政对民生问题的恶性操作与社会矛盾的激化》，《社会科学》2007年第 10 期。

[②] 郑起东：《农民负担与近代国家财政体制》，《经济社会史评论》2006 年版。

[③] 刘五书：《20 世纪二三十年代中原农民负担研究》，中国财政经济出版社 2003年版。

[④] 张君卓：《1927—1937 年华北田赋征收体制与农民负担》，《中国经济史研究》2006年第 3 期。

[⑤] 朱汉国、王印焕：《民国时期华北乡村的捐税负担及其社会影响》，《河北大学学报（哲学社会科学版）》2002 年第 4 期。

[⑥] 财政部科研所课题组：《北洋时期农民负担问题研究》，《财政研究》1997 年第 10 期。

三、研究的视角、方法与思路

鉴于以往学者研究之旨趣，本书在时段选择上主要集中于 1901 年至 1927 年。以往之研究，要么集矢于清代，要么钟情于所谓"黄金时期"的 1927—1937 年，而对北洋时期的研究则较为冷清。本书主要选取清末和北洋政府时期，相对与 1927 年以后各项制度的近代化，这一时期是一个新式制度生成和递嬗的时期，对这一段时段的选择更能深入了解制度演进之梯阶。在地域选择上，以"京畿屏障、中原缩毂"的河南为研究对象。选择的原因固然是出于地域情怀，作为土生土长的从事史学研究的河南人，有责任将其在近代社会的纷纭变迁呈现在读者面前；同时，作为中华民族的发祥之地，探索河南在近代社会的急剧衰落之谜，无疑有助于揭示近代社会变迁中的复杂理路。在研究视角上，主要考察县财政变迁与地方社会的有机关联。财政的各项支出实际上是国家对地方事务的具体管理，而财政收入来源又汲取自地方民众。但大多数论者只谈田赋的征收及其对农民负担的影响，很少有人去关注地方财政对经济生活以及对地方治理格局和方式所产生的影响。

为使研究具有客观性和真实性，避免历史研究中的臆测，在研究方法上，采取定量分析和定性分析相结合的方式，既对各县的财政收支结构与规模做量化分析，又力求分析这种变化的特点及内在逻辑，以期能够重构历史变迁中的复杂场景。同时，采用抽样分析方法，以弥补各县史料盈缺无定之缺憾，据此推断出总体特征，分析州县财政长时期变迁趋势及其所呈现出的规律；运用历史比较研究法，既对近代县财政的运行做纵向对比，梳理其演变的脉络，又分析各省县域财政的差异，以求从宏观上、整体上把握历史的发展过程，并进一步探求历史发展规律。

为长时段考察近代河南的地方财政管理体制及其功能的变化，全方位考察近代河南的地方社会，以期管窥近代地方财政与地方社会之间的有机关联，由此探讨国家的政策倾向及其对社会走向的影响，本书在内容上重点关注六个方面：

（一）重视对地方财政思想的研究。地方财政思想的滥觞与发展是财政制度变革的基石。鸦片战争以后，西方的财政学理论开始进入中国人的视野。在近代，由于推行财政改革的现实需求，财政思想的传播进入一个重要时期。地方财政思想的引介和传播的主要内容为中央与地方财政的划分、地方财政收入制度、地方财务行政以及地方财政思想的本土化等等。西方财政思想的传播是清末民初财政改革之舆论先导和张本，而清末的预备立宪和民国初年共和政体的肇造则为财政思想的传播推波助澜。

（二）动态把握县财政支出趋势。在梳理近代河南县域财政支出结构与规模的基础上，以所能得到的有限资料，尽可能勾勒出县域财政的演变趋势。近代河南各县地方款支出差别较大，不过从总体上言之，自治、警察、教育、实业和财政等经费是共同的支出门类。民国十四年（1925）以前，河南各县地方款在县财政支出中所占的比例在50%左右。此后，就各县地方支出趋势看，绝对规模在增长，但相对规模在下降。而在各县地方款支出中，占比例最大的是警察经费和教育经费。教育费用在地方款支出中所占比重不菲，显示了国家对新式教育的重视。

（三）审视县域财政收支的规律。近代河南各县纷纷设置专司地方财务的机构，但在实际运行中，由于缺乏统一的规划，局所林立，各自为政；加上条文粗疏，监管无力，派系纷争严重，县域财政支出异常混乱，国家款与地方款，以及地方款各支出门类，辇辐不清，白白虚耗有限的社会财富。由于征收制度未作深入的改革，仍然沿袭旧时弊政。在赋役征收过程中，官吏侵吞与百姓避税并存，前者占据主流。近代的地方财政收入就其本质上说是纳税人的额外负担，征收过程中大大小小经征官员的侵蚀，无疑使百姓雪上加霜。而承担这一负担的又大多为农民，田赋负担的沉重，使农民辛劳一年所得无几，生活异常辛苦；同时造成农业的积累乏力，农业生产只能是听天由命，又使税源日益减少。

（四）重视财政运行中的人的因素。"夫提倡国民者，州县也；甄别州县者，大吏也。大吏以拨识人才为先，州县以倡导国民为本。盖今日民智之蔽，尚未大浚；民情之涣，尚未固结。举教育、巡警、征兵、完税诸务，均在萌芽之期，振励而发皇之，全赖州县之提挈。去旧布新之任在州县，承上启下之责亦在州县，事事踏实，着着增进，负担之重，无逾于此。"作为最基层的亲民之官，州县官在推行教育、巡警等各种新式事务中的上联下达核心作用无可替代；但另一方面，决定新政能否顺利推行更取决于州县官的才智和高度的责任感。"县政之优劣，又恒视知事之良窳为依归。"有鉴于此，为更好地阐明各种自治事业嬗变过程的复杂性及效果，探究近代州县官群体的作风和能力注定无法回避。虽然近代国家制定各种奖惩规则，激励基层官员勤政为民，约束基层官员的贪墨行为，但效果不彰。整个官场都在醉心于逐名夺利，真正能够对地方自治倾注热情的少之又少，大多数虚与委蛇，部分则因惧于地方自治分割其管辖之权，而持敌视态度，想方设法加以践踏与破坏。

（五）关注财政的"源"与"流"。财政与经济互为因果。经济涵养财政，没有经济基础的支撑，财政就是无本之木，无源之水；财政作用经济，财政对经济有支持、引导、刺激和调节作用。在县域财政的各项支出中，与地方经济发展与民生福祉关系最为密切的是实业支出。近代，各县设置很多兴农机构，调查各县农情，宣传和传授农业生产技术，试验和推广各种作物、树木以及各种农副产品，负责疏浚河道、防潦以及凿井等事务，对河南农业产量的提高起了些许推动作用。但国家对农业的汲取远大于对农业的扶植。自治、教育、警察、实业等各种事业需款甚殷；再加上军事倥偬，各种农业附加、摊派层出不穷。即便是农业生产有有限的增长，也无法满足地方财政无限需求之欲壑，民众生计日益穷蹙，抗税抗粮、起义与匪患接踵而至，最终导致整个社会陷入失序状态。

（六）兼顾县财政运行的共性与个性。近代县级地方财政的形成，是国家推行地方自治的内在要求，也是推行地方自治的必然产物。在地方自治办理的过程中，"以本地方的人，用本地方的钱，办本地方的事"的原则被朝野人士奉为圭臬。各地士绅不诉诸国家，自行筹措经费，办理地方各项公益事务。但由于准备仓促，在经费的筹措方面始终没有确定一个官方的标准，各地在实践中往往因地制宜，呈现出自行其是的状态。各省的政局、省当局领导的态度、士绅对自治财政的认知与参与热情，以及财政收入的制度安排是决定自治财政走向的重要因素。与山西、浙江、江苏等省相比，河南军阀混战和土匪劫掠如影随形，给各项事业的发展带来极大的破坏；官场旧习气浓厚，敌视共和民主，扼杀和抵制新生事物，且醉心于追名逐利，贪污成风，县地方财政的发育更加步履维艰；旧势力的庞大、新式士绅力量弱小，对自治财政的参与程度不高。因此，近代河南县域财政的发育基本上处于"上下失骤"的状态。

第一章　近代地方财政思想的引介与传播

　　鸦片战争以后，伴随着西方经济学在中国的传播，西方的财政学理论也开始进入中国人的视野。在近代，由于政府推行财政改革的现实需求，财政思想的传播也进入一个具有奠基意义的时期。传播路径由个人著书立说，发展到大学讲堂、专业性杂志的媒介传播和学术团体的讨论切磋等齐头并进。地方财政思想的引介和传播内容主要为中央与地方财政的划分、地方财政收入制度、地方财务行政以及地方财政思想的本土化等。西方财政思想的传播是近代财政改革之舆论先导和张本，而清末的预备立宪和民国初年共和政体的肇造，则为财政思想的传播推波助澜，加深了人们对西方财政思想真谛和本质的全面把握和深刻认知。

第一节　近代地方财政之划分

　　地方财政是指地方自治团体有目的地筹措收入，以供地方行政开支的收支活动。地方财政与国家财政一样，有一定的运行规则和程序。如预算年度的确定、收支结构与规模、收支事务的管理，并确保各机关严格遵守。有鉴于此，地方财政的研究体系中，中央与地方的事权划分及财权划分乃为首要关注之问题。

一、地方自治团体之职责与权限
　　地方自治团体是介于国家与个人之间，在特定的区域内，处理公共事务的地方自治机关。自治团体大体有三种类型：（一）地方自治团体。在地方辖境内有执行一切公共事务的职权，并且在处理公共事务中有一定的自主权，如州、县、郡、市、町、村等。（二）特别自治团体。在地方辖境内有直接或间接执行部分公共事务的职权，以补助地方自治团体管理所不及者，如水利、道路、救贫、学校等机构。（三）特种团体。因贯彻国民经济及社会政策上特种目的而组织的团体，仅对地方特种人民有相对的强制力，如商会、农会、同业联合会等。[①] 通常所谓的地方自治团体，主要是指第一类地方自治团体。此种自治团体，具有六大要素：

第一，有公法人性质，不仅为国家的行政机关，而且在公法上承认其有一定的行政自主权。

第二，其职务具有公共性质，即其职务在执行属于国家公共事务系统内的事务。

第三，其所属地域，以国家领土中地方管辖的部分为界限。

第四，其所属人民以国家人民的一部分为界限。

第五，对于有限的人民，得行国家分予的强制权。

第六，经营独立的经济。[②]

在划分中央与地方的职责权限之后，亦应划分中央与地方的财政收支权限。一般而言，属于中央财政的有两个方面：（甲）关于国民全局的行政用费，如国防、外交等，因与举国命脉有关，非由中央协力应付，无以保护或发展，故其出费亦应付诸全国。（乙）有必要由全国统一经营事业的支出。如邮政、电信、干线、铁路等，因属于一般经济及文化的价值，非归全国统筹经营，则不能临机应变，而调剂于平。属于地方之财政亦有两个方面：（甲）关于地方局部利益事务的用费。如警察、市政等，其利益直接及于地方住民，即有缺点，于国家全体尚无大害，故其费用，仅使该地方人民负担。（乙）其政务经营，仅有利于地方政府的独立措施。如水道、电灯等，因系应地方特种的需要。此外，既有关系国民一般的性质，而又涉及地方的性质者，如初等教育、救贫事业等；有其事业，虽属

---

① ［日］小林丑三郎著，姚大中译，卢寿篯校注：《地方财政学》，上海崇文书局 1919年版，第 6 页。

② 朱博能：《地方财政学》，重庆正中书局 1942 年版，第 3 页。

局部的性质，而需有高度的智识与经验，或有大规模的经营能力，非国家而不克有济者，如大学教育之类；或其事业虽属一般，而非精通地方情态，则行之未尽其宜者，如特种专卖等。[①] 具体地说，中央的职责为国防、警察、内政、外交等全局性的、规模较大的事务，地方自治团体的政务主要包含土木、教育、劝业、卫生等。[②]

二、地方经费划分理论

德国塞利格曼（Seligman）教授曾说："一国之租税制度，能实质的恒久的进步者，必自国家、地方赋税之分离始。分离以外之改革，固亦必要，然不注意于分离，租税全体之充实的永久的进步，终不可期。"[③] 讨论地方财政，亦应首先研究中央与地方的财政划分。

至于中央财政与地方财政如何划分，众说纷纭。总结起来，大致有如下观点：

（一）根据纳税人应税能力大小划分：能使纳税人按照其负担能力大小而完纳的租税，应归入国家税，如所得税等；若不问负担能力大小而使享受利益人完纳的租税，应归入地方税，如农村土地税等。

（二）根据税收范围广狭及税额划分：租税收入广而数额巨大者，应归入国税，如关税、消费税、财产税等；租税收入范围狭而数额较少者，宜归入地方税，如车捐、屠宰捐等。

（三）根据征税便宜之方确定：租税之便于国家征收者，应归入国家税，例如关税、所得税等；若便于地方征收者，应归入地方税，如田税、家屋税、营业税等。[④]

（四）依据课税对象特质划分：凡课税对象确定而较少移动者，为地方税；反是则为国家税事业。

（五）根据国家和地方权限划分：一切租税皆定为国家税，而地方税

---

① 林可彝：《中央财政与地方财政划清之标准及其理由》，《学林》1921年第1卷第1期。
② 王琴堂：《地方财政学要义》，《北洋法政学报》1907年第22期。
③ 林可彝：《中央财政与地方财政划清之标准及其理由》，《学林》1921年第1卷第1期。
④ 魏诗垥：《中央财政权与地方财政权之划分》，《学林》1925年第1卷第7期。

则征收附加税。

（六）根据税收征收权划分：凡征收权属于国家者为国家税，而征收权属于地方者则为地方税。

（七）根据税收使用目的划分：凡税项充当全国经费者为国家税，而税项充当地方经费者为地方税。[1]

（八）根据税收的特点划分：间接税宜划为国税，而直接税宜划为省税。国民负担租税，其对于直接税易感痛苦，而对于间接税，则不易觉察其苦痛。而人民既负纳税义务，国家亦当酬之以福利。中央所施的政治，其为人民之利者常不显著；直省所施之政治，其为人民之利者，则甚密切。对于中央政治，因人民不易受密切之利益，则应负担不感痛苦之租税。因此，间接税应划归中央。人民对于直省政治，易受密切之利益，则宜负易感痛苦之租税。因此，直接税应划归省税。[2]

（九）基于负担力和利益力划分：中央赋税征收大抵基于负担力（ability to pay）原则，地方赋税征收大抵基于利益力（benefit to pay）原则。负担力原则是指政府依其经济权能，自行制定征收方法与金额，不问一般人民利益有无与大小，一律行使其课税权；利益力原则是指政府于其履行职务的范围之内，对于享受特别利益者，不问其富力之如何，一律征收其特定的报酬。

利益原则的赋课，划归地方财政的理由有二：第一，利益原则的赋课，乃为报酬行为。利益原则的核心是"谁受益、谁付费"。人民拿出其收入的一部分交给政府，而取得政府给予的对等服务。以等价分量，权衡其支出的成数，负担与否，全凭个人意愿，政府不能有所强制。因承担税负的人享有政府所给予的特定利益，所以，虽其所课偏于一地方，或一地方的特定阶层，也不会有负担不公之虑；且政府只针对特定的受益人及特定关系，并无以社会全体之利益为意。故以之划充地方收入，不惟无害，而实便利。第二，地方人民，出于共同的经济需要，集合多数资力与能

---

① 《划分国家税地方税之标准》，《北洋政学旬报》1911 年第 7/8 期。

② 《地方税之性质》，《北洋政学旬报》1911 年第 21 期。

力，以谋公共经营。其所经营的事业，旨在服务于局部的地方与私人的利益为目的。即便偶尔会惠及社会全体，也是因事势使然，而非当事者的本意。因其经营的事业，偏于地方或个人方面，其赋课的资金，亦应以使用于地方为合理。

负担力原则的税课，划归中央财政的理由亦有二：第一，凡欲谋全体国民之福利，与全体国民存亡关系之支出，全体人民，应各应其资力，而分担其责；而且在征税时，不考虑个人意愿，只根据个人负担能力确定其是否纳税。中央政府的职责，是谋全体国民福利，与处理国内外关系存亡盛衰之事务，则其征收经费，自不能不基于国家权力，而行使其经济的强行权。第二，或种财产，非应用国家范围内的课税技术，或排除地方因素的影响，不能求得税率的增进及分配的公平普及。如关税、消费税等，其征收的货物，分销全国，而来路只集中于少数城市；又如所得税、遗产税等财源，虽分布各地，但非一地方的政治能力所能顾及。此种赋税，既藉中央之力征收，自然以划为中央财政较为合宜。①

三、地方经费变化趋势及其所占比例

随着社会的不断进步，国家管理事务日益繁巨，中央政府遂有日不暇给之势，于是变革中央集权之弊，实行地方分权之制，分割国家的一部分政务，委任地方。地方处理国家委托的事务，或经营地方固有的事业，具有相当大的自主权，此乃地方自治产生之动因。而地方自治欲周转自如，有效履行职责，必须具备充裕的资财。故地方自治政策，日益发达，各国地方经费亦日益增加。由于社会进步，智识开明，需要日增，各类事务更加复杂，新式事业不断涌现，如铁道、轮船、电信等，绝非一人之力所能胜任，不得不责望于政府，或有赖于自治团体。因事关公共利益，政府与地方自治团体莫不捷足先登，此亦为地方经费增加之又一动因。②欧美各国地方经费的迅速膨胀是为显证。

---

① 林可彝：《中央财政与地方财政划清之标准及其理由》，《学林》1921年第1卷第1期。

② 王琴堂：《地方财政学要义（续）》，《北洋法政学报》1907年第25期。

英国的地方经费，自 1685 年至 1841 年的 156 年间，增加了 40 多倍，而人口仅增加 4 倍。经费增加的规模，远远高于人口增殖的规模，其重要原因在于社会经济的发达。不独英国如此，欧美各国地方经费的增加，亦随国家经费的增加而俱进。美国地方经费自 1796 年至 1887 年的 91 年中，14 个州政府的费用，其总额增加了 65 倍，较之英国的增额，更多了 25 倍。然英美各国不因地方经费的增加而患贫弱，其核心在于，随着社会经济的发达，地方的公共事业日益振兴。①

中央和地方租税分配的轻重大小，大抵是基于国情：采取集权制者，中央配赋较重；采用分权制者，中央配赋较轻。美国为地方分权国家，故一战前岁计的成数，地方费是中央费的二倍。欧洲大陆，中央集权，首推法国，中央费是地方费的四倍。集权、分权主义也并非固定不变，而是互有消长，中央对地方财政的配赋比例，也常常发生变化。② 地方财政在国家总收入中所占比重，可以以 1882 年的统计作为参考。1882 年各国地方经费与各国经费比较大体如下：英国国家经费五亿多元，地方经费四亿元弱；普鲁士国家经费二亿六千万元，地方经费一亿二千万元；法国国家经费八亿五千万元，地方经费三亿千五百万元；日本国家经费二亿五千四百万元，地方经费一亿三千三百万元。大体而言，英国地方经费占国家五分之四，法则占国家八分之二，普鲁士、日本皆占国家经费的一半。③

第二节　近代地方财政收入制度

地方收入中，税收为主要来源。在一些国家，也允许地方发行公债，作为补苴财政收入不敷的手段。对于地方债的起债、偿还及监督，学者也多有论及。④ 但税收乃论述之焦点，无论是税收原则、税收类别、税负转嫁与归宿及税收作用，都有非常精准的认知和阐释。

①　王琴堂：《地方财政学要义（续）》，《北洋法政学报》1907 年第 26 期。
②　林可彝：《中央财政与地方财政划清之标准及其理由》，《学林》1921 年第 1 卷第 1 期。
③　王琴堂：《地方财政学要义（续）》，《北洋法政学报》1907 年第 26 期。
④　宋仲佳：《地方财政上下篇》，《湖北地方自治研究会杂志》1910 年第 8 期。

一、税收原理

税收原理主要是税收的概念与特征、税制要素、税收分类、税收负担以及税收对经济主体产生的影响。在当时，对税收原理的讨论主要集中在税收的原则、税收分类以及税收的作用等方面。

（一）税收原则

财政收入以税收收入为主要源泉，而财政原则则以量出为入为主旨。但是无论何种税收，均有一般应据的原则。税制若能满足这些原则的要求便是良税；反之则是恶税。税制的原则也非一成不变，而是因时而异，因地而殊。

1776 年，亚当·斯密在其享誉世界的《国富论》一书中，提出了著名的"平等""确实""便利""最少费用"税收四原则。平等的原则，即"各国的臣民，应比例其能力——即比例其在国家保护之下面享有之收入——而纳租税以维持政府"。确实的原则，即各人应纳之租税，需确实而不能任意变更。纳税之形式，缴纳之方法，以及应纳多少，均需使缴纳人等明白知道。便利的原则，即各税须于纳税者最方便时纳税，或以纳税者最方便缴纳的方法征收。最少征收费之原则，即各税之征收，需使其归入国库的纯收入额，与取诸人民之额之间的差额为最少。

亚当·斯密的税收四原则，并非亚当·斯密首创，是亚当·斯密对当时流行的税收原则的综合升华。正如周佛海所言："亚丹·斯密的头脑，不长于独创透彻，而长于宏博组织。"如平等的原则，Vauban 在他的 *Dime Royale* 说道：（一）一切人民，若没有国家的保护，就不能生存。（二）君主若尽保护之责，其所需之手段，必取诸人民。（三）故人民都要比例其所得而纳税。他的这个结论，就是亚当·斯密的平等学说。至于其他的确实、便利、最少征收费的原则也与德国学者 Justi 1755 年出版的 *Staatswirtshaft*，意大利学者 Verri 1771 年出版的 *Meditazionisull'Economia Politica* 等著作中的表达有关。其中 Justi 的税收原则有六点：（一）臣民不可不纳租税；（二）租税不可不平等而课赋；（三）租税不可有害国家的繁荣和国民的幸福；（四）租税需有确实的根据；（五）租税需据国家的本质而赋课；（六）租税的征收，需容易而便利。第二个是平等的原则，第六个是便利的原则。

Verri 的租税原则有五：（一）不可课税于贫人；（二）征税费须最少；（三）租税在法律上须确实；（四）租税不可使财富的循环，因之中绝；（五）租税不可有害产业的发达。五原则中，第二就是最少征税费的原则；第三就是确实的原则。①

在亚当·斯密之后，德国经济学家瓦格纳在总结吸收前人理论的基础上，提出"四项九端原则"，认为国家可以为国民带来福利，国家利用税收不应以满足财政需要为唯一目的。赋税不但要干涉国民的所得及财产分配，而且要积极干涉国民的生产和消费。瓦格纳的财政原则包括财政政策原则（税收充分原则和税收弹性原则）、国民经济原则（税源选择原则和税种选择原则）、社会公正原则（税收普遍原则和税收平等原则）和税务行政原则（税收确实原则税收便利原则和最少征收费用原则）。时人对瓦格纳的观点多有阐释和比对，如王炳台、野马、施督辉、周佛海等，② 其中以周佛海的阐述最为通俗周至。

周佛海认为租税应据的原则有三个方面：（一）财政的原则，包括财政政策的原则和税务行政的原则。财政政策的原则又包括充分的原则和弹性的原则。充分的原则要求租税要充分，足以应付一定会计年度的经费；如税收收入有限，就不必创办。弹性的原则就是要求租税随着经济的增减而伸缩，国家公共团体的职务愈趋扩张，经费亦必愈趋膨胀。弹性的税制原则要求选择租税之中带有自然增收性质，也就是说税率虽不变，而租税的收入，可以随着人口的增殖、国家的富强、国民所得的增加、产业的振兴而自然增加。税务行政的原则包括经济的原则和便利的原则。经济的原则就是要求租税务必以最少的征税费而得最多的收入，也就是说取诸人民的税额和归诸国库的税额，其间的差异，要使之最少。便利的原理就是要求征收租税时，务必使纳税人少感不便。（二）国民经济的原则，就是要求租税不可有害于国民经济。国民经济的原则包括税本（就私人经济

---

① 周佛海：《亚丹斯密之租税四大原则》，《学艺》1923 年第 5 卷第 7 期。

② 汪炳台：《租税原则之研究》，《独立周报》1912 年第 1 卷第 1 期；野马：《租税之原则》，《进步》1914 年第 7 卷第 1 期；施督辉：《斯密亚丹租税四大原则与华格那氏租税九大原理之比较》，《钱业月报》1922 年第 2 卷第 6 期。

而言，财产和劳力是税本；就国民经济方面而言，产业是税本）的培养和保护、税源（要满足国民经济的原则，税源原则上要求以所得来充当，不能以财产为税源）的原则、税源客体（要由收入经济、支出经济和交易关系，而推定所得的所在，以捕捉税源。换句话说，就是以个人收入、个人支出、交易关系等为租税客体，以收入为租税客体的叫所得税或直接税，以支出为租税客体的叫消费税，以交易为客体的叫流通税）的原则、税源主体（税源主体就是纳税者，然而纳税者之外，还有负税者，纳税者就是缴纳租税的人，负税者就是实际负担租税的人，最好应由纳税者纳税）的选择、租税征收的限度。（三）社会的原则，包括普遍的原则、平等的原则、适法的原则和确实的原则。普遍的原则要求租税必须课于一切人，无论任何阶级、任何个人都要纳税；平等的原则要求租税平等的分配于个人之间，按个人的经济能力而负担租税；适法的原则就是要求租税应以法律而决定，以法律而征收；确实的原则要求租税要明确规定，就纳税主体、租税客体、税率、税期、纳税所、纳税方法等制定课以准据的规定，不可含糊不清，不可随意变更。总而言之，三个原则应当一体并重。①

（二）税负的转嫁

税制的原则需考虑多种因素，或立租税系统，或选择税源，或定课税标准及其方法。但无论如何，使人民负担普及公平，是租税原则所追求的目标。而欲使人民负担普及公平，则需考察赋税的实际归宿。

按照征税的原则，税收应由纳税人负担为宜。但在实践中，一些税收可以转嫁，如商品税，商品的经营者可以通过抬高商品销售价格或降低商品购入价格的形式转嫁给他人。一般而言，可以转嫁的税收为间接税，不能转嫁的税收则为直接税。具体来讲：（一）以人身财产或一般所得为课税对象的税收，其负担直接归着于纳税者。（二）以部分所得为课税对象的税收，一般情况下其负担直接归着于纳税人。但所得收受者的竞争力，若比所得给付者强，则此租税可转嫁，间接归着于所得给付者。（三）以财产管理的收益为课税资源，一般情况下其负担直接归着于纳税者。但财

---

① 周佛海：《租税应据之原则》，《东方杂志》1923 年第 20 卷第 24 期。

产所有者之竞争力，若比财产利用者强，则此租税可转嫁，间接归着于财产利用者。（四）以交易货物课税课税对象的税收，一般情况下纳税者增加价格转嫁，其负担使归着于最后取得者。（五）凡课税对象需求大者，其转嫁较易，需求小者其转嫁较难。（六）凡课税对象供给大者其转嫁较难，供应小者，其转嫁较易。（七）凡经济上的竞争力强者，其税收转嫁较易；竞争力弱者，则转嫁较难。（八）凡租税的数额及税率高者，则有转嫁倾向；低则不然。①

（三）税收的作用

欲维持一个国家的生存与发展，则必有经费；如人人不肯纳租税，则经费无着，而国家也难以维持。从这个意义上说，纳税是每个国民应尽的职责。但数千年来，中国人民长期笼罩在专制的淫威之下，长期遭受国家的横征暴敛。对其而言，减轻租税的剥削是最大的梦想。在近代，由于现代税制的熏染，开始有学者从税收的本质去认识和理解税收，对于税收的作用和影响有着较为深刻的阐述。

在当时，有学者认识到税收不仅可以增加国家的财政收入，更为重要的是租税在抑制豪强兼并、矫正社会风俗与助长经济发展方面也起着重要的作用。因此，应积极发挥税收的作用，改造传统的税收体制。

1. 租税可以谋平民之幸福，而防豪强之兼并。租税种类贵多而不贵少，而在古代中国最不公平的就是赋税负担极不平均。中国历来租税，都是由有田者负担，而富商大贾，拥资千万，则可以不赋一铢于国家。在土地所有者中，真正负担赋税的也是自耕农而非殷户。故中国真正负担国家经费的是贫苦大众，富豪商贾则负担甚微。因此，中国需利用租税作用，多增加税种，以减少贫苦农人之付出。其利有二：（1）增进国家收入，调节贫富差距。为矫正富族财富世袭制度之跋扈，唯有实行遗产相续税，而辅之以累进税率。于国家则可得以巨额之收入，于穷民所负担之租税亦可豁免减轻，贫富之间的差别也可由此而缓解。（2）抑制财富集中，增进贫民福利。国家征收累进税，可以遏制富族财产集中之倾向；而国家取于富

---

① 戴正诚：《租税负担之归著》，《谠报》1913 年第 4 期。

族的租税，还可进行转移支付，为普通人民谋幸福。因此，欲谋中国平民之幸福，则租税之种类，宜求其繁多，而不宜简少。凡累进财产相续税（继承税）、累进所得税、资本税、财产税等，应全行实施，将国家经费之大部分，移于富者之肩上，以大大减轻贫者负担。

2. 租税可以防遏国民之奢侈，而矫正社会之风俗。国家成立之根本，为养成朴质善良的民德。勤俭善良是民德的重要表现，奢侈放荡则是民德的对立面。欲使整个社会摈弃奢华而崇尚俭约，其方法虽有万端，而租税之作用也为一重要手段。欧美国家为矫正社会风俗，而对一些奢侈消费品重课，如酒税、吗啡税、鸦片税、珠玉器皿税等有害奢侈品，皆课以消费税，以达寓禁于征之目的。从这个意义上说，则租税之力，与教育起同等作用。风俗奢侈为国家最大忧患，因此中国的租税征收，不仅要有财政目的，当亦有教育目的。而其适用于教育目的，则是征收奢侈品税。征收奢侈品税，不但可以使政府增加收入，可还以为人民谋幸福，而骄奢淫逸之风，或因此而得以稍戢。

3. 租税可以警戒国民之游惰，而助长经济之发达。国家财富的增进，全靠国民勤勉力作，以从事于各种生产活动。如人人各思活动，人人各有职业，则全国经济，自可繁荣而进步。欧美列邦的国民经济之所以发达，而中国所以落后者，主要在于彼国之民，勤劳者多而游惰者少，中国之国民则勤劳者少而游惰者多。当时的中国社会，普通家族能执职业者仅一二人，其余则皆安坐以待食。闲惰者较多，导致国家财富无法增进。而欲转移此风俗，征税为不二法门。欧美各国征收消费品税，其税目中有畜犬税、俱乐部税之类，即警戒国民游惰之意。因此，一国租税，其财源多取于勤民者为恶税法，其财源多取于惰民者，为良税法。在析清税法良恶界限后，则对于一部分租税，应采用警惰政策。而制定警惰税目，足可驱多数人民汲汲于勤劳活动之途，对于国家经济之发展，必然产生重要的影响。①

19 世纪以前，租税的意义无异于被征服者所纳之贡赋，纳税者为社会所贱视，于纳税之外，不享有任何对等权利。欧洲大革命后，纳税者始

① 《论租税可以利民》，《北洋政学旬报》1911 年第 34 期。

有参政之权，可以监督国家财政。然租税的意义，虽小有异同，而大致仍循旧惯。19 世纪以后，欧洲诸国财政制度另开新纪元，租税的意义开始转变。特别是在 19 世纪下半期，学者对于税收的注意点，不仅在于以公平负担国费为目的，而且以租税制度矫正社会上的种种不公平。在这种情况下，租税已不仅作为收入而存在，而且挟有其他种种新机能。主要表现在五个方面：

1. 财富边际价值大小的合理处置，有利于缩小贫富差距。租税所征取的财富，其价值大有分别。根据边际效用理论，财富在富人之手，其边际效用较之在贫民之手为小，因富民多财，多则不重，故其价值小；贫民寡财，寡则可贵，故其价值大。以往的租税，无论贫富，均一体同征，甚或因税负转嫁，富人所纳税往往少于贫者。财富边际效用大者为国家租税所吸收，而用之于各政费；财富边际效用小者，反免于课税，而财富无所减少。因此，国家庶政支出皆为边际效用价值大的财富，价值小的财富遂得到积累机会，越积越多，结果其价值更小。根据这种原则，国家应向边际价值小的财富征税，但由于以前的税制反其道而行之，不仅违背经济学的基本原理，而又成为社会上各种恶因滋生的导火索。欧美各国的税制改革，对于财富价值大小的处置堪称尽善尽美。如所得税有免税额，有累进率，有生活费扣除，其于财富价值上，始免于以前的违悖行为；且多取于富人，从价值上言之，所取者乃价值较轻的财富，无悖于经济学原理；从个人感觉言之，富人纳其些许，直如太仓之一粟，置之固可以使财富更能增殖，但减之亦不能损其为富；从公平上言之，取之富人，于其富少有损蚀，然贫人因此可以免于课税之困。因此，不但可以使财富价值不至于颠倒悖谬，又于缩小贫富差距，而且对将来劳资冲突，也可起到一定的抑制作用。

2. 征税原则的兼容并蓄，有利于社会财富的合理分配。租税之征收，有以财政原则为标准者，有以国民经济原则为标准者，有以社会原则为标准者。第一标准，只以收入为主旨，其他皆不计虑；第二标准，只以经济环境为依据，虽与收入有关，但非重点；第三标准，则以公平为定夺，而不考虑其他。以前的租税，主要藉资第一标准，主要立意于国家收入，也有可能涉及国民经济，但从不会注意负担的公平。而近世的税制，与从前迥异，纯从社会关系立脚，采取公平的原则；其目的不仅在于收入，收入以外，且注意财富的分配，利用租税制度合理分配财富，复利用租税制度，使贫民有乐生之途。

3.税制的合理选择，可以使经济能力永存不绝。传统的税制以财政的原则而设施，其目的在于多得收入，至于税收影响于国民经济与社会繁荣的利害如何，则不在考虑之列。故其为增加收入而设置的租税，必为多而易集的课税对象，而具备这种特征的当属生活必需品。人民对于生活必需品，无论贫富，其需要均无轩轾。课税于此，富者负担固无所觉，而贫民则有不胜承担之苦。且贫富悬殊，而使其承担同等租税。若以日常生活的费用观之，则贫人日为口腹所累，无更多的余力去增殖财富，必然造成一般人民生活愈加困难。而富人饱食终日，不能体会生活的艰辛，财富有盈余乃沉浸于过渡娱乐，挥霍财富于非生产之途。国家行此税制，于收入固无可虑，但一方面普通民众因日为生活所迫而无法在生产上扩大规模，一方面是富人对财富的挥霍日甚一日，对于未来经济上的发展事实上蒙受两重损失。近世租税所含之新机能，重征奢侈品而已。从理论上讲，奢侈品税收并不重，而重在永蓄国家的富源，保留国民的生产能力。

4.税源说的进步，有利于产业的发达。租税进步的关键在于税源说的变更。从前租税的缺陷是将课税对象与税源并为一事。故其所税，无外乎产业关联物。课税于产业，无异于剥蚀其一部分产业，岁岁剥蚀，其产业必历时而尽，其课税对象也会因此丧失，国家最后也会无税可征。随后也有以一国总收入为税源者，即课产业之总收入，而于产业本体则不过问。然总收入中尚含有生产成本，为满足国家需求，对总收入全额征税，而不扣除生产成本，人民必分割一部分财产，以维持其事业运转，结果亦必影响产业的发达，甚或造成产业退步的可能。近世租税的税源，已舍弃以总收入作为源泉，而代之以纯收入。纯收入即于每岁所得的总收入中，除去必需费用，而以剩余部分作为税源。此种税源，因有成本的扣除，应税收入部分可视为暂时不用之资金，对产业的发达影响甚微，故亦不影响国家的财政收入。纯收入中又有财产所得纯收入和勤劳所得纯收入，财产所得纯收入收入比较容易，故税率较高；勤劳所得纯收入，全赖个人劳动，人生病死亡，收入随之中止，故其税率较低。因此，近世租税制度，对于纳税者的能力详加考核，不但考察其应税能力，而且观察其纳税以后生活上所受之影响，必使全无流弊而后实行。

5.税率法的改进，可以顾及纳税人的负担能力。租税进步，助其成者，乃税率法之改进。以往的租税，均采用比例税率，税率既定，无所变易。比例税率无论其收入多少，均按固定的比率纳税。自经济学家关注财富分配以后，租税已由比例税率而演化成累进税率。所谓累进税率，课税率不定，常随课税数额的增加而累进。累进税率兼及个人纳税能力，富裕之人，其纳税能力大，故其税率亦高；贫苦之人，其纳税能力小，故税率较低。①

二、税收分类

当时出现的税收类别，虽具体名目上言人人殊，但大体有两种分类方式：一种是以税收来源分；一种是按税负能否转嫁区分。

1.按税收来源分，可将税收分为收入税、人税、消费税、财产转移税四种

（1）收入税

收入税是对财产、所得等收入征税，分为土地税、家屋税、营业税、利子税（利息税）、劳力收入税五种。土地税是对土地所得收入课税。家屋税对于由家屋而得的收入课税，分两种情况：一为供住居之用，如住宅，无论自居与出租均须纳税；一为供营业之用，如店铺。但店铺的税率较住宅为高。家屋税征收标准有五种：以门窗之数为标准，如法国以门窗户牖为主，辅以房屋面积及楼阶层数；以买卖价格为标准征税，如德联邦的瓦登堡；以赁借为标准，奥地利、法国均采用此制；以宅地面积为标准，德联邦有用此法者；多设等级以为标准，此法兼采以上四法综合考量。普鲁士之家屋税为地方税，征收方法采用第三、第五两种。营业税对营业

---

① 铭礼：《近代租税之新机能》，《银行杂志》1925 年第 2 卷第 14 期。

收入课税，主要征自工商业、交通业、保险业及服务业等。赋课方法如下：以营业者纯收入为标准；以推定纯收入的外部事项为标准，如资本总额、器械数量、雇佣人数、制造数量、原料消费额、销路广狭等。利子税是对有利子收入的资本家所课之税，如对公债、利息课税。其征课方法有二：直接向债权者课税，间接向债务者课税。劳力收入税对由精神或身体的劳力所得的收入而课的一个税种，负担此税者有官吏、公吏、公司办事人员及其他劳动者，或自由职业者。收入税有两个优点：收入税以土地、家屋、营业为征收对象，收入较为稳固，且易于征收；收入税岁入国库有定数，虽乏于弹性，但国家有确实的收入。其缺点有四：（一）课税不能与纯收入相合；（二）赋课标准不同必生不公平之结果；（三）不便参与累进税；（四）对人征税能斟酌个人情况而分其轻重，对物税则不能恰如其分地征收。

（2）人头税

人头税大体分为两种情况：以人为标准征税，如人头税、等级税等；有以财产所得主体为标准者，如一般所得税、一般财产税等。人头税是课于个人同额租税，而不做财产或所得多寡为分别，此法盛行于古代。等级税由人头税演变而来，即于一定年龄之男子分为数级，同一等级课同量税收。等级税有单制、复制之别，如分为华族、士族、平民，而课三元、二元、一元之税为单制；如按农、工、商分类，又各分农工商为若干等级，是为复制。一般所得税者，集合各种所得，对于享有的主体（目的人）所课之税，英国、奥地利、瑞士、普鲁士、日本等。其赋课方法如下：（一）纳所得税者为自然人和法人，自然人是本国人、居住本国的外国人等，法人又分公益、私益，私益则课，公益则不课。（二）以纳税人自然申告为基本方法。（三）需设一定的免税点，以保障个人生计。（四）采用累进税。（五）行一般所得税时，由财产所得者加重其税。（六）斟酌纳税人情况而量为增减。（七）不设固定的税率。一般财产税以财产为目的，对于财产主体所课之税，虽以财产为标准，然仍以财产所得为税源。财产税需有一定之免税点、采用累进税及使人自为申告。

（3）消费税

消费税以使用或消费有形无形的消费品为标准，对于使用人或消费人所课之税。消费税按人类需求情况分为三种：必需品如米、谷、盐、炭等；有用品如茶、酒、烟草、砂糖等；奢侈品如绢丝、车马、奴婢等。按征收方法分为两类：直接消费税如乘马、牲畜、犬税之类；间接消费税如烟酒税之类。按地域分国内消费税和关税。

（4）财产转移税

财产转移税指对财产转移或可引起转移的行为所课之税，有有偿转移税和无偿转移税两种。有偿转移税分三种：（一）不动产转移税。即不动产买卖抵当等，按价课税，如日本的印花税、登录税等。（二）动产转移税。以金钱受取、证书为最。（三）契约税。就买卖雇佣及其他种种契约而课之税。无偿转移税包括相续税（继承税）和赠与税。相续税即对于本人死亡后的财产继承者所课之税。征收相续税要考虑如下因素：相续税目的物以遗产全体除去依于相续所生负担；需除去最低生计费用（如日本遗产相续不满 500 元者不课税）；需以遗产多少为标准，短期之相续应减轻其税率。如转移于公共事业及慈善教育等类，则不需征课。赠与税是对生存者之间赠与行为的受赠者所课之税。①

2.按税负能否转嫁分，可以将税收分为直接税和间接税

（1）直接税

直接税有两种：（一）量度个人身份而课其所得，即所得税。（二）于其各种所得的来源而课，如地税、家屋税、营业税、资本税等。直接税有三个优点：按纳税者的财产及收入比例征收，体现税收的公平原则；财源稳定且可按需增加税率，可保地方支出的稳定；征收简便，一次考查，每年须依其所列，斟酌损益而征收，且通税监督之法，亦极省事。直接税亦有其缺点：（一）直接税难赋课于细民。直接税的主旨，使纳税者比较巨大的收入或所得定期上纳。故中等收入以上者，在履行纳税义务上，诚无所苦。若在穷乡耕夫，劳苦四体，所得仅能维持衣食，而欲使其定期上纳重税，其力实有不逮。若强迫缴纳，必然贻害无穷。（二）课税基础狭隘。以个人收入为基础的所得税，若及于收入微薄之细民，势亦甚难。（三）

---

① 汪炳台：《对于各种租税之评论》，《独立周报》1912 年第 1 卷第 6 期。

直接税缺乏弹性。如土地因人口繁殖、经济发达而增值，而税额仍保持如故而不作变动，是其无弹性的重要表征。

（2）间接税

间接税有两种：（一）课于烟草、酒类、砂糖等消费品；（二）课于交通贸易物品。

间接税的优点有三个方面：（一）富有弹性。间接税依据人民生活程度，而课诸一定的行业，故收款有弹性。即便减少其收额，虽于财政有所不利，但能与人民生计程度相埒，可收经济自然增长之利。（二）征收普遍。间接税能普及于齐民，上自显宦，下至普通民众，均可按照其消费能力，而负担相应之税。与直接税由富民负担其大部相比，无偏重之虑，征收较易。间接税纳税人因其所征甚微，且可以转嫁于他人，纳税人不觉为苦，故缴纳也绝无难色。间接税的缺点亦有三：（一）税负不公平。直接税需衡量纳税者的财力，以求赋课公平。间接税则以个人物品消费为比例，而不顾及贫富的差别。如油、盐、茶、酒之类，富者一年所需，与贫者相差不大。然贫者岁入只有百金，亦必纳若干税额；富者收入巨万，亦仅纳若干税额，殊失公正之原则。（二）妨碍经济的发展。间接税征收法烦琐，或课诸生产领域，或课诸流通领域。如征税者，又需考虑商品性质、价格、分量，未免有害营业自由；且法律规条严密，营业者束缚手脚，将失去自由竞争之心。如关税监查物品，每恐调查疏漏，常令缴纳纳保证金以为抵抽者，如此，则大商人虽易输纳，而小贩本金有限，将不胜其害。[1]（三）收入有限。间接税无固定收额，常视经济的消长以为增减。若欲以此济通常之费用，不免有匮乏之虞；且或遇事变，欲增大其税率，在经济没有增长的情况下，必将暗损民众的消费力，而转致财政收入减少。[2]

（三）各国地方税类别

岁入按税收来源划分：一为独立税制，即国家与地方各有独立之税

---

[1]　王琴堂：《地方财政学要义》，《北洋法政学报》1907年第26期。

[2]　王琴堂：《地方财政学要义》，《北洋法政学报》1907年第27期。

目。如德国，其地方独立税有企业税、筑用地税、土地增值税、地税、家屋税及营业税数种；一为附加税制，全国税制均定为国税，地方税附加于国税征收。如法国，地方税附加于国税上的税目有未筑地税、既筑地税、人别动产税、户窗税及营业特许税等。此外，仅有零星税源。一为折衷税制，即折衷独立税制和附加税制，一面采用独立税制，一面采用附加税制。日本地方税采用折衷税制，一部分附加于国税中的地租、营业所得、矿业税等征收，附加比例有最高限额；除附加税之外，另设地方营业税、杂种税、户割税、家屋割等特别税。[①] 手续简捷、计算简便、财权统一乃独立税制所长，其弊在于税率复杂。确保税源独立、划定财政界限、弥补国税欠缺，乃附加税制所长，而其弊在于如中央无统辖之力，则易滋地方分立之势。相较而言，折衷税制兼二者之长，当属最善。[②]

1. 英国地方税

英国地方区划为州、区、村（市）部区，其中州和村（市）部区为自治团体。英国税制较为错综复杂，如寺社护法区之税，其中最重要者，为充救贫费之所征。此税名义是为区贫民提供房屋、食物、衣服及工作所需的器具等物品，实则大半供给区内公共用度。除此基本税之外，尚有附加征收的若干地方税，如道路修缮费、公众卫生费、坟墓费、市街扫除费、屠畜场费、运河下游河岸及海岸堤防经费、修理寺社等费。至于贵族领地的地方税，则在核定地方公共经费之后按需征收；其费目较重要者，有桥梁费、监狱费、押解犯人费等。市府经费中的特定费目，有市街番役费、监狱费及图书馆费等。

英国课税方法，无不以救贫税为准绳，按比例课征，故其法简单易行。英国地方税的源泉，基本上以不动产为主，限于土地、房屋、山林等，很少课及动产。其间有课及动产者，或因若干地方应用之收款，具有临时性质，而非经常性征收。在英国，凡有土地与他项不动产者，无论其为借主，皆需一体纳税。英国的地方税制，以直接税为大宗，其征税官吏

---

① 《论田赋不能附加地方税》，《民国汇报》1913 年第 1 卷第 4 期。

② 贾士毅：《划分国税地方税私议》，《东方杂志》1912 年第 9 卷第 6 期。

有一定的独立性，不受中央政府牵制。①

2. 法国地方税

法国地方自治区域为县、市町村。地方税采用附加税制。法国县与市町村的地方税，直接于国税项下征收；市府经费如有不敷，则以特种税补充，即入市税。法国的入市税论其性质而言，并非良税，有窒碍流通、阻害商业之实。在征收入市税时，必守其区域四周，严稽出入物品。特别是在道路四达乡村，殊多不便，必须多设税关，稽查输出输入，因而征收费用，日益浩大。而且全国入市税不能一律，往往随地而异。

法国地方税附加税收款费目，分为义务、随意二种。此外，有特别附加税及临时附加税。特别附加税，主要供县经常开支，如小学校等经费，其余则为随意附加税；临时附加税，乃限于创办大事，或购入不动产时带征。其赋课之法，则以地租家屋税、人税、租屋税、营业税等四项直接国税为标准征收。至其市町村附加税，亦分经常、特别、临时三种。经常、特别两类，按四项国税附加征收。临时一项，其征收次数，则以法律另定。

法国市町村税目复杂，有马车税及犬税。犬税为市町村绝好税源，而征收税率分为二等，其高率者，乃征于宠物犬和猎犬；低率者，课于看守犬，如导引盲人、守护屋宇之犬；税率在一法郎以上、十法郎以下。

法国亦盛行夫役，以充市町村交通要道的修筑费用，其征收方法由纳税者自主选择，或缴纳金钱，或代以夫役。法国道路修筑费用以夫役代者为多，故其道路平治，为他国所艳羡。②

3. 普鲁士地方税

普国地方行政区划，分为州、郡、邑三部。州税预算中较为重要的支出，有铁道车道等道路费、农业奖励费、救恤费及州厅经费。各州虽有州费及他项政款，实则以所拨国帑为主；其课州税是在国帑不敷支给之时课征。此时必须由州议会议定用额，在其州部国税项下附征。

---

① 王琴堂：《地方财政学要义》，《北洋法政学报》1907 年第 29 期。

② 王琴堂：《地方财政学要义》，《北洋法政学报》1907 年第 29 期。

郡税以郡有财产、国帑拨助及郡收入集合而成。郡税主要是地租家屋税、营业税、所得税。此外，郡有收官吏税之制，将官吏年俸多寡分为三等，一等收百分之二，二等收百分之一点五，又三等收百分之一。

邑税中岁入最巨者为租税。邑的地方税，以附加于地租者为第一，其他虽附加若干于营业税征收，但征收营业税时，会酌量地方情形，如生计微薄，则免于征收。在较大的市府，则征收一定的所得税。凡在本地居住三月以上，或虽未居住，而在该地有地段或营业场所者，均需缴纳所得税。但收入微薄之人、兵士、教士、小学校员等人免于征收所得税。如邑中有营缮，或道路、桥梁及运河等工程，可临时课征夫役现品。除此之外，邑中尚有屠畜税、入市税、犬税、据场税、舞蹈税及其他游技场税等。[①]

4. 日本地方税

日本地方区划为府县郡、市町村，皆为自治团体兼行政区域。日本地方财政，取折衷主义，以特别税为主，而以附加税及国库让渡金补充。府县税以附加税为主，市町村以特别税为主。

府县附加税，则指定其附加类别，且限定其附加最高额度。府县特别税，以户数割（门捐）、营业税、杂税为主。杂税以 13 种为限度，至于杂税种类及税率，需随时报告中央官厅定夺。日本不允许府县自行设立特别税，以免府县滥用强制权。

市町村附加税，规定于市町村制，以国税与府县附加税及各种府县特别税为标准。市町村特别税，由市条例及町村条例中规定，与国税、府县税无关。但此等条例的设定变更及税目税额兴灭增减，必经中央官厅许可，方可实行。[②]

---

① 王琴堂：《地方财政学要义》，《北洋法政学报》1907 年第 29 期。

② 宋仲佳：《地方财政上下篇（承前号）》，《湖北地方自治研究会杂志》1909 年第 6 期。

第三节　近代地方财务行政

地方的财务行政，主要有三个程序：一为预算制度，主要为划定期限范围，确定公共经费的类别及筹集方法；二为金库及簿记制度，主要是收贮岁入，支给岁出；三为决算制度，施行预算，并证明及确定年度收支状况。[①]

一、预算制度

在财务行政中，预算最为重要。公共收入，以收支相合为原则。如收入过多，则人民不堪重负；如收入过少，则陷入财政拮据之境。欲使收支相合，对于收支方面，不能不加以预为计算，设置一定之计划。预算既成，然后责令财务人员照数收支，以与最后决算，不相差过远。"财政秩序，如此维持，庶百务进行，有所依据，而财政基础，亦可期巩固。"[②]

（一）预算之编制

预算之编制，首重"精密而简明"，一切收支及财政内容均应一目了然，其格式亦应整齐划一，各部分预算收支，均应有一致的分类。地方预算编制，各国制度不一。但大都遵循三个原则：一是计划原则。预算是一年度的收支准绳，必须依照社会、经济、政治等各方面的情形而编制。二是经济原则。经费支出，应根据各项事业在当时的轻重缓急而妥为分配，税源应取于国民所得，而非侵及人民的基本财产。三是满收满支原则。一切收支都应编入预算，既可显示整个财政真相，又可杜绝弊窦。[③]

地方政府预算由行政机关编制，但预算的议定权限，属于立法机关。国家及高级地方团体，可以以命令指定或修改地方政府的预算。各国地方政府预算的议定权，咸属议会负责，议会再依据国家所赋予的权限，按照规定程序依法议决。预算公布之后，地方政府即负实行之责。

地方预算及会计制度，各国互有差别。英国虽无专门的地方会计法

---

① 　[日] 小林丑三郎著，姚大中译，卢寿篯校注：《地方财政学》，第43页。

② 　朱博能：《地方财政学》，第123页。

③ 　朱博能：《地方财政学》，第125—126页。

规，但其制度设计较为周密细致。英国财务行政，无论是国家或者地方，
均依据预算承认权而行使。也就是说，议会既承认官厅的预算之权，则官
厅应根据立法上的委任权而支给岁出；并按国家认可的方法，征收岁入。
官厅固有税民之权，但如收支方法不当，纳税人可提起诉讼以捍卫利权。
因此，在预算实施之前，地方官厅需要公示经费的额度及支出方法；如加
征租税，其征收方法及征收范围，须经治安判事核准①。另外，预算编制
周期为一年还是短期，也无统一的规定。英国预算的实施，除由国家官厅
（地方政务局）监察外，又通过年度决算予以纠正。因有国家官厅的检查，
再有决算制度的加持，英国的地方预算编制及金库事务因而整备，收支分
类亦能统一。其编制精密，宏纤毕具，反为他国所能不及。

据法国的自治团体法及各种律令规定，县邑的预算应按照预算标准编
制。在法国，预算不仅是收支预计，而且视为法律之一种。如县邑自治行
政官编制县邑预算，县议会邑议会决议预算，县知事核议各邑预算，及以
饬令核定县及大邑预算，均依照法律程序进行。而且，预算实施顺序，也
有精密的规定。如邑长于每年4月中旬编制翌年预算，五月中提交邑会，
邑会应在新预算年度开始前讨论及票决。县预算应于每年8月中县议会召
集开会十日前，提示县参事会，并于八日前以此预算及县知事之报告，分
送县议会议员。如在年度开始前，未经议会议决时，则以前年度预算十二
分之一，续办经常政务。

普鲁士市村的预算，在1897年以后按市村制规定编制。根据普鲁士
地方法规，地方行政官厅常有决定年度预算的职权及义务。但预算外支
出、特别决定支出，并超过预算的支出，须经地方自治代表承认。地方行
政官厅（村长、市长、县参事会、州参事会）必须于新会计年度开始前编
制预算，草案呈交地方自治代表的期限，市一级有三个月、六个月、九个

---

① 17世纪之初，英国州政由豪族选出之无俸官吏治安判事掌之，以确定地方自治之
基础。1832年实行代议制度后，治安判事袭州监之权势，兼掌行政及司法，统属地方一切
官吏者。1834年、1835年改革地方制度，治安判事权力有所削减，其职权约分七项：编制
民兵、征收地方税、监督寺领、治安警察、关于行政之警察及裁判、民商细故之裁判、违
警罪之裁判。治安判事执行政务，有一人主政者，有以二人会议处决者，有经特别会议者。

月前之别，州县及邑皆不规定期限。预算发布前，须经地方议会票决。确定之后，亦需呈送监督官厅，但无须经其特别承认。

日本地方预算编制、提出议决、检查决算及中央监督等程序，各以地方自治团体法行使。府县郡预算形式、分类、金库、移挪及余计，由内务部规定；市町村则仅以预算形式和分类由内务部规定，会计规则则由县知事训令定夺。按照府县郡规定，府县郡预算由府县知事及郡长编制，并于年度开始前将预算及各种财务表提交府县议会及郡会。预算中的继续费及特别预算，由府县议会及郡议会讨论决定。但确定之后，府县应报告内务总长，郡应报告府县知事。内务总长及府县知事认为有不当之处，可以加以削减。按照市制町村制之规定，市町村编制预算，由市参事会、町村长负责，并于年度开始前二个月将预算及市町村报告书及财产明细表提交市町村议会，由其决议。决议后报告府县知事及郡长，再行公布。同时，将预算中应经监督官厅或参事会许可事项，照章呈请核准。按市町村制，议会决定预算，监督官厅不能任意削减。中央政府对于预算的重要部分，亦有修正权及执行命令权。①

（二）预算年度

预算编制过早或过迟，皆不适宜。过早则预测不准，必多变动；过迟则无充分准备时间以求内容的详细完备。从原则上来说，预算编制期、议会通过期与开始实行期，不应相距太远。且编制预算与通过预算期间，应力求其短，始能确保预算真实，增进行政效率。

预算会计年度，主要有历年制、四月制、七月制之分。每年1月1日起者，有法国、比利时等国；在4月1日起者，有英国、日本；在7月1日起者，如意大利、美国等。预算年度开始期的确定标准，不外乎社会、经济、政治三原则。所谓社会原则，即收入应在国民经济宽裕之时；所谓经济原则，收入应在旺盛之时；所谓政治原则，即年度之开始，须与立法机关开会日期相近。②

---

① ［日］小林丑三郎著，姚大中译，卢寿篯校注：《地方财政学》，第43—47页。
② 朱博能：《地方财政学》，第127页。

地方的预算年度，应与中央保持一致。各国的地方预算年度，法国的最为完备，英国次之。德国各地无统一的规定，地方行政部门不同，预算年度也各有差异；预算期间的终限，也无统一之规定，往往视政治社会进步发达程度、国家财务与地方财务、上级地方团体与下级地方团体之关系而定。因此，地方税与国家税的关系，往往决定一国之地方预算期限与国家预算年度是否一致。法国以国税附加税为地方收入的主要来源，因此，国家预算年度和地方预算年度全国一律。预算年度为历年制，以 1 月 1 日起 12 月 31 日为止。英国的地方税与国税无直接的从属关系，其地方税主要以不动产收入或收益价额为基础。而按年以计之，必采用一年预算制度。而且自治行政革新以后，英国为监督地方财政而采用年度计算及编制预算，已有统一各地方会计年度始期的征兆。但事实上，英国各地方团体间以及各地方与国家的会计年度，尚未完全相一致。

在普鲁士，只有郡采用一年预算制。按州市及村条例规定，州市村于一年制之外，需编制三年以内之预算。然征之事实，这种规定仅仅适用于州。因各州议会，按例每届二年开会，故州预算年度，亦采用二年制。但其预算款目分为第一年度第二年度，按年编制，州议会对于全体预算票决以通过。各村预算也不采用一年制。随着德国税制改革，各地方与国家预算年度的始期，逐渐趋同，俱采用一年制。

预算年度确定以后，本年度支出应以本年度收入为限，或收入多少支出多少，收支应当相宜。但事实上，收支不一致时有发生。（一）预算年度内收支未尽实行，而存有余计。（二）预算年度内收支命令未尽颁发，收支不能适合。（三）预算年度内因政务性质及事实上之必要，而有预算以外之支出。预算年度的余计，涉及未收未支部分的清理；收支不相适合，牵涉到剩余或不足的处分问题；超过预算外之支出，则以临时预算为之弥补。①

（三）预算的形式及科目

预算形式，以综合各行政部类，编一总式预算为原则。地方自治团体

---

① ［日］小林丑三郎著，姚大中译，卢寿篯校注：《地方财政学》，第 47 页。

如有特别事务，需编制特别预算，但不能割裂地方经费而另编预算。预算因反映各行政部门的经济状况，必须通览各行政部门的收支而编制。综合各部预算为明细预算，复以明细预算之收支汇编总预算。其编制形式，或用各部预算原形，以各项经常及临时预算顺次排列；或变更原形，分别经常与临时以编制。各国所采方法各有不同，但大多数仍用原形，其分类到某项某目而止。在格式上，首列经常收支，次列临时收支，终列收支总额，附收支之节目，并于总式预算外，附编各部门单纯预算。

英国的各科预算无统一标准，各按地方官厅的各类法律以编制。各州普通行政经费主要有州署维持费、州吏俸给及恩给、州厅行政经费、国会及诉讼费四项，收入则来自于国家寄赠金及官厅分担金；特别支出有州警察费、教育费、病狂院补助费、道路桥梁费等，此等经费的收入预算，仅列部分，主要是警察收入、维持囚犯费及技术教育费等。州预算的临时部（即公债预算）则于收支两部，各按公债使用途分别罗列，如癫狂院、警察派出所、州署桥梁等。此外，有特别会计预算，主要为警察基金，包括手续费、一部分国家寄赠金以及各市自办特别警察行政补助金等。市预算科目与州预算略同，但无桥梁费及道路费，而有学校、图书馆、博物馆、学艺馆等费用。区有村区和市部区两种，村区职责大都以法律规定，市区则按照卫生条例，作为卫生及道路官厅而设立。村区预算有两种；一种是村区会以其向有的卫生官厅职责而编一预算，一种是作为道路官厅而编一预算。市部区则合二为一。

法国的预算按经常及临时两门分别编制。法国村区的经常预算门类大致分为七种：普通自治行政经费（包含征税费等）、对于国家的支出（军人入营经费及分担费、遗产税经费）、特别自治费（如财产维持费、村区街道维持费以及扫除、洒水、警察、牧场及林野看守、消防制度等费用）宗教费、公共教育技术费、支道维持费、公共救护费（癫狂院、养育院、贫病养护、慈惠病院及救善局补助费）。临时岁出预算为建筑物支道、各种公共工事新筑改造修缮，以及公债支给等费，其临时收入及直接税及入市税之附加收入。县经常收入预算为本县确定的附加税、本县浮动收入等三种，每部分列各种科目。临时预算收入亦有三，分别为直接税之临时附加税、公债及其他临时收入。各县岁出经常预算分为16项：第一项有四目：（一）知事公署费、县教育会及学生监督部维持费用；（二）宪兵队入营费；（三）重罪裁判所、民事、商业及治安裁判所费用；（四）选举费及陪审员经费。第二项为财产维持及其他一切经费。第三项为道路之管理及维持费。第四项为支道维持费。第五项为儿童养育费。第六项为癫狂院经费。第七项为其他救护经费。第八项为宗教经费。第九项为县记录经费。第十项为奖励技术及学问经费。第十一项为农工业经费。第十二项为各邑补助费。第十三项为卫生会费、传染病预防费、知事副知事俸给之本县分担金、并退职官吏之保护费等。第十四项负担前年度救护经费超过预算之不足额。第十五项为教育经费。第十六项为土地台账经费。第十七项为一切临时附加税支给经费。第十八项为公债支给经费。第十九项为其他临时收入支给经费。

　　普鲁士地方团体的预算标式，与法国不同，且不如英国受中央政府的严密监督。普鲁士各州预算标式无统一规定，只是各按其支出内容，以定形式上的分类。由于市村行政范围繁杂，其预算标式也较为复杂；且其总式预算，亦不确实履行。如普鲁士模范州柏拉特鲁西，仅就中央行政及其直辖行政事务而为总式预算，至于癫狂、白痴、感化、村落、贫民及强制教养等事业，则仅于岁出部中，揭载单纯的补助支出额；其总式预算，必查考特别预算而后才能有所了解。

　　日本的府县预算为警察费、土木费、会议费、卫生及病院费、教育费、郡署修缮费、郡吏俸给旅费及署中杂费、教育费、遇难破船拯恤费、各种文告费、劝业费、府县征税收费、府县署修缮费、府县署监狱费、府县署监狱修缮费、众议院选举费、府县吏员费、财产费、预备费等20种。临时岁出分为土木费、郡市町村土木补助费、郡市町村教育补助费、某项继续费本年度支出额、府县公债费等五款。各郡岁入分为五款：前年度滚存金、府县补助金、寄附金、财产变卖价金、郡公债；支出分为九款：会议费、郡吏员费、土木费、教育费、卫生及病院费、救助费、劝业费、财产费、预备费。临时岁出分三款：土木费、某项继续费之本年度支出额、郡公债费。市町村岁入无经常临时之别，分为五款：财产收入、使用料及手续费、杂收入、前年度滚存金、市町村税。岁出部有经常临时之别。经常岁出分为十一款：市町村公所费、会议费、土木费、教育费、卫生费、救助费、警备费、劝业费、市町村税及负担费、市町村公债费、杂支出。①

二、金库制度

按各国通例，地方财政上现金出纳，由地方金库掌管。故以原则言之，必予金库以特别权力，使其与地方财政命令机关分立。例如收纳租税，或以预算确定，而予以收纳全权；或分别各税而予以收纳之权。其掌理职务，实有赖于地方机关或国家机关的辅助。然就金库制度言之，则有一重要问题，即金库职务，是以地方团体的财务行政统集于一金库，还是分别各项政务由多数独立的金库分掌。这与预算标式有密切的关系，若采用分掌制度，则各金库的资金，必互相挪用，而预算标式也以多列互见科目为宜；若采用集中制度，则金库资金无须挪用，故宜删除重复科目，以免复杂。是故，金库制度的统一，亦是集合同一地方团体的各种独立预算，而编制成统一预算的重要原因。②

由是言之，金库制度为实施预算所不可缺者，不但有裨于预算之统一，而且一方面便于地方团体财产的取引、预支、拨还、存贮、支取等，一方面可以详悉各种预算科目的实施状况。而这些效用的发挥，需要编制日记簿及分载预算款项的总账，以便监督金库的收支状况。

英国的地方金库，并非由国家的官吏掌理，而由地方各种独立的行政机关分别掌管。故英国的财务行政，不能为统一的组织，各地方团体的资金，也多互相挪用。

法国直接国税的地方附加税由国家税收机关收纳，故国家收税机关负担法律上地方金库之政务。其在各邑，经常收入在 3 万法郎以上者，始准设立收入机关，国家负有监督之权。如自治团体收入官员按照预算收支，应经国家官厅核查，国家官厅颁布预算标准，以便照册办理。各种出纳命

---

①　[日] 小林丑三郎著，姚大中译，卢寿篯校注：《地方财政学》，第 52—63 页。

②　[日] 小林丑三郎著，姚大中译，卢寿篯校注：《地方财政学》，第 65 页。

令，由邑长执行。县预算施行，由知事掌管，其关于金库及簿记事务，由知事公署官吏掌理。

普鲁士金库制度之设立及金库官吏之选任，由地方官厅负责。州郡金库制度，必须按照 1857 年 6 月颁布的县金库训令办理。凡村落自治团体，以自治首长兼任地方政务与金库行政者，则由收税官员分掌金库事务，并且自治团体金库也需帮助国家收纳直接税事务。如 1841 年所得税法第 73 条规定，国家所得税征收事务，凡东部诸州所得税在 3 万马克以下，委令自治团体办理，提收入税额百分之二为征收费；所得税在 3 万马克以上的国税及西部诸州全体国家所得税则由王国郡金库征收。各市的地税、家屋税及营业税等直接国税，则依据特别的惯例，由自治团体机关征收。西部村落自治团体如莱因、普洛宾及慧司特法雷斯等村，则反是。盖王国收税官不特征收直接国税、自治团体的租税，并兼管村落自治团体的金库事务等。1893 年 7 月德国颁布直接国税征收法，修改前制，规定直接国税由各村征收。其第 16 条规定，凡直接国税、官领地收入、资本收益、银行利息、地税赔偿、公债利息等，悉由自治团体征收，不支征收费用。自此以后，东部西部诸州直接国税及地方税务之征收方法，乃归于一律。王国收税官兼掌西部村落自治团体金库事务的旧制，遂不复存在。

日本地方财务的现金出纳，由地方金库掌握。府县置总金库及支金库，郡设郡金库，其职务概由银行掌管。县郡以银行提出确实担保，使其负担纳保管之责，受县知事郡长监督，且通过定期及临时检查以纠察。至零星款项出纳，另设出纳官吏掌管，但其保管期间为时甚暂，所收现金，仍由金库贮藏而保管。知事郡长对于出纳官吏，亦可以检查以纠察。市町村不设金库，町村收入官负出纳保管之责。市则以管理公款银行掌理。至检查出纳，由市町村长行使。府县知事及郡长，兼为收支命令官，以收支命令发给正当关系人，使持向金库以出纳。市町村遇有收入，即掣给收条，并令收入官收纳；遇有支出，即令领款人出具领款书，并令收入官支给。收入官以收支事由，记入整理簿及日记簿，以备查核。①

---

① ［日］小林丑三郎著，姚大中译，卢寿箋校注：《地方财政学》，第 66—68 页。

三、决算制度

决算手续有二：（一）对预算的清理。如金库及账簿的截止期限、各类收支实数总计、金库官吏或财务官员决定的收入实数。（二）对预算实施的审查。

英国金库截止期限，国家无专门的规定，由地方官厅决定。各市预算，由市检查委员检查，每半年决算一次，并在一个月内提交各类证明，呈送地方局查核。也就是说，在年度终决后，应将市办事员之报告及认查的年度预算，在规定的时间内，呈送地方局所查核。联合区会与寺领的预算，每半年决算一次，受中央委派的区检查员检查。因英国无统一的金库法令，故各地方团体及官厅的预算难以统一。

法国的预算截止期限为年末。各邑因有余计而编制补充预算者，其编制及提出的期限，亦随时定之，余计必于五月议会中清理。故各邑行政上预算年度后的支付命令，其需发日期，以 3 月 15 日为限。至邑金库的支给期限，以 3 月 31 日为限。各县需发的支付命令，则以 3 月 31 日为限。金库支给期限，则以 4 月 30 日截止。

普鲁士地方自治团体有自定金库截止期限的权限。但根据地方自治法规定，县总金库、市村金库的截止期限，最多不得超过年度以后六个月。

预算检查方法有二：一为检查金库行政，即按照支付命令、领收书及凭证等，检查其有无谬误；二为合法性检查，即财务指挥官的命令与全体财务行政是否与预算相符。

法国金库的收支检查，在县及大邑直接由中央审计院负责，而经常收入未满 3 万法郎的小邑，由县评议会检查。证明预算施行的明细，在邑由邑长编制，在县由知事编制。编制完毕，送交市议会或州议会检查，如无问题，则由知事或县厅发布命令，宣告预算实施合理。

普鲁士莱茵诸州，由村落自治团体计算，先交付村长检阅，次由村会检查，复次而受终决的确定。此外诸州，则检查计算及终决确定，悉任地方自治团体自由行使。但关于正确计算的检阅及各科目证明，通例由地方行政机关行使，即大市由特别审计局负责，各州由州长任命之审计官负责。凡关于审计上异议决定、事后检查及终决确定，并金库及财务指挥官责任解除等，悉由地方团体负责。如遇有拒绝责任解除，则提起行政诉讼以断定。

英国检查计算职责，由国家机关与地方团体分掌。市卫生区及区会并委员、州会及其所属之癫狂院行政委员及联合委员、寺领会、寺区会、村区会及各种联合委员会等，应由特别任命的官吏（国家监督官厅之检查员）检查。市团体计算检阅，由委员会形式。委员会以检查员三人组成，其中一人由市长于市会议员中选任，其他二人就市民有区长或市会议员之资格中选出。

日本地方财务决算方法，仅以各地方自治团体法规定计算审查报告及确定的大纲而止。据此，则府县知事及郡长为收支命令官及财务理事官，决算先交府县郡参事会审查，并出具意见书，于翌年度向府县郡会报告决算；同时，呈报内务部及府县知事。决算的所有过程，必公布于众。市町村决算，应于会计年度终后三个月内办结，附具证凭书类，由收入官送请审查。在市由市参会审查，在町村由町村长审查，并附具意见书，提交町村会，俟其认可，由市町村呈报知事或郡长。呈报决算中，如有不足，则据府制第 125 条町村制第 129 条制规定，令收入官赔偿。[①]

第四节　近代地方财政理论的本土化

近代的学者在积极译介和传播地方财政学理论的同时，也开始以其娴熟的财政学理论为国家的财政改革出谋划策，标志着西方地方财政学理论本土化的滥觞。由于改革的现实需求，时贤的关注点主要集中在三个方面：中央和地方财政的划分；税务制度的改革；新税的引进。

一、中央财政与地方财政的划分

关于中央和地方财政如何划分，沧江认为地方财政先决条件有三："一曰自治团体之级数问题也。二曰各级自治团体职务范围之问题也。三

---

① 〔日〕小林丑三郎著，姚大中译，卢寿篯校注：《地方财政学》，第 68—72 页。

曰国税问题也。"除三大先决条件之外，还有一揽子的配套制度需要确立。"如货币问题不决定，则租税征收法不能完善；预算表不能正确、预算编制形式之问题不决定，则财政上之监督皆成无效；会计年度问题不决定，则预算之编制执行审查皆多窒碍；收税官之权限责任问题不决定，则中饱无从防究；金库制度问题不决定，则全国金融或致为财政所扰乱；公债用途问题不决定，则公债无从募集。"①贾士毅从五个方面谈论中央与地方财政的划分："1.宜定国家与地方之界说；2.宜定地方团体之级数；3.宜定国家行政地方行政指范围；4.宜定国家费与地方费之费目；5.宜定国家费与地方费之额数。"②

　　垡李在总结前人认识的基础上，更加系统地论述了中央和地方财政的划分。他首先指陈财政划分的三个前提条件：一是确定地方自治团体的边界。所谓"自治"，主要是指地方区域中的地方团体，应包括省、县、市乡镇。二是界定地方团体职能的范围。在政务上，属于国家的有外交、军政、司法、交通；属于地方政务的有教育、农工商、内务、财务等四项。三是划定地方自治团体级数。地方固需分级以相钤，然而多一层级即多一级事务，多一级事务即多一级经费，而人民之负担，亦因此而增多；反之则亦然。故地方团体的级数的确定，既要考虑到财政上的需求，但也要虑及人民的负担能力。当时，地方行政区划分为省、道、县、市乡四级。但道介于"省长县长之间，为官文书多一承转。而自道尹及其属僚，反添多数之官僚，上蚀国，下蠹民"。道作为一个官文书的承转机关，在行政中作用发挥有限；而且设置道级区划，除徒增官员数量之外，于国于民皆两受其害。因此，在地方行政区划上最合理的办法，是裁撤道级区划，实行省、县、市乡镇三级制。

　　在确定前提条件之后，应分别轻重缓急，合理安排地方经费的支出标准及类别；应酌盈济虚，在省、县、市镇乡之间合理分配税源。主要有三个层面：一是厘定地方经费标准。各省、县、市镇乡事务繁简程度不

　　①　沧江：《地方财政先决问题》，《国风报》1910 年第 1 卷第 2 期。
　　②　贾士毅：《划分国税地方税私议》，《东方杂志》1912 年第 9 卷第 6 期。

同，肥瘠亦有差别，如欲折衷损益，确实非常困难；况且，当时仅有省
一级预算，可据之以求其数字上的盈虚，而县、市、乡镇尚乏完整的预
算，在确定费目的标准是无所为凭的。曩李根据省级经费标准，大致确
定了县、市镇乡的经费标准。辛亥年间，奉天、吉林、黑龙江、直隶、
江苏、安徽、山东、山西、河南、陕西、甘肃、新疆、福建、浙江、江
西、湖北、湖南、四川、广东、广西、云南、贵州、热河、察哈尔、绥
远城、归化城、乌里雅苏台、阿尔泰、科布多、库伦、西宁 31 个行省
及特别行政区（22 行省，9 个特别区）岁费共计 150117461 两，假以 31
除之，得 4842563 两有奇。又假定其内含有百分之五十国家费，则纯粹
的地方经费大致 2421281 两左右。假定县地方经费最高额不超过省费百
分之二，市镇乡地方经费最不超县费百分之二十，如僻远事简之地，则
依次递降，但县费最低为省费的百分之一，市镇乡最低为县费的百分
之十。二是确定地方费之费目。定地方费之目的主要有两重：其一是
地方团体非财无以举事，因此，必须设置与其职能相适应的费目标准；
其二是防范有限的资金为经征人员虚耗与中饱，"或藉权乘势，恣意侵
渔，或假手匪人，徒矜挥霍，则以有用之黄金，投之以虚牝之中，大违
设立地方费之初心。"具体来讲，一省之费目应为内务（立法费、警察
费、工程费）、教育（专门教育费、师范教育费、义务教育补助费）、财
政（征收费、公债费）、实业（工业费、商业费、公共营业费）等，一
县之费目主要为内务（自治费、官厅费、警察费、工程费）、教育费（普
通教育费、职业教育费、社会教育费）、财务（征收费、公债费）、实业
费（农业费、工商业费、公共营业费）等，一市镇乡之费目为内务（自
治费、警察费、慈善费、工程费）、教育费（义务教育费、职业教育费、
社会教育费）、财务（征收费、公债费）、实业费（经营费、管理费）等。
三是划定地方税税目。省税有附加税（地税附加税、国家新税之附加
税）、特别税、营业税（商业税、当业税、钱业税、牙业税、转运业税、
堆栈业税、工程业税、制造业税）、矿业税、杂税（此项以不侵及县与
市镇乡所征之税为限）等，县税有附加税（国税附加税、省税附加税）、
特别税（家屋税、杂税）等，市镇乡税有附加税（附加税有国税附加

税、省税附加税、县税附加税三种，省附加税最多在国税上附加百分之
十，县最多附加百分之五，市镇乡最多附加百分之三）、特税（屠宰税、
杂税①、使用费、手数费）。②

二、关于税收制度的改革

晚清民国的税制弊害甚多，税目过繁、税率失当、征收机构不完备等
是最突出的表现。为规范地方财政的运行，税制改革势在必行。

1. 税制改革

中国税制之害，不可枚举，举其大端，主要为名目过繁、赋课重复、
税率失当、税负不均等等。（一）税目过繁，"阳避加赋之名，阴行增税
之实"，"同一田赋也，而其分目，或曰耗羡，或曰串费，或曰随捐，或
曰带征；同一盐课也，而其分目，或曰疍课，或曰票课，或曰加价，或曰
盐捐；同一茶税也，而其分目，或曰茶捐，或曰茶厘，或曰引价，或曰纸
价。有名警费学费，似指岁出而言，其实为收入之一种；有名为芦课者，
似为独立之一税，其实并丁粮而统征"③。（二）税率失当，税收负担苦乐
不均，违背普及公平之原则。"不以纳税物为本位，彼一物不税，此一物
则再税，其结果一部分人民加重负担，而多数人民转得脱免；一则保守比
例税之弊，不以纳税力为本位，贫者用此税率，富者亦用此税率，其结果
悬殊阶级同一负担，而多数贫民不堪痛苦"④。

在当时各国的改革中，提倡税制最力者为瓦格纳，从事改革最为成功
者为德国大臣弥苦伊尔。德国税制改革的核心是以复杂税制补单纯税制之
阙，以累进率救比例率之穷，使税收合于普及公平原则。德国的税制改革
为当时的中国学者所称道，倡言以德国的税制改革为蓝本，改革当时的税
制。改革的步骤是：应深入考察中国的税制现状，铲除一切重征弊害，再

---

① 杂税类别主要有牲畜税、水产物税、竹税、木税、旅馆税、饭肆税、酒肆税、戏
馆税、茶馆税、船税、车税、娼妓税等。

② 犟李：《地方财政制度议》，《公民杂志》1917年第3期。

③ 晏杰三：《租税总论》，《财政月刊》1922年第9卷第107期。

④ 晏杰三：《租税总论》，《财政月刊》1922年第9卷第107期。

蕲合普及公平原则，从单税制而求适当的复税制，从比例税而求适合的累进税。

1919 年左右，中国税制有直接税、间接税、行为税三大体系。直接税有收益税和所得税，收益税包括田赋、矿税、房税、烟酒牌照税、牙税、当税等，所得税有一般所得税和特别所得税之别；间接税包括货物税、消费税、关税，消费税有必要品消费税必要品（糖税、茶税、盐税）和奢侈品（烟酒税、丝茧税）消费税；行为税包括印花税、验契、契税、注册费等。当时中国的税收收入，间接税占大半，直接税不及三分之一，行为税不过二十分之一。其间接税额比例，揆诸各国租税原则，则辄多不当。直接税基本是田赋，如房屋税及各种特别营业税，则收数甚微，所得税尚无其实。因此，直接税的负担者，几乎全是地主，与各国的税收制度悖谬甚大。间接税除关税外，以盐款为最多，约占间接税收入全额的三分之一，烟酒税及烟酒公卖收入尚不为多。盐为生活必要品，各国基本废止了盐税，而中国尚倚为收入大宗。烟酒税在外国视为消费税中最重要的部分，而中国的税率则极轻。行为税中的契税，其性质与登录税略同，但税率颇重，几乎占行为税的三分之二左右。验契税不过一时收入，未可列入经常门内。印花税尚属创办，收入甚微。①

根据当时的租税系统，税制改革应从以下环节入手：（一）间接税过重，直接税过轻。间接税涉及大众的日常消费，民众负担额与其负担力相比，贫富之轻重则相反。也就是说，在个人日常消费需求基本相同的情况下，贫民的负担重于富人，这有悖于租税公平的原则。更为重要的是，当时的税目复杂，办法纷歧，中饱需索，弊病丛生。改革税制，间接税即便难于一时减轻，也应当进行整理。而直接税应当加重，以期税则平均。（二）直接税收入主要是田赋，而房屋税、营业税、资本利息税等亦未普及与推行。收益税负担，仅限于拥有土地之人。而房屋与资本收入，均无一定的赋课，此与租税公平普及二大原则，均相背驰。政府虽力谋推行所得税，然行政机关尚不完备，调查亦属困难。救济的方法，应先课特种所

---

① 晏杰三：《租税总论（续）》，《财政月刊》1922 年第 9 卷第 108 期。

得税，以与收益税相辅而行，并俟工商业渐次发达、资本增进之时，先后推行家屋、营业各税，以祈广开财源而均平负担。（三）间接税中的关税，税品过滥，税率过轻，亟须按照会议议决办法，次第付诸实行。盐税虽非良税，然已成习惯，不能遽行废止，亟应切实整理。至于货物税、正杂各税、正杂各捐三款，各省税则不同，或各物单独征税，或百货一律抽厘，或征之于销场，或征之于生产，或征之于通行，既妨碍交通，复征又多，税制紊乱，以此为甚。且征收方法，或取包办主义，或取委任主义，中饱、偷漏、勒索诸弊，所在皆是，此尤应设法整理，以恤商艰而兴实业。行为税中的契税为不动产转移税，与各国登录税性质略同，应筹议改办登录税，以求税制划一。印花税为动产转移税，亦为行为税的一种，各国均视为良税。只是此税既为直接税间接税的补助，税率不宜过高，课税种类亦不应过繁。①

2.税务行政改革

征收制度诸不完备，"一在征收之手续，不予人民以便利；一在征收之数额，不示人民之正确"。纳税人不仅负担输纳重税的义务，而且还要遭受征收官吏的压迫；国家收入往往不能达到预期，也无从发展保护人民的能力。征收制度"省与省殊，县与县异"，种种积弊，难以胜数，而尤以官吏包收税款，为病国胹民之恶制。虽然政府预定税额，责成征收，但官吏借此为自利之计，或额外加征，或设法勒派，其结果人民负担较应纳税额增加一倍或一倍以上，但国家税收收入并未因此而增加，或因中饱而减少。建立完善的地方税收体制，税务行政改革尤为迫切。税务行政改革，大要有三：

第一，改良征收方法。各国的税收征收方法，约可分为三种：一为私人包办制。二为委托地方自治团体征收法。此法又分为两种情况：其一是就特种租税，每年责令地方团体负担一定税额，此即所谓配赋法；其二是由地方团体以国家资格征收租税，其征收所得，悉数缴纳国库。三为国家自行征收法。各国大都兼采第二、三两种税法，中国税制虽采用第三种方

① 晏杰三：《租税总论（续）》，《财政月刊》1923年第10卷第109期。

法，然系混杂制，其间仍带有第一种包办及第二种方法中配赋税制性质。例如田赋、厘金、常关等，均设有定额，征收官吏需按额数上缴。但细究其所谓定额，并非依据科学计算，即以近数年收数中，由上级机关任择一数作为标准。在国家每年预计，必欲得到此数，固与包办法及配赋法略同。但国家往往给予征收官以活动伸缩余地，这又与包办法及配赋法大相径庭。此种征收方法既无一定标准，人民纳税亦不知一定程式。于是经征之人，"假法令以欺黔愚，人民为鱼肉，官吏则刀俎；国家为獭鹯，官吏为渊丛。掊克不足，继以侵吞，民去其十，国得其三，中饱其七"。因此，应改革征税方法。第一，应力谋人民之便利。税目务求简单，凡一切应税物品种类及税率，或其他手续，应简单易行，且使人人周知。第二，应节省征收费用。征收机关与费用愈多，则事权不一，职责不专，偷漏与侵蚀之弊，必相继而起。第三，应痛绝官吏之弊病。征税命令官与收纳税款机关混合为一，此为积弊丛生之一大原因；征收官不具备资格，狗苟蝇营之辈，均视收税官吏为要差，多欲择肥而噬。奖惩条例，利害甚轻，亦不足以昭劝戒。如能培养收税人才，严定其资格，命令与收纳机关权限划清，则弊不绝而自绝。第四，养成人民之信仰。英谚云："纳税非义务，乃人民之权利。"[1]

第二，整理收支机关。税制改革，"固以改良征收方法为要图，尤以整顿征收机关为急务"。如征收机关无一定系统，纵有公平的税率、确定的税额，亦难收圆满之效。中国的税务征收机关应具备三种：1. 监督及综核机关。监督及综核机关仍应采用财政部与财政厅二级。[2]2. 征收命令机关。征收命令机关、经征机关的组织框架，亦可分为直接经征机关与间接经征机关两种。直接经征机关即兼营征收的县知事及各省厘税征收局；间接征收机关即地方公共团体，如商会及其他公法人。前者为国家官吏，应负征税职责；后者虽非国家官吏，而国家授以征税事宜，委托办理。中国地方自治尚未实施，而直接税中，田赋以外之税亦未发达，故经征机关，

---

① 晏杰三：《租税总论（续）》，《财政月刊》1923 年第 10 卷第 110 期。

② 晏杰三：《租税总论（续）》，《财政月刊》1923 年第 10 卷第 110 期。

仅应限于直接经征机关。下级征收命令机关，依照各国成例，参以中国习惯，应于各地方财政厅直辖，分设税务所。税务所视区域之大小，或二三县，或四五县设一税务所。自治制度尚不发达以前，仍以县知事相助。待自治制度发达以后，则由地方团体征收。3. 收纳税款机关。中国将来实行金库制，中央宜以总金库为第一上级收纳税款机关，地方宜以各省分金库为第二上级收纳税款机关，以各县支金库或派办处或代理处（偏小之地域设派办处或代理处）为下级收纳税款机关。

第三，厘定征收法规。应视各种租税性质，分别制定法规，使官吏与人民共同遵守。例如关于特别法规如纳税物品、纳税时期、纳税地点、纳税方法，关于共同法规如征收权效力、税款查定、征收程序、延纳处分、强制执行等事项。①

三、关于新税的引进

在对西方地方财政深入的了解中，一些新产生的税收也先后进入中国人的视野，在这中间，大多数人对印花税和所得税等税种尤为推崇。

1. 印花税

印花税的动议始于清末，曾在 1902 年和 1907 年两度试办，但终清之世，印花税始终效果不彰。民国肇造，根据前清印花税则，修订《印花税法》。10 月，经参议院议决公布实施。后又对印花税法不断完善，印花税收入遂大幅提高。

光绪二十二年（1896），御史陈璧以清廷甲午赔款负债累累、国家财政奇绌为辞，奏请办理印花税。他在上疏中写道：

> 窃惟和议（《马关条约》赔款 2 亿两）既定，户部竭力筹饷，岁有的款者，只扣廉俸一百二十余万为一大宗；裁并折漕，未能遽举；盐斤烟酒，加抽无几，捐输既成弩末，息借又作罢议。计岁增出款且二千万两，是所筹者未及十分之一二也，而善后大端陆续待办，皆不

---

① 晏杰三：《租税总论（续）》，《财政月刊》1923 年第 10 卷第 111 期。

容缓。于此欲求岁筹巨款，确有把握，不病商、不扰民之策，则唯有仿行印花税一法而已。查印花税创自荷兰，盛于英吉利，今则遍行各洲，无国无之。谓之印税者，盖令民间买国家所制之印花，粘于各项契券字据之上，以为纳税之证也。其造之法，应于京师设厂，并购办制纸制印两种机器，雇匠制造。……其行之法，应取各国税则参较，详定章程，务从简便，先行颁示天下，然后于各省会城普设督销局一所，为总卖印花纸之地。将此项印花转发民间各市镇铺户，代为零卖。每百两中，铺户应得一两，官收九十九两。其查之之法，应严定漏私罚款律例。今英俄德法诸国，此项岁征皆约一万万至二万万。倭地最小，亦征二千余万。若以中国之大，仿而行之，开办之始，不妨疏阔，民觉其便，必将竞趋。总计每岁所集，当不下一万万，则不特洋债易于清还，从此罢抽厘停捐纳，举数十年欲除而未能之弊，一旦廓清，全局转机必在于此矣。①

光绪二十四年（1898）4月13日，出使大臣伍廷芳呈递《请仿行各国印花税折》，指出办理印花税有十大好处：

臣参考外邦理财之书，为中华自强计，惟印花税一事可以试办。其取之也廉，故民不困；其积之也多，故利最广。此法若行，约有十便：富商大贾出入巨万，所征之税不过毫芒，揆之群情，当所不吝，其便一。债券地租无征不信，印花既贴，昭然若揭，民必乐从，其便二。懋迁交易，此税出于买者，于穷民无所耗损，不致以厉民为词，其便三。关税厘金皆征于货物未销以前，此则收之于交易既成之后，千百取一，何嫌何疑，其便四。户部总其成，各省下其法，或设总局督销，或发殷商代售，随时随地皆可分购，无委员检核之繁，无胥吏

①　陈璧：《仿行印税折》，载台北"中央研究院"近代史研究所编：《近代中国对西方列强认识资料汇编》（第三辑），台北"中央研究院"近代史研究所1984年版，第143—144页。

假手之患，其便五。他项厘税，名目不同，多寡不一，侵渔者众，漏匿者多；此税价值列于纸上，一目了然，无从隐匿中饱之弊，不祛自绝，其便六。凡开局设卡，取财于民，创办之始，必多怨谤；今听民间领购，无所用其抑勒，商民相信，必多购印纸以备用，预缴印税以纳官，奉上急公，自然而至，其便七。外洋之法，凡契券不贴印花纸者，即为废纸，单据已用不涂销而再用者罚，贸易之人必不吝小费而罹重罚，互相稽核，可杜奸欺，其便八。各国通例，此项为内地税，与关税无涉，外人无从籍口。他国民人经商我国，我既任保护之责，即有征税之权。通商之埠愈多，印花之税愈旺，不劳口舌，利赖无穷，其便九。欧洲此税岁数千万，我亦渐次推广，库储既足，应办诸务均可次第举行，其便十。①

在推行地域上，他建议先在通商口岸试办，"俟成效既著，逐渐通行，以顺民心，自无窒碍。"②此议为光绪皇帝所推重，令总理衙门议定实施细则。总理衙门议定的办事章程草案，也得到允准。③

其后，直隶试用道陆树藩上奏，声称人口税及家屋税强迫实行，恐致民心涣散，不如实行印花税为宜，并条陈办法：

各省遵筹赔款，百计张罗，或拟收房捐，或拟收丁税，此外似无良策……一旦骤加捐税，不独窒碍难行，深恐民心涣散。莫若改行印花税，较为平易近情。如民间婚帖、借券、合同、执照、发票、收条、银洋钞票等类，凡关银钱出入者，无一不可逐项收税。其数极微，集款实巨。况婚帖征税，赖婚之案勘矣；借券缴税，赖债之讼息矣；合同征税，反悔之争灭矣；执照征税，名器慎重，假冒之弊绝矣；

① 伍廷芳：《筹款维艰请仿行各国印花税折》，载台北"中央研究院"近代史研究所编：《近代中国对西方列强认识资料汇编》（第三辑），第151页。
② 陈璧：《仿行印税折》，载台北"中央研究院"近代史研究所编：《近代中国对西方列强认识资料汇编》（第三辑），第143—144页。
③ 《德宗景皇帝实录》卷四一八，中华书局1987年版，第476页。

发票收条征税，生意之谬辖事鲜矣；银洋钞票征税，赝鼎之患去矣。种种有益于民，民必乐从易举，较之房捐、亩捐，不诚有天渊之别耶。①

2. 所得税

在清末民国，很多学者对所得税颇具好感。而卞燕侯对所得税的论述堪称全面。卞燕侯参考巴斯塔布尔（Bastable）的财政学以及塞利格曼（Seligmen）的租税论、财政史、财政渊鉴等，另辅以其近亲郑三橥（财政部任职）提供的资料，对中国的税制系统进行分析，并提出补救方法，认为最好的方法是引入所得税。

当时中国的田赋、关税、盐税、货物税、正杂各捐等统共收入408981100元，岁出总计647691787元，不敷之数计达238710687元之谱。而弥补财政缺口的最主要方式是举借外债，但举借外债会造成利权的大量丧失。因此，卞燕侯指出：既可以不借外债，又可以清偿旧欠，最好的补救法子就是将所得税介绍到中国来。

他认为实施所得税有三大好处：所得税是合于负担公平的原则；所得税是合于担负普及的原则；所得税是极有伸缩能力的。所得税切实可行，但实施所得税，必须有一些问题需要注意：税率采取累进主义；勤劳所得采极轻主义；贫苦人民及需要取豁免主义；定税率时采极轻主义；征收法采课源主义。各国所得税法有两种：一种是税物法，一种是税人法。英国采用的是税物法，所得税分为五大类：土地家屋所得；农业所得；公债、利息年金及公司红利所得；商业、工业及其他所得；官吏和公司的员役所得。德国采取税人法，所得税分为五种：动产所得税；不动产所得；商人工人所得；勤劳人所得；不属于以上四种的各种所得。而中国可以兼采英德所长，可将所得分为六类：田地所得；房屋所得；动产所得；营业所得；工佣业及各级人民的所得；劳心人的所得及其他所得。田赋一项，若要就

---

① 席裕福、沈师徐：《皇朝政典类纂》卷九五，《榷征》十三，《杂税》，沈云龙：《近中国史料丛刊续编》第89辑，第882号，台北文海出版社1983年版，第338页。

田地所得实行所得税非常困难，因田产不实不尽之弊广泛存在。若要征收田产所得税，一定要用课源法，将田制彻底改革，改革的法子应先从清理入手，组织一法人组合的公司，类似张謇在南通的垦牧公司，使大地主自雇农耕种或包种，归入一种公司，假定叫农业公司，然后实行课源法。其他五种所得也实行课源法。税率应分为三类：前三类课以百分之四，第四类课以百分之三或百分之三半，其余的二种课以百分之二或百分之二半为宜。[①]

小　结

由于时贤的努力，当时流行的各种地方财政理论基本上都被介绍到中国来。从客观上讲，既可为政府的财政改革提供理论支撑，也有利于财政知识在民众中的传播与普及。

地方财政，是地方自治团体在特定区域内为处理公共事务而进行的有目的的收支活动，与国家财政既有联系又有区别。从运行规则和程序上看，预算年度的确定、收支规模与结构、收支事务的管理缺一不可，与国家财政没有任何差别；但是地方财政作为一种区域性的财政活动，在职能的履行上侧重于土木、教育、实业、卫生等项，与国家财政侧重于国防、警察、内政、外交等职能上相较，在全局性与规模上不可同日而语。既然职责广狭与繁简，在经费的划分上亦应有差别，当时英、法、德、日等国的地方财政规模普遍小于国家财政规模。整体而言，随着社会经济的发达，地方公共事务日益繁巨，地方财政的规模始终呈扩大趋势。

地方财政收入来源不一，但税收无疑是最重要的来源，对于税收研究的热忱也明显高于其他。税收原则是指导一国税制建立、发展和制定税收政策的准则或规范，任何国家的税收制度和税收政策都要奠定在一定的税收原则基础上。从亚当·斯密的税收四原则到瓦格纳的四项九端原则，彰显了经济学界对税收原则的认识与深化。税收不仅能满足财政需要，更为

[①] 卞燕侯：《什么租税应该介绍到中国来？》，《复旦》1920 年第 11 期。

重要的是，财政也具有缩小贫富差距、矫正社会风俗、合理分配财富、助
长经济发达等职能。虽然各国的税收分类大同小异，但在实践中从权应
变，独立税制、附加税制、折衷税制各擅胜场。地方财务行政是地方财政
的重要环节，从程序上言之，有预算、金库与簿记、决算等。但从实践上
看，各国既有共性，亦有差别。

　　西方财政学作为西方经济学的一个组成部分，其传播的路径和特点与
西方经济学大体相同，但也有其特点。民国时期学者朱通九在论及西方经
济学在中国的传播时，曾以民国十八年（1929）中国经济学社创办《经济
学季刊》为分界点，将经济学在中国的传播分为两个时期。第一个时期是
装饰品时期。此时，经济学之声誉，"虽然比较以往已觉传播，而其引起
国人以外人研究经济学之方法，从事分析国内经济状况者，尚未开始。各
学校教授对于学生讲授各项经济科学，其内容不特仅将其老师所传授之
衣钵，转送于学生，即所用之教本，亦以西文原本为多，故此时之经济
学，实与自外洋输入之舶来品无殊，设就其对于国家社会之功用论：其与
蔻丹口红等仅为摩登女子装饰品之用者，以相差无几"[①]。第二时期为仿效
时期。民国十二年（1923），刘大钧邀集马寅初、陈长蘅等人组织中国经
济学社，其宗旨在于联络同志，提倡经济学研究，并讨论现实经济问题。
民国十八年（1929），该社社员研究所得，由季刊披露介绍。纵观此一时
期的财政学的介绍之引进，其特点与朱氏之归纳基本趋同。时人对西方财
政思想的传播与引进，固然不乏囫囵吞枣之辈，但也不乏对西方财政学深
入了解之人。后者以其丰富的财政学理论，开始对中国的财政现状进行反
思，在中央财政与地方财政划分、税收制度改革等方面针砭时弊，提出诸
多具有真知灼见的思想与观点。

①　朱通九：《近代我国经济学进展之趋势》，《财政评论》1941年第5卷第3期。

第二章　近代地方自治实践与县地方
　　　　财政的形成

　　地方自治是指在一国的法律框架之内，各地方区域内的公共事务，由其地方区域内的人民共同的意志而自行处理。① 民国时期的学者林众可指出：地方自治具有八大特质：第一，地方自治是分权行政，具有相对独立性，其活动不受中央政府束缚。第二，国家事务繁巨，将部分事务管理权交于地方；由于各地情形不同，其组织结构也应有所差别。第三，地方团体自己办自己的事，其所用的经费乃由自己承担，所以自会省去无用之费。第四，人民智识日益发达，自由平等的要求极为迫切，自治乃是满足此种要求的工具。第五，施行地方自治，可以发达人民对于政治的责任，养成办理地方公益的精神，以及培植牺牲的精神与公共心。第六，可以免去从前所受中央集权与各省分割带来的种种弊害。第七，可以扫除净尽官僚主义的弊害。第八，可保障人民租税负担公平。② 按林氏的解释，地方自治是由于国家事务繁巨而对地方的一种权力让渡，具有相对独立性，"由地方人以地方财力办地方之事"；既可以扫除中央集权的政体积弊，又可保障租税负担均平和养成公民参与政治的能力。因此，在清末民国推行地方自治的过程中，出于地方履行自我管理的实际需求，中央政府制定各种章程则令，给予（州）县以财政的支配和管理权。虽然这一过程坎坷多变，但最终还是催生出了（州）县地方财政。

---

① 本书所论地方自治主要是指县一级，清末各省设立的咨议局以及北洋政府时期的联省自治运动，不在讨论之列，故从略。

② 林众可：《地方自治概论》，上海商务印书馆 1931 年版，第 3—12 页。

第一节　近代地方自治的滥觞

自治思潮萌生于 18 世纪末，而自治运动滥觞于 19 世纪中期。[①] 早在鸦片战争时期，林则徐、魏源、徐继畬等在其编纂的书籍中，已有西方地方政制的内容。洋务运动兴起以后，随着中外交往的日益频繁，出使外国人员如斌椿、刘锡鸿等人，以日记或游记的形式介绍各国的地方自治；早期维新派如冯桂芬、马建忠、郑观应等人开始检讨中国传统地方制度，提出了虽不完整但较为明确的地方自治主张。甲午战争失败以后，一个泱泱大国竟败给一个"蕞尔"小国，给时人带来巨大冲击，纷纷探求强国之策。以康有为、梁启超、谭嗣同、严复为代表的资产阶级维新派和以孙中山为代表的资产阶级革命派，先后走上了谋求政治变革的道路，地方自治作为西方宪政政体的一部分，也被纳入改造中国的视野。[②] 而中国大规模的地方自治实践，则肇始于清末新政时期。

一、清末地方自治的实践

清朝末年，在内外情势的逼迫下和朝臣疆吏的强烈吁请下，以慈禧太后为首的清廷决策集团，被迫接收地方自治的主张。但一开始就遭受到守旧大臣的激烈反对，为此，朝廷不得不召集廷臣会议以统一人心；为稳妥起见，清廷采取先试点，后推广，以渐进的路径实行地方自治。在经历各种险阻之后，《城镇乡地方自治章程》《府厅州县地方自治章程》终于粉墨登场，这是中国有史以来第一个以国家名义颁布的地方自治法规，标志着地方政治制度的一次全新变革。

1. 官员对待地方自治的态度

清廷内部对于是否实行自治以及如何实行自治，分歧较大，支持者有之，但反对者也不乏其人。1905 年，载泽等人在奏请宣布立宪的奏折中写道："今州县辖境，大逾千里，小亦数百里，以异省之人，任牧民之职，

---

① 董修甲：《中国地方自治问题》（一），上海商务印书馆 1936 年版，第 9 页。
② 吴桂龙：《晚清地方自治思想的输入及思潮的形成》，《史林》2000 年第 4 期。

庶务丛集，更调频繁，欲臻上理，戛乎其难……宜取各国地方自治制度，择其尤便者，韵订专书，著为令典，克日颁发，各省督抚，分别照行，限期蒇事"，因此，"布地方自治之事"为一大要务。①

1906 年 6 月，江苏学政唐景崇奏陈筹备立宪大要四条，其中之一便是实行地方自治。唐景崇直陈地方自治为立宪之基，"乃今日最宜注重者"。在权衡各国地方自治利弊之后，唐景崇认为日本之制最符合中国国情。英国条例复杂，"未能审察于利害之间"；美国"政治机关悉握于地方政府之掌中，而中央毫无管辖"，有碍君主操持权柄。故唐景崇最为推崇日本地方自治制度。②

南书房翰林吴士监认为"地方分治"乃"改良政体之基"，"东西各国所以能上下相维，内外相制，主权伸而民气和，举国一心，以日进于富强者"，实得益于地方自治之力。"中央集权者所以尊主柄也，其法权操诸君主，事虽经上下议院允行，非得君主俞允，则不得成为法律。若既经君主许可，以敕令布之全国，则中央政府得时时监督之，闭阖张弛，惟其所令，而全国不敢自为风气。然又恐集权中央，彼国臣民或但知有服从之义务，而不知有协赞之义务也，则又有地方分治之制以维之。"其具体实施思路是："凡郡县町村悉举明练公正之士民以充议长，综赋税、学校、狱讼、巡警诸大政，各视其所擅长者任之，分曹治事，而受监督于长官。其人之不称职，事之不合法者，地方长官得随时黜禁之，遇有重大事件，则报告于中央政府，以行其赏罚。"③

出使俄国大臣胡惟德一针见血地指陈郡县治理中的"疲散颓荼"，"一省之中，州县数十，大或千里，小亦数百里，统治之权，仅委诸一二守令，为守令者又仅以钱谷、狱讼为职务，民间利病漠不相关。重以更调频

---

① 《出使各国大臣奏请宣布立宪折》，载中国史学会编：《辛亥革命》第 4 册，上海人民出版社 1957 年版，第 25—26 页。

② 《江苏学政唐景崇奏预备立宪大要四条折》，载故宫博物院明清档案部编：《清末筹备立宪档案史料》（下册），第 116—117 页。

③ 《南书房翰林吴士监请试行地方分治折》，载故宫博物院明清档案部编：《清末筹备立宪档案史料》（下册），第 711—712 页。

仍，事权牵制，虽有循吏，治绩难期。至于编户齐民，散而不群，各务私团，遑知公益，为之代表者，不过数绅士，又复贤愚参半。其出入官署因缘为奸者无论矣，即有一二缙绅，表率乡里，或由望族科名之殊荣，非必才能学识之过人。以故府县之中，遇有应兴应革之事，守令以一纸公文移知绅士，绅士以数人武断对付守令，转辗相蒙，而事终不举。"而欲求上下一心，百度维新，所有地方教育、水路道路、卫生、积贮等种种事宜，"断非守令一二人所可独担，亦非绅士数人所能分任"。只有实行地方自治制度，除此之外，别无他法。因此，应"取鉴列邦，举行新制"，其方法有二：一为明定府县官吏职务权限。府县守令在中央政府监督下管辖地方团体，根据法律规定执行府县议会之决议；在守令下增置吏员，由守令严格遴选本乡人员，建立地方行政机关，分担庶务。一为设立府县代议机关。县设议事会，府设参事会，作为地方代议机关。县议会议员额数视人口多寡而定，选举人及被选举人资格视财产职业而定。县议会预算一县岁出入、稽核决算报告及关于地方公益一切应办之事。府参事会联络各县会，凡关系重大事件，受县会委托而临时集议。①

　　顽固势力百般阻挠宪政的推行，"设为疑似之词，故作异同之论；或以立宪有防君主大权为说，或以立宪利汉不利满为言。肆其簧鼓，淆乱群听。"为统一认识，清廷于7月初八、初九两日，召开廷臣会议，载沣、袁世凯、奕劻、荣庆、瞿鸿禨、孙家鼐、徐世昌、张百熙、铁良等参与会议，在会上形成两派意见，奕劻、袁世凯、徐世昌等认为，立宪既可使"全国之人皆受治于法"，又可保障君主荣威"有增无减"，建议"从速宣布"。但荣庆、孙家鼐、铁良等原则上支持仿行宪政，但必须徐图缓进。孙家鼐认为，"此等大变动，在国力强盛之时，行之尚不免有骚动之忧。今日国势衰弱……变之太大太骤，实恐有骚然不靖之象。似但宜革其丛弊太甚诸事，俟政体清明，以渐变更，似亦未迟"；荣庆也"深知立宪政体之美"，但目前"政体弛紊"，应先"整饬纪纲，综核名实，立居中驭外之

---

① 《出使俄国大臣胡惟德奏请颁行地方自治制度折》，载故宫博物院明清档案部编：《清末筹备立宪档案史料》（下册），第711—712页。

规，定上下相维之制。行之数年，使官吏尽知奉法，然后徐图立宪。"经过辩论，诸王大臣在仿行宪政上达成一致意见，认为立宪可行，但不宜操持过急，要有充足的准备，可以"预备立宪"而不是"遽然立宪"。①

2. 天津县的地方自治实践

在廷臣会议之后不久，清廷颁布"预备立宪诏书"，宣布"仿行宪政"，先在奉天、直隶两省试办。直隶总督袁世凯是宪政的鼓吹和践行者，在仿行宪政上谕发布之前，袁世凯就于光绪三十一年（1905）奏请宪政，其中便包括推行地方自治。在袁世凯的影响下，自 1906 年 8 月开始，天津府自治局、地方自治研究所、自治期成会等机构次第成立，天津县的自治有声有色地开展起来。

1906 年 8 月，袁世凯委派天津知府凌福彭和曾在日本留学的金邦平等人设立了天津府自治局，"调集留学日本法政学校官绅入局"，"以准备地方自治为宗旨"。②清廷"仿行宪政"的上谕颁发以后，袁世凯便召见凌福彭和金邦平面授机宜，"地方自治事关紧要，饬从天津一县先行试办议事会、董事会，以备实行地方自治，并限一个月内即行开办"③。凌福彭等随即成立了天津县自治期成会，着手制定法律，以为议事会、董事会创设之先导，经过 19 次开会集议，最终促成了《试办天津县地方自治章程》的颁行。

《试办天津县地方自治章程》规定如下：

　　天津县地方自治组织由议事会和董事会组成。议事会议决事务主要有：本县下级自治团体（如城镇乡议事会、城镇董事会及乡长等）之设立；自治事务（如教育、实业、工程、水利、救恤、消防、卫生、市场、警察等）之创设改良及其方法；地方收入之清理与筹集；地方经费之预算决算；地方公款公产及利息之存储动用；董事会副会长会

　　①　《考政大臣之陈奏及廷臣会议立宪情形》，《东方杂志》1906 年临时增刊。
　　②　《天津府自治局章程》，《大公报》（天津）1906 年 9 月 2 日。
　　③　天津市档案馆：《天津商会档案汇编（1903—1911）》，天津人民出版社 1998 年版，第 2286 页。

员被人指摘之处分。董事会主要执行议事会议决交办之事，以及地方官委托办理之事等。

议事会由议员及由议员中公推之议长组成，议员以 30 人为限，由选民通过复选法选举产生，任期两年；议长、副议长由议员投票互选，以得票最多者当选。议长、副议长、议员均为名誉职，不给薪水。议事会置设常设事务所，由书记住所经营，在议长、副议长监督下处理日常庶务。

董事会共 10 人，其中会长 1 人、副会长 1 人、会员 8 人。会长由天津县知县兼任，副会长和会员由议事会选举产生。副会长任期 4 年，任满改选，且可连任；会员任期 4 年，每两年改选半数，其再被选者得以连任。副会长、会员皆支给薪水，但不得兼任其他有薪之职。董事会下设常任干事或临时干事、会计、书记等职。①

天津地方自治组织受各级官员的严格监督，"初级为本府知府，最高级为本省总督。其属于各司道主管之事务，各该司道亦得监督之"。县议会"订立条例及新起征收"，必须由"本省总督批准"，而且总督也有权解散县议事会。②

总体来看，虽然天津地方自治组织受官方的严密监管，但与前述清廷官员的设想相比，天津地方自治组织还是具有相当大的活动空间。一方面是因为督办的袁世凯热心宪政，不遗余力地加以推行；一方面是不假手胥吏，任用谙练自治的金邦平、凌福彭等人督办，使得这次自治具有一定的民主色彩。③

在袁世凯的授意下，1907 年 3 月开始选举议员。为有效开展选举，天津府自治局按照巡警区划，将辖区划分为 8 个选区，并派人调查选举人和被选举人情况。6 月起，开始组织选民投票选举。尽管经过广泛宣传发

---

① 《天津县试办地方自治章程附理由书》，《自治丛录》1908 年第 1 期。
② 《天津县试办地方自治章程附理由书》，《自治丛录》1908 年第 1 期。
③ 颜军：《"自治"与"官治"：从地方自治改革看清朝的灭亡》，《广东社会科学》2014 年第 6 期。

动，民众参与仍不甚踊跃，发出 7 万余张选票，仅收回 13567 张，最终选出了 30 名议员，成立了天津县议事会；翌年 7 月，天津县董事会成立。①

在天津县议事会成立大会上，直隶提学使代表袁世凯致贺词，称赞天津县选举产生的议会"为议院之先声"，"一以使养成公德心，对于地方上事不视作旁观派，则渐起其爱国心矣"；一以"练习政治上识见"，为以后开设议院培养专业人才。②

3.《府厅州县地方自治章程》和《城镇乡地方自治章程》的颁布与实施

光绪三十四年（1908）12 月奏准颁行《城镇乡地方自治章程》，宣统元年（1909）12 月颁行《府州县地方自治章程》。又以京师为首善之区，四方辐辏，人口殷富，所有地方区域、官署机构与各省不同，于宣统元年另定《京师自治章程》③。从颁布的章程来看，清末的地方自治分为两级，城镇乡为初级自治团体，府厅州县为上级自治团体。

（1）城镇乡地方自治制度

城镇乡地方自治章程规定：凡府、州、县治城厢地方为城；其余市镇、村庄、屯集等各地方，人口超过 5 万以上者为镇，人口不足 5 万者为乡。城、镇设议事会和董事会，乡设议事会和乡董。城镇议事会议员以 20 名为定额，如人口超过 5.5 万人，可于定额之外增设议员 1 名；自此以上，每增加人口 5000 另增议员 1 名，但至多以 60 名为限。乡议事会按照人口之数定其比例：人口不满 2500 者，议员 6 名；人口 2500 以上不满 5000 者，议员 8 名；人口 5000 以上不满 1 万者，议员 10 名；人口 1 万以上不满 2 万者，议员 12 名；人口 2 万以上不满 3 万者，议员 14 名；人口 3 万以上不满 4 万者，议员 16 名；人口 4 万以上者，议员 19 名。

城镇乡议事会各设议长 1 名，副议长 1 名，均由议员用无名单记法互选产生。议长、副议长任期 2 年。城镇乡议事会应行决议事件主要有：城镇乡自治范围内应兴应革整理事宜、自治规约、自治经费岁出入预算及预

---

① 天津府自治局编：《天津府自治局文件录要三编》，天津府自治局 1908 年版，第 20 页。转引自张利民：《清末天津的地方自治及其示范效应》，《史学月刊》2010 年第 3 期。
② 《天津议事会成立之日卢学使代督宪袁演说文》，载《北洋公牍类纂》卷一《自治一》。
③ 《宪政编查馆奏定京师地方自治章程》，《国风报》1910 年第 1 卷第 4 期。

算正额外预备费支出、自治经费岁出入决算报告、自治经费筹集处理方法等。议事会选举城镇董事会职员或乡董、乡佐，对董事会事务之执行，及各项文牍及收支账目，均有监察之权。城镇董事会设总董1名，董事1名到3名，名誉董事4名至12名。总董、董事、名誉董事任期2年。各乡设乡董1名、乡佐1名。乡董、乡佐任期2年。

城镇乡选民必须具有本国国籍、年满25岁、居住本城镇乡连续3年以上，且年纳正税或本地方公益捐2元以上。如有品行悖谬、营私武断、曾犯监禁、营业不正、丧失财产信用、吸食鸦片、有心疾、不识文字等情事，则不得为选民。城镇乡选民按照章程规定有选举自治职员及被选举为自治职职员之权，但在任地方官吏、军人、巡警以及为僧道及其他宗教师者，不得被选举为自治职员。

城镇乡自治事务有八项：一、城镇乡学务，如中小学堂、蒙养院、教育会、劝学所、宣讲所、图书馆、阅报社等学务；二、城镇乡卫生，如清洁道路、蠲除污秽、施医药局、医院医学堂、公园、戒烟会等；三、城镇乡道路工程，如改正道路、修缮道路、建筑桥梁、疏通沟渠、建筑公用房屋、路灯等；四、城镇乡农工商务，如改良种植牧畜及渔业、工艺厂、工业学堂、劝工厂、改良工艺、整理商业、开设市场、防护青苗、筹办水利、整理田地等；五、城镇乡善举，如救贫事业、恤嫠、保节、育婴、施衣、放粥、义仓积谷、贫民工艺、救生会、救火会、救荒、义棺义冢、保存古迹等；六、城镇乡公共营业，如电车、电灯、自来水等；七、因办理上述各款筹集款项等事；八、其向有本地方办理之事。①

（2）府厅州县地方自治制度

府厅州县是指府直辖地方、直隶厅、厅、直隶州、州、县。府厅州县自治区域各以其管辖区域为范围。府厅州县自治事宜主要有：府厅州县地方公益事务或为城镇乡所不能担任的地方公益事务；以法律或命令委任自治职办理的国家行政或地方行政事务。

---

① 《宪政编查馆奏核议城镇乡地方自治章程并另拟选举章程折》，载故宫博物院明清档案部编：《清末筹备立宪档案史料》（下册），第727—738页。

　　府厅州县议事会议员名额以其管辖的人口总数为标准，总数在 20 万以下者，议员人数为 20 名；在此基础上，每增加人口 2 万可增设议员 1 名，但最多不超过 60 名。府厅州县议事会各设议长 1 名，副议长 1 名，由议员互选产生。议员及议长、副议长均任期 3 年。府厅州县议事会议决本府厅州县自治经费岁入岁出预算、自治经费岁出入决算、自治经费筹集及经费处理方法等事宜。

　　府厅州县参事会各以该府厅州县长官为会长。参事员由议事会议员中遴选，名额以该议事会议员十分之二为准。参事会应办事件为：议决议事会议决事件的执行方法及其程序；议决议事会委托代议事件；议决府厅州县长官交办之事；审查府厅州县长官提交议事会之议案；议决本府厅州县全体诉讼及其和解事件；公断和解决城镇乡自治权限争议事件等。

　　府厅州县长官代表府厅州县，处理以下事宜：执行府厅州县议事会或参事会议决之事；向府厅州县议事会或参事会提交议案；掌管一切公牍文件以及依据法令属于府厅州县长官应办之事。府厅州县设置自治委员若干，辅佐长官执行自治事宜。府厅州县自治委员及议事会、参事会文牍、庶务等员之薪水公费经议事会议决，由该长官定夺。府厅州县议事会议员、参事会参事员及临时委员均不支薪水，但支给公费。[①]

　　（3）各地地方自治的实施

　　《城镇乡地方自治章程》和《府州县地方自治章程》颁布以后，各地开始着手实施地方自治。其中湖北省颁布的《湖北筹办厅州县地方自治事务清单》，可使我们了解清末推行地方自治的大致过程。为保障府厅州县自治有序推行，湖北省制定筹办厅州县地方自治事务清单，力求使筹办官绅"循途守辙，可以藏事"。（一）设立筹办府州县全属自治公所，作为自治推行的总汇机关。由于各厅州县新政繁赜，费用支绌，各府州县可视财力变通办理。财力充裕的厅州县，必须单独设置筹办厅州县自治公所；其余厅州县，或以厅州县统计处，或以城镇议事会董事会，或以城自治会代为经理。根据府厅州县选举章程，城镇由总董、乡由乡董管理选举事

―――――――――
　　① 《北洋法政学报》1910 年第 131 期。

宜。未设董事会的城镇，先设置城镇乡全属自治选举分所，负责自治调查
及选举事务。（二）规定筹办各项事务的次序，确保自治事务按部就班推
行。筹办顺序如下：（1）分区调查居民及选民，如本地居民人数、纳捐税
在 2 元以上人数等；（2）调查完竣后，各就本城镇乡汇造居民册及选民名
册，上报本城镇乡办理选举分所；（3）各分区汇送各本城镇乡居民册选民
册于筹办全属自治公所；（4）筹办全属自治公所汇齐各城镇乡居民册选民
册后，报告全属居民及选民数于府厅州县长官，确定本厅州县应出议事
会议员数及各选举区应分配议员数，申请督宪及全属自治公所核准；（5）
确定各城镇乡选举人名册；（6）颁发选举厅州县议事会选举章程；（7）各
城镇乡布置投票所；（8）各城镇乡举行投票；（9）布置开票所定期开票；
（10）报告各城镇乡投票及开票情形；（11）通知各城镇乡选举区内各当选
人，发给议员执照并造议员名册呈报；（12）设置议事会，由督宪发给该
厅州县议事会参事会钤记；（13）召集厅州县议事会议员开会，选举议长、
副议长，并选举参事会参事员。筹办完毕后，裁撤筹办该府厅州县全属自
治公所。①

　　清廷所定的地方自治章程，基本上是模仿日本的地方自治法律，"大
率取日本之市町村，综合而途译之"。② 其主要有三个特点：（一）自治团
体分司法和行政二部，以议事会为立法机关，以董事会为执行机关。（二）
民选产生自治团体。（三）各级自治团体的权力和活动，受到上级官府的
严格限制与监督。③

　　《城镇乡地方自治章程》和《府厅州县地方自治章程》的先后颁布，
标示着县地治理模式的重大改变，这是我国历史上首次在全国范围内由民
选的方式产生的地方议事机构和执行机构，对地方的公益事业进行自我管
理，在地方管理模式上是一个重大进步。但同时我们也应注意到，这种自
治是在国家授权范围内的一种自治，是在官治范围内的自治，是在官府主

---

① 《湖北筹办厅州县地方自治事务清单》，《北洋官报》1910 年第 2527 期。
② 沧江：《城镇乡自治章程之意》，《国风报》1910 年第 5 号。
③ 马小泉：《国家与社会：清末地方自治与宪政改革》，河南大学出版社 2001 年版，
第 137—138 页。

导下的自治。(一) 自治事权源自国权，国权所许乃自治之基。民生事务
经纬万端，国家"设官少则虞其丛脞，设官多则必致于烦扰"，在设官董
治所有事务，"实亦势有不逮"，将"纤忽"事务交由"小民代谋"。"无官制，
则无所谓自治。""故言其实，则自治者，所以助官治之不足也。""由是
而自治规约，不得牴牾国家之法律；由是而自治事宜，不得违抗官府之监
督。"(二) 划定自治范围，"官治"与"自治"各守分限。"地方自治既所
以辅官治之不及，则凡属官治之事，自不在自治范围之中。"鉴于先前士
绅经理的地方局所与官府权限不清，于是"视官绅势力之强弱，以为其范
围之消长。争而不胜，则互相疾视"。清廷特将自治事项，指实条列，别
为款目，"非国家之所许，即不容人民之滥涉"。自治与官治权限分明，"民
故不得奋私智以上渎，而官亦不得擅威福以下侵"。清廷这样做，一是警
示芸芸众民，不得以自治为名侵害官治；二是安抚顽固势力，以防其对自
治的理解不周，而"谈虎色变，阴为摧阻，以隳宪政之基"。(三) 加强对
地方事务的监督，"经理在民，董率在官。"地方自治以专办地方公益事宜，
辅佐官治为主。按照定章，由地方公选合格绅民，受地方官监督办理。故
以监督重权，"上寄于民政部及各省督抚，下畀于地方官府，并确示监督
条款，特定自治职员罚则，俾得按章督责，无敢非怼，庶自治区域虽多，
而一一就我准绳，不至自为风气，自治职员虽重，而一一纳之轨物，不至
紊乱纪纲。"①

　　章程颁布以后，各府厅州县城镇乡进行了自治机构的选举。各省筹办
的城镇乡下级自治，其中城会成立 1000 多个，占当时府厅州县城厢数的
60%，许多地方同时成立了镇乡议事会、董事会，并选举乡董。在筹办城
镇乡下级自治的基础上，府厅州县议事参事两会也纷纷成立。截至宣统三
年 (1911) 10 月，各省府厅州县自治会大半成立。②

---

　　①　《宪政编查馆奏核议城镇乡地方自治章程并另拟选举章程折》，载故宫博物院明清
档案部编：《清末筹备立宪档案史料》(下册)，第 727—738 页。
　　②　马小泉：《国家与社会：清末地方自治与宪政改革》，第 154 页。

三、北洋政府时期地方自治的传承与顿挫

民国以后，地方自治制度延续了下来，各地纷纷成立县议事会和参事会。由于袁世凯帝制自为，拥权自重，地方自治自然也成为其对付的对象。1914 年 2 月 3 日，北洋政府以各属自治会"良莠不齐，平时把持财政，抵抗税捐，干预词讼，妨害行政"①，违背了"辅佐官治，振兴公益"的精神为辞，下令各省各级自治会停办。

袁世凯废除地方自治的目的在于强化集权，但地方自治毕竟已经有了一定的思想和实践基础。袁世凯迫于压力，同时也为了以自治装点门面，作为服务其专制统治的工具，令内务部重新制订地方自治章程。1914 年 12 月颁布《地方自治试行条例》，1915 年 4 月颁布《地方自治条例实行细则》。

袁世凯所主张的地方自治，实际上是区自治，缩小地方自治基础单位的范围，目的是减少地方自治对于中央集权的危害。同时，地方自治区在县知事监督下办理地方公益，完全沦为县知事的附属品。根据《地方自治试行条例》：一般县份划分为四到六区，两个以上的县份合并的大县，可以增至八区。区的划分方法是：以该行政区域户口总额除以该行政区域县份总数，为一县户口平均数；按平均折中六区计算，以一县户口平均数除以六，即为一区户口平均数。

自治区有合议制和单独制两种形式。户口超过一区平均额以上者为合议制，不满一区平均额者为单独制。合议制自治区分为三级，以户口超过一区平均额但不到一倍者为第三级，以户口多于平均额一倍以上者为第二级，二倍以上者为第一级。合议制自治区设区董和自治员。一级自治区设自治员 10 名，二级自治区设自治员 8 名，三级自治区设自治员 6 名，由本自治区选民公选，经县知事遴选充任。区董由本自治区选民中选出 3 人，由县知事委任。单独制自治区仅设区董 1 人。区董、自治员皆以 2 年为任期，区董期满改选，自治员每年改选半数，以 1 年为任满。自治区董雇用佐理员，办理文牍及庶务。自治员为名誉职，不支薪给；区董由县知

---

① 《停办自治机关令》，载章伯锋、李宗一主编：《北洋军阀》，武汉出版社 1989 年版，第 516 页。

事核支薪给及办公经费。

合议制自治区设立自治会议，由自治员组成，以区董为议长。自治会议应行议决事项有：在县知事监督下办理地方卫生、慈善、教育、交通及农工商事宜；自治规约；自治经费岁出入预算及预算正额外预备费支出；自治经费岁出入预决算报告；自治经费筹集方法；自治经费及财产处理办法；提起地方公共利害诉讼及其和解等。[①]

《地方自治试行条例施行规则》规定：将地方自治条例的施行分为调查、整理及提倡、施行三期筹办。调查事务主要有：调查各县应设自治区数及其区域划分；调查所设自治区户口；调查管辖区域内绅董办理的公益事宜及其兴废因革状况。[②] 由于袁世凯复辟帝制很快失败，地方自治也就不了了之。

袁世凯死后，国会恢复，共和重建。北洋政府为了俯顺民情，满足地方民众参与政治的要求，1919 年 9 月、1921 年 7 月分别公布了《县自治法》《市自治制》和《乡自治制》。

《县自治法》规定县以其行政区域为自治区域。县自治团体为法人，在上级官署的监督下，处理教育、交通水利、劝业及公共营业、卫生及慈善事业等自治事务。选民应为年满 20 岁的男子、具有本国国籍、在县内连续居住二年以上，并具有下列条件之一者：（一）年纳直接税在 2 元以上；（二）有动产或不动产 500 元以上者；（三）曾任或现任公职或教员者；（四）曾在高等小学以上学校毕业，或具备相当资格者。议员除具备选民的一般条件之外，尚需符合以下其中一个条件：（一）年纳直接税在 4 元以上；（二）有动产或不动产 1000 元以上者；（三）曾任或现任公职或教员1 年以上者；（四）曾在高等小学以上学校毕业，或具有相当资格者。

各县设县议会和参事会。县议会设议长 1 人，副议长 1 人，由议员用无记名投票法互选产生。议员数量根据各县人口数量确定：人口未满 15万的县份，定为 10 名；人口满 15 万以上者，每人口 3 万，另增 1 名，但

---

①　《地方自治试行条例》，《政府公报分类汇编》1915 年第 25 期。

②　《地方自治试行条例施行细则》，《大中华》1915 年第 1 卷第 5 期。

最多不超过 30 名。县议会议员任期为 3 年。县议会下设书记 2 人或 3 人，由议长选募。县议会应办事项为：以县自治团体经费筹办的自治事务；县自治团体公约；县自治团体预算及决算；征收县自治税规费、使用费；县自治团体不动产买入及处分；县自治团体财产营造物公共设施的经营及处分等。县参事会设会长 1 人，参事 4 人至 6 人。会长由知县担任。参事任期 2 年。县参事会设佐理 2 人至 4 人，出纳员一人，书记若干人，由会长派充任。县参事会职权有：执行县议会议决事项；办理县议会议员选举事项；向县议会提出议案；制定县自治团体规则；管理或监督县自治团体的财产营造物或公共设施；管理县自治团体收支；根据法令或县议会的决议，征收自治税及规费。①

《市自治制》规定市以固有的城镇区域为其自治区域，如人口不满 1 万人者，按乡自治制办理。市主要指普通市，特别市由内务部认定。市自治区选举权与被选举权的财产资格，低于县自治区的要求。除基本条件外，市住民年纳直接税 1 元以上，有动产或不动产 300 元以上即有选举资格；年纳直接税在 2 元以上，有动产或不动产 500 元以上即有被选举权。

市设自治会和参事会。市自治会设会长 1 人，由会员用记名投票法互选。会员名额依据市人口数量确定，人口未满 5 万的城市，会员定为 10 名；满 5 万以上者，每增人口 1 万递加会员 1 名，但特别市以 30 名为限，普通市以 20 名为限。市自治会会员以 2 年为任期。市自治会由会长酌用雇员 2 人或 3 人，办理文牍、会计及一切庶务。市自治会职权主要有：议决市公约；议决市内应兴应革及整理事宜；议决以市经费筹办的自治事务；议决市经费之预算与决算；议决市自治税规费使用费征收；议决市募集公债及其他有负担的契约；议决市财产营造物公共设施之经营及处分；议决市自治公所职员保证金事项；答复市自治公所及监督官署的咨询等。市议事会议决事件，由市自治会送交市长执行。

特别市设参事会，由市长、佐理员、区董、名誉参事员组成，以市长为会长。名誉参事员一般为 4 名，特殊情况可增至 8 名。市设自治公所，

---

① 《县自治法》，《东方杂志》1919 年第 16 卷第 10 期。

置市长一名。特别市设佐理员，普通市设市董，辅助市长处理日常事务。特别市可设分区，每区设区董一名，办理区内自治事务。市长受县知事及其上级监督机关监督。①

《乡自治制》规定乡自治团体以固有区域为其自治区域。乡设自治会，由乡住民选举会员组成。乡自治会设会长 1 人，会员视人口多寡而定。人口未满 5000 之乡，自治会员定为 6 名；满 5000 以上者，每增人口 3000 递加会员 1 名，但最多不超过 10 名。乡自治会会长和会员任期两年。乡自治会的职权为：议决乡公约；议决乡内应兴应革及整理事宜；议决以乡经费筹办之自治事务；议决乡经费预算与决算；议决乡自治税规费使用费的征收；议决乡不动产买入及其他处分；议决乡财产营造物公共设施经营及处分。市议事会议决事件由市自治会送交乡长执行。乡设自治公所，置乡长 1 人。乡长执行乡自治会决议，制定乡规约，管理乡收入支出以及公共财物等等。各乡于乡长外，视事务之繁简，得设乡董 1 人或 2 人，辅助乡长分任执行事务。②

北洋政府成立之后，各县沿袭了清末的地方自治制度，先后成立县议事会和参事会。但民国八年（1919）以后推行的地方自治，情况就非常复杂。由于政局不稳，军阀扰攘，真正能够实施的县份少之又少。

袁世凯下令解散各地自治会以后，各地解散时间与后来的办理时间颇不一致。长寿县办理自治分为三期：自宣统二年（1910）开会至民国二年（1913）停止，为第一期；自民国五年（1916）奉令恢复六年（1917）复奉令停止为第二期。民国十一年（1922）奉令恢复至十六年（1927）停止为第三期。③民国成立后，贺县成立县议事会，设正副议长各 1 人，议员 20 人，由各区按人口分配选举名额。自治公所改为区议事会，设议长 1 人，区议员 20 人，由各区选出。与县议会并立者为参事会，会长由县长兼任，参事员由议员互选 4 人充任。区董事会设董事 4 人，由区议员互选

①　《市自治制》，《教育公报》1921 年第 8 卷第 7 期。
②　《乡自治制》，《财政月刊》1921 年第 8 卷第 92 期。
③　民国《长寿县志》卷一二，《自治》。

充任。县区参董事执行县区议事会的决议。民国二年（1913）解散国会，各县区议参两会同时停止。民国九年（1920）恢复原状。①

　　大多数省份在民国十二年（1923）或十三年（1924）以后，才逐渐恢复自治。齐东县民国十二年（1923）成立自治讲习所，设所长一人，由县知事兼任，高梦说任主任教员，另设教员三人；民国十三年（1924）成立自治筹备分处，李经畲任筹备主任，另设筹备员 3 人，民国十六年(1927)停办。②民国十二年（1923），澄城县知事王怀斌筹备县自治，于是年 9月成立第二届县议会和参事会；同时又创办自治讲习所，培植市乡自治人才。③阜宁县于民国十二年（1923）奉令恢复各级自治，所有议会准予使行职权。④望都县民国十三年（1924）10 月奉令恢复自治，知事刘炎组织选举议、参两会议长。⑤

第二节　近代国家税和地方税之划分

　　既然有事权之划分，亦必然有税权之划分。在清末推行地方自治的同时，国家也着手划分国家税与地方税。不过近代国家税和地方税的划分，主要是在中央和各省之间进行，县地方税并不在考虑之列。

一、清末国家税与地方税之划分

　　光绪三十一年（1905）9 月，清廷派载泽、端方等五大臣分赴东西洋考察政治。回国后，戴鸿慈奏请划分中央与地方权限："宜定中央与地方之权限，使一国机关运动灵通也。各国行政，大概可分为中央集权、地方分权两种。中央集权，例如日本，所有地方行政长官皆属于内务大臣监督之下，一切政策悉须享承。地方分权，例如美国，中央政府仅掌军事、外交、交

---

　　① 民国《贺县志》卷三，《政治部》。
　　② 民国《齐东县志》卷三，《政治志·自治》。
　　③ 民国《澄城县附志》卷三，《经政志》。
　　④ 民国《阜宁县新志》卷四，《内政志》。
　　⑤ 民国《望都县志》卷四，《政治志一》。

通、关税荦荦诸大政，其余大小诸务悉归各省巡抚自行办理。二者各有所长，不容轩轾，要皆各有其职守，而不能越出范围。中国以军机、各部统治于内，以督抚分治于外，参酌于集权之间，以中国之幅员既长，处置诚为得当。然因权限不清之故，各部与督抚往往两失其权……诚宜明定职权，划分限制，以某项属之各部，虽疆吏亦必奉行，以某项属之督抚，虽部臣不能僭越。如此则部臣、疆吏，于其权限内应行之事，无所用其推诿，于其权限外侵轶之事，无所施其阻扰，庶政策不致纷歧，而精神自能统一矣。"①

光绪三十二年（1906）颁布实施改革上谕，"仿行宪政，大权统于朝廷，庶政公诸舆论，以立国家有道之基"，"但目前规制未备，民智未开……故廓清积弊，明定责成，必从官制入手，亟应先将官制分别议定，次第更张，并将各项法律详慎厘定。而又广兴教育，清理财务，整饬武备，普设巡警，使绅民明悉国政，以预备立宪基础。"②上谕将财政清理作为实施预备立宪之基础，揭开了晚清财政改革的序幕。

在着手财政改革之前，清廷做了两项重要工作：一是统一财权于度支部。1906 年，清廷将户部改名为度支部，将财政处并入，以中央财权统一于度支部；新合并成立的度支部综理全国财政，是清廷推行财政改革的中枢机关。二是规划两税划分的时间节点。光绪三十四年（1908）八月初一日，宪政编查馆和资政院会奏《宪法大纲暨议院法选举要领及逐年筹备事宜折》，将划分国地两税作为筹备立宪期内逐年应办事项，确定第三年（1910）厘定地方税章程，第四年（1911）颁布地方税章程，厘定国家税章程，第五年（1912）颁布国家税章程。③虽然此举最主要的动因是解决中央的财政危机，却首次触及了现代性的财政划分制度。

---

① 《出使各国考察政治大臣戴鸿慈奏请改定全国官制以为立宪预备折》，载故宫博物院明清档案部编：《清末筹备立宪档案史料》（上册），第 369—370 页。

② 《宣示预备立宪先行厘定官制折》，载故宫博物院明清档案部编：《清末筹备立宪档案史料》（上册），第 44 页。

③ 《宪政编查馆资政院会奏宪法大纲暨议院法选举要领及逐年筹备事宜折》，载故宫博物院明清档案部编：《清末筹备立宪档案史料》（上册），第 63—64 页。

　　清理财政是两税划分的重要前提，"清理财政为立宪切要之用途……以划分国家地方经费为清理之要领，以编订预算、决算清册为清理之归宿"①。为此，清廷在度支部设清理财政处，在各省设清理财政局，并由财政部派监理二人分赴各省稽查督催。各省财政局的工作是调查收支细数，并提出划分国家税和地方税建议报部裁夺，以为两税划分做准备。"清理财政局应将该省财政，利如何兴，弊如何除，何项向为正款，何项向为杂款，何项向系报部，何项向未报部。将来划分税项时，何项应属国家税，何项应属地方税，分别性质，酌拟办法，编订详细说明书，送部候核……各省预算报告册内，应将出款何项应属国家行政经费，何项应属地方行政经费，划分为二，候部核定。前行之国家行政经费，系指廉俸、军饷、解京各款，以及洋款、协饷等项，地方行政经费系指教育、警察、实业等项。"② 将各省收支详细调查，为国家税和地方税的划分税源做准备。

　　宣统元年（1909），度支部派财政监理官分赴各省调查，直接干预各省的财政清理工作，引起各省督抚的不满。各督抚认为，监理官以调查财政为名，而行将各省地方实存利益全部上缴中央之实，意图削弱地方实力。此次清理与整顿，虽然大大增加了清政府财政收入，但仍无法弥补中央政府巨大的财政赤字。为弥补亏空，减少新政给中央政府带来的财政负担，度支部在清理财政的同时，开始着手划分国家税与地方税。

　　宣统二年（1910），清廷宣布缩短预备立宪期限为 5 年，财政改革的步伐也随之加快。财政方面的预备步骤改为宣统三年（1911）厘定国家税、地方税各项章程，宣统四年（1912）确定预算决算。③ 是年，又通令各省统一财政机关，将各省林立的财政机关归并成财政公所，财务行政表面得到了统一，但是财政收支仍迟迟没有划分。

　　清末两税划分中有两个核心问题，一是制定统一的分税标准，二是地

────────────

　　① 《宪政编查馆奏覆核清理财政章程酌加增订折》，载故宫博物院明清档案部编：《清末筹各立宪档案史料》（下册），第 1026—1027 页。

　　② 《度支部奏妥酌清理财政章程缮单呈览折》，载故宫博物院明清档案部编：《清末筹各立宪档案史料》（下册），第 1028—1031 页。

　　③ 《宣统政纪》卷三〇，宣统二年十二月丁亥。

方层级的划分。在这两个问题上，朝野各方、中央与地方意见并不一致。

当时各省的税、厘、捐、租千差万别，收支章程又各自为政，将这些名目繁多、用途混杂的税种进行国家税、地方税的归类，且满足中央、地方财政支出的需要，确实是一个大的难题。度支部与各省清理财政局基于各自立场，依据对"西方"的不同理解，各取所需地提出了两税分类的标准。随着对西式税制认知的深入，所提"标准"也在不断地修正和变化。①

度支部清理财政处的标准是各省款目，不管正款、杂款税种，也不论内销、外销款项，只要是供给国家行政支用的，均应划为国家税，供给地方行政使用者才可划为地方税。但国家和地方的界限模糊，以致各省对地方税莫衷一是。由于缺乏一个明确的统一的标准，各省在实际划分中，往往依据西式税制的理解和各省的实情自行其是。在地方分级问题上，府厅州县城乡镇属于地方当无异议，但督抚出于对抗度支部财政集权及固守本省利益的考量，大多主张将行省归作地方行政的最高一级。

表 2-1　部分省份划分两税标准简表

省份	分税标准
陕西	主张以税款用途来区分两税
吉林	以各府厅州县或各地方团体为本区地方行政范围，征于该地域内人民者为地方税，余则概属国家税。部分附加税归入国家税
广西	以收入为划分税项的标准：间接税应划分为国税，直接税应划分为省税；一切租税应划分为国税，附加税为省税；以国家资格征收者为国税，以省资格征收者为省税。 以支出为划分税项的标准：国税供应全国经费，省税供应一省经费；国税担负对内对外经费，省税仅仅担负对内经费
甘肃	一般均根据其用途划分国家税或地方税。国家收入部分，分为"税"和"税外收入"；地方收入项目也如此划分
黑龙江	用项属于中央事业者为国家税，用项属于地方事业者为地方税

资料来源：刘增合：《制度嫁接：西式税制与清季国地两税划分》，《中山大学学报（社会科学版）》，2008 年第 3 期。

---

① 刘增合：《制度嫁接：西式税制与清季国地两税划分》，《中山大学学报（社会科学版）》2008 年第 3 期。

由于中央与地方对两税划分的出发点不同，各省财政状况又千差万别，加之各自对于西式税制认知上的异同，使得清廷与各省在两税划分的标准上迟迟未能统一意见。面对既存歧议，各省财政清理局也只好各行其是，各取所需。但他们的宗旨却大致相似，"既要兼顾外来学理与本省实际，又须权衡国家需求与地方需求"①。

清末财政划分是我国首次具有近代性质的财政改革，虽然是以失败告终，但是它的失败也为后来北洋时期的国地财政划分提供了宝贵的经验教训。张神根在考察清末国家财政、地方财政划分时指出，清廷仿行西方的财税体制划分国家财政和地方财政的根本目的挽救中央财权失衡的现实，将财权重新收回中央。其失败主要是政治经济两方面的制约：政治上国家的分裂和财政改革本身的失误是财政改革失败的直接原因；经济上工商业的幼稚和农村残破是财政改革失败更为深刻的原因。②

二、北洋政府前期的国家税地方税划分

民国建立以后，财政竭蹶状况比清末更甚，关税为列强把持，解款、赔洋各款为各省所截留。如何加强中央权力，保证对赋税的有效征集，缓解日益严重的财政危机，是民国当局亟待解决的一个重要问题。在此情况下，国家税、地方税划分再次被提上日程。

民初国地两税的划分动议始自江苏都督程德全。1912 年 4 月 1 日，孙中山辞去临时大总统，由袁世凯取代。次日，临时政府迁都北京。当时南京面临着巨大的经济政治危机：兵费、政费、常费用度浩繁，依靠挪借艰难度日；十数万军队饷项匮乏，时有哗变之虞；临时政府遗留的大笔赊欠款项，以及占领民房所造成的财产赔偿尚未妥善解决。③ 为安定地方，江苏都督程德全与省临时议会议长张謇召开江苏省临时议会，筹商将实施

---

① 刘增合：《制度嫁接：西式税制与清季国地两税划分》，《中山大学学报（社会科学版）》2008 年第 3 期。

② 张神根：《清末国家财政、地方财政划分评析》，《史学月刊》1996 年第 1 期。

③ 沈家五、任平：《民国元年袁世凯争夺江苏地方财政的经过》，《民国档案》1997 年第 3 期。

地方财政作为解决问题的办法。在此情况下，江苏省临时议会通过了由都督程德全提出的"江苏暂行地方自治"与实施地方财政的议决案：（一）完善县署组织。全省以县为基本单位，县设总务、警务、学务、实业、主计五课，其中主计课掌管全县税捐及一切财政事宜。（二）划分中央与地方经费界限。凡关税、盐税、茶税、矿税等各种间接税，归中央收入，作为外债、军政、司法及政府官厅各费支出；凡地税（田赋）、契税、牙税、典税等直接税，归地方收入，以支付民政、实业、教育等各费用。① 同时向中央和各省通电，宣布江苏暂行地方自治与实施地方财政法规措施。各省督抚赞成者有之，反对者亦有之，一时谈论财政中央集权和地方分权的潮流蔚为大观。无论态度如何，但他们之间的论争迫使北京政府必须认真对待国家税与地方税的划分问题。

1913 年 9 月，财政部成立了调查委员会，就国地税的划分议定先决条件。议定的先决条件有三：一是明定国家税地方税的界限。国家税为国家收入，充国家行政之用，包括中央所在地以及各地方行政区域内的国家行政。地方税为地方团体收入，专充地方行政之用。二是确定地方团体的层级。地方团体级数多寡与政费税款有关，级数多则政务繁而经费增，级数少则政务简而经费减；经费增则地方税自宜从多，经费减则地方税不妨略少。而且当时省制尚待确定，因此，暂将地方行政层级定为省、县及市乡三级。三是国家行政与地方行政范围。关系全国的事项及地方团体不能自谋之事，则归国家范围；关系局部之事或全国皆有而地方团体能谋之事，则归诸地方。由此，外交、陆军、海军、司法等项行政，为国家行政；内务、教育、农商交通、财政等项行政应以一部分属诸国家行政，一部分属诸地方行政。② 随后，财政部又厘定国家政费、地方政费以及国家税、地方税各项章制，派员分赴各省磋商。

划分国家税和地方税，进行财政改革，是中央和地方的共同诉求。双

---

① 北洋政府内务部档案，中国第二历史档案馆藏。参见沈家五、任平：《民国元年袁世凯争夺江苏地方财政的经过》，《民国档案》1997 年第 3 期。

② 贾士毅：《民国财政史》（上册），第 104—105 页。

方矛盾的焦点是税源的划分，中央坚持将大宗税收划为国家税，而地方则希冀能够得到更多的税收支配权，双方在这个问题上矛盾重重，争论最多的是田赋的归属，特别是漕折，江苏和中央争执不下。国地税划分方案甫一公布，各省均表示反对，"疆吏电请酌改原案者颇多，而坚持漕粮应归地方之说以江苏为最著"。程德全先后以"漕粮一项，其性质同于贡献，负担本不平均，浙省有漕各县，不认完纳，争持甚烈，苏与浙邻，虑受影响，若归入中央，适贻人民口实，将来断难持久，不若还诸地方，事理较顺"。民国二年（1913）2 月，程德全又电国务院称："苏省众议院及省议会议员在宁开恳亲会，议决漕粮为江浙所独有，人民担负太重，自应留本省经费，免筹他税。"热河都统上大总统函指称："国税性质约有三要素：一曰简单，二曰统一，三曰平均。钱粮地丁尚兼三要素之意，若漕折一项，各省互有多寡，人民负担不均，归之地方税，似为相宜，地方多一入款，国家少一补助，仍属中央之利。若斤斤计量，势必中央与地方日生恶感。他种新税，更难施行，因小失大，甚非所宜。"同时苏浙绅士吴廷燮、陈汉第、张一麐等上大总统说帖，略谓："漕粮一项，江浙为独重，倘必令照征，悉解中央或划归中央支配拨用，恐中央不能得收入之实宜，而地方转得藉口减轻输纳之负担，为保存旧税，为顺从舆情计，可分两法：（一）此项漕粮收入，于国家财政未经整理以前，由地方征收，暂时划抵中央负担地方行政之费。（二）俟国家财政整理后，有新增各税，足抵漕粮收入时，即纯然划归地方行政支出。"① 旋由国务院将前项电文函告说帖交财政部核办。财政部核议之后，仍维持原案，将漕折划归国税。但中央也做了让步，答应将田赋分为正税和附加税两部分，正税归中央，附加税归地方，但地方税附加不得超过"现征之税率百分之三十"②。

在此基础上，1914 年财政部先后颁布《国家地方政费标准》和《国家税地方税划分标准》。按照《国家地方政费标准》，属于国家费的有 14 项，主要为立法费（专指国会经费）、官俸官厅费（自总统府、国务院、

---

① 贾士毅：《民国财政史》（上册），第 115—117 页。
② 《特约路透电》，《申报》1913 年 1 月 30 日。

都督府、省长署及县知事署各员俸给及公署费用）、海陆军费（中央所在地或外省海陆军费用）、内务费（国都所在地及省城商埠的警察经费、内务部直辖的内务费）、外交费（中央所在地或外省之外交费用）、司法官厅及监狱费（全国各地司法费）、专门教育费（仅限于教育部直辖机关、国立专门以上学校经费）、官业经营费（邮电、路航、山林、矿业及各部直接经营官业等费用）、工程费（专指重大工程而言，如河工等）、西北拓殖费、征收费（征收国家入款所需经费）、外债偿还费（中央政府自借外债）、内债偿还费（政府公债偿还费）和清帝优待费等；属于地方费的有 10 项，分别是立法费(地方议会经费)、教育费(除教育部直辖机关及国立学校外，凡专门教育、普通教育、义务教育诸费)、警察费（除京城、省会、商埠所需警察费外，其他警察费由地方支出）、实业费（由地方团体自办的农、工、商各业）、卫生费、救恤费、工程费（地方团体经营之工程）、公债偿还费（地方公债偿还费）、自治职员费（如市长、乡董薪水等）和征收费（专指征收地方收入所需经费）。以上各端系财政部厘定国家政费与地方政费之标准，至地方各费内，何者属于省，何者属于县及市乡，统由各级地方团体自行酌定。①

税收划分主要包括现行税目划分以及将来新税划分等两个方面：

1.现行税目划分属于国家税的有田赋、盐税、关税、常关、统捐、厘金、矿税、契税、牙税、当税、牙捐、当捐、烟税、酒税、茶税、糖税和渔业税 17 种；属于地方税的有田赋附加税、商税、牲畜税、粮米税、土膏税、油捐及酱油捐、船捐、杂货捐、店捐、房捐、戏捐、车捐、乐户捐、茶馆捐、饭馆捐、肉捐、鱼捐、屠捐、夫行捐及其他杂税杂捐，共计 20 种。2.在将来新税中，属于国家税的有印花税、登录税、继承税、营业税、所得税、出产税和纸币发行税 7 种，属于地方税的有房屋税、国家不课税之营业税、一部分消费税、入市税、使用物税、使用人税、营业附加税及所得附加税 8 种。②

---

① 财政部财政年鉴编纂处：《财政年鉴》(上册)，上海商务印书馆 1935 年版，第 1—2 页。
② 财政部财政年鉴编纂处：《财政年鉴》（上册），第 2—3 页。

在公布划分税收草案的同时，北京政府派财政调查员分赴各省筹建国税厅筹备处，开始着手各省国税的接管工作。截至 1913 年 8、9 月间，各省国税接收工作已大致就绪，但一些问题诸如税项的归属仍悬而未决。仅以地税一项而言，各省争执拖延等情况层出不穷，如直隶、黑龙江、奉天、河南、山西等省；一些省份将地税划归国有之后，依然对其税率进行干涉，或者私自将其抵债，如福建、奉天等省；也有省份因为两税划分草案规定田赋附加税不得超过百分之三十，而将地丁、正耗及平余等合计作百三十分，而以三十分划入地方。①

两税划分以后，北京政府并未以此实现财政集权中央的企图，财政困难日甚一日，遂以地方税划分之后，"所办自治、学堂、实业等，亦徒有其名，多归中饱"② 为辞，于民国三年（1914）6 月命令将国家地方税名目取消。民国初年，北洋政府喧嚣一时的国地税划分，最终以惨淡结局收场。

两税的划分在中国税收管理体制的历史上是第一次，在我中国财政管理体制史上也确属一个创举。这一方案的提出，对日后处理中央与地方事权、财权合理关系产生深远影响。但由于缺乏稳定的社会条件、相应的组织保证和配套改革、相对独立的金融体系和货币政策，以及财政收支严重失衡等等，国地两税的划分自然无法付诸实现。

三、北洋政府后期的国家税地方税划分

袁世凯死后，民国五年（1916）8 月，众议院建议恢复民国二年（1913）的国地收支划分方案，经国务会议通过后，准备依照原案办理。但袁世凯死后，北京政府分崩离析，中央政府权威开始丧失，中央财权亦逐渐旁落。

民国八、九年之交，联省自治运动兴起，各地财政呈现独立之势。联

---

① 王梅：《民初北京政府划分国地税研究》，《史学月刊》2016 年第 9 期。

② 《财政部奉准取消国税地方税名目咨》，载中国第二历史档案馆编：《中华民国史档案资料汇编》第三辑《财政》（二），江苏古籍出版社 1991 年版，第 1235—1236 页。

省自治运动不仅在政治史上别开生面，在财政史也具有重要特点，特别是在税收划分方面，开始突破以往的窠臼，强调省在税收收支方面的独立权，教育经费在省支出中一枝独秀。

湖南地处南北纷争要冲，也是联省自治运动的起源地，其所制定的省宪对于财政的规定有两点：1.省署有税收决定权。省税由省议会决议，并由省政府征收；2.坚持教育经费优先原则。省岁出中教育经费不少于30%，并以2%作为教育基金。

紧随湖南的为浙江。浙江宪法虽未经人民通过，然其拟定的大纲，亦与湖南省宪有异曲同工之妙。其财政规定有六点：1.本省的各种赋税，均为省收入，由省政府依法律规定征收；2.募集省公债即增加省库之负担，非经省议院议决，省政府不得募集或缔约；3.本省负担的国家政费以本省收入总额的30%为限；4.每年省教育支出，不能低于全省预算岁出总额的20%，每年所拨教育基金，不得低于全省预算案岁出总额的3%；5.每年省实业支出，不得低于全省预算岁出总额的7%；6.每年省交通经费，不得低于全省预算岁出总额的7%。

继湖南浙江之后，四川、湖北、江苏、广东等省也先后制定宪法，而广东则在市自治方面走在前列。民国十年（1921）广州的市预算，岁入为1969476元，岁出为2884266元，实开历代以来市预算之先河。①

在这种理念的支配之下，民国十二年（1923）10月，曹锟颁布《中华民国宪法》，对国家与省之间的财政收支标准作出调整，将中央与省之间多年以来僵持不下的田赋划归省地方收入。其收支划分标准如下：

税项划分方面，属于国家税的有关税、盐税、印花税、烟酒税、消费税等7种，属于省地方税的有田赋、契税及其他省税等3种。

政务划分方面，国家事权有外交、国防、国籍法、刑事民事及商事法律、度量衡、币制及国立银行、国税征收、邮电铁路国道及航空、国有财产、国债、专卖及特许、学制、公用征收、警察制度、公共卫生等28种；地方支出项目有省教育实业及交通、省财产经营处分、省财政、省水利及

① 李权时：《划分中央与地方财政问题》，《东方杂志》1923年第20卷第15期。

工程、省税征收、省债、省银行、省警察及保安事项、省慈善及公益事项、下级自治和其他国家法律赋予事项的经费11种。[①]曹锟企图以迎合各省军阀需求的方式，换取他们的支持，但可惜的是，次年曹锟便下台，宪法尚未实施便被取消。

临时执政府时期，财政部也曾提出过整理财政草案。民国十四年（1925）2月，临时执政府财政部的整理财政事项草案总纲，也曾涉及国地两税的划分，其中重要之点有三端：（1）辨别各税性质以明系统；（2）综计历年收入以验盈亏；（3）整饬征收机关以定权限。关于第一个问题，财政部指出民国二年（1913）的划分标准未尽适当，根据形势的发展，应将关税、盐税、烟酒税、所得税、矿税、营业税、丝茧税、茶税、糖税、出产税、销场税、印花税、登录税、承继税和运输税等划归国税，将田赋、房屋税、宅地税、牲畜税、屠宰税、谷米捐、杂货捐、契税等划为省地方税。[②]临时执政府财政部的划分方案实际上是对民国十二年（1923）《中华民国宪法》国地税划分方案的延续和发展。但由于政局不稳，这一方案只能是纸上谈兵。

但其划分方案的内核是合理的，其涉及税收划分最为本质的问题。以往的税收划分方案之所以无法顺利实施，关键是缺乏实施税制划分的配套措施，于是临时执政府财政部将"整饬征收机关以定权限"作为税收划分中一个重要方面提出，"若征收机关组织未善，纵令税目分明，税额确定，亦不能收圆满之效果"。财政部认为，各国征收机关，大致分为三种：一为监督机关；二为经征机关；三为收款机关。在监督机关方面，将各省原有的财政厅作为省税监督机关，此外在各省另设国税监督署，除关盐二税因与外人有关作为特种税务外，凡在各省征收的一切国税，统归国税监督署综核。国税监督署用人之权隶属中央，各省不得过问。在经征机关方面，于各省国税监督署之下分设国税局，统征一切国税，其所管辖区域与

---

① 章伯锋、李宗一主编：《北洋军阀》第一卷，第 732—735 页。

② 《临时政府秘书厅转送财政部整理财政提案公函》，载中国第二历史档案馆编：《中华民国史档案资料汇编》第三辑《财政》（一），第 255 页。

普通行政区域不必相同，应根据地段之广狭、交通之便塞、事务之繁简，由国税监督署斟酌情形，或一县设一局，或数设县一局。在收款机关方面，确立金库制度，将经征机关与收款机关截然分开。中央设总金库，各省设分金库，各县设支金库。其偏辟地方不能设立支库者，得由分金库委托银行银号代办金库，代收税款。① 应该说，财政部对于国地财政划分是吸收了当时财政改革最先进的理念，所设计的方案触及财政划分中最本质的东西。

但在近代的财政划分中，始终没有考虑县级税收的划分。之所以如此，主要与当时人们对地方自治"以地方之财办地方之事"观感和认知有关。出使奥国大臣李经迈在奏陈中写道：欧洲各国的地方自治制度大体相同，"原以本地之绅民，集本地之款项，图本地之公益"②。载泽也非常羡慕地方自治制度，欧美各国"以地方之人行地方之事，故条款严密而民不嫌苛；以地方之财供地方之用，故征敛繁多而民不生怨"③。因此，不诉诸国家，依靠本地财力，由本地方人办理本地方之事成为当时颇为流行的观念，也成为制定地方自治法令的指导思想。

第三节　近代县地方财政的形成

古代中国在财政上推行中央集权之制，国家收支擘画，全由中央负责，地方除征税上解中央以外，在收支的议决、分配、使用上无任何自主权，故只有国家财政而无地方财政。地方财政的形成始于清末。在清末推行地方自治的过程中，清廷将教育、警察、实业、工程等事委诸州县地方管理，并给予州县一定的财政收支筹措与管理权。自此以后，地方财政开

---

① 《临时政府秘书厅转送财政部整理财政提案公函》，载中国第二历史档案馆编：《中华民国史档案资料汇编》第三辑《财政》（一），第254—255页。

② 《出使奥国大臣李经迈奏地方自治权限不可不明求治不宜过急片》，载故宫博物院明清档案部编：《清末筹备立宪档案史料》（下册），第718页。

③ 《出使各国考察政治大臣载泽等奏在英国考察大概情形暨赴法日期》，载故宫博物院明清档案部编：《清末筹备立宪档案史料》（上册），第11页。

始肇兴。

一、近代县地方财政法规的颁行

地方财政形成的动因，肇自于国家管理事权的日益膨胀。一国之内，中央为最高机关，有管理国家一切事务的权能。然国家事务繁多，如欲事无巨细，集中治理，势有所难。故将一部分职责分于地方行使。既然赋予地方以管理事务之权，自不能不分一部分财权于地方，以保证职责的履行。因此，国家将有关经费的支配、赋税的征收，授予地方独立行使，地方财政由此而成。

地方财政既属于经济，而又为一种行政，可称之为经济行政。故其要素有二：一为属于经济方面实质的要素；二为属于行政方面形式的要素。财政实质的要素，即指财政需要，及应此需要有计划的财源，即财政支出或收入。财政形式的要素，即指财政上之办理程序，其目的在使财政计划及实施有条不紊，并通盘设计，主要包括预算、会计、簿记、公库、审计等诸法规及设施等。[①] 地方财政作为一种经济行政，具备中央财政的一切要素，收入和支出以及对收入和支出的管理是三个最重要的环节。

清末民国推行地方自治的过程中，采纳日本之制，颁布了一系列法令，将县地方财政最先进的管理理念深植其中，确立了县地方财政的收入、支出以及收支的管理的基本框架。

《城镇乡地方自治章程》对县地方财政收入的来源及管理作了最初的规定。作为下级自治机构的城镇乡，自治经费来源有三种渠道：公款公产、地方公益捐、罚金。在传统社会，地方为办理公益事业，由本地士民捐助田地、房产、息钱等，构成了公款公产的主要内容。公益捐分为附捐和特捐二种。在官府征收捐税（田赋和杂税）项下附加若干，即为附捐，附捐不得超过原征捐税额数的十分之一。在官府所征捐税之外，另定种类名目征收者，是为特捐。

城镇乡自治经费实行预、决算制度。城镇董事会或乡董，每年应预

---

① 朱博能：《地方财政学》，第5页。

算次年经费收支，制成预算表，于 11 月议事会会议期内，交议事会议决。预算内除正额外，可设预备费，以备预算不敷或预算各款外各种临时支出。城镇董事会或乡董，每年应将上年经费收支，制成决算表，连同收支细账，于每年 2 月议事会会议期内，送议事会议决。自治经费的收支要严格监督，除定期检查之外，还需要临时检查。[①]

《府厅州县地方自治章程》对城镇乡章程中的未尽事宜作补充规定。其重要部分有三：1. 征收公费和使用费。府厅州县依据法令应行办理之事有关系个人利益者，可向受益人征收公费。凡使用府厅州县公共营造物或其他公产者，府厅州县可向使用人征收使用费。公费及使用费征收，除法令另有规定之外，需制定征收细则，经议事会议决，由府厅州县长官申请督抚核定。2. 府厅州县可募集短期公债。府厅州县遇有事关府厅州县长远利益之事，或为救济灾变，或为偿还负债，可以募集短期公债。3. 决算需公示于众。决算议决后，由府厅州县长官申请督抚核准，咨报民政部度支部存案，并于当地榜示于众。[②]

宣统三年（1911）8 月，民政部颁定《拟定府厅州县地方自治经费收支规则》，对府厅州县的预算程式及预算收支的重要规则作补充规定。1. 实行公库制度。自治经费收入如为现银，应存储于地方分库；地方分库未设立以前，可存储于地方殷实商号，但需经参事会议决。2. 实行簿籍制度。收支细账应登录簿籍，按基本财产类、收入类、支出类三大类，细分为公款、公产、租息等 21 种。每种各置一簿籍，分别填列。各簿籍除逐款随时登记外，应于每月月终，将自治经费收支总数制成收支对照表，上报府厅州县长官。自治委员会经理的公款公产及所有收支簿籍或现银，府厅州县长官每年应派检查员会同议员一人以上检查二次。3. 完善收支规则。收入支出需制定印票，填给发款人或收款人；除使用费不能记名而另给小票为凭外，其余均须编号存根，于骑缝处钤印。府厅州县支出应按照预算案

① 《宪政编查馆奏核议城镇乡地方自治章程并另拟选举章程折》，载故宫博物院明清档案部编：《清末筹备立宪档案史料》（下册），第 724 页。

② 《北洋法政学报》1910 年第 131 期。

内所列各款为限，不得多支、滥支、浮支。收入支出预算程式应分经常临时两种，更于每种区分款项。4.明确收支类别及其细目。收入类主要有公款（如义仓、宾兴、水会、善堂各项及向归该府厅州县地方绅董经理各项事业的收入等）、公产（如田地、房屋、租金及田地房屋附属物的租金、卖价等类）、地方税（在地方税章程未颁布以前，主要是附加于地丁钱粮及田房税契或各项厘捐带征等）、公费（如应归府厅州县注册给照各费及例不报解部司库的各项规费）、使用费（如使用公共财产或营造物应出之费）、公债（如公债票利息及股票利息等）等，支出类主要有会议费（如会所及会议时应需各费，并议事会参事会应需笔墨纸张购置应用什物或邮电等费）、薪工费（如自治委员及文牍庶务等员的薪水公费或议员参事员临时委员的公费）、教育费（如关于教育的建筑费、购置图书彝器费及教员薪费或学堂应用膳食杂费等）、卫生费（如卫生及病院之医药薪水养病等费）、营缮费（如修理道路、桥梁费及浚泄堤防等费）、劝业费（农事试验场、劝工厂、开设市场、筹办水利等费）、善举费（如孤贫、孤儿、保节、恤嫠、教养等费）、公共营业（如办理电灯、电车及自来水等费）、公债（如偿还资本及利息等项）。①

相对而言，民国初年颁布的《地方自治试行条例》对自治经费的规定就简单很多，自治经费的来源仅指定地方原有公款公产和公益捐二种。其具体管理，由自治会议议决，经县知事核交区董管理。②

1919 年颁布的《县自治法》，规定县自治经费常规性来源有五种：县自治团体财产收入、县自治团体公共营业收入、县自治税、使用费及规费、过怠金。同时亦规定收入的调剂通融之法，如县自治团体因救济灾害或经营公共营业时，可由国家补助经费。另外，县参事会因调剂预算内支出，可募集短期借款，但借款需以其会计年度内收入偿还。县自治经费实行预决算及检查制度。县参事会于每一会计年度开始前，应预计全年经费

① 《民政部拟定府厅州县地方自治经费收支规则》，《内阁官报分类合订本》1911 年 8 月，第 142—151 页。

② 蔡鸿源主编：《民国法规集成》第十二册，黄山书社 1999 年版，第 133 页。

出入，编制预算，提交县议会议决。编制预算时，为备预算不敷及预算外支出，可设预备费，但不得充县议会否决事件之用。县自治团体的会计年度，亦应与国家会计年度保持一致。县参事会于每一会计年度终结后，应将上年度经费出入编制决算，附具一切证据，提交县议会议决，决算议决后，由县参事会呈报监督官署，并公布于众。县自治经费收支，每年至少两次由县议会推举会员三名以上，会同会长及参事检查，并将报告呈报监督官署查核。①《市自治制》和《乡自治制》与《县自治法》内容在大的原则上基本一致。

近代政府颁行的各种章程法令，细化了地方财政收支的类别，构建了地方财政管理模式，为地方财政的运行勾勒了一个大致框架。地方财政管理中引入了预算和决算体制，设立民意机关筹划和监督地方财政的收支，体现了清末民国国家力图改变财政收支中的科目随意、浮冒滥征、监管乏力的痼疾，对于财政制度的科学化和合理化具有非常重要的意义。但其缺陷也是不言而喻的，作为地方财政中最核心的税制问题基本没有涉及，只有听任各县各施其能；财政管理体制也没有虑及当时中国的社会现实，只是对西方管理体制的盲目照搬。而且在近代所颁布的有关地方财政的法令中，《地方自治试行条例》徒成具文，《县自治法》等由于北洋时期的政局动荡基本也没产生什么效果，影响深远的应该是《城镇乡地方自治章程》和《府厅州县地方自治章程》。虽然清末规定府厅州县和城镇乡两级自治，但实际上，只有州县一级，较为普遍地成立了议事会和参事会，城镇乡议事会基本没有成立；不管当时的国家意图及实施效果如何，这些原则都是弥足珍贵的财富，必将在更广阔的时空中产生影响。但受制于现实的经济社会禀赋，各地往往无法按照既定的原则和目标去履行；由于各地条件的差异，在执行过程中也无法做到千人一面，各省或各州县往往呈现出自行其是的状态。

---

① 《县自治法》，《东方杂志》1919 年第 16 卷第 10 期。

二、近代县地方财政收支

在近代颁布的各种章程令则中，框定了地方收入支出的范围。在自治经费收入来源方面，主要为地方公款公产、公益捐、使用费与规费、公营业收入、公债等。但实际上，各县的收入来源主要是地方的公款公产和公益捐两项。

清末各省曾对各地的公款公产进行清理，宣统二年（1910），河南省咨议局议定《各厅州县清理公款公产章程》，以各厅州县自治筹办事务所为总理机关，负责调查辖境内所有的公款公产，以此拨充自治经费。根据《章程》规定，公款公产包括四种：（一）向充公益费用的房屋、土地、金钱、物品，以及因办理公益事务所筹集的各项捐款；（二）团体或个人捐充公益费用的房屋、土地、金钱、物品；（三）无主荒地荒山；（四）先贤祠、庙社、庙庵、寺院及其附属财产且由公共建筑者。归纳起来，主要是房屋、土地和捐款。房屋类包括祠庙、庵观其他各种房屋及其附属财产，需调查隶属区域、种类、名称、坐落、四至、原价及现价等；土地包括视为公款公产的土地暨无主荒地荒山及其附属物产，需调查隶属区域、种类、名称、坐落、四至、地价、土地所课之租税、收益等；捐款包括隶属区域、名称（如车马捐、屠捐等）、内容（指征收所得之物品，如银钱米谷等）、征收理由（如为兴学或办理地方自治征收等）、立案年月、征收区域、征收方法（如车马捐每车一辆抽若干文，或屠捐每屠一牲抽若干文等）、每年应收约计、现在所办事项及其比例（如由车马捐中提三成为某地方兴学费用、五成为某地方办理自治费用、二成为修筑道路费用等）、经理人或经理机关、历年会计及余存款项处理方法、相关文件卷宗等。[①]

在当时，地方公款公产的规模亦为不小，在地方自治的过程中，多拨作各种自治经费。昆山县的地方公款公产记录非常详细，特摘录如下，以了解公款公产的大致规模。

昆山县的公款公产主要是土地和房屋，县城的大多归市区学校和公

---

① 《各厅州县清理公款公产章程》，载河南省咨议局编：《河南咨议局宣统二年常年会及临时会公布议案》（第一册），中州教育品社 1910 年铅印本，第 17—28 页。

益，四乡的主要是学校经费。其中拨归市区学校的有：洒扫局田 433 亩 1 分 5 厘 3 毫，义学田 1655 亩 4 分 4 厘 5 毫，福济惜字社田 103 亩 5 分 9 厘 7 毫，永安局田 22 亩 9 分 4 厘 7 毫，昆义仓田 359 亩 1 分 8 厘 1 毫，寫湖寄墅田 161 亩 8 分 2 厘 9 毫。由学款经理处经理的有：顾乡贤祠田 162 亩 2 分 1 厘 3 毫，朱孝定祠田 55 亩 8 分 8 厘，忠义祠田 10 亩 4 分，节孝祠田 33 亩 9 分 7 厘 7 毫，樊公祠田 18 亩，仓圣祠田 16 亩 2 分 7 厘 7 毫，市区保婴局田 217 亩 3 分 3 厘 1 毫，栖流局田 192 亩 7 分 7 厘 5 毫，昆山城隍庙田 29 亩 5 厘 8 钱，田 233 亩 3 分 5 厘 3 毫，卜庙田 32 亩 6 分 2 厘，闸费局田 1904 亩 9 分 3 厘 1 毫，文会局田 2417 亩 9 分 7 厘 6 毫，昆学田 604 亩 1 分 3 厘 9 毫，新学田 554 亩 2 分 2 厘 3 毫，监院田 212 亩 6 分 3 厘 6 毫，玉山田 63 亩 9 分 9 厘，童捐田 57 亩 5 分，王捐田 48 亩 9 厘，普育堂田 4220 亩 5 分 2 毫，敦善堂田 3006 亩 2 分 3 毫，清节堂田 591 亩零 2 分 4 厘 4 毫，敦善普育清节三堂市房 113 所和地基 4 块。

四乡的公款公产则归各乡学所有，其中真义乡积善局田 603 亩 7 分 3 厘 9 毫；巴城乡校产田 15 亩 6 分 7 厘 7 毫，保婴局田 139 亩 1 分 9 厘 3 毫，乐善局田 30 亩 2 分 5 厘 9 毫；周墅乡校产田 18 亩 2 分 8 厘，蓬阆乡校产及校基共计 113 亩 1 分 7 厘 6 毫，图田 348 亩 7 分 6 厘 3 毫；夏驾桥乡公产田亩共 40 亩 1 分 1 厘 5 毫，校产田 113 亩 8 分 7 厘 9 毫，庙产田 378 亩 8 分 3 厘 1 毫；籙葭浜乡校产田 92 亩 4 分，落霞浦义渡田 23 亩 6 分 8 毫；安亭乡震川校产田 457 亩 5 分 4 毫，图田共计 238 亩 9 分 2 厘，校产 8 亩；冉直乡文星阁田 63 亩 3 分 4 厘 8 毫，玄白堂田 17 亩 8 分 6 厘 2 毫，庆乐庵田 20 亩 4 分 4 厘 4 毫；张浦乡广泽堂田 462 亩 6 分，义冢基 10 亩 1 分 4 厘 5 毫，校产田 340 亩 9 分 9 厘；陈墓乡崇善堂吴邑田 71 亩 9 分 3 厘 9 毫，田 527 亩 4 分 1 厘 2 毫，文星阁田 6 亩，恤嫠会田 71 亩 4 分 2 毫，保婴田 129 亩 5 分 6 厘 1 毫；义渡田 72 亩 4 分；古莲池田 33 亩 6 分，城隍庙田 46 亩 8 分。吴昆两等学校田 393 亩 2 毫；尚明甸乡淀西学校田 390 亩 8 厘 1 毫，庙社田 80 亩 6 分 4 毫，基地共计 3 亩 7 分 2 厘；石浦乡图田 608 亩 1 分，淞南学校田 271 亩 2 分 6 毫 7 厘，歇溪学校田 72 亩 8 分 3 毫；杨湘泾乡第一校田 187 亩 9 分，第二校田 99 亩，第四校田 3 亩，第五校田 8 亩 5 分，第七校田 14 亩，城隍庙田 10 亩，西庵庙田 9 亩，莲花庵庙田 15 亩，佛阁庙田 10 亩，关帝庙田 10 亩 6 分，黄土泾庙田 10 亩 6 分，道院庙田 5 亩，各区图田 842 亩 8 分；井亭乡从善堂田 611 亩 6 分 2 厘 2 毫，放生会田 24 亩 7 分，校产田 95 亩 1 分 5 厘 4 毫；千墩乡校产田 96 亩 6 分。①

各州县的附征比率和特捐种类往往因地而异，呈现出非常复杂的状态。广西邕宁的自治财政收入主要是杂税附加和特捐，杂税主要附加于烟丝、盐税、契税、矿税、屠宰税等，特捐主要为花捐、道巫捐、砖瓦石灰等。烟丝捐创办于光绪二十九年（1903），每年由烟丝行认缴银 3600 元，作为地方办学经费；民国三年（1914）改为认缴银 10800 元，交于县公署；民国十三年（1924）县教育行政会议议决，指定该项经费为办职业学校经费。花捐创办于光绪末年，由知县吴永治核准，周万全等开办，向妓女征收规费；宣统年间，地方开办警察，将此捐拨作警察经常费用。光绪末年开办屠猪捐，最初每只收银 2 毫，后渐加至屠猪 1 头，收银 1 元 3 毫，重量在 50 斤以下者减半；收款内 9 毫作为地方捐，指定为自治教育等费。屠牛捐与屠猪捐同时开办，每年约得银 15000 千元，全拨劝学所分支各校。光绪末年，因筹办学校，由劝学所与盐商妥议生熟盐附加捐；凡入境生熟盐，每万斤抽收银 10 两，作为地方教育经费。初由盐行遴员办理，民国成立后，开始招商承办每年约得银 15000 余元，缴劝学所分别开支。盐头捐向未经纳附加的陆路熟盐征收，初由下关统捐局代收，按月拨交劝学所。至民国六年（1917），始划出招商承办，每年约得银 4000 元。宣统元年（1909）开办硝矿附加捐，每年由南宁硝矿局附加捐银 6000 元，按月拨给劝学所，划作模范小学校、图书馆、济孤贫口粮等经常费用。船行附加捐由县署于船行捐项内，按月拨银 15 元给植棉场，25 元给劝学所支用。道巫捐民国七年（1918）开办，每年每道巫缴领照费银 1 元，以后道士凡做道场一坛，收挂号费银 5 角，巫则按月缴费，充做教育经费。民国十二年（1923），由劝学所请准开办砖瓦石灰捐，以充教育经费，每年收入无定额。民国十三年（1924）由劝

---

① 民国《昆新两县续补合志》卷八，《公产》。

学所据教育行政会议决，请准 5 月起征收税契附加捐，每收正税银 1 元，附加地方教育经费银 1 角，由县署代收汇拨。①

浙江南田县的地方自治收入主要是田赋和杂税附加，除此之外，另有鱼潭、龙泉堂、三都鸭塘等公产公产及鱼捐、砂石捐、戏捐等特捐，具体情况见表 2-2。

表 2-2　南田县县地方杂项捐税一览表

款目	被税物品	税率	征收办法	全年征额（元）	用途	何机关令准何年何月开始征收
自治附捐	田地山	地丁银每两 3 角	随粮带征	862	自治	1922 年奉浙江省财政厅令准
积谷捐	田地山	地丁银每两 1.5 角	随粮带征	431	备荒	1917 年起至 1921 年止，奉浙江省长核准
地方正税一成教育附捐	田地山	地丁银每两 1.5 角	随粮带征	431	教育	1917 年 12 月起奉浙江省政府令
屠宰附捐	猪	每只 2 角	随正带征	120	教育	1926 年奉浙江省财政厅令准
抵插金学捐	田地山	米每石 4 角	随粮带征	115	教育	1926 年奉浙江省财政厅令准
货物出口捐	糯谷柴茹丝及猪牛羊	猪牛羊每只 1 角，余均征百分之二	招商认办	180	教育	1925 年起
大鱼捐	大鱼	每尾五分	派员征收	收额无定	教育	1917 年起，劝学所经费
砂石捐	石子黄沙	运砂者每人每次纳捐 2.4 元	派员征收	300—400	教育公益警察	1926 年奉省长公署暨教育厅令准，五成充警费，五成内分三成充地方公益，七成区教育费
鱼潭租息	田地	田 13 亩 3 分 1 厘，地 42 亩 6 分，共 56 亩，每亩约租银 1.5 元	招商经收	80—90	教育	原系区立沦智学校之产，于 1923 年间改办完全高小校，由县议会议决改拨县立第一高小校经费

① 民国《鄞宁县志》卷一四，《食货志一·地方杂捐》。

续表

款目	被税物品	税率	征收办法	全年征额（元）	用途	何机关令准何年何月开始征收
龙泉堂地租息	地	150亩，每亩租金1—2元	村里联合委员会经费	约156	教育	登龙区小学校产
三都地租息	田地山	42亩，地29亩，山8亩9分，共49亩余，每亩招租不一	招商经收	40—50	教育	区立沦智学校租金
三都鸭塘租金	塘地	租于鸭户放鸭	招商经收	20元左右		区立沦智学校租金
秤手警捐	牙佣		请领谕单时缴	约700元左右	警察	1914年起于筹增警费案内呈奉巡按使屈批准
航船捐	船只	每只2元	请领谕单时缴	60—70	警察	1914年起于筹增警费案内呈奉巡按使屈批准
戏捐	戏	每日1元	招商认办	50—60	警察	1917年起奉警务处通令
瓦窑捐	瓦窑	每户3元	派员征收	20元左右	警察	1924年9月起会委呈奉警务处核准
牛仲捐	牙佣	牛中人每名二元	招商认办	20元左右	警察	1924年9月起会委呈奉警务处核准
公产租息（即庙众捐）	田地山	一二三四都庙众田地租金内提拨三成至五成警费	招商租办	90元左右	警察	1914年起呈奉巡按使屈批准
鱼涂捐	大南田渔船	每船2元	派员按船征收	无定额	警察	1922年试收，1924年起呈奉警务处核准
鱼绘捐	网户	每网	派员按网征收	40元	警费	1924年起奉警务处核准

资料来源：民国《南田县志》卷一五，《赋税及县地方杂项捐税一览》。

　　根据各地制度，自治行政大要如下：（一）防卫行政，包括警察行政和消防行政。（二）风化行政，包括教化行政（普通教育、实业教育、社会教育）、风纪行政、娱乐行政、奖俭行政。（三）救济行政，包括救贫行政和防贫行政。（四）包括防疫行政、扫除行政、公园行政、给水行政、排水行政、生活品保护行政、生活品供给行政、土地分贷行政、浴场行政、住居行政、埋葬行政。（五）交通行政，包括道路行政、港湾行政、巡航行政。（六）劝业行政，包括农业助长行政和商工助长行政。（七）财务行政，包括赋课行政与公债行政。① 但近代的自治行政主要是学务、卫生、道路工程、商务、善举、公共营业等，防卫行政并不在自治行政之列。在当时，除了教育之外，其他各项事业都乏善可陈，公益事业更是阙如。警察事务虽不包含在地方自治事务之中，但其经费大多来自于地方筹款，在习惯上，各州县也将其视作地方行政，自治经费中警察支出也赫然有名。因此，各州县的实际财政支出类别偏离了国家的整体规划，各地呈现出不同的状态。但也不是没有规律可循，相较而言，自治（县议事会和参事会）、警察、学务、实业等是各州县共有的支出类别。

江苏省阜宁县的支出分为自治、警察、教育、慈善、工程等类。（一）自治经费。自治经费主要来自于田赋附征。宣统元年（1909）办理自治，于忙银项下每两带收 20 文，漕米每石带收 40 文。宣统二年（1910）下忙忙银每两改收 60 文，漕米每石改收 80 文。民国初年，阜宁县选举县议事会和参事会，由串票带收每张 6 文作为议事会和参事会经费。四年(1915)下忙改由忙银带征，每两附征 7 分，以一年为限。嗣后举办第二届参、众两院议员选举，复经呈准附收 7 分，自民国七年（1918）5 月 10 日起，每两改征 1 角 4 分。（二）警察费用。警察费用亦来自于亩捐，民国三年（1914）9 月办理清乡，于忙银每两带征 5 角。后改短期为常年，拨充警备队饷需。民国七年（1918）改称警备特税，民国九年（1920）下忙改征 6 角，次年（1921）改征 7 角，民国十三年（1924）下忙改称原续警备特税，地丁杂款各带征 1 元。民国十三年(1924)秋，淮扬道尹以陆军调防，设淮属游击队三营，每二县一营，各县以亩捐附加 2 分为饷项，自 9 月起 12 月底止，连同本县防务，共借运河亩捐 12524 元 8 角 8 分 1 厘。知事赵锡名提交县参事会议决，由地丁忙银每两带征 2 角 7 分，藉资归补。（三）教育经费。教育经费来自于田赋、契税附捐以及滞纳罚金。宣统元

---

①　《自治行政之要目》，《河南自治周刊》1922 年第 1 卷第 12 期。

年（1909）起，每张串票带收 10 文，充作学堂经费。民国九年（1920）设立师范讲习所，自当年起下忙地丁项下每两带征 1 角，杂款自民国十四年（1925）起每两带征 1 角。民国元年（1912）奉省令，契价每百元征正税 5 元，附加 1 元，充县教育费。民国十四年（1925）10 月，每百元带收师范费 1 元。学校经费中亦有滞纳罚金，民国元年（1912）奉都督令，忙漕自启征之日起，逾两月不完，各加收二十分之一，留充各市乡公益之用；民国三年（1914）奉令，逾限两月不完，加收十分之一，以半数为省税，半数为市乡公益费；民国六年（1917）起逾限两月不完，加收二十分之一，续限不完，加收十分之一，由省县分摊。（四）工程经费。工程经费主要有治理运河、修路、建闸等名目。运河亩捐初名 2 分亩捐，民国四年（1915）起地丁忙银每两带征 8 角 1 分，为治运经费。路工费于民国十四年（1925）起开征，忙银每两带征 5 角；建闸费于民国十四年（1925）下忙起，开征忙银每两带征 8 角 1 分；河堤费由县议会议决呈经核准自民国十五年（1926）起忙银每两带征 8 角 1 分。（五）慈善经费。慈善事业有积谷和育婴两项。民国九年（1920）下忙起开征积谷捐，奉饬忙银每两带征 1 角，民国十三年（1924）起漕米每石带征 2 角；民国十二年（1923）起征收育婴费，忙银每两带征 5 分，次年起漕米每石带征 5 分。[①]

山东巨野县的地方自治经费分为教育经费、财务行政经费、农业经费、警察经费四项。（一）教育经费。教育经费包括劝学所、高等小学、乙种农业学校、两等女学、模范国民学校、演讲会、大义两等学校、观音寺两等学校等教育部门的薪工费及运行费。劝学所经费有三项：薪工及办公费全年大洋 360 元，大钱 1086 千；津贴贷费，全年大洋 1300 元，大钱 620 千；国民教员薪金全年大钱 4650 千。高等小学薪工及公费全年大洋 240 元，大钱 1262 千，书籍费另计。乙种农业学校薪工及公费全年大洋 300 元，大钱 694 千，实习费在外。两等女学薪工及津贴全年大洋 540 元，大钱 1087500 文。模范国民小校薪工及公费全年大钱 435 千，书籍除外。此外，尚有演讲会薪工及公费全年大钱 420 千，大义两等学校经费薪

---

① 民国《阜宁县新志》卷五，《财政志·附加税》。

工及公费全年 756 千，观音寺两等学校经费薪工全年大钱 300 千。（二）农业经费。农业经费包括农业会和棉业试验场的薪工和公费。薪工及公费全年大钱 342 千，临时费在外。绵业试验场薪工及公费全年 124 千，临时费随时呈领。（三）财务行政经费。财政管理处薪工及公费全年大洋 480 元，大钱 840 千。（四）警察经费。巨野县的警察系统包括警察局和警备队。警察局薪工及公费全年大洋 1521.6 元，大钱 100 千。警备队薪饷津贴褓费全年大钱 40582186 文。统计以上各机关全年共支大钱 57392686 文，大洋 5741.6 元，按 1360 文每元合钱 7808586 文，共支大钱 61101262 文。①

澄城县地方财政支出分为自治、警察、财政和教育四类，其中自治支出 4764 元，占总支出的 20%；警察支出 4196 元，占总支出的 18%；财政支出 1564 元，占总支出的 7%；教育支出 13406 元，占总支出的 55%。

表 2-3　民国十五年（1926）澄城县地方各机关岁支数

（单位：元）

类别	名称	月支	岁支
自治	参事会	137	1644
	县议会	开会 310，通常 235	3120
警察	警察所	314	4196
财政	财政局	130	1560
教育	教育局	287	3444
	中学校	547	5990
	职业所	331	3972
共计		2291	23926

资料来源：民国《澄城县附志》卷三，《经政志》。

三、近代各县地方财政管理制度

根据清末的制度设计，地方财政管理权实行议行分立制度，税收决定权在县议事会，征收权在县知事或参事会。府厅州县议事会议决府厅州县自治经费岁出入预算、决算、筹集方法及处理方法，具体的执行方法及其次第则由府厅州县参事会决定。附捐由地方官吏按章征收，汇交城镇董事

① 民国《续修巨野县志》卷二，《食货志》。

会或乡董收管。特捐由城镇董事会或乡董呈请地方官出示晓谕，由董事会或乡董自行按章征收。①北洋政府时期颁布的自治法令在原则上和清末的自治章程基本一致。从目前所见资料观之，各地的财政管理机构，既有统一谋划，也有各自为政。即便是统一谋划之地，也有便宜行事之处。总体而言，各县的财政收支管理非常混乱。

清末直隶各州县办理学堂、巡警等新政以来，"因账目不清，财政淆乱，致兴讼狱者，不可胜数。"财政之所以混乱不堪，其根本原因在于财政征收机关与支出机关合二为一，财政收支缺乏监管。"办事之人，兼任理财，存款用款归于一手。其不肖者出入自由，固易于营私舞弊；其贤者嫌疑莫辨，亦或受谤招尤。"顺直咨议局仿照日本成制，制定《顺直咨议局议决厅州县设立理财所章程案》，在各厅州县设立理财所。理财所设理财员一人，经理出入之事；另设董事四人以上，司事一人。作为专门的财政稽查机关，理财所负监察学堂、巡警、自治等各项行政用款。

按章程的设计，地方财政征收机关、出纳机关和款项存储机关应各自独立，不得相互牵混。理财所不承担筹款之责，主要负责各类款项的出纳和各机关收支的稽查。理财所以经理厅州县财政为主，以城镇乡财政为辅。"按各处情形不同，无论厅州县或城镇乡，其款皆总汇于一处，而后分配者，如亩捐等皆是；有城镇乡之款皆自筹自用者，如各村自行摊派者皆是，其先总而后分者，可皆由理财所经理。"各城镇自筹自用之款，暂由各城镇经理；至于厅州县之款则必须由理财所经理。理财所不存银钱，只存底簿。银钱或存地方官钱局，或选择地方殷实银号铺商一到二家存储。凡各新政机关收支款项，皆存入其中。

各厅州县的财政收支运作采用三联单法。各机关征收款项时，先由纳户一面将数目报明理财所，一面存储银号或官钱局。再由银号填写执照3份，一交纳户，一报理财所，一作银号存根。领款时由用款机关填写执照3份，1份报理财所存储，1份交理财所签印后转付银号取钱，1份作用款机关存根。每月末由理财所将当月内各项出入分类列表，报告地方官、自

---

① 《府厅州县地方自治章程》，《北洋法政学报》1910 年第 131 期。

治预备会各 1 份。每半年将各项款项分类，按照四柱体例张贴示众。理财所对于各新政机关，有随时稽查其用财之权，如有弊端，应呈报地方官并报告自治预备会。

虽然有顺直咨议局的章程，但直隶各州县的理财机构也非整齐划一。鉴于各厅州县财政机构的复杂性，顺直咨议局也规定：已经设有议事会、董事会的地方，财政自可由董事会经理，无须设立理财所；其议事会未经成立的地方，得由自治预备会组织设立；其预备会尚未成立以前，即由地方新政各机关中公推专员办理。①

北洋政府时期，为了理顺各县的财政管理体系，山西、河南等省县设置公款局，专门经理各县的地方收入。山西省的《各县地方公款局通行规则》规定每县设一公款局，在县知事监督下，采用官督绅办的方式经理县地方财政收支。公款局设经理、司事、司账等人。经理任期一年，负责公款局收发及保管款项事宜，由县知事选择家道殷实品行公正之士绅委任；司事受经理指挥催收各项捐款，支发各项经费，兼办文牍事宜；司账专管账簿及会计报销等事。公款局人员额数及应支薪俸办公费用，由县知事商同士绅，按事务之繁简酌量规定，其经费准由直接经收各款内按月核支。

县公款局既是各县地方收支的出纳机关，也负责部分经费的征收，但无权监管各行政机关的收支。县地方应支各款，均由公款局支发，但须经县知事核准。公款局收支各款，均以原预算为准，不得任意增减挪用。县地方经收各款，如戏捐、铺捐、公益捐等新增捐税，可由公款局自行经收。至于随粮附加、警学各款等各种附收，向归县署征收局代收者，仍然照旧办理。但县署所收款款项，统应发交公款局，转存殷实商号，以备支付。如公款局经收各款不敷开支，则由县知事召集本地士绅议定筹划办法，以期收支相合。

公款局受县知事监督，除每月将收支细则汇总呈报县知事外，县知事每年两次清查公款局账目。公款局收支各款应于每月月末，将收支明细呈

---

① 《顺直咨议局议决厅州县设立理财所章程案》，载《北洋公牍类纂续编》卷五，《财政一》。

送请县知事核明，由县知事钤印，张贴于通衢，公示于众。县知事除召集
地方绅商、学董会商，权限收支预算并推选经理外，每年 6 月、12 月各
召集一次会议，清查公款局账目，以防流弊。清查会议人员构成如下：教
育会 1 人，劝学所 1 人，高小校以上学校各 1 人，农会 1 人，商会 1 人，
农商局 1 人，每区推选声望素孚之士绅 3 人或 5 人。①

　　除某些省份在特定的时期内对地方财务管理机构进行统一和规范外，
大多数县份则是各自为政。河北省昌黎县于清末设立理财所，专门经理地
方财政，民国二年（1913）地方自治停办，一切地方各款由县政府经理；
民国十三年（1924），昌黎县成立参事会，地方自治经费即拨归参事会经
理。②光绪三十二年（1906），磁县成立理财所经理地方财政，民国三年
（1914）将理财所改为学警财政股，附属县公署；六年（1917），仍改为财
政所，民国十一年（1922）改由县参事会经理，并更名为磁县参事会地方
财政经理处。③光绪三十三年（1907），景县知州严覩士亲写书簿，将地
方各项公款分别交给学校及巡警机关，开启景县地方人管理地方财政之先
河。宣统元年（1909）成立理财所，置所长一元，办事员一员，管理地方
财政。至民国三年（1914）袁世凯下令将地方自治机关、理财所一律裁
撤，地方财政仍由县管理。民国十一年（1922）奉文设立财政所，置所
长一员，办事员二员，管理地方各种款项。民国十三年（1924）参事会
成立，地方财政归参事会出纳员管理。④

　　四川省长寿县在清末设立经征局经理县地方财政，辛亥革命后改为征
收科。民国十年（1921）成立地方收支所，凡地方附加粮税、契税、杂税，
悉由收支所收支。⑤民国元年（1912），浙江省宣平县在县议会下设自治
委员会，由参事会推荐，经县知事委任，曾懋修、郑玉乾为委员，管理县
公款公产。民国三年（1914），县参两会奉令裁撤。知县筹设自治办公处，

① 陈希周编：《山西调查记》（卷下），共和书局 1923 年版，第 244—246 页。
② 民国《昌黎县志》卷四，《行政志·财政》。
③ 民国《磁县县志》第十五章，《财政·县地方财政》。
④ 民国《景县志》卷三，《政治志》上。
⑤ 民国《长寿县志》卷二，《地理部第二》。

遴员接收县议参两会卷宗，并监管县有公款公产。民国十一年（1922）县议会成立，自治办公处裁撤。① 广西贺县地方财政，在清代并无专员司理，解省款项归县署管理，地方之款由团务总局兼理。当时贺县地方收支简单，收入仅屠捐及防务附加捐，支出仅练费一种。随后，收支日见繁杂，民国十二年（1923）成立地方财务局，设正副局长会计书记各一员，办理地方财政事宜。② 宣统元年（1909），广西全县知州周岸登创设公田局，管理地方财务，提州属佛田庙产归诸公有，并设捐务处管理屠、秤两捐。民国三年（1914）裁并公田局捐务处，改组为地方财务局管理地方款产。③ 山西澄城县地方各税由财政局经理，民国元年（1912）奉省令设财政局，所有县中正杂款项，统归经管，旧设的里民局随之撤销。不久，知事历锺麟莅任，欲独揽财权，与财政局士绅为难，呈准撤销财政局。由是，正杂各款统归县署。至民国十一年（1922），知事王怀斌恢复财政局，除解项外，将各项地方款复交由财政局经理，而财政局则专门经管地方财政。④

小　结

近代县地方财政的产生肇始于清末推行的地方自治。为改变内忧外患的窘境，清廷决议效法西方，采纳君主立宪之制，实行政治制度变革以浴火重生。在这个大背景下，作为立宪之基的地方自治也进入朝野各方的眼帘。但对于是否实行自治以及如何实行自治，清廷内部并未达成一致意见。1906 年 7 月的廷臣会议起了统一思想的作用，并且定了"预备立宪"的调子，立宪可行，但不宜操持过急。清廷的地方自治采取先试点、后推广的路子，先在奉天、直隶两省试办，后于 1908 年、1909 年在全国范围内推广。由于当权者的首鼠两端，地方自治时兴时辍，并未一以贯之。虽然议事会、参事会等自治机构存在时间较短，但因办理自治而赋予州县的

---

① 民国《宣平县志》卷一四，《杂支》。
② 民国《贺县志》卷三，《政治部》。
③ 民国《全县志》第三编，《政治·财政·地方款产》。
④ 民国《澄城县附志》卷三，《经政志》。

警察、实业、教育等各种事务却得以保留。

既有事权划分，亦应有财权划分。近代国家税、地方税的划分主要是在中央与各省之间进行，县地方税并不在考虑之列。中央划分国税地税的动机是集中财权于中央，以解决日益严峻的财政危机；而地方则固守本省利益，不希望中央过多染指。特别是在重要税收收入田赋的争夺上，双方相持不下。但无论结果如何，双方的争论涉及了国地税划分的最深层次的问题，对日后处理中央与地方事权、财权合理分配产生重要影响。近代在税收划分时之所以没有考虑到县级税收的划分，主要与当时人们对地方自治"以地方之财办地方之事"的观感与认知有关，既然是地方之事，即应由地方自行解决，无须中央代为之计。

对清末民国县财政样态做一全局性的梳理和描述，是一项非常艰巨而宏大的工作。但从零星县份的财政收支来看，由于县议事会和参事会存在时间很短，长者四五年，短者仅二三年，其所发挥的财政的决议和监督功能十分有限，在绝大多数时间内，仍为知县或县知事操持，与自治财政的追求南辕北辙。州县财政运行的实际，不仅与官方的制度设计渐行渐远，与当时盛行的制度规范更是相差千里。但无论怎么说，毕竟在地方出现了一种全新的制度形态，以国家法令形式规定支出和收入的类别，有专门的财政管理机构，承担着地方公益事务，自主地筹集所需要的经费。虽然离真正意义上的地方财政仍有不少差距，但对当时中国而言却是一个巨大的进步。

第三章　近代河南县域财政支出

在清末的地方自治潮流中，河南的县级财政支出结构为之一变。在县署的官治范围之外，成立各种自治机构，推行教育、巡警、实业、卫生、慈善、工程等地方公益事务；各县纷纷成立民选产生县议事会和参事会，议决地方的兴革与筹划自治经费的收支预算。由此而后，传统的中央集权的财政体制开始转型，县地方财政初见端倪，并在左支右绌中缓慢成长。

第一节　近代河南县署组织结构的变迁与县自治会的兴辍

在清代的绝大部分时间内，州县事务繁巨，但机构却极为粗疏，不得不仰仗书吏、衙役、幕友、长随等处理日常公务。这些人员没有经制性收入来源，要么借执行公务以自肥，要么由知县自掏腰包，最终的负担全部转嫁于芸芸众生。在清末官制改革的背景下，直省官制改革也纳入议事日程。由此，县级官署组织不断得以充实，在州县衙署设置佐治人员分科治事。与此同时，清廷在县以下实行地方自治，将教育、警察、工程、慈善等部分国家职能交由地方管理；成立民选的县议会，议决地方兴革及收支预算，地方的管理格局发生重大变化。

一、清前中期河南的县级衙门组织结构

清代知县位卑而事繁。所谓"州县虽小，与治天下之法政无不备

具"①。作为"亲民之官"，知县综揽司法、税收、治安、教育、公共工程、邮驿、风俗礼仪、社会福利诸务。但州县组织却极为粗疏，仅有少数"佐杂"等僚属，辅佐知县处理相关公务。

佐杂等官数量较少，除吏目、典史普设外，其他僚属很少设置，而且地位卑微。除负责河务、邮驿、治安、典狱的僚属外，大多数仅承担一些琐碎的、有时甚至不确定的职责。由于僚属卑微无权，不足以分权治事。因此，衙门内真正的办事机构和办公人员主要是书吏、衙役、幕友、长随。②

书吏。县衙日常办公机构是吏、户、礼、兵、刑、工六房。吏房负责向其他各房分发上级文件，接受民间诉状，再转给刑房；户房负责征收田赋、税捐，办理税契；礼房负责选举、教育、祭祀等事；兵房负责催征粮秣、支应兵差等；刑房管理民事、刑事诉讼案件；工房负责河道、堤防、道路的建设及管理各种作坊工匠。③ 在六房中，每房都有一个正首领，称为"经承"；一个副首领，称为"管年"。六房的办事人员通称"书吏""书办"。在实际运行中，各县视事务繁简，书吏数额颇不一致。太康县分吏、户、礼、兵、刑、工六房。④ 正阳县"科房有八，曰吏，曰礼，曰户监，曰仓，曰承发，曰刑，曰兵，曰工。另有二库，亦称房。管契税者为东库，一名税契房；管丁地者为西库，一名户房。定名八房，其实则十房也"⑤。信阳州署书办分掌吏房、户房、礼房、兵房、刑房、工房，是为六房，其主事者称掌科。又有户南房、架阁房、柬房、承发房、铺长房。⑥ 滑县除了六房之外，尚有粮、仓房、库房、承发、收书房等组织。粮房征收丁银、发串票，按时总结现银交库房。仓房，征收漕米，折银上

---

① 故宫博物院明清档案部编：《清末筹备立宪档案史料》（上），第 461 页。
② 瞿同祖著，范忠信、何鹏、晏锋译：《清代地方政府》，法律出版社 2003 年版，第 25 页。
③ 《滑县旧政府的"八班""六房"》，载政协滑县委员会文史资料研究委员会编：《滑县文史资料》（第三辑），1987 年内部发行，第 187 页。
④ 民国《太康县志》卷三，《政务志》。
⑤ 民国《正阳县志》卷二，《政治志》。
⑥ 民国《重修信阳县志》卷八，《民政志一》。

缴，负责收谷存仓、保仓任务。库房，保存枪刀凶器，经管房地典卖税契，化碎银为元宝，解送省府。承发房接收呈状，上交下发文件，抄批、粘批等。收书房每月初一、十五集合里书，点卯、交项，并帮助粮房征收丁漕。①

各州县衙门雇用的书吏都有规定名额，少则几个，多则30余人②，地方官不得擅自增加。但实际上，各地书吏的数额远远超过法定的数目。有时，官员会雇一些"帖写"，专门负责抄写文件。另外，还有一些挂名书吏。据洪亮吉的估计，大县1000名书吏，中县700—800个，小县最少也有100—200名。③

衙役在清代衙役通常被编为皂班、快班、民壮三班：皂班掌管刑具，负责用刑，其中又分头皂，二皂；壮班负责下乡捕人、过堂问案时助堂威，其中又分头壮、二壮、三壮；快班，配有马匹，负责传递公文、发送传票、催收田赋，其中又分头快、二快、三快；细分成八班，所以当时人们称为"八班老总"。④

正阳县班役，有壮、快、皂三班。三班各分为头、二两班，共称六班。其中因专责捕盗，又增加一捕班，而为七班。各班设班长一人，收徒数十人，甚至数百人之多。各班承办县署奉侍、送递文稿、传案缉盗，及一切奔走事务。按定制，各班役均有定额，名登簿记，由官款发给工食银两。自嘉道以后，正阳县官府不再发放工银，各班房生活用项，均借经办公务名义，掠取于民。是以任办何事，各吏均想方设法创立名目，向民户勒索银钱，县官亦置之不问，"民之累于吏役，实官为之也"⑤。

各州县衙役数量大都远远超过规定的名额。"快手、皂隶、民壮谓之三

---

　　① 郑克家整理：《滑县旧政府的机构设置》，载政协滑县委员会文史资料研究委员会编：《滑县文史资料》第五辑，1989年内部发行，第131—132页。

　　② 瞿同祖著，范忠信、何鹏、晏锋译：《清代地方政府》，第68页。

　　③ 瞿同祖著，范忠信、何鹏、晏锋译：《清代地方政府》，第70页。

　　④ 《滑县旧政府的"八班""六房"》，载政协滑县委员会文史资料研究委员会编：《滑县文史资料》（第三辑），1987年内部发行，第187页。

　　⑤ 民国《正阳县志》卷二，《政治志》。

班，皆载卯簿，领班者谓之卯首；其不载卯簿者谓之白役，一县何至千人。此等白役，县署并无工食，皆凭藉官府以养其身家，而为民蠹者也。三班本以缉盗传案为职，然其人多出身无赖，或本系匪类，遁入官署，藉作护符。纵有明察官吏，亦止能革其名而不能革其人，亦公家附骨疽也。"①

清时，西华县县署差役例有快、壮、皂、捕八班，专供催科传案缉捕等用，每班在卯与散役均有百人左右，且因待遇太低，除壮班外，"均不得与士类齿。一入其籍，子孙三世不准与考。故尔时差役概系无赖游棍，假官府为护符，一旦持票下乡，竟如虓虎，敲诈勒索，无所不至。"②

在三班之外，尚有其他差役。如掌管监狱的禁卒、管理米谷出入的斗级、验看尸体的仵作、掌管膳食与灯火的火夫与灯夫、打更守夜的更夫、养马的马夫、看管门户开闭仪门的门子，以及吹手、轿伞扇夫等。

幕友。幕友大都是擅长刑律、能写会算、谙练宦海之人。州县官在行政经验缺乏或分身乏术的情况下，往往延聘一些精通行政事务的幕友，替主管官员斟酌断案、批答公文、办理文牍等事务。

州县事务繁简不同，因此，各知县聘请幕友的种类、数量也有差异。一般而言，清代的幕友分为九类，分别为刑名、钱谷、书启、征比、朱墨、账房、教读、阅卷、挂号等。③刑名幕友帮助知县办理司法案件；钱谷幕友掌管征税、催科、解款等有关钱粮事项；书启幕友掌管文案、书记等事，有时代主管核稿或拟文稿；征比幕友，专司钱粮征收、监督催科吏役；朱笔幕友，即所谓红笔师爷，公告或传票等项行文发出前，用朱笔标明；账房幕友司钱银出纳；教读幕友负责教读知县弟子；阅卷幕友主要批阅该县童生考试试卷；挂号幕友，负责登记县衙内出入公文及传票。

清代正阳县署行政，"应用员役，分内、外二部，内部助治之要者，为刑钱幕宾，通法律、熟案例，密主县政之中枢，其人贤则治化进，故资属宾友，主宫以师礼遇之。次要为稿案，司文件收发，为内外喉舌，资望

① 民国《重修信阳县志》卷八，《民政志一》。
② 民国《西华县续志》卷五，《民政志》。
③ 古鸿廷、黄昭仁：《清代知县研究》，《中华文化学报》（创刊号）1994 年第 1 期。

虽微，关系颇重，故县官于斯二者，必慎重人选，其他则驱策无拘矣。"①

　　长随。长随是知县的家仆，也有知县的朋友推荐的，和知县的关系比较密切。知县往往利用他们监督书役和衙役，并处理某些行政事务。

　　长随主要有以下几种：负责把门的"司阍"或"门丁"、负责文书签转的"签押"（也叫"稿案"）以及"司仓""管厨""跟班"。此外，还有公堂执勤的"值堂"、负责监所的"管监"、负责驿站的"管号"和负责杂税的税务等②。长随的数目取决于衙门的大小和职责的多寡，一般在 5—30 个之间。

　　由于州县的治理结构单一，所以州县虽名义上拥有司法、税收、治安、教育、公共工程、邮驿、风俗礼仪、社会福利等权，但州县真正能够履行的，也就是刑名钱粮而已，可谓一手斧钺鞭扑，一手秤戥斛石。③ 正如方志所载："县署旧制，总揽行政司法大权于县知事一人，不过催科与听断而已。"④ 由此，"为守令者仅以钱谷、狱讼为职务，民间利病漠不相关。"⑤

　　州县政务繁巨，但由于经制性经费有限，所以州县官只能权衡轻重缓急之务，将主要精力集中于刑名钱粮等事关国家稳定和财政收入之要政方面。至于地方之众多公益事业，如教育、经济、公共工程等与民生相关的领域，则付诸地方绅民合力以行。因此，清代绝大部分时间内，州县财政的职能，仅仅是稳定社会秩序而已。

二、清末北洋政府时期河南县署组织机构的扩张

　　清代州县治理最大的弊端是机构过于简单，而且州县官又仅仅关注政治职能，结果导致社会职能的缺位和吏治的腐败。⑥ 在近代县财政转型的背景下，这种简约的治理结构得以改善，县署组织不断得以充实，在州县衙署设置佐治人员分科治事，以分担知县的国家管理责任。

①　民国《正阳县志》卷二，《政治志》。
②　瞿同祖著，范忠信、何鹏、晏锋译：《清代地方政府》，第 127 页。
③　郑秦：《清代县制研究》，《清史研究》1996 年第 4 期。
④　民国《香河县志》卷四，《行政组织》。
⑤　故宫博物院明清档案部编：《清末筹备立宪档案史料》（下册），第 725 页。
⑥　魏光奇：《官治与自治：20 世纪上半期的中国县制》，商务印书馆 2004 年版，第 71 页。

1907 年，清廷颁行《直省官制通则》，令各厅州县酌设佐治各员，分掌如下事务：（1）警务长一员，掌理该州厅县消防、户籍、巡警、营缮、卫生事宜；（2）视学员一员，掌理该州厅县教育事宜；（3）劝业员一员，掌理该州厅县农工商事务及交通事宜；（4）典狱员一员，掌理该州厅县监狱事宜；（5）主计员一员，掌理该厅州县税收事宜。从前各直隶厅及各州县所设佐贰杂职，一律裁撤，酌量改用。各厅州县佐治各员，如因地小事简，不需单独设立者，可以一人身兼二职。但警务长及视学员，不得以他员兼任，亦不得兼任他职。各厅州县均设文庙奉祀官一员，掌理释奠洒扫事宜。[①] 这一措施的实施，在理论上解决了州县机构粗疏的问题。但上述佐治各员，除警务长和劝学员以外，其他各员鲜见设立。

1913 年 1 月，北洋政府颁布《划一现行各县地方行政官厅组织令》，主要是统一地方机构名称和改革县署组织。为统一地方起见，将"设有直辖地方之府及直隶厅州地方"和"设厅州地方"一律改为县。各县知事公署设置科长、科员、技士等佐治人员。各县根据"事务之繁简，设二科至四科"。"每科科员二人至四人，技士至多不得过三人。""各县知事公署为缮写文件办理庶务，得参照现行官制之例酌用雇员。""各县地方之未设有审判厅者，除依现行法规办理外，得酌设帮审员一人至三人，管狱员一人，由各该知事呈由该省司法筹备处长委任之，仍报告于司法总长。"[②]

民国成立后，临颍县县衙改称县公署，知县改称县知事。裁撤县丞、主簿、教谕、训导，设审判、管狱员、县议会、守望社、巡警局、城防局、公款局、劝学员长。[③] 南召县县署设知事一人，处理县内一切事宜。县署内设民事、学务、警务、实业、财政五课，民事课掌自治、礼制、营缮、禁烟、民团等事宜，学务课掌教育行政事宜，警务课掌巡警、户籍、卫生、消防等

---

① 《总司核定官制大臣奕劻等奏续订各直省官制情形文》，载故宫博物院明清档案部编：《清末筹备立宪档案史料》，第 503—510 页。

② 《划一现行各县地方行政官厅组织令》，载第二历史档案馆编：《北洋政府公报》第九册，上海书店出版社 1988 年版，第 155 页。

③ 王喜龙：《民国时期临颍县历任县长及县政机构设置》，载中国人民政治协商会议临颍县委员会文史资料研究委员会编：《临颍文史资料》第六辑，1989 年内部发行，第 44 页。

事宜，实业课掌农工商及交通事宜，财政课掌田赋、捐税、会计、出纳、清理公产、公款、预算报告及募集公债等事宜。各课设课长一人，课员一人。①

三、清末北洋政府时期河南各县自治会的兴辍

1908 年和 1909 年，清廷先后颁布《城镇乡地方自治章程》和《府厅州县地方自治章程》，规定在府厅州县和城镇乡设置议会，实行地方自治。清末的地方自治之事"源于国权"，"辅官治之不及"②。因此，凡属官治之事，自不在自治范围之中。自治事务主要为传统的由地方士绅通过各种局所以及以个人身份所从事的地方公益，包括教育文化、医疗卫生、道路交通、工商实业、慈善救济、公营事业和款项筹集等事务。因此，就职责划分来说，分级设立的议事会、董事会，乃地方自治的议决机关，而各府厅州县则由"行政机关"变为"地方自治事宜"的监督和执行机关。③

1. 清末河南的县自治会

1909 年 5 月，河南巡抚邀集官绅悉心筹议，令省咨议局筹办处兼理地方自治筹备事宜，厘订施行细则及办法表式，调查各厅州县城镇乡境界及户口，以便核定城镇乡地方自治区域；饬令各厅州县各就所管繁盛城镇地方，一律筹设议事会、董事会；在衙署附近设立自治筹办事务所，为成立城镇议事会、董事会做准备。是月，在河南省垣开封设立自治研究总所，饬各厅州县保送士绅到所听讲，肄业后分遣回籍，充当自治讲员或办事员，办理自治事务。同时，令各厅州县分设自治研究所，培养地方自治人才。④

地方自治始于清末，实际上早在同治以后，即有一些州县为了维护官民之"惬洽"，设置首事等名目，"斡旋其间，以维官令而通民志"。正阳

---

① 李国恩、宋兰庭等回忆，王九田整理：《民国时期南召地方机构述要》，载中国人民政治协商会议南召县委员会文史资料研究委员会编：《南召县文史资料》第五辑，1990 年内部发行，第 90 页。

② 故宫博物院明清档案部编：《清末筹备立宪档案史料》（下册），第 725—727 页。

③ 李继业：《传承与创新：1912—1937 年的吴县县政研究》，苏州大学 2013 年博士学位论文，第 44 页。

④ 《河南巡抚吴重熹奏第二届筹备宪政事宜成绩折》，《政治官报》1909 年第 712 号。

县在同治中兴以后，县令张宝禧等"屈体民隐，汲引士绅。在城则交袁报来、王均礼等筹商要政；在乡则分店择贤，协助政治，名曰首事"①。此举首开启民治时代萌芽，但大规模设置地方自治机构，始于《城镇乡自治章程》和《府厅州县自治章程》的颁布。河南首先在省城设自治研究所，饬令各县选送人员入学，8个月肄业，期满之后回县筹备自治。各县也设立自治研究所，研究自治法理，筹办自治事宜。在具体筹备过程中，各县自治机关成立之先后机构之完善，也往往因县而异。

光绪三十四年（1908），正阳县委派袁丕行等筹办自治，设置自治筹办事务所，将全县划为五区，分设正心、正德、阳春、阳河等20乡，负责调查户口。宣统二年（1910），奉省令设置自治研究所，选派李树人为所长、鄢鹏云等为教员，毕业学员150余名。宣统三年（1911），正值调查选民、预备选举乡区各长之际，辛亥革命爆发，自治事业陷入停顿。②

光绪三十四年（1908），鄢陵县选送张瑞芝等人赴开封府法政自治研究所肄业，又选送谷浩然等赴河南省自治研究所肄业，均八月期满回籍。宣统元年（1909），开办自治研究所，任张瑞芝为所长，招收学员；设立自治筹办事务所，所长谷浩然遵章筹办自治事宜。宣统二年（1910），又招收县自治研究所学员一班，饕焕章为所长。经过准备之后，宣统三年（1911）冬，成立县议事会，选举议长、副议长各1人，议员20人。③

光绪三十四年（1908）秋，汝宁知府李兆珍奉令预备立宪，于师范学校内附设自治研究所，招收一班学生研究自治。宣统元年（1909），汝南县知县杨济时设宪政筹备处，聘省立自治研究所毕业徐鸿翔为处长，遵章办理下列事项：

（1）城镇乡自治会。宣统二年（1910），奉令设自治筹备事务所，取消宪政筹备处，做了大量的自治筹备工作，但城镇乡自治会未及成立，而自治所忽然奉令停止。

---

① 民国《正阳县志》卷二，《政治志》。

② 民国《正阳县志》卷二，《政治志》。

③ 民国《鄢陵县志》卷一一，《自治志》。

（2）县议事会、参事会。宣统三年（1911）间，汝南县知事杨济时主张组织临时县议事会，由每乡镇选举议员 4 人，全县共选举 40 人，组织成立县议事会，议决全县兴革事宜；同时设置县参事会，由全体议员公推徐鸿翔等 8 人为参事，县知事兼会长。①

宣统元年（1909）8 月，信阳县筹办自治研究所，培养自治人才，推选徐大中、方子杰任所长，陶景韩、严家琦等为教员，城内五坊及四乡八十一街各保送学生 1 人，共 86 名，8 个月毕业。信阳城关乡自治于宣统二年（1910）设所筹办，划全县为九区，即城区、柳林镇、长台镇、五里镇、中山镇、龙井乡、昌平乡、游河乡、冯河乡等。宣统三年（1911）城厢自治成立，长台镇、柳林镇先后设自治公所，置议事会、董事会，选举议员，由董事办理地方公益事务。②

荥阳县于宣统二年（1910）2 月 15 日成立筹办自治事务所，归车马局开办。同时将旧有的十四保划为八区，成立八区自治事务公所，2 月 19 日成立区乡议事会。③

清末河南的各县议会大多未及设立。截至 1910 年下半年，河南设置各级自治会共有厅州县自治会 25 个，城自治会 66 个，镇自治会 31 个，乡自治会 85 个。④

2. 北洋政府时期河南的县自治

民国肇造，各县沿仍清末之自治法令，纷纷设立县议事会和参事会。后袁世凯宣布取消自治，各县或于民国二年（1913）底，或于民国三年（1914）初取消参事会和议事会，自治事业一度中辍。1919 年，北洋政府以共和政治建立，需以地方自治培其根基，重新着手办理，相继公布《县自治法》《县自治法施行细则》《县议会议员选举规则》《市自治法》《乡自治法》等文件，作为实施自治的准备。河南根据《修正市村街区条例》要求，分区筹备，召集街村民众，宣讲自治要义，编制街村，一时自治空气，充

---

① 民国《重修汝南县志》卷七，《民政考·自治》。
② 民国《重修信阳县志》卷九，《民政志二》。
③ 民国《续荥阳县志》卷七，《自治志》。
④ 马小泉：《国家与社会：清末地方自治与宪政改革》，第 157 页。

满县境。① 此次筹办自治，其章程细则与前制异，与后日区、乡、镇、坊、闾、邻之制亦不相同。在城为市，市之下设街；在乡为区，区之下设村。市与区同，村与街等。市外附属之乡亦称村，区中附属之集亦称街，统分两级。街、村各长由公民推举二人，呈请县长选择委任；市区长由街村各长投票选举二人，由县长呈请省长遴委。② 但由于吴佩孚的武力摧毁，被迫缓办。1923 年 9 月至 1925 年 7 月，地方自治一度停止。③ 1925 年 8 月，河南开始恢复地方自治，但由于军阀混战，政局动荡，地方自治纷纭变更，进展缓慢。无论是规模和效能，均远逊于以往。

民国元年（1912）2 月，正阳县委派袁丕行等筹办选举，依法投票，选举议员 10 名，在该县文昌宫成立城厢议事会。5 月，县知事招集绅学，组设选举事务所，筹办县议事会议员选举。6 月 24 日由县知事张仲友监督选举，按人口数量，选出议员 20 名。7 月 1 日，县议事会开会成立。4 日，县议事会依照参事会组织章程，在县知事的监督下，票选参事会会员，按章选出会员四名，于 7 月 10 日开会成立。县议事会、参事会成立之后，城厢议事会自行裁撤。④

光山将旧有的 30 里分为 30 区，各设区长；区长之下，有段长、甲长、牌长之设。在清代，光山虽分为 30 里、96 保 276 甲，但里、甲、保缺乏统率之人，只于每岁在各甲中推举一人支应差役。至是而后，各区、段、甲、牌始有正式的负责之人。不久，自治停办，变区长为里董，而里、保、甲名称仍旧。⑤ 民国元年（1912），鄢陵、信阳、阌乡、荥阳、林县、许昌等县也纷纷成立县议会。⑥

民国八年（1919）9 月，林县按旧日社仓区域，将全县划分为 9 区。

---

① 杨仪山：《河南自治史略》，河南省自治协进会 1947 年版，第 5 页。
② 民国《光山县志约稿》卷二，《政务志·自治志》。
③ 杨仪山：《河南自治史略》，第 22 页。
④ 民国《正阳县志》卷二，《政治志》。
⑤ 民国《光山县志约稿》卷二，《政务志·自治志》。
⑥ 民国《鄢陵县志》卷一一，《自治志》；民国《重修信阳县志》卷九，《民政志二》；民国《河南阌乡县志》卷六，《民政》；民国《续荥阳县志》卷七，《自治志》；民国《林县志》卷四，《民政·自治》；民国《许昌县志》卷四，《民政》。

城区设区长 2 人，其余 8 区各设区长 1 人，以本地士人充当。每村村正副各 1 人，以殷实富户充任。区长对国家事务如募集公债，对地方事务如办理乡团及一切公益事务，均负有重要职责。村长受官厅命令，办理国家公务；受区长指挥，办理地方公益。村长与区长皆由县知事选任，间或由民选产生。① 民国九年（1920）春，西华设立自治筹办事务所，按 7 区划分街村，全县共计 210 街村。区长以下设街、村长，街、村长以下设闾长等。自治筹办事务所派员分赴各区先选闾长，由闾长推选街、村长。然后由县长召集街、村长，于城内按区选举区长。区长选定之后，呈报县署。但县署未及委任，即奉令停办。

民国九年（1920）11 月 20 日，确山县遵照自治章程，于县公署设自治总筹办处，县知事为处长。处内设办事员两名，由各保公举调查员一人，全县 41 保共推选调查员 41 人。民国十一年（1922）7 月调查完毕，筹划设置 2 市 6 区 106 街村。是年冬天，知事林肇煌令各区选举，公款局长以任店一带山路崎岖、赴外区投票不易为由，将该处另划为一区，于是全县共划作 7 区。②

光山县于民国九年（1920）将全县统划 3 市 7 区，3 市为县城、泼陂河市、新集市，7 区为东区、东南区、南区、西南区、西区、西北区、北区。每 250 家为 1 村，最多不超过 300 户。区村管辖范围，打破旧日里、保、甲疆界，以山脉河流走向而定，历经一年始调查完毕。民国十年（1921）秋，街村长全部经县长委任。在即将颁发委任图记、选举市区长之际，忽奉省长命令暂停办理。民国十一年（1922），又奉令催办自治，城内开办自治研究所，毕业两班。根据省令，先前选举之街村长仍袭其旧，由各街村长选举市区长，选举结果由县长呈递省长。民国十二年（1923）2 月，省署颁发市区区长印信。甫经颁发，又奉令停止。③

近代自治的目的，源于"前清末造，因官如传舍，于地方利病漠不相

---

① 民国《林县志》卷四，《民政·自治》。

② 民国《确山县志》卷八，《时政考·自治》。

③ 民国《光山县志约稿》卷二，《政务志·自治志》。

关"①。基于此，将地方事务交于地方管理，以谋地方公益。各地自治机关成立之后，在地方事务上的确发挥了一定作用。在县一级成立的议事会，议员虽多为举贡生监，且多为地方封建势力把持，但仍有少数议事会在民主势力的推动下，反对封建弊政，或通过一些有积极意义的决议，部分且见诸实行。② 西华县杂差名目繁多，"各地里保，缘以为奸。每年秋后，编书收帮项，名曰差甲钱；乡保捆牌甲，名曰地亩会。且又格外请客打杂诓哄借贷，豪强者不出分文，愚懦者加倍勒索。稍不如愿，编书乡保武力滥派，以肆其虐。小民惟有忍气吞声，敢怒不敢言。""各地方向时支差情形不同，大地方每年需钱百四五十千，小地方每年亦须钱八九十千，折合粮钱，每两约出钱三五百不等，其实归署内者不过十分之一二，蚀于书差者十之三四，而劣绅恶保则侵吞十之四五。""以有限之脂膏，挥霍于无何有之乡，曷胜浩叹。"宣统三年（1911）议事会整顿差徭，经再三讨论，将所有差徭由公款局代收，凡因公所需物品，均由公款局支应，不得再向民间索取分文，其盈余一律拨归自治，不得挪作他用。征收标准，"每粮银三分，恰合差地一亩，完差钱十五文；完银三钱，恰合差地十亩，完差钱一百五十文，余类推。"开征时于公款局设一差柜，凡完粮者均先赴该局将差钱缴纳，给一差票，再行赴粮柜完粮。③ 宣统三年（1911）3月26日，确山县依法选举董事会6人，议事会职员20人，为城厢自治会，于4月初2日成立，均归县知事监督，城厢利病经议事会议定表决后，呈请监督核准，咨董事会执行计成立以后，开常年二次，开临时会五次，兴利除弊，诸多裨益。④ 但由于"筹款既难，得人亦不易"⑤，民国十四年（1925）以来的地方自治，"部办、省办屡更其途，究徒袭欧美之皮毛，而真精神泯然无有，但就形式论之，若查户口、清乱源、务公益、普教育、开道路、重卫生以及垦荒开渠，种类似颇明备，然无根本解决办法，民力束缚

① 民国《林县志》卷四，《民政·自治》。
② 程有为、王天奖主编：《河南通史》第四卷，河南人民出版社2005年版，第181页。
③ 民国《西华县续志》卷六，《财政志》。
④ 民国《确山县志》卷八，《时政考·自治》。
⑤ 民国《林县志》卷四，《民政·自治》。

无由发展，亦涂饰耳目之具而已。"①

纵观清末民国河南的地方自治，由于国家与地方政令的朝令夕改，再加上各地方官的态度以及各地资源禀赋的不同，各县办理情况也千差万别。民国十年（1921）7月，为实行县自治提供依据，内务部咨行各省，要求调查各县自治事业及自治经费状况。各省或由县知事负责办理，或令县内热心公益的士绅代为调查。根据1921年7月颁布的《县自治法》，县自治团体应办理的事件有教育、交通水利及其他工程、劝业及公营事业、卫生及慈善事业等大类。各县按照《县自治法》标式，填列各县各种自治事宜及其经费来源。《河南自治周刊》刊载了部分县份的调查结果，使我们能够对各县的自治事业有较为深入的了解（见表3-1—表3-17）。

表3-1　安阳县地方自治事业调查表

类别 事别	名称	创办时间	筹办方法
教育	劝学所	光绪三十三年7月	由教育款产经理处领取
	教育款产经理处	民国六年4月	970元
	教育会	民国八年5月	夫捐、花样捐
	县视学	民国六年1月	款项由教育款产处领取
交通水利及其他土木工程	路工局	民国七年正月	棉花出境每一火车抽洋3元，四门进门运货火车捐每辆每次捐钱100文，轿车人力车每辆月捐300文
劝业及公共营业	县农会	民国八年1月	由地方津汁捐项下筹拨
	劝农员	民国十年10月	由公款局项下按月支领
卫生及慈善事业	安阳卫生会	民国十年10月	会员捐入及劝募
	安阳医院	民国五年4月	每年由公款局支钱2400串，煤捐项下支钱500串
	中国红十字会安阳分会中西医院	民国九年2月	会员及善士募集
附记	查安阳教育，外有县立师范讲习所、县立高小校，县立乙种农校，县立高等国民女校各1处，县立国民学校48处，公立高等小学校7处，公立国民学校190处，公立国民女学校1处，均由各校校长照章办理，其经费县立由教育款产经理处支领，公立系由各该村就地筹收		

资料来源：《河南河北道安阳县地方自治事业调查表》，《河南自治周刊》1923年第30期。

---

① 民国《确山县志》卷八，《时政考·自治》。

表3-2　泌阳县地方自治事业调查表

类别 事别	名称	创办时间	筹办方法
教育	高小校	光绪三十年2月	由公款公益项下拨给
	劝学所	光绪三十三年8月	由公款公益项下拨给
	县视学	民国三年5月	由公款公益项下拨给
	女子国民学校	民国四年10月	由公款公益项下拨给
	教育款产经理处	民国六年6月	由公款公益项下拨给
	模范国民学校	民国九年2月	由公款公益项下拨给
	通俗图书馆	民国九年3月	由公款公益项下拨给
	第二高小校	民国十年11月	由自治项下拨给
劝业及公共 营业	农会	宣统三年5月	由公益项下拨给
	苗圃	民国四年11月	由公益项下拨给
	贫民工厂	民国四年12月	由公益项下拨给
	试验场	民国八年7月	由公益项下拨给
卫生及慈善 事业	普济堂	清	由公款项下筹拨

资料来源：《泌阳县地方自治事业自治经费调查表》，《河南自治周刊》1922年第1卷第15期。

表3-3　封邱县地方自治事业调查表

类别 事别	名称	创办时间	筹办方法
教育	劝学所	宣统元年	由车马捐项下拨用
	县视学	民国三年5月	由车马捐项下拨用
	宣讲社	民国四年12月	由车马捐项下拨用
	教育讲习科	宣统二年7月	由车马捐项下拨用
	县立师范传习所	光绪三十三年2月	由车马捐项下拨用
	阅报所	光绪三十二年6月	由车马捐项下拨用
	县立师范讲习所	民国八年8月	由车马捐项下拨用及税期 附收项下拨用
	县立高小校	光绪三十年10月	由车马捐项下拨用
	县立国民学校7所	成立于光绪三十年10月 或民国九年8月	由车马捐项下拨用
	县立女子国民学校	民国二年9月	由车马捐项下拨用
	县立学校园	民国五年8月	由车马捐项下拨用

续表

类别 事别	名称	创办时间	筹办方法
教育	县教育会	民国六年 5 月	由会员担任，不敷由县署拨款补助
	公立两等小学校	宣统元年 12 月	提关帝庙款支用，不敷由车马捐拨用及绅董捐助
	公立国民学校 38 所	光绪三十三年 2 月至民国十年 8 月	学费、庙款、车马捐等
交通水利及其他土木工程	水利会	民国九年 4 月	由自治各款内分拨支用
劝业及公工营业	农林会	宣统三年正月	由自治各款内分拨支用，并会员入会金补助
	劝业所	宣统三年正月	由自治各款内分拨支用
	苗圃	民国五年 5 月	由自治各款内分拨支用
	农事试验场	民国六年 6 月	由自治各款内分拨支用
	县农会	民国六年 12 月	由自治各款内分拨支用

资料来源：《河南省封邱县地方自治经费调查表》，《河南自治周刊》1923 年第 44 期。

表 3-4　汲县地方自治事业调查表

类别 事别	名称	创办时间	筹办方法
教育	劝学所	宣统元年 7 月	学田 1 顷 40 亩，抽收戏捐、册书捐、鸡蛋捐、红花捐补助
	县视学	民国七年	由公款局拨给
	通俗讲演社	民国八年 4 月	抽收瓷器捐
	县立高等小学校	光绪三十二年 2 月	地 9 顷 43 亩，余由公款局补助
	公立国民暨高等小学校	光绪三十一年	抽收煤捐，不足由县补助
	县立女子高等小学暨国民学校	民国五年 3 月	抽收呈词捐、荒地租、庙捐、鸡蛋捐、牲畜捐
	公立女子国民暨高等小学校	宣统二年	营田加租并盐价余款
	县立乙种蚕校	民国七年 8 月	抽收木料、席芨、架木等捐

续表

类别 事别	名称	创办时间	筹办方法
教育	柳毅屯国民暨高等小学校	光绪三十四年	庙地 30 亩，抽收煤捐补助
	纸坊村国民暨高等小校	光绪三十四年	地 2 顷 60 亩，收学费补助
	县立国民学校三处	均系光绪三十一年 2 月	抽收洋油、洋火、棉花等捐
	商立国民学校三处	创办年月不等	盐商捐款并抽收牲畜、肉锅等捐
	城乡国民学校三十七处	创办年月不等	或收庙地租，或收学费，或收捐款不等
土木工程	路工局	民国十年 6 月	2600 千文，车捐自行抽收
劝业	苗圃	民国七年 1 月	地 30 亩，钱 360 千文，地亩捐由公款局拨给
	农事试验场	尚未正式成立	
	劝农员	民国十年 9 月	洋 200 元，由公款局拨给
	农会	民国六年 12 月	洋 700 元，由公款局拨给
慈善事业	普济堂	年代久远无可稽考	地 7 顷 93 亩，按亩收捐

资料来源：《河南省汲县地方自治事业调查表》，《河南自治周刊》1923 年第 34 期。

表 3-5 辉县地方自治事业调查表

类别 事别	名称	创办时间	筹办方法
教育	县立高等小学校	光绪三十年	稞租及捐款生息
	县立乙种蚕校	宣统三年	稞租及捐款生息
	县立高等女子学校县立	民国二年	稞租及捐款生息
	国民学校六处	光绪三十三年	稞租及捐款生息
	公立国民学校五十一处	光绪三十四年至民国十一年	庙产学田，按地收租
交通水利及其他土木工程	潞辉马路	民国十年 3 月	由交通部拨款 2500 元，交京汉铁路管理局修筑
	辉县渠	民国十年 12 月	由上海银行棉业钱业工会出资 2800 余元开挖

续表

类别 事别	名称	创办时间	筹办方法
交通水利及其 他土木工程	平治道路三处	民国十年 11 月	由富户捐款 1300 余元，贫户 出工挑挖
	挑挖沟渠十三道		由富户捐款 3700 余元，贫户 出工挑挖
劝业及公共 事业	苗圃	民国七年 8 月	地 30 亩，经费洋 200 元，由 本县地方余款内拨付
	农事试验场	民国九年 6 月	地 30 亩
	县农会一处，乡农会 一处	民国九年至 11 年	由县自治款内每月补助 10 千， 余由会员捐助
卫生及慈善 事业	普济堂	年代久远无可稽考	地 47 顷 7 亩余

资料来源：《河南省辉县地方自治事业调查表》，《河南自治周刊》1923 年第 38 期。

表 3-6　郏县地方自治事业调查表

类别 事别	名称	创办时间	筹办方法
教育	劝学所	光绪三十四年正月	除地租外，即以库书盈余、粮 票捐、契税附加补助
	县视学	民国四年 7 月	由契税附加项下拨支
	讲演所	民国七年正月	由契税附加项下拨支
	教育会	宣统元年 2 月	由契税附加项下拨支
	高小校	光绪三十一年正月	除地租生息外，以民户捐、支 发行所捐、契税附加补助
	模范国民学校	光绪三十一年正月	除地租外，由契税附加项下拨 支
	女子国民学校	民国九年 3 月	由契税附加项下拨支
	第一国民学校	光绪三十四年 2 月	每年由城隍庙道人捐钱 40 串 文，余由契税附加项下拨支
	第二国民学校	民国九年 7 月	由契税附加项下拨支
交通水利及其他 土木工程	水利分会	民国七年 12 月	并无的款
卫生及慈善 事业	普济堂	年代久远无案可稽	由普济堂生息善堂租两项开支
	养济院	年代久远无案可稽	前款开支

资料来源：《郏县地方自治事业暨经费调查表》，《河南自治周刊》1923 年第 28 期。

表 3-7　淇县地方自治事业调查表

类别 事别	名称	创办时间	筹办方法
教育	县立高小校	光绪三十年 2 月	由教育款产处通盘筹划
	县立乙种农校	民国二年 1 月	由教育款产处通盘筹划
	县立国民学校	民国二年 2 月	由教育款产处通盘筹划
	县立国民女校	民国二年 3 月	由教育款产处通盘筹划
	公立国民学校 41 处	自光绪三十一年至民国十年	多系庙产
交通水利及其他土木工程	水利会	民国七年	由公款局筹拨
劝业及公共营业	苗圃	民国七年	由公款局支领
	农事试验场	民国七年	由公款局支领
卫生及慈善事业	孤贫粮	—	公捐地亩按亩收租

资料来源：《河南省淇县地方自治事业调查表》，《河南自治周刊》1923 年第 37 期。

表 3-8　临汝县地方自治事业调查表

类别 事别	名称	创办时间	筹办方法
教育	劝学所	民国五年 6 月	由教育款产处通盘筹划
	高小校	—	由教育款产处通盘筹划
	高初女学校	民国五年 6 月	由教育款产处通盘筹划
	款产处	—	除基本财产外，有串票捐、契尾捐、税契附加、戏捐
	县视学	民国二年	由款产经理处拨发
	教育会	民国五年 4 月	补助费 35 千文，由款产经理处拨发
	城关十四处国民学校	民国四年 7 月	每校每月支钱 7600 文，均由教育宽铲经理处发
交通水利及其他土木工程	沟渠七十五道	前明前清	按地亩出资
	仁义桥	前清	按地亩出资
	东南大石桥	前清	按地亩出资
	西关堤圩	清末	由李姓出资
	东西官道	民国九年	福音堂出资
劝业及公共营业	商会	民国七年 11 月	由铺商捐助

资料来源：《临汝县地方自治事业暨经费调查表》，《河南自治周刊》1923 年第 27 期。

表 3-9 方城县地方自治事业调查表

类别 事别	名称	创办时间	筹款方法
教育	劝学所	光绪三十二年9月	无
	款产处	民国七年2月	基产地821顷6亩，基金5070元，除此之外，又庙捐税契附收串票补助
	县视学	民国元年8月	无
	教育会	光绪三十二年9月	无
	阅报社	民国八年10月	无
交通水利及其他土木工程	东十里铺桥	前明	按地亩出资
	西十里铺桥	咸丰年间	由贾姓合族集款
	城外东西角石坝	民国八年2月	按地亩拉名集款
	东西官道	民国八年9月	由官道两旁出夫修治
劝业及公共营业	农会	民国元年3月	由公款局补助
	商会	民国元年2月	由铺商捐助
	女子帽辫传习所	民国八年1月	由公款局补助
	苗圃	民国六年5月	由公款局补助
	农事试验场	民国六年5月	
卫生及慈善事业	施医院	民国十年4月	无
	普济堂	前清	由公款局补助

资料来源:《方城县地方自治事业自治经费调查表》,《河南自治周刊》1923年第16期。

表 3-10 正阳县地方自治事业调查表

类别 事别	名称	创办时间	筹办方法
教育	国立高等小学校	光绪三十一年3月	钱五千串，系由各店绅筹捐，不敷由书院地租拨补
	乙种农业学校	宣统三年7月	系由明港车捐开支，不敷向学款项下弥补
	国民小学校	年月不等	15984串生息，不敷由各店办学员绅设法弥补
	树明私立高等小学校	民国四年9月	13732串，由原办个人自行收支

类别 事别	名称	创办时间	筹办方法
教育	县立师范讲习所	民国八年9月	2076串，由牙税附加捐项下支给
	劝学所	民国五年8月	由学款项下支给
	通俗教育讲演所	民国八年1月	由学款项下支给
劝业及公共营业	工艺厂	民国三年9月	钱2000串，不敷之数由士绅袁家骥补助
卫生及慈善事业	慈善局	民国七年8月	1000串，由公捐宅房地租补助

资料来源：《正阳县地方自治事业自治经费调查表》，《河南自治周刊》1923年第19期。

表3-11 获嘉县地方自治事业调查表

类别 事别	名称	创办时间	筹办方法
教育	劝学所	光绪三十二年	儒学地租，按季征收，由教育款产处拨付
	高等小学校	光绪三十一年	书院及恤嫠生息，按季收息，由教育款产处拨给
	模范国民小学校	民国五年	公款生息
	国民小学校	民国三年	煤捐按车抽收，戏捐按台征收
	国民女学校	民国八年	煤捐按车抽收，戏捐按台征收
劝业及公共营业	劝农员	民国十年	商捐及当典季规节敬，按季收息，由公款局拨付
	苗圃长	民国七年	商捐及当典季规节敬，按季收息，由公款局拨付
卫生及慈善事业	贫民工厂	民国四年	公产租及蛋捐

资料来源：《河南省获嘉县地方自治事业调查表》，《河南自治周刊》1923年第36期。

表3-12 临颖县自治事业调查表

类别 事别	名称	创办时间	筹办方法
教育	劝学所	光绪三十二年11月	书院稞租生息，戏捐项目支领
	教育会	光绪三十四年2月	由会员捐助暨两学田

类别 事别	名称	创办时间	筹办方法
教育	县视学	民国三年 5 月	由戏捐项下支领
	县立高小学	光绪三十年 4 月	由车马项下支领
	师范讲习所	民国四年 11 月	由车马项下支领
交通水利及其他 土木工程	水利分会	民国七年 10 月	由戏捐项下支领

资料来源：《临颖县自治事业自治经费调查表》，《河南自治周刊》1922 年第 1 卷第 7 期。

表 3-13　叶县地方自治事业调查表

类别 事别	名称	创办时间	筹办方法
教育	县立第一高等学校	宣统三年 7 月	学田收租洋 1720 元，丁地附捐项下洋 644 元
	县立第二高小学校	民国六年 7 月	岁收学费洋 100 元，从教育款产处助洋 475 元
	县立第三高小学校	民国八年 2 月	岁收学费洋 200 元，从教育款产处助洋 475 元
	县立乙种蚕桑学校	民国九年 8 月	从学田租洋项下开支
	县立女子高小学校	民国九年 2 月	从丁地附捐项下开支
	县立模范国民学校	民国四年 7 月	从学田租洋项下开支
	县立女子国民学校	民国五年 10 月	从丁地附捐项下开支
	悦来等 73 所国民学校	民国四年 2 月至民国十年 3 月	学田租洋、丁地附捐、税契附捐、公直捐洋、庙产、契尾捐、地方公产等
交通水利及其他 土木工程	水利分会	民国八年 4 月	由劝办实业员绅兼任，不支薪水，故未筹款
劝业及公共营业	劝业所	民国九年 2 月	由公款局于地方自治捐项下年支洋 60 元
	农会	民国五年 3 月	由公款局于地方自治捐项下年支洋 60 元
	苗圃	民国五年 2 月	由公款局于地方自治捐项下年支洋 320 元
	农事试验场	民国五年 2 月	由公款局于地方自治捐项下年支洋 126 元

续表

类别　　事别	名称	创办时间	筹办方法
劝业及公共营业	贫民工厂	民国四年 10 月	由公款局于地方自治捐项下年支洋 1200 元
卫生及慈善事业	养济院、普济院	年代久远无案可稽	每年稞租钱 260 千文

资料来源：《叶县地方自治事业自治经费调查表》，《河南自治周刊》1923 年第 18 期。

表 3-14　夏邑县地方自治事业调查表

类别　　事别	名称	创办时间	筹办方法
教育	劝学所	光绪三十二年	亩捐随粮征收，书院地租儒学地租按季征收，由公款局拨付
	高等小学校	光三十一年	
	国民小学校	民国四年	

资料来源：《夏邑县地方自治事业自治经费调查表》，《河南自治周刊》1922 年第 1 卷第 14 期。

表 3-15　信阳县地方自治事业调查表

类别　　事别	名称	创办时间	筹办方法
教育	劝学所	光绪三十四年 4 月	由款产处拨洋 1088 元
	教育款产处	民国六年 11 月	东西学田、旧书院田稞变价钱 2569 串 700 文。税契附捐 1 两新加税契附捐 1 两 2 钱，除自治水利两项收用外，仅收十分之三，券票捐、鸡蛋捐、小车捐、铁锅纸各捐约计年入钱 7829 串整
	教育会	宣统元年 10 月	由款产处拨洋 225 元
	县视学	民国四年 5 月	由款产处拨洋 288 元
	通俗讲演所	民国九年 9 月	由款产处拨洋 127 元，公款局拨洋 60 元
	通俗图书馆	民国九年 4 月	由款产处拨洋 240 元
	县立乙种蚕业学校	民国五年 8 月	由款产处拨洋 1932 元

续表

类别 事别	名称	创办时间	筹办方法
教育	县立高等小学校	光绪三十一年 11 月	由款产处拨洋 2216 元
	明港镇区立小学校	光绪三十四年 4 月	由本镇车捐项下支洋 1636 元，款产处补助洋 250 元
	信阳游河区立高等小学校	宣统元年 11 月	本集庙捐洋 88 元

资料来源：《信阳县地方自治事业暨经费调查表》，《河南自治周刊》1923 年第 20 期。

表 3-16　确山县地方自治事业调查表

类别 事别	名称	创办时间	筹办方法
教育	劝学所	光绪三十三年 10 月	由附加税并公益捐等项筹拨
	高等小校	光绪三十三年 11 月	由铜川书院地亩充作经费
	师范讲习所	民国九年 11 月	由款产经理处拨经费
	乙种工业	民国十年 8 月	由款产经理处拨经费
	女子国民学校	民国七年 8 月	由款产经理处筹拨经费
交通水利及其他土木工程	水利分会	民国九年 2 月	由公款局筹拨经费
劝业及公共营业	贫民工厂	民国十年 11 月	由官绅协议保单费
卫生及慈善事业	普济堂	不知始自何年	银 450 两，由商务会承领生息

资料来源：《确山县地方自治事业自治经费调查表》，《河南自治周刊》1923 年第 17 期。

表 3-17　武安县地方自治事业调查表

类别 事别	名称	创办时间	筹办方法
教育	劝学所	光绪三十年 3 月	契税附加三成，买当契中人用捐
	实业学校	宣统三年 2 月	由款产处拨给
	师范讲习所	民国九年 2 月	由款产处拨给
	模范学校	民国十年 5 月	由款产处拨给
	女学校	民国二年 9 月	由款产处拨给
	城区国民学校五处	光绪三十三年 2 月	由款产处拨给
	教育会	光绪三十三年 3 月	由款产处拨给

续表

类别 事别	名称	创办时间	筹办方法
教育	高小学校	光绪二十九年 3 月	由款产处拨给
交通水利及其他 土木工程	义赈渠	民国九年 10 月	集股开挖
劝业及公共营业	苗圃	民国五年 6 月	—
	农试验场	民国五年 5 月	—
	农林会	民国五年 4 月	—
卫生及慈善事业	福善局	光绪三十三年 2 月	—
	积善局	民国五年 3 月	—
	同善局	民国十年 2 月	—
	养济院		由公款局拨给

资料来源：《武安县地方自治事业暨经费调查表》，《河南自治周刊》1923 年第 32 期。

由于县议事会、参事会在民国二、三年（1913、1914）间已奉令取消，当时的统计表格所列的主要是教育、交通水利及其他土木工程、劝业及公共营业、卫生及慈善事业四项。在四项自治事业中，教育是各县最为倚重的事业，统计也最为全面。相较而言，各县的交通水利及其他土木工程、劝业及公共营业、卫生慈善事业普遍薄弱，同时办理的县份不多，大多县份或缺一项，或缺两项。

各县教育事业相对发达既源自于教育部对教育事业的重视，也有地方士绅的热心倡导和资助。县议事会、参事会取消后不久，1914 年 3 月 3 日，教育部发布指令，"教育为立国根本，自治机关虽已奉令停办，兴学要政仍力图进行"。地方自治会已饬令停办，但"停办者系自治机关非自治事业"，各县教育仍需维持。实际上，在 2 月 26 日，教育部就通令各省饬县遴任学董，即有为自治会解除后及时接管及维持教育之意。[①] 为维持并扩张教育事业，教育部先后电令各县知事，要求所有县市乡立各学校照预算支拨经费，以保持教育事业正常运转。并规定维持方法七条："一为各市乡附加税应照常发给，教育费原占分数丝毫不得短少；一为各市乡教

---

① 《教育部指令第 253 号》，载中国第二历史档案馆编：《北洋政府公报》第 24 册，第 167 页。

育费原定支拨各公立学校及补助各私立学校数额，应照旧支给，不得稍有
减折；一为各市乡原有之教育公款公产应完全保存，只许提支息租为教育
费用，绝对不得移作他用；一为各市乡原有捐充教育之附杂税，先经立案
者，应一律继续征收，不得藉词豁免；一为各学校校长如不犯小学校令第
33 条情事，虽市乡主管易人，不得率行更换；一为各市乡关于初等教育推
广计划应按照规定地点依次实行；一为各市乡关于学校外各种教育事项，
无论筹议、方始进行中间均应切实设施，毋稍观望。"① 各县立学校的支配
经费、保存款产、任用校长诸事，必须按照上列各端实心筹办。为确保各
项事务有序进行，县视学要巡行各校，勤加视察，督促进行。

在"停办者系自治机关非自治事业"理念的支配之下，各县自治会解
散以后，教育、实业、工程、慈善等各项自治事业仍一如既往进行。当时
各县自治事业调查中，警察经费未作为一个调查事项而列入。但实际上，
各县的警察经费，除所长一人月薪由省款发给之外，巡官以下月薪以及警
察所装备等费，统由地方款开支。② 因此，在近代，各县的财政支出主要
有自治经费、警察经费、教育经费、实业经费、财政经费、工程及卫生慈
善经费等。

第二节　近代河南各县的财政支出结构

依据清末北洋政府时期的法令规定，地方自治事业主要涵盖卫生、慈
善、教育、警察、交通及农工商等事项③，并由各县自行筹措经费。从自
治的内容看，实际上是将此之前由士绅承担的职责合法化和制度化。在一
县之内，国家费和地方费采取分而治之之法。大体而言，县知事公署人员

---

① 《附江苏民政长呈》，载中国第二历史档案馆编：《北洋政府公报》第 24 册，第
167—168 页。

② 民国《太康县志》卷三，《政务志》。

③ 《城镇乡地方自治章程》，《北洋法政学报》1909 年第 91 期；《地方自治试行条例施
行规则》，《东方杂志》，1915 年第 12 卷第 5 期；《县自治法》，《教育公报》1919 年第 6 卷；《县
自治法施行细则》，《教育公报》1921 年第 8 卷。

薪俸（包括县知事、科员和技士等）及办公费、司法人员（包括承审员、
书记长、书记员、司法巡警和管狱员）及书差口食，属于国家款支出；警
察所长薪俸属于省地方款支出；而自治经费（包括县议事会和参事会）、
巡警经费（包括警佐、巡长、长警等俸薪，及其服装、油烛、笔墨纸张、
煤水等办公费）、教育经费、实业经费以及公款局等经费，属于地方款支
出。① 当然，县地方款支出各地情况亦有差别，不过从总体上言之，自治、
警察、教育、实业和财政等经费是各县共同的支出门类。

一、自治经费

清末实行地方自治以后，各县设立自治研究所和自治筹备处等机构，
以为实行地方自治之准备。在清末至民初（民国二年底或民国三年初以
前），各县纷纷设立县议事会和参事会。后袁世凯宣布取消自治，自治事
业陷入停顿。民国八年（1919）以后，自治事业办理再度启动。民国八年
以后之自治，主要为市区街村之划分。但此一时期，各县也纷纷设立自治
讲习所和自治研究所等机构。如太康县于民国十一年（1922）冬设立地
方自治讲习所，由自治委员会协同县知事，以招考的方式，录取自治学
员 40 余人入学肄业。② 光山县于民国十一年在城内开办自治研究所，毕
业两班。③ 因此。自治经费主要是各县自治机构之经费，主要清末至民国
三年（1911）以前的自治研究所、自治筹备处、县参事会和议事会之经
费，以及民国八年以后之自治研究所和自治筹办处等机构之经费。如宣统
元年（1909），许昌县在关帝庙设立自治研究所，毕业两班，共 100 余人。
民国二年（1910）在文昌阁自治筹备处，分全州为一城十六乡。民国三年
（1911）冬，立议会于关帝庙，城厢议会于问安厅。民国元年（1912）春，
由省议会议定县议会暂行法，在关帝庙成立县议事会。民国二年（1913）
秋，县议会停止。民国十二年（1923）春设立自治讲习所于万寿宫。④ 总

---

① 民国《郑县志》卷四，《食货志》；民国《林县志》卷五，《财政》。
② 民国《太康县志》卷三，《政务志》。
③ 民国《光山县志约稿》卷二，《政务志·自治志》。
④ 民国《许昌县志》卷四，《民政》。

体来讲，各县自治机构大同小异（见表3-18、表3-19）。

表3-18　修武自治历年概况表

机关	设立年月	组织	职务	备考
自治研究所	宣统元年	所长1人，办事员若干人	研究一切自治事宜	办理共2年，卒业学生90名
地方自治筹办事务所	宣统二年	设总务、调查、选举、庶务等科	筹办一切自治事宜	—
县议会	民国元年	议长、副议长各1人，议员20名	议决全县自治规条及应兴应革各事宜	民国二年2月停止
县参事会	民国元年	参事员4名	参议全县行政事宜	民国二年停止
自治办公处	民国五年	处长1人，办事员若干名	筹办全县自治事宜	—
自治讲习所	民国十一年	所长1人，办事员若干名	训练自治人员	—

资料来源：民国《修武县志》卷六，《民政·自治表》。

表3-19　阳武县自治历年概况表

机关	设立年月	组织	职务	备考
自治研究所	宣统元年11月	设有所长1人，教员若干人	研究自治事宜，培养自治人才	宣统二年底毕业学员50名，即行停办
地方自治筹备事务所	宣统二年7月	设总务、调查、选举、庶务等职	设总务调查选举庶务等职	宣统三年底停止
县议会	民国元年7月	议长、副议长各1人，议员20人	议决全县自治规条及应兴应革各事宜	民国二年12月奉令取消
县参事会	民国元年7月	参事员4人	参议全县行政事宜	民国二年12月奉令取消

资料来源：民国《阳武县志》卷二，《自治志》。

各机关自治经费数额，则视县而别。如郑县县参事会岁支钱1300千文，县议事会岁支钱1920千文。[1]荥阳县参事会年支568千文，议事会年支1560千文。[2]即以民国十年（1921）各县所成立之自治讲习所而言。

---

[1]　民国《郑县志》卷四，《食货志》。
[2]　民国《续荥阳县志》卷四，《食货志》。

民国十一年（1922）8月，信阳设县立自治讲习分所，第一次招生113名，二次招生126名，三次招生130名，相继于民国十二年(1923)1月与9月、民国十三年3月毕业，经费初定月支289元，由契税附加拨归自治四成项下开支，后因款绌，月减50元，每月支出239元。①

（二）教育经费

近代教育体系的更新始自清末，当时的学制改革原因大致有二：一是清廷和北洋政府意识到教育在现代国家中的重要作用。"国之强弱视乎民之智愚，民之智愚系乎教育之良否。故欲国强民智，未有教育不良而能效果立现者。人有恒言，教育为立国之本，西儒亦曰教育为文明之母。"② 因此，国富民强与教育息息相关。二是旧式教育体系的废弛与内容的"空疏"。清代的学校系统，在清末多为具文。即以县学论之，"儒学久而颓废，空馆不存，教于何有？""教官等于虚设，月课、季考久废不行，学术日坏。"③"其名以言培养人才，瞠乎远矣。"④ 各县书院往往因知县个人偏好或经费等原因，数额往往不一致，且存废靡常。⑤ 社学、义学"亦大都随官之去留，人之存亡为起灭"⑥。更为重要的是，学校所教内容严重脱离社会现实，所就士子"或空疏无用，或浮薄不实"⑦。

于是，清廷仿效西法，变更传统的教育体制。在这种情况下，新式教育体系逐渐建立起来。当时县级教育体系，主要为师范教育、职业教育、女子学校和小学教育。

---

① 民国《重修信阳县志》卷九，《民政志二》。
② 民国《重修汝南县志》卷九，《教育考》。
③ 民国《西华县续志》卷八，《教育志》。
④ 民国《林县志》卷七，《教育》。
⑤ 长葛有陉山书院、嘉惠书院、大中丞书院等三处；新乡有古廊书院、省身书院、德化书院、东湖书院等四处；巩县有嵩洛书院、河洛书院、城中书院、敬业书院、东周书院、莲山书院、见山书院、石河书院、仙舟书院、白鹿书院；淮阳有弦歌书院、柳湖书院、召南书院等三处。见民国《长葛县志》卷四，《教育志》；《新乡县续志》卷一，《学校》；民国《巩县志》第九，《民政》；民国《淮阳县志》卷五，《民政下·教育志》。
⑥ 民国《林县志》卷七，《教育》。
⑦ 璩鑫圭、唐良炎编：《中国近代教育史资料汇编：学制演变》，上海教育出版社1991年版，第6页。

师范教育开始于光绪二十九年（1903），是年学务大臣张百熙、荣庆等重订学堂章程，规定优级师范培养中学及师范学校师资，小学师资培养机关为初级师范学堂、简易师范科、师范传习所、实业教员讲习所。①1912 年 3 月，南京临时政府教育部指出："欲顾兴办中小学校，非养成多数教员不可；欲养成多数中小学教员，非多设初级、优级师范学校不可。"② 是年 9 月，教育部颁布师范教育令。"师范学校为省立……县因特别情事，由省行政长官报经教育总长许可，得设立师范学校，名为县立师范学校。师范学校得设小学校教员讲习科"③。1913 年，北洋政府教育部鉴于各省师范学堂推广建设尚属不多，而小学教员殷切需人，遂令各省斟酌财力，除扩充省立师范学校外，由各县参照小学教员讲习科办法，"设立小学教员讲习所，或一县，或联合数县，酌量情形，分别设立。"④

近代小学教育始于 1901 年，时光绪皇帝诏令各省、府、直隶州及各州、县分别将书院改设大、中、小学堂。1902 年，清廷颁行《钦定小学堂章程》，然此一章程由于设计不周而未真正实行。⑤1904 年，又颁行《奏定初等小学堂章程》和《奏定高等小学堂章程》，将小学堂分为高等、初等两等，初等小学堂学制为五年，高等小学堂学制为四年。两等并置一所者，称为两等小学堂。学堂以其经费来源分为官立、私立和公立。"每百家以上之村即应设初等小学堂一所，小县城内亦必设初等小学二所，大县城内必设初等小学三所，各县著名大镇亦必设初等小学一所。有学堂或一城一镇一乡一村，各以公款设立，或各以捐款设立者，及数镇数乡数村联合设立者，均名为初等公小学。凡有一人出资独立设一小学堂者，或家塾

———————

　　① 璩鑫圭、童富勇、张守智编：《中国近代教育史资料汇编：实业教育师范教育》，上海教育出版社 1994 年版，第 614 页。

　　② 璩鑫圭、童富勇、张守智编：《中国近代教育史资料汇编：实业教育师范教育》，第 790 页。

　　③ 璩鑫圭、唐良炎编：《中国近代教育史资料汇编：学制演变》，第 660—661 页。

　　④ 璩鑫圭、童富勇、张守智编：《中国近代教育史资料汇编：实业教育师范教育》，第 797 页。

　　⑤ 邱秀香：《清末新式教育的理想与现实：以新式小学堂为中心的探讨》，台湾政治大学历史系 2000 年版，第 19 页。

招集临近儿童附就课读，人数在三十人以外者，及塾师设馆招集儿童在馆授业在三十人以外者，名为初等私小学。"①1912 年 9 月 28 日，北洋政府教育部颁行《教育部公布小学校令》，规定："小学校分为初等小学校与高等小学校。初等小学校与高等小学校并置于一处者，名初等高等小学校。由城镇乡担任经费者，名某城镇、乡立初等小学校或高等小学校；由县担任经费者，名某县立高等小学校；由私人或私法人担任经费者，名私立初等小学校或高等小学校。初等小学校由城镇乡设立之；高等小学校由县设立之。"②1915 年，将初等小学改称国民学校，高等小学校仍因原名。③

除小学教育外，为促进农商事业的发展，国家令各县设立实业学堂，以培养应用型人才。"设初等农业学堂，令已毕业于初等小学者入焉；以教授农业最浅近之知识技能，使毕业后实能从事简易农业为宗旨；以全国有恒产人民皆能服田力穑，可以自存为成效。"④"设初等商业学堂，令已毕业于初等小学者入焉；以教授商业最浅近之知识技能，使毕业后实能从事简易商业为宗旨；以无恒产人民皆能以微小资本自营生计为成效。"⑤1913 年 8 月，北洋政府教育部公布《实业学校规程》，对农业学校、工业学校、商业学校的师资、科目、学制、学习办法作了详细规定。⑥

民国以来，首次颁布男女平等的法律。在这种理念的支配下，迭令各县设立女子小学校，使男女有同等的受教育机会。"女子小学堂以养成女子之德操与必须之知识技能，并留意使身体发育为宗旨。女子小学堂分为女子初等小学堂、女子高等小学堂；两等并设者，名为女子两等小学堂。"⑦

为推进县级教育事业的发展，近代各县设立了专门的教育管理机构——劝学所。1906 年，河南各县依照学部颁发的劝学章程，改旧试院为

① 璩鑫圭、唐良炎编：《中国近代教育史资料汇编：学制演变》，第 281 页。
② 璩鑫圭、唐良炎编：《中国近代教育史资料汇编：学制演变》，第 596 页。
③ 璩鑫圭、唐良炎编：《中国近代教育史资料汇编：学制演变》，第 596 页。
④ 璩鑫圭、唐良炎编：《中国近代教育史资料汇编：学制演变》，第 444 页。
⑤ 璩鑫圭、唐良炎编：《中国近代教育史资料汇编：学制演变》，第 445 页。
⑥ 璩鑫圭、唐良炎编：《中国近代教育史资料汇编：学制演变》，第 722—729 页。
⑦ 璩鑫圭、唐良炎编：《中国近代教育史资料汇编：学制演变》，第 583—584 页。

劝学所，管理一县教育事业。"劝学所以本地方官为监督，设总董一员，综核各区之事务；每区设劝学员一人，任一学区内劝学职责。总董由县视学兼充。劝学员于本管区内调查筹款兴学事项，商承总董拟定办法，劝令各村董切实举办。"①1909 年，河南设劝学所 102 所，总董员数 100 人，劝学员 738 人。② 宣统三年（1911）改劝学总董为劝学员长。1912 年 2 月，北洋政府颁行地方行政官制，裁各县劝学所，于县公署设第三科，专管全县教育事宜。劝学所在法律上被取消后，部分县份仍沿袭不变，部分县份或以其他名称存在，各县的教育管理机构或名称遂呈多样化状态。有在县署设第二科，有仍设劝学所，有新设教育公所，有设学产经理处，有设学务委员，有不设任何教育行政机关，不一而足。教育部有见于此，于民国二年（1913）7 月通咨各省，未设学务委员之县，一律暂留劝学所，并照旧设视学一职，以资补救。民国三年（1914）春，奉令裁撤劝学所，改为视学办公处，以县视学担任全县教育事宜。县视学内设视学 1 人，书记 1 人，临时雇用查学员 1 人或 2 人，襄助赴乡视察。民国六年（1917）又奉令恢复劝学所制度，内设所长 1 人，事务员 2 人，县视学 1 人，并于所内附设款产经理处。

民国十年（1921），第七届教育会联合会在广东开会，以中国教育办理已历经数十年，劝学所所名称已不合时宜，且劝学所乃官办组织，与自治事业也不匹配，决议改革地方教育制度，主张代以"教育局制"取而代之。民国十一年（1922），教育部召开学制会议，决定改劝学所为教育局。教育局组织如下：局长一人，"一、执行董事会议决事项；二、拟定教育进行计划；三、经理教育款产编制预算决算；四、教育统计报告；五、调查学龄儿童及义务教育一行事项；六、社会教育之设施事项；七、推广职业教育事项；八、每年报告县教育状况于教育厅；九、承办教育厅特别委任事项；十、其他县属教育厅事项。"县视学 1 人，商承县教育局长指定所

---

① 朱有瓛、戚名琇、钱曼倩编：《中国近代教育史资料汇编·教育行政机构及教育团体》，上海教育出版社 1993 年版，第 60 页。

② 朱有瓛、戚名琇、钱曼倩编：《中国近代教育史资料汇编·教育行政机构及教育团体》，第 94 页。

属教育事宜。事务员 2 人，受局长指挥分掌各项事务。董事会 7 人，负责"审议县教育方针及计划，筹划县教育经费及保管县教育产财，审核县教育之预算决算，议决县教育局长交议事件，提议关于县教育事项。"① 民国六年（1917）秋，依奉颁行修订教育局暂行规程，改董事会为教育行政委员会，并添设社会教育讲演员一人，专司宣传工作。②

在兴办新式教育的热潮下，河南各县的教育事业获得了一定的发展，无论是学堂数量还是入学人数，都大为增加。1907 年河南省的高等、两等、初等小学堂数量为 1490 所，1908 年为 2217 所，1909 年为 3293 所，学生数量也分别由 1907 年的 31649 人增至 79105 人。③ 到 1916 年，学堂数量增至 6053 所，学生人数也增至 156468 人。④

近代河南教育经费初由县署管理，公款局成立以后，负责地方学款的筹集和支出。后各县成立教育款产经理处⑤，专门负责"收入各种经费，支出教育各机关各学校经费"。⑥ 民国十二年（1923），教育厅通令各县裁劝学所，设教育局为县地方教育总机关，款产经理处一亦并入。⑦ 各县的教育支出主要包括教育机关的支出和学校经费。

1. 教育机关支出

近代河南县级教育机关主要是前期的劝学所和后期的教育局。1901 年成立新式小学堂之时，由于学制未定，府中学为县小学之主管机关，县知事为小学堂总办，教谕、训导为会办。光绪三十一年（1905）设立

---

① 民国《考城县志》卷八，《学校志》。

② 民国《光山县志约稿》卷二，《政务志》。

③ 李桂林、戚名琇、钱曼倩编：《中国近代教育史资料汇编·普通教育》，上海教育出版社 1995 年版，第 85—86 页。

④ 李桂林、戚名琇、钱曼倩编：《中国近代教育史资料汇编·普通教育》，第 526 页。

⑤ 各县教育款产经理处成立时间不一，如泗水、太康成立于 1917 年，见民国《泗水县志》卷五，《教育》；民国《太康县志》卷四，《教育志》；西平、林县成立于 1918 年，民国《林县志》卷七，《教育》；民国《西平县志》卷一二，《经制志》；中牟县成立于 1920 年，见民国《中牟县志》卷三，《人事志》；考城县成立于 1921 年，见民国《考城县志》卷八，《学校志》；阳武成立于 1923 年，见民国《阳武县志》卷二，《自治志》。

⑥ 民国《考城县志》卷八，《学校志》。

⑦ 民国《林县志》卷七，《教育》。

劝学所，为教育行政机关之始基。① 到宣统元年（1909），河南省劝学
所共计 102 所，总董员数 100 人，月薪 7741 元，劝学员 738 人，月薪
11673 元，总计 32201 元。② 后劝学所名称大体不变，但劝学所组织有所
变更。民国三年（1914）裁劝学所，所内一切职务改由县视学担任。不
久，又复劝学所之制，由所长主持。除所长之外，复设省派县视学。其
经费数目大致如下：县视学员一名，每年额支 360 千文；劝学所设所长
1 名，劝学员 3 名，书记 1 名；职员薪水每年额支 696 缗，夫役工食及
杂费每年额支 228 缗；款产经理处处长 1 名，会计兼书记 1 名，额支每
年 120 缗，杂费每年 36 缗。③1918 年，河南教育专款独立，各县亦设教
育款产经理处。民国十二年（1923），教育厅通令各县裁劝学所，设教
育局为县地方教育总机关，其款产经理处亦并入其中。林县教育局于民
国十年（1921）10 月成立，"内置局长一，县视学一，事务员四，董事
七，十学区学务委员十。"④ 民国十三年（1924），考城县教育局每月支出
2118 千文，其中局长 60 千文，视学 40 千文，事务员两名，共 24 千文，
巡环教员 22 千文，书记 10 千文，局夫 2 名 8 千文，灯油茶水 12 千文，
办公费 2500 文。⑤

2. 学校支出

各个学校的支出，主要包括开办费、日常经费和教师薪金等。1911 年
学部奏定小学经费暂行章程，规定："初等小学堂每一堂以一班计，开办费
应以一百为中数，至多不超过二百元；高等小学堂每一学堂以一班计，开
办费应以二百元为中数，至多不超过四百元。每一学堂如只有学生一班，
初等小学每年经费定额以一百八十元为中数，至多不超过二百四十元，高
等小学每年经费以四百元为中数，至多不得过六百元。教员月薪如下：本

① 民国《中牟县志》卷三，《人事志》
② 朱有瓛、戚名琇、钱曼倩编：《中国近代教育史资料汇编·教育行政机构及教育团
体》，第 95 页。
③ 民国《长葛县志》卷四，《教育志》。
④ 民国《林县志》卷七，《教育》。
⑤ 民国《考城县志》卷六，《田赋志》。

科正教员第一级三十元，第二级二十五元，第三级二十元，第四级十八元，第五级十六元，第六级十四元，第七级十二元，第八级十元，第九级八元。专科正教员第一级二十四元，第二级二十元，第三级十六元，第四级十四元，第五级十二元，第六级十元，第七级八元，第八级六元。副教员第一级十四元，第二级十二元，第三级十元，第四级八元，第五级六元。"[1]1917 年，北京政府教育部订定小学教员俸给规程，"国民小学校长及正教员分十四档，最高月薪六十元，最低八元；专科正教员及专科教员分为十一档，最高为四十元，最低为六元；助教员分为八档，最高二十二元，最低四元。"[2]

当时，县财政的教育支出，主要是县立学校的经费和公办学校的补助款。县立学校的经费，如考城县"第一小学每月校长四十千，高级教员四名，共一百二十千；初级教员二名，共二十千；会计十五千，书记六千，夫役二十千，灯油茶水三十八千。第二小学每月校长四十千，高级教员三十千，初级教员二名，共二十千，事务十千。女子初级小学，每月校长兼教员二十二千，夫役八千，灯油茶水四千；第一初级小学每月教员二人，共十六千，夫役四千，灯油茶水五千。"[3]对于公办学校，县政府则酌情给予经费补助。民国四年（1915），长葛县劝学所长周鼎呈明，由县视学及劝学员查明成绩，酌给全县七十处公立国民小学校补助经费。[4]武陟县公立模范小学有 6 处：一在城内，每年经费由公款局津贴 172 千文；一在古怀镇，每年经费该镇自筹 100 千文，公款局津贴 80 千文；另外沁南镇、沁北乡、嘉应乡、古阳乡四处每年公款局各津贴 80 千文，余均由自筹。全县国民学校共 120 余处，皆由有公款补助（由公款局补助）。[5]西平县各区初级小学校每年补助开办费、津贴费、奖金钱 5000 串[6]；四关初

---

① 李桂林、戚名琇、钱曼倩编：《中国近代教育史资料汇编·普通教育》，第 68 页。

② 李桂林、戚名琇、钱曼倩编：《中国近代教育史资料汇编·普通教育》，第 493 页。

③ 民国《考城县志》卷六，《田赋志》。

④ 民国《长葛县志》卷四，《教育志》。

⑤ 民国《续武陟县志》卷九，《学校志》。

⑥ 串为货币计量单位，按当时的换算标准 1 串为 1000 文。

级小学津贴费钱 300 串。①

3. 社会教育支出

社会教育费用主要是指县教育会、图书馆、演讲会等机构的费用，也包括一些地方的观摩和参观费用。考城县县教育会成立于宣统元年（1909），设"会长一人，总理本会一切事宜，及召集开会闭会；副会长一人，襄理会务及代理校长；评议员十四人，议此本会议及往来公文或审查本会出入款项；调查员四人，查本县所辖之各项学校办理情形及关于社会教育家庭事项；文牍兼书记一人，基金监一人；会计一人，庶务一人"。民国初因款项不继，各县教育会中辍者较多。② 除此之外，各县尚有图书馆和演讲会等机构，如长葛县有图书馆、讲演社、教育会等③，林县有图书馆、阅报所、讲演所、观摩会费以及报纸费等。④

各县的各类教育支出类别及规模，可以以西平县为例来管窥。西平县民国初期年教育经费支出共钱 29170 串 635 文，其中教育局支钱 2625 串零 92 文，县立第一二三高级小学校共支钱 9318 串 29 文，蚕桑职业学校支钱 2808 串 929 文，工科职业学校蚕桑支钱 2392 串 990 文，县立女子两级小学校支钱 3278 串 269 文，区立模范学校支钱 1000 串，区立高级小学校支钱 550 串，区立谢家庄蚕业学校支钱 130 串，各区初级小学校开办费津贴费奖金共支钱 5000 串，巡环较远讲演员共支钱 910 串，四关初级小学校共支津贴费钱 300 串，第三师范生参观费 180 串，图书馆支钱 316 串485 文，教育款产经理处支钱 200 串零 270 文，礼房津贴钱 100 串，西关玄武湖半日学校支钱 60 串。⑤

就各县支出来讲，差别很大：一是支出类别；一是支出数目（见表 3-20）。

---

① 民国《西平县志》卷一二，《经制志》。
② 民国《考城县志》卷八，《学校志》。
③ 民国《长葛县志》卷四，《教育志》。
④ 民国《林县志》卷五，《财政》。
⑤ 民国《西平县志》卷一二，《经制志·学校篇》。

表 3-20　清末民国河南各县教育支出一览表

（单位：元）

	教育行政支出	学校教育支出	社会教育支出	其他	总计
荥阳	557	48365	—	—	48922
林县	1250	3102	250	—	4602
信阳	2006	7502	268	—	9776
郑县	514	1625	—	—	2139
确山	985	1874	—	—	2859
淮阳	5556	42744	4350	—	52650
考城	2173	35790	205	29	38197
太康	2640	20280	34	1661	24615
西平	2018	18390	355	71	20834

资料来源：民国《续荥阳县志》卷五，《学校志》；民国《林县志》卷五，《财政》；民国《重修信阳县志》卷一五，《教育志三》；民国《郑县志》卷四，《食货志》；民国《确山县志》卷一二，《财政考》；民国《淮阳县志》卷五，《民政下》；民国《考城县志》卷六，《田赋志》；民国《太康县志》卷三，《政务志》；民国《西平县志》卷一二，《经制志》。

（三）警察经费

1908 年 4 月，民政部拟定《各省巡警道官制并分科办事细则》，要求各省按照奏定官制通则设巡警道一员，受本省督抚节制，管理全省巡警事宜。各厅州县应按照各省官制通则，设立警务长一员，并于各分区置区官一员，在地方官指挥监督之办理治安事务。[①]

近代河南的警察，大致有政务警察和武装警察之名目，但武装警察并未遍设。政务警察之设，旨在汰除旧日胥役之弊。清初，各县设有马快、民壮名目，隶在兵籍，"固犹系良家子弟"。其后踵事增加，"遂有头快、二快、头壮、二壮、头皂、二皂、捕快等七班之称。贪索苛扰，寖益日深，无业游民，争趋赴之，驯至应支口粮不复照发，甚且有开放卯首以充宦囊者，丛弊积久，不可爬梳。"[②]为革除胥役之弊，自光绪末年始，各县开始创办新式警政；设立县巡警总局，由知事兼警长，内设警佐、巡官、巡长、巡警各若干名。宣统三年（1911），将巡警总局改称警务公所，

---

① 《民政部拟订各省巡警道官制并分科办事细则》，《北洋法政学报》1908 年第 67 期。

② 民国《重修汝南县志》卷七，《民政考》。

局长改称所长。民国元年（1912），警务公所改称警署，所长改为警务长，添置巡官一名。民国四年（1915），警署改称警察所，警务长改称警察所长，由省委任，旋改由县知事兼任。民国元年（1912），县委警佐改称警察事务所，后更名为警察所，长警增若干名。民国七年（1918），所长、警佐改由省警察处委任。①

政务警察负责缉捕、传案、催征、送达文件等差，其办理各项差务均有严格规定："一、办理兵差须机警敏速，不可稍事延误；二、对于征发各项物品，应遵照长官规定范围，协同各该地方公务人员秉公办理；三、物品征到，须发给收据；四、征集物品妥为收管，迅速运送，不得有收大出小之弊；六、对于查勘田地河渠等，须邀同地方公务人员及关系人秉公查明，并取其当事人及地方公务人员保结；七、解送人犯上下车船及住宿，均宜特别防范；八、解送人犯不可起行过早，或宿店过晚；九、对于犯人不得虐待或克扣口粮；十、起解人犯须查考是否有病，并沿途照料其饮食；十一、犯人解交，须取有回文。"② 大多数州县警察设置仅限于县城，但也有部分县份城乡遍设，如信阳乡镇警察自清季创办警察起至民国二十二年（1933）止先后设立分所者，计有柳林、明港、长台关、中山铺、吴家店、西双河、青石铺、谭家河、五里店、杨柳河、游河、平昌关、冯河乡、龙井等处。③

除政务警察之外，一些县份尚有武装警察名目。与政务警察掌管缉捕相异，武装警察主要负责守卫。如孟县之武装警察以游击队设置为始，游击队创于民国元年（1912），队勇40名，由警佐兼带，购十响枪20支，九响枪40支，与巡警分用。民国二年（1913）改为侦缉队，队长1人，队勇20名。民国三年（1914）11月改编为警备队。民国七年（1918）以警备队20名，另选警团80名，改为地方巡缉队。民国十一年（1922）改为武装警察，分队长巡官各1员，巡长5名，警士45名。民国十四年

---

① 民国《太康县志》卷三，《政务志》。
② 民国《重修汝南县志》卷七，《民政考》。
③ 民国《重修信阳县志》卷八，《民政志一》。

（1925）改为保安警察队。① 长葛县于民国十一年（1922）设立武装警察，队长 1 名，巡官 3 名，教练 1 名，军需 1 名，书记 1 名，稽查 2 名，巡长 10 名，警兵 93 名，骑兵 6 名，号兵 2 名，马夫 2 名。②

在清末，为培养警务人才，各县亦有巡警教练所之设。光绪季年，各省创办巡警时，信阳地方士绅建议培养警务人才，知州张书绅采纳众议，筹税契、中笔的款，设立教练所。所长由知州兼任提调，钱允祥充任监学，士绅谢光奇先招甲班生 100 名。宣统元年（1909）冬毕业，支经费 1307 两。民国二年（1910）续招乙班 100 名，于民国三年（1914）3 月毕业。后又招丙班、丁班于民国元年（1912）10 月，民国三年 2 月，两次毕业 90 人后停办。民国八年（1919）复奉令办教练所，民国九年（1920）毕业 72 人，前后毕业学生 362 人。③ 阳武县于民国元年（1912）11 月知县创办巡警教练所，8 个月毕业，招生 30 名。民国二年（1913）知县到任复行接办，共办两班。至民国三年 5 月停办。④ 由于各县县等不同，以及经费充裕与否，各县警额、经费，亦有差别。

孟县乡勇局创办于光绪年间，当时商人以城内抢案频出，城内守兵不足守御为由，招募乡勇数十名，由城绅张思敬主持其事。光绪三十年（1904）改为巡警局，设巡长 1 名，巡兵 20 名。民国元年（1912）知事暴式彬创办乡村警察，划分全县为五区。区设区警，由区长统领；村设村警，由村长巡长统领。村警饷项，每岁巨万，不事加派，但豁免里差甲长工食及看青费，即已足敷用。因此，警察散布全境。民国八年改为警察所，改警佐为警长。民国元年，又创设游击队，队勇 40 名，由警佐兼带，购十响枪 20 支，九响枪 40 支，与巡警分用。民国二年（1913）改为侦缉队，队长 1 人，队勇 20 名。民国三年（1914）11 月改编为警备队。民国七年（1918）以警备队 20 名，另选警团 80 名，改为地方巡缉队，十一年（1922）改为武装警察，分队长巡官各 1 员，巡长 5 名，警士 45 名。民国

① 民国《孟县志》卷三，《建置》。
② 民国《长葛县志》卷三，《政务志》。
③ 民国《重修信阳县志》卷八，《民政志一》。
④ 民国《阳武县志》卷二，《自治志》。

十四年（1925）改为保安警察队。①

太康县于光绪三十四年（1908）创办警政，设县巡警总局，知事兼警长，内设警佐 1 人，巡官 1 人，巡长、巡警共 30 名，每月支钱 180 千文，由收支局地方项下支给。民国改称警察事务所，长警额增 40 名。民国七年（1918）所长警佐改由省警察处委任，定所长月薪 40 元，由省款发给，巡官月薪 24 元，薪俸警饷均由公款局开支。民国十三年（1924）长警增额 60 名。②

长葛县警察所光绪三十二年（1906）成立，设警长 1 员，巡官 1 员，民国二年（1913）改为警察所长 1 员，民国三年（1914）改为警佐警长，以县知事兼任。民国八年（1919）5 月复改警长 1 员，巡官 1 员，县知事仍居监督。此外，按规定设巡长 3 名，司书生 1 名，巡警 40 名。巡官年共支钱 480 缗③，巡长年共支钱 468 缗，司书生年共支钱 240 缗，巡警年共支钱 4482 缗；服装及杂费年共支钱 600 余缗，所长公费年共支钱 360 缗，全年共支钱 6600 余缗。警察初办时年 3300 余缗，后增加一倍，除藩司提省地方草价拨归警察经费外，余由地方款项下拨补。民国十一年（1922），长葛县创办武装警察，队长 1 名，巡官 3 名，教练 1 名，军需 1 名，书记 1 名，稽查 2 名，巡长 10 名，警兵 93 名，骑兵 6 名，号兵 2 名，马夫 2 名，经费收支，原巡警款则照旧征收，有余则有公款局分配他项支用。④

光绪二十九年（1903），林县开始办理巡警。光绪三十一年（1905）知县叶惟宪拨县署内队勇为巡兵，派队长为巡弁，但款项无着，只是聊以膺命而已。光绪三十二年知县叶寿萱于城内十字街关帝庙设立巡警总局，募巡兵 13 名，筹常年经费 600 余串，由盐当商及各铺户摊缴。委派把总管带苏全兴兼总局长，后又添巡长 2 人，巡警 6 人，计共 21 名。光绪三十三年（1907）改委警校毕业人员接充局长。光绪三十四年（1908）改总局为正局，添巡警 9 人，共 30 名。因商捐短绌，不敷应用，又筹拨房

---

① 民国《孟县志》卷三，《建置》。
② 民国《太康县志》卷三，《政务志》。
③ 缗为货币计量单位，按当时的换算标准，1 缗为 1000 文。
④ 民国《长葛县志》卷三，《政务志》。

地行用一分为常年经费。宣统二年（1910）改巡警总局为警务长公所，改局长为警务长，隶于警道，不尽归县知事节制。民国二年（1913）添巡长2人，巡警12人，共44名。十月改警务长公所为警察事务所，警务长为所长。民国三年（1914）改警察事务所为警察所，所长为警佐，受县知事节制。是年减去巡警4人，存留实数40名。民国八年（1919）改警佐为警察所所长，直接归警务处管辖，但以知事为监督，统计月需630余串，年需7630余串，添办服装器具等费用，年需千余串。①

光绪三十四年（1908），阳武县奉令创办城治警察，设警务长1人，警士20人，常年经费以老斗捐、商捐、客店捐、煤车捐为大宗。嗣因地方财政统一，统由公款局支领。民国二年（1913）奉令改警察公所，称警察事务所，警务长称所长。民国三年（1914），由县知事兼任警察事务所所长，所长改称警佐，由县知事监督，并对警佐有留任撤换之权。民国四年（1915）警额添至32名，添设巡长2名。民国五年（1916）复令改警佐为所长。阳武缺列三等，所长月薪36元，公费12元，其余所内长警薪饷年支3177元3角6分。支服装费240元，统由公款局地方款下支领。民国七年（1918），县知事周良壁奉河南省警务处命令，开办警察教练所，招考正取生50名，备取生50名，以三个月为毕业期。民国八年（1919）3月知事到任继续办理。至民国九年（1920）10月共毕业六班。②

淮阳县于光绪三十四年（1908），创办警政，设置巡警总局。县知事兼警长，内设警佐一员，巡长、巡警共30名，每月支钱80千，由收支局地方项下开支，民国改称警察事务所，又改称警察所长，警额增至40名，均归县政府直辖。民国七年（1918）所长警佐改由省警察处委任，定所长月薪40元，由省款发给，巡官月薪24元，并警饷均由公款局开支。③

光绪三十四年（1908）3月，信阳县以道署巡防队改编60名为巡警总局，设于县署左财神殿，是为北局。知州张书绅兼局长，陈善琛任教

①　民国《林县志》卷四，《民政》。
②　民国《阳武县志》卷二，《自治志》。
③　民国《淮阳县志》卷四，《民政上·建设》。

练，钱允祥、谢光奇为正副巡弁，以契税中笔捐为的款，年支 5000 余串；其道署巡防队余 50 名，别改巡兵，以陈善琛充管带，号为南局，旋以无款撤销。是时章则未颁，名称无定，任首领者，或称管带，或称教练，或称教员，虚应故事而已。民国元年（1912），定名为警务公所，设警务长一人。民国二年（1913），警务公所改为警察事务所，警务长改为所长。民国三年（1914），以县知事兼所长，另委警佐 1 员，主办所内事务。民国四年（1915）9 月，添巡长 2 名，巡警裁至 48 名，支经费 3738 元。民国六年（1917）4 月以经费支绌，又裁巡士 10 名。民国八年（1919）2 月，警佐改称所长，所长月薪 35 元，由省地方款支给。民国九年（1920）3 月，另设分所于车站，置巡官 1 员。民国十二年（1923）3 月，所长李兆荣复筹车捐、牌捐、铺捐、戏捐、妓捐、店捐、中笔捐、契纸发行所津贴各款作为的款，将警察事务所分一、二两区，各置署长、署员 1 人。第一区在城内，以局长兼署长；第二区在车站外分驻二处（一在南关关帝庙，一在东关火神庙）。两区共长警 120 名，清道夫 20 名，局夫伙夫 16 名，月支经费 1059 元 4 角。民国十四年（1925）冬，经陕军困城之变，收入锐减，薪饷不给，员警均行减少。信阳乡镇警察自清季创办警察起至民国二十二年（1933）止先后设立分所，因毫无的款，专以罚金充饷。光绪季年，信阳地方士绅建议创办巡警警察教练所，知州张书绅采纳其议，筹税契中笔的款，设教练所，至民国九年（1920），前后共得毕业生 362 人。①

（四）实业经费

近代河南各县的实业经费主要包括农会、农事试验场、苗圃、劝农员、水利支局、实业局及贫民工厂等机关经费。河南兴办实业动议始自清末，但大规模创办始自民国初年。民国二年农商部颁布农会规程，分饬各县筹设，复颁《农会法草案》，农会主要负责农业法规之制定、农业改良、农事推广等事宜。1915 年北洋政府颁布《农事试验场规程》，令各县设农事试验场，掌关于各项农事试验事宜。下设树艺科、园艺科、化验科、蚕

---

① 民国《重修信阳县志》卷八，《民政志一》。

丝科、病虫害科五科。① 各县也极力倡导植树造林，"小而言之，万家薪炭，日夕所需，材木外输，利滋倍蓰。大而言之，预防水旱，调节气温，生命财产，胥于是系。"因此，各县亦有苗圃之设，以养成苗木，分配给全县使用。② 水利为农田要政，因此，兴修水利工程也自然是县级官府之职责。正式水利机构之设始于民初。最早设于民国七年（1918），③ 最晚成立于民国十七年（1928）。④ 当时，设置水利分会之县份较为普遍。⑤

为促进各县实业的发展，各县设实业局，在县知事管理指导下办理全县实业行政事宜。"各县实业局隶属实业厅，以局长一人，劝业员及事务员若干人组成。前项劝业员事务员名额，视该县实业事务繁简酌之。"⑥ 实业局设立之后，各县劝农员、苗圃、农事试验场一并合入其中。

实业经费方面，如信阳农会成立于民国九年（1920），经费年500串。农事试验场于民国七年7月创办，开办经费1200串，常年经费660元。苗圃成立于民国五年（1916），不久即停废；民国八年（1919）复办，初用自治款300元，后卖农场地价200元作经费，年拨地方款500元。劝农员于民国十年（1921）设立，月支公款34元。实业局于民国十三年（1924）以农场劝农员改设，契税项下月支100元。⑦ 民国十三年（1914），长葛县成立实业局，设局长1名，劝业员兼农事试验场长1名，事务员1，由自治项下月支钱38串500文，常年共支钱462文。⑧

清末河南各县有工艺局之设，但所设县份不多。1913年6月，为发

① 《农事试验场暂行章程》，第二历史档案馆编：《北洋政府公报》第17册，第527页。

② 民国《太康县志》卷三，《政务志》

③ 民国《修武县志》卷九，《财政》；民国《确山县志》卷一三，《实业考》。

④ 民国《鄢陵县志》卷一三，《实业志》。

⑤ 《河南实业周刊》1923年第2卷第4期；《河南实业周刊》1923年第2卷第5期；《河南实业周刊》1924年第2卷第34期；《河南实业周刊》1924年第2卷第36期；《河南实业周刊》1924年第2卷第37期；《河南实业周刊》1924年第2卷第38期。

⑥ 《各县实业局规程》，《总商会月报》1924年第5卷第4号。

⑦ 民国《重修信阳县志》卷七，《建设志三》。

⑧ 民国《长葛县志》卷三，《政务志》。

达地方贫民生计，北洋政府颁布《设立地方贫民工场案》，令各县设立贫民工场。贫民工场分"分为甲乙两种，甲种由地方实业行政机关以地方公共经费组织之，乙种由本国人民各出资本，按照有限公司办法呈报地方实业行政机关组织之"。"资金自五千元起至十万元不等，以所办工厂之大小及地方贫民之多寡而酌定之。"贫民工场主要是"仿制日用输入品或改良需要出口货""甲种工场盈利应归地方公用，乙种工场盈利除提十分之一为地方实业行政经费外，余归组织人及办事人公派"。[①]在这种情况下，各县纷纷设立贫民工场。但这些贫民工场大多规模较小，效益较差，且因政局等原因，未能善始善终。

光绪三十一年（1905），临颍县知事周书麟设工艺局，开办费五六百串，每月支钱 80 串，设总办 1 人，技师 1 人，学徒七八人，纺织毛巾、洋布、文锦被面等。宣统三年（1911）因地方不靖，官绅公议停办。民国四年（1915）县长陈俊开办贫民工厂，内设织染科，任用总办 1 人（后称厂长），技师 1 人，厂夫 2 人，学徒 30 名，供给伙食，不准外出。织布机 15 张，计划月产布 30 匹。该厂以救济贫民为宗旨，使其获得织染技术。[②]

宣统年间，阌乡县孔知事捐廉兴办贫民工场，不久，革命军陷城，将场内所有器械什物毁掠一空。民国成立后，屡奉省令催办，皆以经费难筹为由，迟迟未能办理。民国六年（1917）9 月，河南省实业厅催迫甚急，县知事张炳当即招集绅董暨公款局长筹集建筑费 2000 元，将典史署修葺后作为厂址。除大堂及门房一律翻修外，另建前院东西厢房各 3 间，后院西厢房 3 间，北房 5 间，厨房 3 间，东院东西厢房各 5 间，北房 5 间，共建新房 32 间，于 12 月竣工。委任李桐为厂长，并拟定章程，购置器械，聘定技士。正在招徒之际，毅军左路丁香玲统领因秦省之乱，移防边境，来阌乡驻扎，借工厂房屋作司令部。而开场之举，遂以中止。后为地方保

---

① 《设立地方贫民工场案》，载中国第二历史档案馆编：《北洋政府公报》第 14 册，第 298 页，

② 来铭阁：《近代临颍官办工农业机构》，载中国人民政治协商会议临颍县文史工作委员会编：《临颍文史资料》第七辑，1991 年内部发行，第 11 页。

卫团办公处，嗣后上宪迭次催办，皆以为无款为由，迟迟未能办理。①

民国三年（1914），通许县成立贫民工厂，该厂经费由普济堂公地500亩租金收入以及售货盈余洋1600余元内开支。②民国五年（1916），汜水县成立裕民工厂，设在东关，资本钱300千文。民国十年（1921）成立华严惠民工厂，设在城内红堂，资本系佛教会工账余款洋1335元，钱100千文，由邑令梁有更呈请开办，均以资本消耗先后停止。③民国六年（1917），确山县借典史旧署创设贫民工厂。民国九年（1920），县知事阎箴铭就东南关天齐庙造房更立，改名震铭工厂，经费每月170串，内分石科、织科、染科、木科、石印科五科。除贫民工厂外，另设女工厂，附设女子学校，编制草帽辫、铁机器制袜及毛巾等，经费每月支钱40串文。④

民国七年（1918），上蔡县在西大寺创建贫民工厂，厂长黄振科，技师靳文焕，工徒10余人。内分织染、石印两科。有木机两部，一部织白平布，日产20尺；一部织毛巾，日产3打（每打12条）。两部手摇铁机织线袜，日产两打（每打12双）。石印机一台，印刷机关、学校等单位的表册和文字资料。厂内经常费用为每月35千文。场内有生息基金6000元，其中贷出3000元，以利息作每月经费；另3000元作流动基金。民国十一年（1922），技师靳文焕从武汉市学习归来，带回大、小铁机各1部。小铁机生产平布，日产1匹（52尺），是木机日产量的2.5倍；大铁机生产线毯，日产两条。因机器的增加，工厂的扩大，产量的提高，厂里便从原有工人中提拔李景云、王应聘等四名为师傅，同时增招工人20名。当时的月薪，技师12元，师傅8元，徒工4.5元，徒工仅能维持低生活水平。民国十四年（1925），工厂不慎失火、厂房、木机、原料、产品损失殆尽，铁机尚存，工厂停办。民国十七年（1928）改为平民工厂。⑤

① 民国《新修阌乡县志》卷四，《实业》。
② 民国《通许县新志》卷一〇，《行政志》。
③ 民国《汜水县志》卷七，《实业志》。
④ 民国《确山县志》卷一三，《实业考》。
⑤ 李景云口述，李克让整理：《上蔡县民生工厂》，载中国人民政治协商会议河南省上蔡县文史资料委员会编：《上蔡文史资料》第四辑，1991年内部发行，第121—122页。

长葛县迟至民国十四年（1925）才成立贫民工厂，经费由罚款提 400
元做开办费，再每月由公款局拨钱 100 串及义捐钱 50 串做常年费。①

表 3-21 清末河南各县的实业机构

府属	说明	年需款数	实业种类	款源说明
开封府属	兰封县	72 串	农林会桑园	桑园园夫 2 名，年给工食 72 千文，系由县捐发
	鄢陵县	200 串	工艺局修路种树	工艺局经费年需 200 两，系由车马余款项下开支，修路种树系由县捐发
	通许县	272 串	工艺局	由车马余款项拨给
归德府属	柘城县	632 串	工艺局	素无的款，均系捐廉
	商邱县	无	农林试验场	年需经费 280 千文
	永城县	1062 串	农林会	由县捐钱 200 千文，余由绅董经理
	鹿邑县	250 串	工艺局	系由县捐廉办理
	考城县	400 两	工艺厂	由县捐发
陈州府属	扶沟县	169 串	艺徒学堂	由县捐办
	淮宁县	600 串	工艺厂	由金针菜税项下拨用。又，种树各饭食工钱 136 千文，由县捐发。又，劝业员薪水钱 96 千文，系由县支给
	西华县	400 串	—	由官提部硝帮价余剩款内发给
许州属	许州	2000 两	实业会社	光绪三十四年创办，由官绅集股 3000 串作为股本

① 民国《长葛县志》卷五，《食货志》。

续表

府属	说明	年需款数	实业种类	款源说明
许州属	长葛县	4500 两	蚕桑学堂	收学费 2500 两，不敷由监督筹拨垫用
	郾城县	500 串	工艺局	由销货余利项下拨用
	临颍县	1320 串 60 串	农林分会 工艺局	农林分会内并附试验场，原系提用车马款裁革津贴家丁及各保册书饭食两项钱文充作经费，嗣经善后局饬裁车马余款，此两项亦须裁减，另筹别款，现尚无着，遇润加增，系在车马余款内搏节动用
郑州属	汜水县	无	桑园 堤柳岁修	看守园夫工食年需 26 千，岁修、补种榆柳年需工价 41 千，俱系县署捐办
	荥泽县	无	桑园	光绪三十四年创办，系动用车马余款项下 120 千，常年经费尚无的款
漳德府属	内黄县	107.868 两	工艺厂	年需经费 107 两 8 钱 6 分 8 厘，系由县捐发
	武安县	无	工艺局附设畜牧厂	两项资本 873 千，历年货入货出，计有余利以充工师薪工
卫辉府属	汲县	28 串	桑园	由县捐发
	延津县	110 串 240 串	森林试验场 工艺所	由县筹捐 由县筹办
	新乡县	300 串	农林会	系在新政款内支发
	获嘉县	160 串	—	由县筹垫
怀庆府属	温县	500 串	工艺局	系将民间所摊里差饭食每地 1 亩提钱 3 文，充作常年经费
	修武县	52 串 222 串	桑园 工艺局	系由官捐 系由官捐
	河内县	120 串	清化实业学堂	由生息项内支给

续表

府属	说明	年需款数	实业种类	款源说明
怀庆府属	武陟县	无	农林会	光绪三十四年创办，计成本436两8钱6分5厘，无常年支款
南阳府属	桐柏县	无	纸厂城壕养鱼	两项系由实业社创办，会集股本1023千300文
	内乡县	无	石屏工艺局	工艺局系光绪三十二年由县挪垫银200两开办，无常年经费
	邓州	无	工艺厂	甫经创办，尚未筹定的款
	淅川直隶厅	无	—	—
汝宁府属	汝阳县		工艺厂	民国元年实支2415千470文，系在车马项下动用
	上蔡县	600串	工艺局	尚无的款，暂由县垫。又，绅董劝业薪水，岁需400千，尚未筹有的款
光州属	息县	150两	农工试验厂	由县捐垫
河南府属	宜阳县	180串	工艺厂	系县筹垫
	永宁县		工艺厂实验场	工艺厂造竹木器具，每年由县发给工食等款60千文 每年栽种树秧及场夫饭食工资，由县发给60千
	新安县	60串	农务实验场	系由斗捐项下拨用
	登封县	60两	工艺厂	由县筹给
	偃师县	200串	工艺厂	此项经费资本，由余利项下开支，惟历年余利无多，不敷支用
	嵩县	200串	工艺局实验场	由县捐发
陕州属	陕州	500串	工艺局	由兵差车马钱文项下拨用

续表

府属	说明	年需款数	实业种类	款源说明
陕州属	灵宝县	无	工艺局 桑园实验场	工艺局年需经费银334两，由车马余款项下拨钱300千，由县垫发103两8钱4分6厘 桑园年需18两，由县捐发。实验场年需经费76两9钱，由车马余款内支用
汝州属	宝丰县	114两	农务实验场	由县捐发

资料来源：《河南财政说明书》下编《岁出部》，《地方行政费各款》(三)《实业行政费》第七款《各属筹办实业款项表》。

1926年，河南省署调查了豫东四县实业状况，对北洋政府后期的实业发展可以有一个大致的了解。淮阳、鹿邑、夏邑、商丘地处东陲，地域辽阔，素称沃野，各境农业出品丰裕优美，商业状况尚称发达。由于20世纪20年代水旱频仍，加以兵差络绎、土匪蹂躏，致使农辍于耕，商困于市，事业发展不仅无从进步，而且呈现出退化之象。各县实业局大多经费支绌，局务简陋，各项事业推进迟缓；农事试验场大多废弛，贫民工场基本处于停办状态，水利亦无成绩可言，实业发展成效乏善可陈。

表3-22 北洋政府时期河南鹿邑县实业调查表

机关名称	常年经费	概况
实业局	全年经费约240串，由公款局项下拨给	局务简少，因款项支绌，劝业事务等人员均未委人，办事敷衍，毫无成绩。现地方秩序安宁，兵差等负担已经委员商请县知事转令公款局加续常年经费，分别呈请委任，以策进行
农事试验场	—	查场所迄未成立，应请令饬县知事克日筹款，选地设立，以维实业而资试验
县农会	常年经费约400串，由商家捐输	县境距亳州商丘颇近，交通较便商业略有起色，举凡草帽蚕丝白蜡之属可称大宗交易
贫民工厂	—	查该县所产工业原料品，如蚕丝、草帽、白蜡之属尚称丰富。又淮阳沈丘项城各县所产原料品亦必经该县而出安徽，为数不少，此处应筹办贫民工厂，刻不容缓者也

资料来源：杨文鼎：《调查淮阳鹿邑夏邑商邱实业报告（附表)》，《河南实业公报》1926年第1卷第5期。

表 3-23　北洋政府时期河南淮阳县实业调查表

机关名称	常年经费	概况
实业局	全年经费约 700 元，由地丁串票附收拨给	设局长一人，劝业员及事务员各一人，经费较他县为多，局长胡临商承县长正设试验场，并恢复贫民工厂，整顿实业，尚具热心
农事试验场	全年经费约 600 千文，由地方菜捐项下拨给	刻正由县知事设法筹拨地亩，不日成立
贫民工厂	—	查该县贫民工厂停办已久，县知事因淮阳无业贫民过多，亟须恢复，业将厂长委定，一面由地方收入之金针菜捐项下拨给常年经费，现正令由公款局集绅筹议举办
县商会	常年经费约 300 元，由会员入会费项下开支	—

资料来源：杨文鼎：《调查淮阳鹿邑夏邑商邱实业报告（附表)》，《河南实业公报》1926 年第 1 卷第 5 期。

表 3-24　北洋政府时期河南夏邑县实业调查表

机关名称	常年经费	概况
实业局	全年 240 元	局内事务较简，并无的款，是以劝业事务等员均委一人，其常年经费由地方款挪用，不得称为的款。现经委员商请县知事转令公款局设法筹足以谋发展
工厂	全年经费 4300 余千，本金 1571 千	设厂长、会计、庶务、工师各 1 人，工徒 21 人，分织染、石印、织袜、缝纫四科，出品就地发售，未设售品处
农会	—	农会尚未正式成立，职员多未选就，关于该会应办宜殊为迁延，应请令饬该县知事督促设法进行
农事试验场	—	试验场开办已久，场地 5 亩试验并无成绩，亟应筹足地亩设法扩充，已由委员商同县知事厂长着手进行
水利局	无	经费无着，办事束手，对于河坝堤未从勘查，水利无成绩可观
商会	由商家抽月捐作为办公费	此处交通不便，商业因之凋敝，无论何项货物均无大宗交易

资料来源：杨文鼎：《调查淮阳鹿邑夏邑商邱实业报告（附表)》，《河南实业公报》1926 年第 1 卷第 5 期。

表 3-25　北洋政府时期河南商丘县实业调查表

机关名称	常年经费	概况
实业局	全年经费约 500 串，由戏捐征收	查该局经费每月不能按数拨发，局长办事极感困难，是以劝业事务各员均未用人
农事试验场	—	查农事试验场迄今尚未成立，应请令饬该县知事克日筹拨的款，选择地点，设立场所，以维实业而资试验
贫民工厂	全年经费约 4800 串，系由滩租及公款局增拨	查该厂受种种影响，厂务缩小，工徒不能容纳更多，粮价增高，开支不敷，只可支持现状，难图扩充
县商会	—	此县交通便利，商务颇称发达。惟各货物无大宗交易

资料来源：杨文鼎：《调查淮阳鹿邑夏邑商邱实业报告（附表）》，《河南实业公报》1926 年第 1 卷第 5 期。

（五）公款局支出

河南各县财务，在清末由县署经管；在民初，专门设置公款局管理各县地方财政收支。民国八年（1919）12 月 28 日，河南省长公署颁布《修正公款局章程》。但公款局直接承奉县知事意旨处理本县财政外，与上级机关并无任何深切关系。故其组织因地而不同，经费开支及其来源亦不一致。长葛县公款局设正副局长各 1 人，董事 2 名，会计书记各 1 名。按修正公款局章程，小县不得逾 70 元，长葛在小县之列，每月在县地方财务费项下收入洋 70 元，正局长月支洋 20 元，副局长月支洋 14 元，会计书记每名月支 8 元，夫役 2 名，月支洋 4 元，局费月支洋 12 元，统计全年实支洋 840 元。[①]1927 年，洛阳县公款局设正副局长各 1 人，文牍员、收支员各 1 人，办事员工役各 2 人，月支费用 110 元。上蔡县机构与洛阳县类似，月支经费 150 元。汲县公款局局长、副局长各支薪 20 串，文牍会计月支薪 15 串，司账月支薪 8 串；勤务伙夫 4 人，月各支工钱 3 串，值月里董 2 人，月各支 5 串，车夫 2 名，月各支 3 串文，马夫 1 名，月支 3 串，年共支薪工钱 1308 串。局长职员及勤务共 14 人，每人日支伙食

---

① 民国《长葛县志》卷三，《政务志》。

钱 1 串，年共支伙食钱 5004 串。局中每年招集里董开会六次，计里董 60 人，每人每次伙食钱 1 串，年共支里董伙食钱 360 串。车马喂养麦料每日 2 斗 4 升，每斗约值钱 7200 文，年共支喂养钱 6220 串零 800 文，计共支钱 12928 串 800 文。每年可余钱 5571 串 200 文，作为支应兵差委员及一切杂项费用。[1]

（六）工程经费

工程经费主要是指城池、河道、道路、桥梁等的修缮费用。近代，河南各县此类活动并不常见，仅有一些县份间或有之。

民国十年（1921）夏，信阳阴雨连绵，县城南门之东、北门之左、西门之右城墙崩陷数十丈，城内民商公议修复，推蔡竹贤主持其事，周少溥等襄助，议定丁地每两银附收钱 1 串，历经九月而葳事。[2]

道路、桥梁亦为各县重要工程。新乡瞻汴桥在嘉庆道光两次重修，其后 70 余年间，虽有小补，但仍凸凹不平，行旅苦之。民国五年（1916）秋，城乡绅耆公议集资重修，与时任县知事何贺雨协商，何知事慨允提倡，遂于次年 3 月开工，改砌桥面，作人字形，不数月而事竣，宽平坚实如履康庄。6 月大水，没桥几三尺余，桥仍完好无损。而城南坛下为南路孔道，积水数月，泥深没毂，车行尤难。绅耆等又议东自坛下，西接桥工地，创建石桥，以避泥淖，长五丈，宽一丈，为孔四旁，加石栏以利车行。1918 年 2 月开工，适逢县长车汉杰莅任，复慷慨捐款以成盛举。时方春旱，工竣而雨，人心大洽，因名之曰喜雨桥。[3]

新乡县火车站自京汉、道清铁路衔接以后，四通八达，商业日臻繁盛，数年以来，成为城镇乡交易中心点。然而每遇夏秋雨集，泥淖没胫，几成泽国，往往交通断绝，非常不便。田荫生等人提倡修筑马路，因需款甚巨，迟迟未能付诸行动。民国十年（1921）正月，直军旅长苏世荣驻军于此，热心毅力，慨任提倡，招集官绅于司令部测量路线，锐意兴筑。又

---

① 天倪：《河南各县地方财务行政机关之沿革》，《河南政治》1936 年第 6 卷第 10 期。

② 民国《重修信阳县志》卷九，《民政志二》。

③ 民国《新乡县续志》卷一，《交通》。

在通丰公司商会开两次会议，研究办法，成立路工代赈局，开工兴修。当时田荫生以筹办赈灾事宜，任救济支会正会长，预算需洋万元。与西人葛文德法明律协商，恳请军省长暨河北道尹拨款 5000 元，以工代赈，由商民捐洋 5000 元，举卫绅献瑶等董其事，群策群力，从事兴修。6 个月后，又因经费支绌，续由商民捐洋 3000 元始得竣工。[①]

民国六年（1917），太康县士绅以华洋义赈的方式修筑县城马路，随后又设立县道局，专司清洁养护事宜。[②]

水利为农业要政，近代各县亦有水利工程之兴修。新乡县塊村营西临御河。御河在明嘉靖年间，曾创建仁、义、礼、智、信五闸。光绪三十二年（1906）又增廉让闸一道，灌田共数百顷。其信字闸在卫辉县境裴家庄，塊村营士绅宋世平与卫辉县令力争，始获利用河闸灌溉之利，前后已有 300 多年。然夏秋之间，稻田需水不容他泄。倘或雨泽愆期，凡属旱田之地，秋禾枯槁，即小麦亦难播种。塊村营与阎家庄吴家庄约众公议，相度地势，在塊村营西南隅修建公溥闸一道，禀明刘县长清选转详立案。民国二年（1913）5 月开工，民国六年（1917）7 月将闸修成，共需款 5600 余串。自此以后，旱涝有备，地皆沃壤。[③]

（七）卫生及慈善经费

在清代，各县设立普济院、养济堂等机构，为孤贫和鳏寡孤独之人提供救济。到近代，一些县的机构仍存续下来，继续发挥着救济功能。

项城县养济院创于清初，养济孤贫十余人，每月支给官饩。雍正十二年（1734）6 月，知县刘俶如率众捐输，置买物料，建造普济堂一处，周围建屋 20 间，中列墙垣，男妇分隔居住。每人日给钱 5 文、米 1 升以为食，冬给棉衣以为衣，病者调之以药，亡者施之以棺，兼立义冢 5 处，九月工程告竣。由于本地士绅踊跃捐输，普济堂田地合计约 15 顷，其每年稞租平均每亩 100 文，所得折钱百数 10 千文，养济瞽丐 53 人，按大小月

---

① 民国《新乡县续志》卷一，《交通》。
② 民国《太康县志》卷三，《政务志》。
③ 民国《新乡县续志》卷一，《交通》。

给钱每日 10 文。宣统年间，粮价昂贵，平均核计每亩每年可收 2 斗，约得钱 2000 文，三分取一，可得租钱 600 元。每岁所入，除纳税外，尚可得六七百千，瞽者所养，仍按数给，另以余资开工艺厂教贫民子弟。①

许昌县设慈善机构三处。养济院养瞽贫 36 名，每名每日给口粮银 1 分。保节堂（即保护青年孀妇以全名节）于光绪十三年（1887）由知州方炸勖创办，筹拨的款 1732 串，拨商生息；并于税契项下附收捐款若干以资放当。保节堂养济青年孀妇，正额 40 人，月给口粮 1 串，副额 40 人，月给口粮 400 文。雍正十二年（1734）建普济堂，每孤贫 1 名，月给口粮谷 3 斗，钱 60 文。至民国十二年（1923），养孤贫 300 余名，每 1 名日给口粮银 1 分，其款由普济堂月息银及秭租两项发给。②

长葛县普济堂建于雍正十二年，由知县许巡峰奉文建造，瓦房 25 间，草房 3 间，田地 6 顷 23 亩余；当地绅衿富民乐于捐助，共捐银 1300 两有奇，养活无数穷民。主善局创建于宣统元年（1909）创建，由士绅杨锦涛、吴克仁等人极力经营，倡捐办理。王瑞桐任局长之时，逐渐扩充订定办理慈善事业章程十二条：一、义塾。设塾有二，每塾教员 1 人，学生 30 余人。二、助诊。内外两科，聘请名医 2 人，内科午前在局内诊视，午后出外诊视。三、惜字。雇工拾字，城乡各一。四、施药。膏丹为大宗，凡救急应用之药达 20 余种。五、宣讲。春秋社日每逢盛会时均演讲。六、祀孤。7 月 29 日晓在局门外祀孤。七、种痘。聘医 1 人，每春开点约种一千七八百名。八、掩骼。每月数次，遇骼即掩。九、义地。十、施茶。共设 3 处。十一、放生。十二、修路。凡城内外有路坑坎，即为修补。又倡修石桥两座。③

嘉庆二十四年（1819），修武县创设普济堂，收养贫民 44 名，后增添 30 名，共 74 名。经费主要来源有：本银 756 两 7 钱，每年息银 173 两 8 钱 6 分 8 厘；绅商捐施制钱 20 千文，每年征息钱 4800 文；地 2 顷 79 亩

---

① 宣统《项城县志》卷七，《建置志》。
② 民国《许昌县志》卷四，《民政》。
③ 民国《长葛县志》卷五，《食货志》。

7分9厘5毫，共征租钱40千461文；荒地7顷65亩，每亩租钱100文，共征租钱76千500文。每贫民1名，支口粮钱10文，应支钱266千400文；每名冬给棉衣钱400文，共应支钱29千600文；以上两项每年支钱296千文，余钱作为贫民医药棺殓之需，如有不敷，由官捐给。以上各款向系县署经理，民国二年（1913），因粮价昂贵，县议会议决增加租价，除7顷多荒地租价未变外，其余田地增租钱至1300串。民国十四年（1925），县知事王作梅改组县署，裁房归科，款项支绌，提拨1000串补助县署各科书记薪金，贫民每名日支口粮钱10文，每年冬每名棉衣钱400文照旧发给。①

孟县养济院旧址设在上生寺东，孤贫费原额28名，每名日支银1分，冬季各支棉衣费银3钱3分6厘5毫。民国七年（1918），改为每名月支钱600文。普济堂旧址设在城南韩文公祠北，贫民口粮经费主要来自于捐息本银及义仓经费余银。姚诗雅、暴式彬等县知事先后捐息本银1730两，又提义仓经费余银170两，知县郑永贞奎印先后各捐钱100千文，韩福禄妻赵氏捐钱500千文，又历次筹捐钱600余千文，发商生息。贫民粮额由28名增至184名，每名月支钱530文。民国十四年（1925），公款局因办兵差，将息本提用，每月口粮由县地方款开支。②

随着近代医学的发展，民国时期一些县份也开始设立新式医疗机构，不过这种情况比较少见。民国九年（1920）2月，安阳县设立安阳医院，每年由公款局支钱2400串，煤捐项下支钱500串。③民国九年6月，直皖战争爆发，信阳地方怵于兵祸，邑人刘景向等发起组织红十字会，三日间招募会员80余人，于是年9月开幕。民国十一年（1922）县南两河口直奉两军之战，民国十四年（1925）陕军困城之役，救死扶伤，成绩显著。④

① 民国《修武县志》卷七，《民政》。
② 民国《孟县志》卷三，《建置》。
③ 《河南河北道安阳县地方自治事业调查表》，《河南自治周刊》1923年第30期。
④ 民国《重修信阳县志》卷九，《民政志二》。

第三节　近代河南各县的财政支出规模

民国十四年（1925）以前，各县地方款在县财政支出中所占的比例在 50% 左右，且呈不断增长的趋势。而在各县地方款支出中，占比例最大的是警察经费，而推动经济发展的实业经费为数甚微，甚至一些县份连有限的数额也付阙如。不过令人欣喜的是，无论是在清末还是在民初，教育费用在地方款支出中所占比重不菲，显示了国家对新式教育的重视。

一、清末河南各县的财政支出规模

清末各县的地方自治，约可分为两个时期：1908 年以前，为部分地区在政治变革的潮流和地方自治思潮的影响下，由绅商发起倡办或由官府督导试办的阶段；1909 年以后，是在政府的统筹规划之下，作为预备立宪的基础工作，全面推行的阶段。① 两个时期的转捩点，是《城镇乡地方自治章程》和《府厅州县地方自治章程》的颁布。

根据规定，清末地方自治范围主要为学务、卫生、道路工程、农工商务、善举、公共事业等。② 在经费的管理方面，按照西方的财政管理原则实施预算和决算制度。预算和决算在城镇乡一级由董事会或乡董制定，由议事会审议；③ 在府厅州县一级由府厅州县长官制定预算和决算，然后由议会审议。④

光绪三十四年（1908）宪政编查馆奏准，在九年立宪期内，自第三年起试办各省预算。宣统二年（1910），度支部拟定预算册式及例言二十一条，通令在京各衙门及各省清理财政局依式填注，汇编三年预算册，送交

---

① 马小泉：《国家与社会：清末地方自治与宪政改革》，河南大学出版社 2001 年版，第 135 页。

② 《城镇乡地方自治章程》，《北洋法政学报》1909 年第 91 期。

③ 《城镇乡地方自治章程》，《北洋法政学报》1909 年第 91 期。

④ 《宪政编查馆奏覆核府厅州县地方自治暨选举各章程折》，《四川官报》1910 年第 6 期。

资政院议决颁行，实为办理预算之始。

根据清廷旨令，各县预算于宣统元年（1909）奉文试办，总括一岁之收入支出，将其分为国家税和地方税，地方税又分为省地方税和县地方税。[①] 在此情况下，一些县份开始编制预算，从而展示了清末县级财政收支结构以及收支规模的大致样景。不过，当时河南各县试办预算者实属寥寥，但宣统三年（1911）滑县试办的预算，可借以了解清末县级预算实施的大体情况。滑县试办宣统三年预算，是以宣统元年的支出款作为基准，在预算形式上属于增量预算。从滑县编制的预算来看，其支出类别，除了将以前"存留"中的官俸役食、祭祀、恤政经费和车马费纳入之外，还增加了新式地方自治事业如警察、教育、实业等经费。因此，预算将岁出部分为九款，包括行政经费1218两，民政费3401两，财政费3777两，典礼费218两，教育费2448两，司法费1340两，军政费193两，实业费616两，车马费2430两，总计15641两。[②] 其中属于地方自治经费的有警察经费2360两，学校经费2448两，实业经费616两，总计5424两，占地方总支出的35%左右。在地方自治经费中，警察经费和学校经费难分伯仲，分别占地方经费的43%和45%；而实业经费为数甚微，仅占地方经费的2%左右。

表3-26　河南滑县试办宣统三年（1911）岁出预算细数表

细目			人数	月支数	年支数	折合库平银（两）
警察经费	巡警局	局长	1	不支薪水		
		司书生	1	3600 文	46800 文	28
		巡官	1	30000 文	390000 文	236
		巡长	1	7000 文	91000 文	55
		巡警	40	144000 文	1843200 文	1117
		煤油纸张			304848 文	185
		添置警衣			102681 文	62

---

① 民国《续武陟县志》卷六，《食货志》。
② 民国《重修滑县志》卷八，《财政第五》。

续表

细目			人数	月支数	年支数	折合库平银（两）
警察经费	巡警教练所	所长	1	不支薪水		
		庶务	1	4500 文	58500 文	35
		教员	1	4500 文	58500 文	35
		所夫	1	2500 文	32500 文	19
		灯油纸张		2000 文	26000 文	16
		学生膳费	30	72000 文	936000 文	567
	合计			2360 两		
学校经费	高等小学堂	堂长	1	28350 文	368550 文	233
		教员	2	56700 文	737100 文	447
		副教员	2	42525 文	552825 文	335
		司事	1	9500 文	123500 文	75
		堂夫	6	15000 文	195000 文	118
		司书	1	3600 文	46800 文	28
		门夫	1	2500 文	32500 文	20
		图书			61325 文	37
		纸笔		12380 文	160940 文	98
		器具			57500 文	35
		伙食		34175 文	444275 文	269
		油烛		12741 文	165635 文	100
		完纳丁漕			18900 文	11
	劝学所	绅董	1		200000 文	121
		劝学员	1		320658 文	194
		所夫	2		65000 文	39
		司书	1		4600800 文	28
		劝学旅费			89722 文	91
		伙食			202150 文	123
	合计			2448 两		
实业经费	工艺局	教师	10	20 两		266
		艺徒	20	17 两		223
		煤油杂用		12 两		162
	合计			616 两		

资料来源：民国《重修滑县志》卷八，《财政第五》。

二、北洋政府时期河南各县的财政支出规模

民国成立以后，在地方自治上，河南基本遵循了清末所颁行的《城镇乡地方自治章程》和《府厅州县地方自治章程》所确立的原则，在各县设置议事会和参事会，与清末相比，此一时期的县议事会和参事会设立较为普遍。但袁世凯下令停办各级自治会之后，各县财政支出结构有所改变。

民国初元，办理预算的年份有民国二年（1913）、民国三年（1914）、民国四年（1915）、民国五年（1916），民国六年（1917）以后，各年度预算仅系一鳞半爪，其将全国收支汇集成册者，仅民国八年（1919）度及民国十四年（1925）度预算。特别是民国六年以后，军阀争雄，财政凌乱日甚一日，即形式上之预算亦无法编制。中央及各省编制的部分收支，亦皆支离破碎。故欲考察彼时之财政，只可以民国八年度、民国十四年度预算，作为参考。[①] 但无论如何，存留于各县方志中一鳞半爪的预算记载，可以使我们窥豹一斑，大致了解民国时期各县财政支出规模的大致变迁图。

郑县的县级支出大体体现了1912年至1914年的县级财政支出形态。与前清县预算支出形式不同，此一时期的县财政支出中有国家款和地方款之别。属于国家款的为县行政费用、司法费以及书差口食钱三项，每年支出总计10099元。县行政费用为县知事、科员、技士的薪俸以及办公费，其中县知事月支洋300元，年共支洋3600元；科员4员，月共支洋200元，年共支洋2400元；技士1员，月支洋50元，年共支洋600元。办公费月支洋400元，年共支洋4800元。司法经费主要包括承审员1员，月支洋28元，年共支洋336元；书记长1名，月支洋12元，年共支洋144元；书记6名，月支洋42元，年共支洋504元；司法巡警24名，月支洋52元，年共支洋624元；管狱员1员，月支洋22元，年共支洋242元；书差口食钱年2402696文。[②]

郑县地方款支出共分八项：

---

① 贾怀德：《民国财政简史》（下），上海商务印书馆1936年版，第373页。
② 民国《郑县志》第四卷，《食货志》。

第一项为自治经费，其中县参事会岁支钱 1300 千文，县议事会岁支钱 1920 千文，[1] 合银元 2477 元。

第二项为警察经费，岁支合计 4042 元，其中警佐 2 名，月支洋 42 元，年支洋 504 元；司书生 1 名，月支洋 8 元，年支洋 96 元；巡长 2 名，月支洋 16 元，年共支洋 192 元；巡警 56 名，每名 3.5 元，月支洋 196 元，年共支洋 2352 元；警佐服装 2 套，年支洋 16 元；长警服装 58 套，月支洋 12 元，年共支洋 696 元；油烛月支洋 8 元，年共支洋 96 元；笔墨纸张月支洋 1.5 元，年共支洋 18 元；煤水月支洋 6 元，年支洋 72 元。

第三项为警备队经费，年支 5200 元，其中警备队月支洋 100 元，年共支洋 1200 元；警备队员 60 名，月支钱 300 千文，年共支 3600 千文；警备队服装年支钱 1600 千文。

第四项为公款局经费，年支洋 1200 元。

第五款为学校经费，年支洋 2822 元，其中视学所年支钱 720 文；高等小学校年支洋 1200 元，钱 600 千文；官立小学校年支 108 千文；七区初等小学校补助 1400 千文。

第六款为恤政经费，主要是贫民口食及棉衣，岁支钱 300 千文。

第七款各房及夫役经费，主要包括看守文庙夫役岁支钱 30 千文，赞礼生岁支钱 40 千文，礼房津贴岁支钱 40 千文，户房收租口食岁支钱 168 千文，兵科及差人下乡口食岁支钱 600 千文

第八款为车马费，岁支钱 1900 千文。

综上所列，县地方款每年额支 14571 元。除此之外，尚有修桥梁、平道路、造房屋、征文献修志书、挖蝗蝻等活支各款。[2]

郑县年总支出总额为 24670 元，其中县地方款为总支出的 59%。而地方款支出中，除自治、警察、学校和财务费之外，还包含恤政经费、各房及夫役经费，甚至是一些地方公共工程如修桥、修路经费，但是实业经

---

[1]　民国五年（1916）市估银元一元合钱一千三百文；白银一两按市估合钱一千九百五十文。见民国《郑县志》第四卷《食货志》。

[2]　民国《郑县志》第四卷，《食货志》。

费尚付阙如。在地方经费中，自治会经费为 17%，警察经费为 65%，教育经费为 19%。

1914 年以后，河南各县取消县议事会、参事会，但各项自治事业却保留了下来。此时，各县支出结构也为之一变，一些县份的预算分类更为详尽。如民国七年（1918）武陟县预算即是如此。

武陟县支出分为国家款和县地方款。

国家岁出分为内务费、财务费、司法费三款，合计共洋 14180 元。内务费内分县署官俸、县署办公经费二项，共计洋 10440 元；财务费内分征收办公费、契纸各费、漕粮柜书外费三项，共计洋 1976 元；司法费内分管狱员、押所费、监狱费、习艺所费、勘验费、解犯费、司法巡警费、状纸费八项，共计洋 1769 元。

县地方岁出经常门内分内务费、财务费、教育费三款，合计共洋 12538 元。内务费内分巡警局经费、文庙岁修、祭祀费、孤贫四项，共计洋 3019 元；财务费内分公款局经费、车马费二项，共计洋 3785 元；教育费内分视学经费、县立中学校经费、乙种农校经费三项，共计洋 5734 元。[①]

武陟县的县地方总支出为 26718 元，其中县地方岁出占 47%。县地方岁出中，巡警费占 20%，教育费占 46%。

到 1924 年和 1925 年以后，方志记载各县的预算逐渐增多，此一时期在分类上与民初类似，还是将县财政支出分为国家款、省地方款和县地方款三类。在县地方支出中，属于国家款的有县署官员薪俸及办公费、司法经费、征收办公费以及财务征收费等，在国家收入中坐支，警察所长薪费在省地方款中坐支。[②] 如林县县财政中的国家款支出为 155595 元，省地方款支出为 1715 元，县地方款支出为 19885 元。[③] 确山县国家岁出合计 13292 元，省地方款 480 元，县地方款岁出经常门岁出 8229 元。[④] 县地

① 民国《续武陟县志》卷六，《食货志》。
② 民国《林县志》卷五，《财政》；民国《确山县志》卷一二，《财政考》。
③ 民国《林县志》卷五，《财政》。
④ 民国《确山县志》卷一二，《财政考》。

款支出中，各县支出类别有所差别（见表3-27、表3-28、表3-29）。从三县的县地方款数额看，规模大小不一，林县为19888元，信阳多达32868元，确山仅为8229元。林县地方款占县财政支出的11%，确山县地方款为县财政支出的37%。在表列的林县、确山和信阳三个县中，警察经费分别占县地方财政支出的56%、51%和51%，教育经费分为29%、34%和30%，实业费确山阙如，林县和信阳分别为10%和7%。

表3-27　林县1924年县地方款支出表预算表

支出类别		数额（元）
内务费	警察所费	2609
	孔庙岁修	100
	祭祀费	100
	圣诞香烛酒筵	10
	孤贫月粮棺木	124
	保卫团费	8607
	合计	11550
教育费	教育局费	1250
	各学校经费	3102
	观摩会费	100
	图书馆阅报所讲演所费	150
	地亩纳丁漕费	90
	经手串票津贴	33
	新增费	650
	合计	5375
实业费	实业局费	732
	农事试验场费	480
	苗圃费	700
	农会经费	120
	合计	2032
财务费	公款局费	840
	经手附税津贴	90
	合计	930
共计		19888

资料来源：民国《林县志》卷五，《财政》。

表 3-28　河南省确山县 1925 年度县地方款岁出额

支出类别		数额（元）
内务费	巡警局经费	4232
	文庙岁修	14
	祭祀费	152
	孤贫费	12
	合计	4410
财务费	公款局经费	960
教育经费	县视学经费	985
	国民学校	1874
	合计	2859
总计		8229

资料来源：民国《确山县志》卷一二，《财政考》。

表 3-29　1924 年前信阳县地方款支出

支出类别		数额（元）
警察经费	警察局经费	12593
	武装警察经费	4070
	合计	16663
实业经费	农会	185
	苗圃	600
	水利局	222
	实业局	1200
	合计	2207
财务费	公款局	1200
	公款局董事伙食	240
	合计	1440
教育经费	教育局	1685
	县视学	288
	图书馆	108
	师范讲习所	2216
	县立乙种蚕校	1728
	县立小学校	2958
	县立初级小学校	600
	教育年会	166
	中区教育委员会	120
教育经费	合计	9842
祭祀经费	孔庙关岳庙祭祀费	86

续表

支出类别		数额（元）
祭祀经费	文庙岁修	7
	合计	93
慈善经费	孤贫费	93
其他	旅汴同志会	240
	旅京同志会	240
	县交际员二名	200
	过往委员车费	1850
	合计	2530
总计		32868

说明：有些支出类别是按串计，此处统一折合为银元。在 1924 年左右，大致是钱 1 串合洋 0.37 元。

资料来源：民国《重修信阳县志》卷一一，《食货志二》。

　　由于整体的资料难觅，仅能从一些零星记载中感知各县财政支出结构与规模的粗略情形，但还是有迹可循的。在清末，县预算中实际上是除存留中规定的项目之外，还增添了新政项目，同时也将以前由士绅管理的事务也纳入预算项目之中。到了民国以后，各县开支中，县署官俸及办公费、司法经费等属于国家款开支，其他如警察、学校、教育、财务、实业等新政事务则归入地方款支出的范畴；而以前属于存留支出的祭祀和由士绅所主持的恤政事业也归入地方支出之内。在民国十四年（1925）以前，各县地方款在县财政支出中所占的比例在 50% 左右。民国十四年以后，地方款支出占县总支出的比例明显下降。就各县地方支出的总体演变上，大体上是县地方财政支出相对规模下降，但绝对规模不断上升。信阳县及汜水县的县地方支出的变化也印证了这一趋势，信阳地方款支出在 1923 年为 32868 元，以后则各项捐数突增，有至十倍、百倍以上者[1]。汜水县的地方财政支出的绝对规模在 1912 年为 5394 千文，到 1921 年增加为 12096 千文；但相对规模却不断下降，1912 年县地方财政支出为县总支出的 88%，但到 1921 年，下降到 38%。

　　而在各县地方款支出中，占比例最大的是警察经费，可能与国家强化

---

① 民国《重修信阳县志》卷一一，《食货志二》。

对地方社会的管理以及民初战乱匪扰的社会现实有关。而推动经济发展的事业经费为数甚微，甚至一些县份连有限的数额也尚付阙如，在做法上实有本末倒置之嫌。不过令人欣喜的是，无论是在清末还是在民初，教育费用在地方款支出中所占比重不菲，显示了国家对新式教育的重视。

表3-30 汜水县公款局民国元年起至十年至支出一览表（单位：千文）

	年别	1912	1913	1914	1915	1916	1917	1918	1919	1920	1921
	公款局	711	1769	800	846	813	852	861	862	1104	1570
学校经费	劝学所	168	735	178		657	883	971	888	2805	405
	高小校	551	1585	1960	1728	1636	715				
	视学公所			405	530		78				
	教育款产经理处							682	2106	588	62
	留学补助费			99	103	163	394	200	330	100	249
	合计	719	2320	2543	2258	2456	2070	1853	3324	3493	716
警察经费	警务公所	2627	4443	4141	3982	6023	7953	1244		27	
	巡缉巡警营部统军装								492		1439
	巡缉队巡防队警察所							6172	4155	5284	6709
	守望社	55	585	936	768	768	768	768	768	512	314
	合计	2682	5028	5077	4750	6791	8721	8184	5415	5823	8462
实业经费	草帽辩所								20		
	女工厂			752	731	620	549	610	610	610	610
	苗圃费				150	391	30	254	368	227	341
	劝农员										259
	农会										138
	劝业所	192	505								
	农事试验场						571	60	15		
	合计	192	505	752	881	1011	1150	924	1013	837	1348
	自治经费（县议会）	1090	1393								
	县地方支出总计	5394	11015	9271	8838	11071	12793	11842	10787	11230	12096
	县总支出	6145	13117	11672	12202	13681	15476	16501	15369	19786	31106

续表

年别	1912	1913	1914	1915	1916	1917	1918	1919	1920	1921
县地方支出占地方总支出比重	88%	83%	79%	72%	80%	82%	71%	70%	56%	38%

注：地方支出总额中，除上列各事项外，尚有车马征收费、纪念会、修桥、修理衙署、办理清乡、祭祀、孤贫口粮、支差等费用。

资料来源：民国《汜水县志》卷四，《赋役》。

第四节　近代河南各县财政支出的管理

民国以前，州县经费主要是钱粮存留，其收支盈亏，均由县官包办。各县为了应付差徭，也设置了车马局或类似的机构，主要负责车马的征派。清末新政繁兴，地方用款渐多，因此，除县署征管地方公款之外，部分州县也专门设置财务征收机关，或征收各种自治经费，或负责某项专款。但名目不一，各县也非普遍设立。民国以后，河南省署令各县设置公款局，专门负责地方款的收支；而国家款项，则由县署统一办理。

一、近代各县地方财政征收机构的演变

民国以前，州县的财政征收主要由县署户房经管，但为了应付差徭，各地车马局或类似机构之设。新乡地属冲繁，差使络绎不绝，杂派几乎无日不有，抓车拉马，扰累不堪。嘉庆十九年（1814）各都设立公议局，置车马若干，轮流出差。如有不敷，再由四乡雇觅，禀准设立，公请绅学界人为首事，住所支应，差徭车马，每年按地亩派钱，以昭平允而免偏枯。行之数十年，乡民称便。[1]汝南县曾设车马局，光绪三十四年（1908），知府李星治目睹县车马局积弊丛出，支应浩繁，改订新章按每丁银一两，附捐车马费钱 8 文，年收制钱 27000 串，委绅管理，总司出纳。[2]

清末新政繁兴，地方支出日益增加，除县署征管地方公款之外，部分

---

[1]　民国《新乡县续志》卷一，《公署》。
[2]　民国《重修汝南县志》卷七，《民政考》。

州县开始出现专门的财务机构，或征收各种自治经费，或负责某项专款。汝南于宣统间便有公款局之设，每年附收制钱二三万串。① 宣统三年（1911），西华县议事会整顿地方财政，设立公款局，设局长职员若干人。不仅将所有差徭由公款局代收，凡有因公所需物品，均由公款局支应，不得再向民间索取分文。② 公款局除负责差徭外，也负责地方自治经费之筹措。宣统元年（1909），太康县设巡警局、劝学所、自治研究所、师范传习所，宣统二年（1910）创办乙种蚕业学校，宣统三年将收支所改为公款局，专门负责地方各项费用。③ 信阳从前地方公款，例由地方官支配，人民向不与闻。光绪三十三年（1907）信阳县学款归各学校经管，多寡不均，事难统一，因创设经济会于劝学所，公推正副会长，综理各项收支，是为设局经理公款之始，然仍以学款为限。④ 在清末，各县虽有专门财务机关之设，但并未遍及，大多由县署主持。

民国元年（1912）6月，河南都督张镇芳允准河南临时省议会咨议，令各厅州县设立公款局。⑤ 由此，各县纷纷设立公款局，作为负责地方财政的专门机构。⑥ 各县公款局，或为新设，或由前清地方财政机构转化而成。清代正阳县地方公杂各款，均由县署经理。民国元年（1912）春，城厢议事会议决，组设公款局，并组车马局附之。5月间成立，由县署拨出旧存仓谷价余银 1400 余两，杂款铜元钱 2000 串，及地方附加杂捐公产各

---

① 民国《重修汝南县志》卷七，《民政考》。

② 民国《西华县续志》卷六，《财政志》。

③ 民国《太康县志》卷一，《通纪》。

④ 民国《重修信阳县志》卷一一，《食货志二》。

⑤ 民国《通许县新志》卷一〇，《行政志》。

⑥ 各地公款局成立、取消时间不相一致。如滑县（1914—1927）、获嘉县（1912—1929）、林县（1912—1927）、宝丰县（1912—1927）、通许县（1912—1927）、西华县（宣统三年、1910—1914，1916—1928）、武陟县（1912—?）、阳武（1912—?）、鄢陵县（1912—1928）、信阳（1912—1928）。见民国《重修滑县志》卷八，《财政》第五；民国《河南获嘉县志》卷六，《赋役下》；民国《林县志》卷五，《财政》；宝丰县史志编纂委员会：《宝丰县志》，方志出版社 1996 年版，第 536 页。民国《通许县新志》卷三，《田赋志》；民国《西华县续志》卷六，《财政志》；民国《续武陟县志》卷六，《食货志》；民国《阳武县志》卷二，《田赋志》；民国《鄢陵县志》卷一〇，《政治志》；民国《重修信阳县志》卷一〇，《食货志一》。

项，一并交局管理。① 信阳曾于光绪三十三年（1907）创设经济会于劝学所，公推正副会长，综理各项学款支收。民国元年，县议会议决改设公款局，局长以下置会计、庶务、文牍各员分科治事，专司一切公款之出纳。② 新乡县前设之公议局，于民国元年改组为公款局。③ 修武县的公款局，由清代成立负责办理契税业务的公信局改编而成。④

各县设立公款局之后，公署与公款局同为一县总司财政出入之机关，二者权限划分亦甚明了，"国家税与省地方税一切征解事宜悉归县公署经理，地方款一切收支事宜悉归公款局，仍照定章办理以专责成而示区别"⑤。各县公款局组织并非划一，获嘉县和信阳县公款局组织，除正、副局长各1人外，下设会计、庶务、文牍各员分科治事。⑥ 修武县公款局内设局长1人，副局长1人，会计1人，庶务1人，司事无定额，管理地方各款。⑦ 长葛县正、副局长各1人，董事2名，会计、书记各1名。⑧ 洛阳县公款局设正副局长各1人，文牍员1人，收支员1人，办事员2人，工役2人。上蔡县正、副局长各1人，文牍1人，会计2人，庶务1人，勤务5人。汲县公款局组织尤为特异，局长系由四乡乡董及里董公推声望素著者一人充当，再另推一人辅佐，名曰"先生"，呈县备案；而司账、帮账则由局长自行雇用。武陟则正副局长及文牍会计之外，另有司账一人，值月里董二人。⑨

公款局各员，初由县议会选举，任期二年。民国元年（1912）2月，正阳县成立城厢议事会，议决城厢兴革要事多项，其著者为公举县公款局正副局长、县车马局正副局长。⑩ 县议会停办之后，公款局局长由各区公

---

①　民国《正阳县志》卷二，《政治志》。

②　民国《重修信阳县志》卷一一，《食货志二》。

③　民国《新乡县续志》卷一，《公署》。

④　民国《修武县志》卷七，《民政》。

⑤　《各县公署暨公款局财政公开条例》，《河南财政月刊》1923年第7期。

⑥　民国《河南获嘉县志》卷六，《赋役下》；民国《重修信阳县志》卷一〇，《食货志一》。

⑦　民国《修武县志》卷九，《财政》。

⑧　民国《长葛县志》卷三，《政务志》。

⑨　天倪：《河南各县地方财务行政机关之沿革》，《河南政治》1936年第6卷第10期。

⑩　民国《正阳县志》卷二，《政治志》。

举代表，由县知事监督。随后，有的县份又增设董事，系名誉职①。

二、近代河南县财政支出管理的特征

在清末民初自治的背景之下，州县的职能扩张，警察、教育、实业等纳入州县官的职责之内，据"以地方人办本地方事"之原则，上述支出均由地方擘画。由此，各县纷纷设置专司地方财务之机构。但在实际运行中，由于缺乏统一的规划，加上条文粗疏，人事掣肘，致使财政支出异常混乱，国家款与地方款，以及地方款各支出门类，镠辖不清，白白虚耗有限的社会财富。

1. 局所林立，各自为政

在清末，各县大多由县署经管地方财务，虽有一些专门地方财务机构之设，但实属寥寥。民国初年，河南都督令各县普设公款局，作为经理地方款收支机关，但实际上，各县地方财政机构，较为复杂。初时地方各款由公款局经收，后教育专款独立，警察、实业亦让各机关自行管理。②

河南自设学校以来，各县教育经费即由县署经管。或用书院学产，或指正杂各税。来源既不一致，为数亦复有限。民国成立以后，教育事业逐渐扩充，经费自亦增加；增加项目，以地丁附捐、庙产划拨为大宗。由于政局变幻无常，故各县教育实况大有悬殊，不惟学校数目相差甚远，即经费多寡亦丰歉不均。由于教育经费由县署代管，在一些学校发达经费充裕县份，常感于经费使用不便。故在民国初年，即有地方教育款产独立之办法，把全县教育经费由县署拨归劝学所直接经管，或专设机关经理其事。各县教育款产经理处大多设于民国六、七年（1917、1918）③两年，而阳武县迟至民国十二年（1923）教款始获独立④。大致到1928年左右，各县

---

① 民国《林县志》卷五，《财政》。

② 民国《林县志》卷五，《财政》。

③ 民国《光山县志约稿》卷二，《政务志》；民国《太康县志》卷一，《通纪》；民国《西平县志》卷一二，《经制志·学校篇》；民国《汜水县志》卷五，《教育》；民国《林县志》卷七，《教育》。

④ 民国《阳武县志》卷二，《自治志》。

教育经费已独立者十有八九。①

除此之外，有些县份尚设其他机构。如获嘉县公款局成立后，虽然名义上取消南、北社车马局，但实际上其仍然存在，徭役款项仍由两车马局收缴，公款局备用。直至民国十一年（1922），两车马局始行取消。后因兵争不息，徭役频仍，公款局无暇兼顾，临时设立兵差处、支应局供给所办理差徭②。林县的临时收支，如弥补各种预算以及选举、办赈、剿匪、兵差等均由县署委托公款局及各区长办理，民国十三、四年（1924、1925）以来，九区公所及军事照料处更代设立，皆经手上述各种款项，而与公款局不相统属。③民国元年（1912），灵宝县将急公局改为公款局，并将旧有的车马局裁撤，其所管款项归公款局经营。凡一切过往流差需用车马，由县骡柜代为催办。后因差务较多，骡马柜供应不暇，就又推举绅士三人专门代办流差和催车之事，称为催车局。民国八年（1919），省当局令陕、灵、闻三县一律重设车马局，协办兵差陆路过往。④

清末地方款大多由县署征收，虽然弊端丛生，但最起码县署征收尚有定额，且各种支出可以相互调剂，取盈补绌。但到民国时期，各地公款局、车马局、公所以及军事照料处等各种征收机构林立，皆经手各种地方款项，与公款局不相统属，以致"摊派挪借，纷如牛毛，既无法预算于前，又不易决算于后，财政紊乱，至此愈极"⑤。

2.条文粗疏，监管无力

民国十六年（1927）以后，各县公款局改为财务局，专管地方款及差徭等。当时改组理由是，"河南各县公款局章程，原颁定于旧政府时代，条文甚疏，防范难密，以致弊端百出，控案纷然"。"为统一全省财政计，为整理地方公款计，为辅助地方建设以增进民众幸福计，均须重加改革，

---

① 文青：《河南地方教育经费的整理》，《河南教育》1929 年第 1 卷第 22 期。
② 民国《河南获嘉县志》卷六，《赋役下》。
③ 民国《林县志》卷五，《财政》。
④ 王梦立主编：《灵宝市财政志》，河南人民出版社 1996 年版，第 34 页。
⑤ 民国《林县志》卷五，《财政》。

以应时宜"。①

民国以后，各县大多按照清末地方自治章程，设置县议事会参事会。当时，各县公款局大多由议会选举产生，同时议会还负有监管地方财务之责任。民国二年（1913）底和民国三年（1914）年初，各县议参两会纷纷取消，公款局遂失去监管。

民国初年，河南国家款、省款和地方款分立。国家款和省款由县署经管，地方款由公款局负责征收。河南省颁布的《各县公署暨公款局财政公开条例》，详细规定了国家款、省款以及县地方款的管理办法：

一、县知事经理国省款项必须逐日登记，一丝一毫不准遗漏，一到十日邀同公款局绅董逐一查对，有无收多报少以及舛错情事，尽可随时质问考核，公款局经理县地方款亦须逐日登记，一丝一毫不准遗漏，一到十日邀同县知事逐一查对收支是否相符，以及滥支滥销情事尽可随时质问纠正，以免日后争执。

一、县公署经理款项每月结算一次，例如甲月之款即于乙月初五以前县知事将一切出入款目分别管收除存，抄单送交公款局查明无讹，由县公布署前及通衢。公款局经理款项亦一月结算一次，下月初五以前将一切款目分别管收除存，并不敷数目造册送县查明无讹，由该局公布局前及通衢，以昭大信。

一、县署公款局财政公开表式系由本厅制定，发交县局照样另制，分别填写，以示划一。

一、县知事除经管国省两税外，其对于地方款项即有监督之责，即分文亦绝对不能挪动公款；公款局除应支薪水外，其对于款项无论何人，一概不准挪借，以杜流弊。

一、县知事对于地方款项，必须逐案宣布，即使一分一文，亦须指出用途，列入表内，不得因为数少删除，以昭核实。

一、县公署及公款局经管款项，均应于每月经过核对无讹，依据

① 天倪：《河南各县地方财务行政机关之沿革》，《河南政治》1936 年第 6 卷第 10 期。

账簿分别编制一览表，呈报公布，至迟不得逾下月二十日。

　　一、县公署及公款局经理款项如有逾期未行公布，及表内发现不实不尽情事者，均得由人民来所据实呈控。

　　一、公款局长经理款项有认为应行赔偿者，仍照公款局原定章程如数赔款，此项条例如遇有不适用时，尽可随时呈请修正以期适用。①

　　公款局经理地方款有详细程序，而且还受制于县知事之监督。②同时，公款局新旧局长交接亦有定章。"旧经理于交卸十日内，将经手收支各款造具清册，连同存储现款及文卷簿册分别移交。新经理接到交册时，应逐细钩稽，如无亏短及滥支情事，于十日内出具甘结，并造四柱清册三分，呈送县署一分，并由县转呈省长公署财政厅各一分，以备考察。交册内如有左列情事之一者，新经理不得接受：一、存储现款与册列数目不符者；二、支付预算以外之款，未经县知事呈准有案者；三、收支各款有其他情弊者。遇有前条各项情事时，应由新经理会同监交员呈明县知事分别核办。"③

　　但在实际运行中由于政局纷然，各县经费之滥支，交接之不清，成为常态。河南各县教育款项独立后"既不能更谋增加，复不能妥为支配。所以多把有用之款，虚靡于不急之地"④。信阳县公款局自民初成立已二十余年，"十数人公款局长财政局长之交代至今仍未清结，成为悬案，亦可慨已"⑤。

---

　　①　《各县公署暨公款局财政公开条例》，《河南财政月刊》1923 年第 7 期。
　　②　山西各县的地方的收入约以随粮附加的学警各款及斗捐、铺捐为大宗，审计监督则有经理、检查两机关。经理机关名叫公款局，颁有规程组织法，通行全省；检查机关名叫清查财政公所，于每年会计年度告终临时组织，期限两月，专负清查本县国家地方岁入岁出，并一切陋规中饱的责任。正副所长由省议会推举，咨请省长委任权限，颇含有人民监督财政的精神。参见《十一年来山西政治之全盘之观察》，《申报》1922 年 10 月 29 日。
　　③　《各县公款局经理新旧交接规则》，《来复》1920 年第 109 期。
　　④　文青：《河南地方教育经费的整理》，《河南教育》1929 年第 1 卷第 22 期。
　　⑤　民国《重修信阳县志》卷一一，《食货志二》。

3.管理人员贤愚不齐，派系纷争严重

财务管理的良窳唯在用人之贤愚。各县地方款专设机关管理，固然可以脱离行政机关的干涉，自由运用资金；但毕竟"能特立独行者少，因循情面、努力整理者少"，大多数管理者要么成为官府鱼肉百姓的爪牙，要么厕身其间，损公肥私，贪污中饱。"按国家设立公款局之原始，将地方财政权移畀于民众，用意至为美善。但事属创办，人选颇难，其贤者或失之过于激动，与地方官龃龉，任其事而不能终；或失之畏懦，多所避忌不能纠正，久而与之俱化；不肖者视作美差，依阿取容，不免为官署作外府，传贪吏以爪牙，树党羽营私，亏公肥己，无所不至，惠民之政变而厉民。"①各县主持教育之绅士，"多以利之所在，有意或无意中形成派别，互相倾轧；急其所至，甚有以本地教育为各派斗气之点，而却地方教育之重要。"②

4.地方款收支混乱，侵蚀严重

当时河南各县的地方款项收入混淆，支出凌乱，除警、学两款均由地方正款开支外，其余如车马局、清乡局、孤贫院、公款局种种收支，漫无统系，随意支销，某项之入款有余，便由某项经手人员侵蚀。

各县知事财权独握，"在洁身自好之长官，于地方款既不便滥支以自污，更不肯检覆以招怨，一切应办事项能否进行，惟有付之漠然而已，所以承办各件均系空言塞责，有名无实。一遇贪鄙之长官，每于地方公款，随意动支，希图染指；或藉词扩充巡勇，漫无限制，肆意滥支，甚或尽以公款饱充私囊。"③最终的结果是国家、地方两款套搭错乱，缪辕不清。

小　结

在近代地方自治的背景下，县域职能得以扩张，除关注传统的刑名钱粮之外，教育、巡警、实业、卫生、慈善等事务也开始纳入县地方的视

---

① 民国《重修信阳县志》卷一一，《食货志二》。

② 文青：《河南地方教育经费的整理》，《河南教育》1929年第1卷第22期。

③ 《呈省长据鄢陵县条陈清理公款一项审核可采请鉴核咨交议会议决公布文》，《河南财政月刊》1923年第15期。

野。由此，各县纷纷成立劝学所（教育局）、巡警局、实业局、自治会等机构，各县的财政支出结构与往昔相较，出现根本性的变化，县地方财政由是而生。

近代河南的县级财政支出类别在演变规律上并未呈现出明显的分野，唯一的变化是自治经费的中辍。当时的财政支出类别主要有自治、教育、警察、实业、财政、工程、卫生及慈善等经费，与当时各国通行的自治行政门类相比，消防、风纪、防疫、供水与排水、生活品保护与供给等基本缺失。即便如此，在上述支出中，包含卫生与慈善、工程等经费的县份不多，自治支出也时断时续，各县常见的支出主要有教育经费、警察经费、实业经费、财政经费四类。

受制于匮乏的资料，无法对近代河南各县的财政支出结构与规模做一系统的、全景式的梳理。所幸的是，从存留于各县方志中的点滴记载，基本能够呈现近代河南县财政支出结构与规模的大致样态。在清末的县财政支出中，国家财政与县地方财政是相互牵混的，在预算形式上，除了将以前"存留"中的官俸役食、祭祀、恤政经费和车马费纳入之外，还增加了新式地方自治事业如警察、教育、实业等经费。到民国时期，在预算编制上，国家款、省款与县地方款则泾渭分明，分别编列。近代河南各县地方财政支出规模呈现出绝对支出规模不断增长，而相对支出规模不断下降的态势。虽然县地方财政支出在各县总支出中的比重相对下降，但县财政支出的总量却在不断增长。在县地方财政支出中，各类支出比重也有差别，占比例最大的一般是警察经费，实业经费为数甚微乃至缺失，不过令人意外的是，近代河南各县的教育经费所占比重较高，显示了国家对新式教育的重视。

为了规范管理县地方财政的收支，近代河南各县设置了专门的地方财务，但遗憾的是，由于缺乏统一的规划，加上条文粗疏，人事掣肘，致使财政支出异常混乱，国家款与地方款，以及地方款各支出门类，鏐辖不清，侵蚀严重，虚耗了有限的社会财富，也使各项政务难以一以贯之。

第四章 近代河南县域财政收入

近代河南各县的财政收入主要有田赋附加、杂税杂捐、公款公产以及差徭等项。在征收制度方面，田赋由县署征收，其他则另设专门机构负责征收。为保证税收的征发，各县规定征收方式和手续，并对经征人员进行严格的考成。

第一节 近代河南各县的财政收入类别

近代各县地方财政的产生，是国家将管理职权之一部分让渡于州县的情况下，而出让的一部分财政收支权。但地方的收入尚乏明确的税收来源，国家本着"以地方财力办地方事"之原则，由州县自行筹措。基于此，州县大多或在原有的税项之下附征，或另行开辟小额税源，或利用原有的公款公产，或是整顿以前之杂派等。根据20世纪20年代河南各县对自治经费的调查，近代州县的财政收入，大体有如下数种，如田赋附捐、杂捐杂税、公款公产以及差徭等（见表4-1—表4-18）。

表4-1 安阳县地方自治经费调查表

类别事别	种类	数额及价格	筹集及征收方法	每年收入数目	用途		管理方法	管理者
					自治停办以前	自治停办以后		
公益捐	花样捐	300千文	由公款局抽收	300千文	归地方公款局开支	归地方公款局开支	由公款局抽收	公款局

续表

类别 事别	种类	数额及 价格	筹集及征 收方法	每年收入 数目	用途		管理 方法	管理者
					自治停办 以前	自治停办 以后		
	斗捐	1200 千 文	由公款局招 人包收	1200 千文	归地方公 款局开支	归地方 款局开支	由公款 局招人 包收	—
附记	查安阳公款复杂已极，一时不及查明，故诸多阙如。							

资料来源：《河南河北道安阳县地方自治事业调查表》，《河南自治周刊》1923 年第 30 期。

表 4-2　泌阳县地方自治经费调查表

类别 事别	种类	数额及 价格	筹集及征 收方法	每年收入 数目	用途		管理方法	管理者
					自治停办 以前	自治停办 以后		
公产	学租地	地 600 亩， 值钱 30030 串整	由款产经理 处征收，前 清由绅捐集	每年收钱 810 串文	向归学务	—	由佃户变价 送交款产经 理处	教育款产经 理处
公益捐	牲口 捐、猪 羊捐	760 千文	各绅董会 议，由县署 征收	760 千文	由公款局 支配拨发	由公款局 支配拨发	由公款局支 配拨发	公款局经理
	屠宰附 捐	1026 元	各绅董会 议，屠宰税 征收所随征 税附收	洋 1019.16 元	由公款局 支配拨发	由公款局 支配拨发	由征收所缴 公款局	公款局经理
	税契附 捐	每契价 100 串收钱 1 串 600 文	从前县议会 筹定，随契 税附收	收钱 1861 串 200 文	由公款局 支配拨发	由公款局 支配拨发	由县署随契 税附收发缴 公款局	公款局经理
	自治捐	每正税百 两加收 20 分，以十 分之四拨 自治经费	奉财政厅饬 令加收	收银不详	由公款局 支配拨发	由公款局 支配拨发	由县署随契 税附收	公款局经理
	戏捐	每戏一台 收钱 6 串 400 文	由县署征收	收钱 1200 串零 800 文	拨作学款	拨作学款	由县署征收 转发	教育款产经 理处

续表

类别 事别	种类	数额及价格	筹集及征收方法	每年收入数目	用途		管理方法	管理者
					自治停办以前	自治停办以后		
公益捐	学堂捐	3018千295文	由绅董会议按每两丁地附收钱200文	收钱2867千零60文	拨作各学校经费	拨作各学校经费	由县随丁地附收拨给教育款产处	教育款产经理处
	呈词捐	民事每张加收800文；刑事每张加收500文	随状纸附收	1472千文	由款产经理处分配，拨作学款	—	由县署随状纸附收发交款产经理处	教育款产经理处
	点牌捐	每铺分上中下三等，上1串500文，中1串，下500文	由县署征收	150串文	由款产处支配	由款产处支配	全年按四季催收，缴款产处	教育款产经理处

资料来源：《泌阳县地方自治事业自治经费调查表》，《河南自治周刊》1922年第1卷第15期。

表4-3 洧川县地方自治经费调查表

类别 事别	种类	数额及价格	筹集及征收方法	每年收入数目	用途		管理方法	管理者
					自治停办以前	自治停办以后		
公款	车马费	地333067亩	按亩摊派随粮征收	609千零68文	补助地方自治经费不敷各款	补助地方自治经费不敷各款	县公署监督公款局经管	公款局
	亩捐	地333067亩	同上	7232千629文	划作巡缉队饷项及保卫团经费	划作巡缉队饷项及保卫团经费	县公署监督公款局经管	公款局

续表

类别事别	种类	数额及价格	筹集及征收方法	每年收入数目	用途		管理方法	管理者
					自治停办以前	自治停办以后		
公款	册书捐	76 牌册书	按牌征收，每年缴纳钱3000文	228千文	拨充劝学所经费	拨充劝学所经费	县公署监督公款局经管	公款局
	文约捐	向无定额	按张征收，每张缴钱1500文	230千文	拨作巡缉队饷项	拨作巡缉队饷项	县公署监督公款局经管	公款局
	呈词捐	向无定额	按张征收，每张缴钱300文		拨作自治经费	拨作自治经费	县公署监督公款局经管	公款局
公益捐	盐店公益捐	96两	每年由盐店分两期缴纳	96两	拨充教育经费	拨充教育经费	劝学所经管	公款局

资料来源：《河南省淯川县地方自治经费调查表》，《河南自治周刊》1922年第1卷第2期。

表4-4　封邱县地方自治经费调查表

类别事别	种类	数额及价格	筹集及征收方法	每年收入数目	用途		管理方法	管理者
					自治停办以前	自治停办以后		
公款	正义书院款	2100千文	原以子金为月课奖金，科举停办移为教育费	252千文	本县教育经费	本县教育经费	由管理者将本金交本县当商按月一分行息取用	教育款产经理处
公产	学田	4400千文	原为民团教官经费，现提作教育经费	250千文	本县教育经费	本县教育经费	由管理者招人租种，按两季收取租金	教育款产经理处
	广佑祠田	2580千文	原系庙田，民国三年禀提归公	200千文		原系本县教育补助费，划分学款后归县地方公用	由管理者招人租种，按两季收取租金	教育款产经理处

类别 事别	种类	数额及价格	筹集及征收方法	每年收入数目	用途		管理方法	管理者
					自治停办以前	自治停办以后		
公益捐	地丁串票捐	—	由县署于征收时按票带征，每串票收钱7文	300千文	自治研究所	苗圃经费	征有成数，随时交管理者存储，按月发给该圃	地方公款局
	买当契捐	—	由县署征收税契时按价带征，每契价一千收钱6文	480千文	县咨议局筹备处经费	农事试验场经费	征有成数，随时交管理者存储，按月发给该场	地方公款局
	车马捐	—	由县署于征收地丁时按票带征，每地丁一两，视地之肥瘠收钱300元到400元不等	8914千文	警察教育经费	警察教育经费	征有成数，随时交管理者存储支发	教育款产经理处
	呈词捐	—	由县署收词时征收，每呈递1张收钱100文	86千文	县咨议局筹备处经费	农事试验场经费	征有成数，随时交管理者存储，按月发给该场	地方公款局
	养济院款	—	由盐商按月捐纳	60千文	瞽民孤贫口粮	瞽民孤贫口粮	由县署转给该院	县署
	买契附税	—	由县署征收税契时按价带征，民国八年奉文附加每正税钱百串抽收8千文	336千文		道立自治讲习所及宣讲社经费	征有成数，随时交管理者存储，按月发给该社	地方公款局

类别事别	种类	数额及价格	筹集及征收方法	每年收入数目	用途		管理方法	管理者
					自治停办以前	自治停办以后		
公益捐	当契附税	—	由县署征收税契时按价带征，民国八年奉文附加每正税钱百串抽收8千文	24千文	—	宣讲社经费	征有成数，随时交管理者存储，按月发给该社	地方公款局

资料来源：《河南省封邱县地方自治经费调查表》，《河南自治周刊》1923年第44期。

表4-5　河南省汲县地方自治经费调查表

类别事别	种类	数额及价格	筹集及征收方法	每年收入数目	用途		管理方法	管理者
					自治停办以前	自治停办以后		
公款	地亩捐	每亩25文	由局自行征收	10000串	雇车本局经费、武装警察、补助各机关	本局经费、武装警察	公款局	公款局
	附税捐	每两银140文	由粮房随粮征收	3200串	武装警察	武装警察	公款局	公款局
	盐斤加价	每包盐400文	由局自收	无定额	劝学所暨武装警察	劝学所暨武装警察	公款局	公款局
	盐店捐	—	由局自收	90串	巡警用	巡警用	公款局	公款局
	铺捐	—	由局自收	550串	巡警用	巡警用	公款局	公款局
	钱店捐	—	由局自收	80串	巡警用	巡警用	公款局	公款局
	油行捐	—	由局自收	100串	巡警用	巡警用	公款局	公款局
	肉锅捐	—	由局自收	240串	巡警用	巡警用	公款局	公款局
	窑捐	—	由局自收	无定额	乙种农校用	乙种农校用	公款局	公款局
	木作捐	—	由局自收	120串	乙种农校用	乙种农校用	公款局	公款局
	瓷器捐	—	由局自收	320串	劝学所与讲演员分用	劝学所与讲演员分用	公款局	公款局

续表

类别事别	种类	数额及价格	筹集及征收方法	每年收入数目	用途		管理方法	管理者
					自治停办以前	自治停办以后		
公产	地租7项	7项	由局自收	1100串	城外女学校、实业学校、高小学校	城外女学校、实业学校、高小学校	公款局	公款局
公益捐	粮行捐	—	由局自收	—	巡警用	巡警用	公款局	公款局
	牲畜捐	—	由包捐人承收	—	农会苗圃、女学	农会苗圃、女学	公款局	公款局

资料来源：《河南省汲县地方自治事业调查表》，《河南自治周刊》1923 年第 34 期。

表 4-6　辉县地方自治经费调查表

类别事别	种类	数额及价格	筹集及征收方法	每年收入数目	用途		管理方法	管理者
					自治停办以前	自治停办以后		
公款	车马费	—	每地丁银1两收钱150文	1711串	归自治经费	归武装警察	—	公款局
	高等小学堂生息	银5070两，钱800串	每年收息银1分，每月收息钱1分5厘	570两，钱144串	归高小校经费	归高小校经费	交铺生息	款产经理处
	他项及劝学所拨充高小校经费	—	—	650串	归高小校经费	归高小校经费	—	款产经理处
	关山提款生息	300元	每月收息洋1分	36元	归初等学校经费	归第一国民学校经费	交铺生息	款产经理处
	丁漕补底	—	—	250串	归乙种蚕校经费	归乙种蚕校经费	—	款产经理处

续表

类别事别	种类	数额及价格	筹集及征收方法	每年收入数目	用途		管理方法	管理者
					自治停办以前	自治停办以后		
公产	课租	地44顷37亩余	按麦秋两季收租	3229串	归各校经费及普济堂口粮	归各校经费及普济堂口粮	招佃承种	款产经理处
公益捐	斗捐	由行包捐	每斗收钱2文	1220串	归高小校及自治会经费	归高小校及武装警察经费	—	款产处公款局
	杂捐	由行包捐	—	1664串	归乙种蚕校及自治会户籍调查处经费	归乙种蚕校及自治会户籍调查处经费	—	款产处公款局

资料来源：《河南省辉县地方自治事业调查表》，《河南自治周刊》1923年第38期。

表4-7　郏县地方自治经费调查表

类别事别	种类	数额及价格	筹集及征收方法	每年收入数目	用途		管理方法	管理者
					自治停办以前	自治停办以后		
公款	书院生息	本银225两，本钱400串	按阴历三九月两期征收	息银49两2钱	—	高小校	款产经理处	款产经理处
	库书盈余	银300两	按上下两忙征收	300两	—	劝学所及警察所用	由收款所收拨	经理处及警察所
	夫料折价	钱360串文	按阴历三八月征收	钱360串文	—	祭祀等用项	公款局	公款局
	普济堂生息	计本钱1380串零50文	按阴历三八月征收	钱331串213文	—	孤贫口粮用	公款局	公款局
公产	高小学校地租	共计地506亩4分5厘余	按阴历三八月征收	租钱360串文	—	高小校用	经理处	经理处
	模范国民学校地租	共计地208亩	按阴历三八月征收	租钱346串文	—	模范国民学校用	经理处	经理处

续表

类别事别	种类	数额及价格	筹集及征收方法	每年收入数目	用途		管理方法	管理者
					自治停办以前	自治停办以后		
公产	劝学所地租	共计地9亩	按阴历三八月征收	租钱16串200文	—	劝学所用	—	—
	善堂租	共计地259亩4分7厘	按麦秋两季征收	租钱165串292文	—	孤贫费用	公款局	公款局
公益捐	民户捐	钱400串文	按阴历三八月征收	400串文	—	高小校用	经理处	经理处
	支发行所捐	钱400文	按十二月份收	400串文	—	高小校用	经理处	经理处
	串票捐	钱900余串文	按十二月份收	900余串文	—	劝学所、临汝中学校、警察所用	经理处	经理处
	契税附捐	钱4000余串文	按十二月份收	4000余串文	—	苗圃试验场、警察所用	经理处	经理处
	户捐	钱480串文	按十二月份收	480串文	—	经理处警察所	经理处警察所	经理处警察所
	牛油折价捐	钱720串文	按十二月份收	720串文	—	—	经理处警察所	经理处警察所

资料来源：《郏县地方自治事业暨经费调查表》，《河南自治周刊》1923年第28期。

表4-8　淇县地方自治经费调查表

类别事别	种类	数额及价格	筹集及征收方法	每年收入数目	用途		管理方法	管理者
					自治停办以前	自治停办以后		
公款	税契附捐	按季征收十分之四	契价百两收银1两2钱，归自治十分之四	198元	由县署经理	解道作督察员经费	由库随契价征收	县公署
公产	善堂地亩	120亩	按亩收租	每亩收钱1200文	孤贫口粮	解道作督察员经费	公款局收	公款局

续表

类别事别	种类	数额及价格	筹集及征收方法	每年收入数目	用途 自治停办以前	用途 自治停办以后	管理方法	管理者
公产	学田地亩	2200百亩	按亩收租	每亩收钱1200文	归学款	向未停办	前由劝学所经收	教育款产处
公益捐	串票附捐	每张收钱10文	随粮征收	511串	前无此捐	2文5解财政厅，7文5作学款	由款产处经收	县公署
	火车粮捐	每车装粮170石，抽钱7500文	粮行客贩直接	1600多串	前无此捐	学款	由款产处经收	款产处

资料来源：《河南省淇县地方自治事业调查表》，《河南自治周刊》1923年第37期。

表4-9 临汝县地方自治经费调查表

类别事别	种类	数额及价格	筹集及征收方法	每年收入数目	用途 自治停办以前	用途 自治停办以后	管理方法	管理者
公款	地亩捐	每亩10文，每银1两捐钱286文	随粮征收	7781串562文	兵差车马、工场、水利会、巡警、农会	兵差车马、工场、水利会、巡警、农会	由公署管理	公款局
	串票	230余元	由县署征收	230余元	开支女学校经费	开支女学校经费	每年由署内户南股随粮入	县署
公产	仁普堂稞租	每地1亩稞钱	每年5月由公署承催	1000串	开支孤贫口粮	开支孤贫口粮	由公署管理	公款局
公益捐	税契附捐	无定额	随房地税契加收	1921年洋3400余元	尚无此款	支给军用车价	由县署管理	交公款局支用
	车柜捐	每牲口1头捐钱40—50文	另设局抽收	1921年59千零50文	巡警饷	巡警饷	公款局	—
	税契四成自治捐	无定额	由税契手料项下抽收	1921年洋1643元	尚无此捐	办理地方各项要公	由县署管理	由公款局管理

资料来源：《临汝县地方自治事业暨经费调查表》，《河南自治周刊》1923年第27期。

表 4-10 方城县地方自治经费调查表

类别事别	种类	数额及价格	筹集及征收方法	每年收入数目	用途		管理方法	管理者
					自治停办以前	自治停办以后		
公款	宾兴基金	502 元	由教育款产处按年征收	约 50 余元	开支教育经费	开支教育经费	由款产处订册汇案按年息一分征收	款产处
	育婴堂基金	2200 余元	由教育款产处按年征收由教育款产处按年征收	约 220 余元	开支教育经费	开支教育经费	由款产处订册汇案按年息一分征收	款产处
	女子国民学校基金	900 元	由教育款产处按年征收	90 元	开支该校经费	开支该校经费	由款产处订册汇案按年息一分征收	款产处
	串票	230 余元	由县署征收	230 余元	开支女校经费	开支女校经费	每年由署内户南股随粮征入	县署
公产	书院官地	24 顷 44 亩，约价值 18000 元	由县署礼教股征收	440 元	开支国民学校经费	开支国民学校经费	每年由礼教股按夏秋两季征收	由款产处监督
	拐河官地	821 顷 6 亩，约价值 20 余万元	由县署征收	2000 余元	开支教育经费	开支教育经费	由县署管理	县署
公益捐	税契附捐	无定额	随房地税契加收	1919 年洋 4400 元；1920 年洋 3500 元	尚无此捐	支给军用车价	由县署管理	交公款局支用
	车柜捐	无定额	按赴此货车抽收	1919 年洋 1000 元，1920 年洋 800 元	支给流差，委员车柜	支给流差，委员车柜	前设车轨管理	由公款局管理抽收
	料豆捐	额洋 800 元	各粮行捐集	1919 年洋 800 元，1920 年洋 770 元	指办各种实业	指办各种实业	前归驿站	由公款局管理

续表

类别 事别	种类	数额及价格	筹集及征收方法	每年收入数目	用途		管理方法	管理者
					自治停办以前	自治停办以后		
公益捐	戏捐	无定额	每演戏三日捐钱2000文	1919年洋310元，1920年洋30元	尚无此捐	支给沿路周境兵差	由巡警局抽收	由公款局管理
	税契四成自治捐	无定额	由税契手术料项下抽收	1920年洋1200元	尚无此捐	办理地方各项要公	由县署管理	由公款局管理
附记	县境各款各捐除税契四成自治捐外，均有指定用途，如续办自治当另筹相当的款							

资料来源：《方城县地方自治事业自治经费调查表》，《河南自治周刊》1923年第16期。

表4-11　正阳县地方自治经费调查表

类别 事别	种类	数额及价格	筹集及征收方法	每年收入数目	用途		管理方法	管理者
					自治停办以前	自治停办以后		
公款	自治捐	每丁地1两随收钱100文	随粮征收	1797千782文	原系县参议两会常年经费	改归高等小学校及农业学校经费	由县署征收拨交公款局	公款局经理
	车马捐	每丁地1两随收钱200文	随粮征收	3579千170文	原系县车马局支应差徭常年经费	仍归车马局常年费	由县署征收拨交公款局	公款局经理
	亩捐	每丁地1两随收钱2串700文	随粮征收	48540千106文	县境成立正卫队常年饷	县境巡缉队常年饷项	由县署征收拨交公款局	公款局经理
公产	旧有汝南埠分府公署一所	—		租稞钱三十串	—	—	公款局收支	公款局经理
公益捐	附加税捐	每价钱100串加收钱1串200文	随房地税项下征收	3000余串之谱	自治四成、水利三成、教育三成	—	由县公款局解支	—

资料来源：《正阳县地方自治事业自治经费调查表》，《河南自治周刊》1923年第19期。

表 4-12 获嘉县地方自治经费调查表

类别 事别	种类	数额及 价格	筹集及 征收 方法	每年收 入数目	用途		管理 方法	管理者
					自治停 办以前	自治停 办以后		
公款	书院生息	周年一分	按季征 收	600 串	教育易 经费	教育经费	专款存储	教育款 产处
	恤嫠生息	周年一分	按季征 收	450 两	—	—	—	—
	公款生息	周年一分	按季征 收	120 两	—	—	—	—
公产	儒学地租	450 亩	按季征 收	四百串	教育 经费	教育经费	专款存储	教育款 产处
	公产地租	89 亩	按季征 收	72 串	贫民工 厂经费	教育经费	专款存储	公款局
公益 捐	煤捐	无定额， 每卸煤 1 火车抽钱 1 串	由劝学 所经收	约收 800 串	教育 经费	教育经费	专款存储	教育款 产处
	戏捐	无定额， 每演戏 1 台抽钱 2 串	由教育 股经收	约收 150 串	教育 经费	教育经费	专款存储	教育款 产处
	商捐	——	由公款 局按季 征收	380 元	劝农员 及苗圃 长经费	劝农员及 苗圃长 经费	专款存储	公款局
	当典季规 节敬	——	由公款 局按季 征收	62 元	劝农员 及苗圃 长经费	劝农员及 苗圃长 经费	专款存储	公款局
	蛋捐	——	由公款 局按季 征收	267 元	贫民工 厂经费	教育经费	专款存储	公款局

资料来源：《河南省获嘉县地方自治事业调查表》，《河南自治周刊》1923 年第 36 期。

表 4-13 临颍县自治经费调查表

类别事别	种类	数额及价格	筹集及征收方法	每年收入数目	用途		管理方法	管理者
					自治停办以前	自治停办以后		
公款	猪捐	—	宣统二年官绅会办，火车站装猪1车，捐钱6200文	300串	农务会	贫民工厂	公款局派稽查员在火车站经收	公款局
	洋线捐	—	火车站来洋线1包捐钱200文，宣统元年官绅会办	320串文	农事试验场	贫民工厂	公款局派稽查员在火车站经收	公款局
	煤捐	—	火车站来煤1车捐钱2200文，宣统元年官绅会办	126串文	农务会	农务会	公款局派稽查员在火车站经收	公款局
	蛋捐	—	民国八年5月官绅会办，装蛋一篓捐钱200文	150串文	无	试验场	公款局派稽查员在火车站经收	公款局
	戏捐	—	民国八年4月官绅会办，每戏一台捐钱2串至民国九年，又加钱2串文	800串文	劝学所收	水利会、劝业所、试验场	公款局直接征收	公款局
公产	学田	80亩，价值3200元	每年按麦秋两季征收	240元	劝学所	劝学所	教育款产经理处	教育款产经理处
	宋公义田	100亩，价值300元	每年按麦秋两季征收	150元	教育会	教育会	教育款产经理处	教育款产经理处

续表

类别事别	种类	数额及价格	筹集及征收方法	每年收入数目	用途		管理方法	管理者
					自治停办以前	自治停办以后		
公产	书院租地	200亩，价值5000元	每年按麦秋两季征收	300元	劝学所及款产经理处	劝学所及款产经理处	教育款产经理处	教育款产经理处
公益捐	公益捐	—	宣统三年官绅会议买契价200串捐钱3串，本年始归公款局经收	6100串文	保卫总团	保卫总团	公款局直接征收	公款局
	木料捐	—	民国四年官绅会议2、3月会上买卖木板每百串捐钱3串文	300串文	无	贫民工场	公款局直接征收	公款局
	芝麻捐	—	宣统二年官绅会议各商卖芝麻1斗捐钱4文，查验处经收	230串文	县议事会	警备队	查验处经收缴公款局	—
	买当契附税、买当契附捐	—	民国八年1月起买当附税留县五成。至11月又有附捐，由署内带征	500余串	无	自治四成、教育三成	署内经收拨归公款局	—
	城区产中捐	—	按百分中之一分五厘	—	—	—	教育款产经理处	教育款产经理处

资料来源：《临颍县自治事业自治经费调查表》，《河南自治周刊》1922年第1卷第7期。

表 4-14　叶县地方自治经费调查表

类别事别	种类	数额及价格	筹集及征收方法	每年收入数目	用途		管理方法	管理者
					自治停办以前	自治停办以后		
公款	贫民工厂基本	钱 2500 串	官绅捐输	并无余利收入	无	工厂基本	由实业厅委任厂长招徒办理	工厂厂长
公产	学田	地 6799 亩 3 分，租价分 5 等，每亩价洋 1 元至 1 元 5 角	由公产及私产捐输筹集，县署礼户两科代收	洋 4853 元	向系开支学校	学款	地租通年按四季催缴	教育款产经理处
	养济院普济堂	地 351 亩，每亩秣租 5 角至 1 元不等	由公产及私产捐输筹集，县署户科代收	钱 260 千文	孤贫口粮	孤贫口粮	分四季缴纳，由户科随收随交公款局	公款局
公益捐	税契补底	每收钱 1 千文，加收补底 4 文	由户课代收	钱 331 千 727 文	议参两会经费	巡缉队经费	由粮柜代收随缴公款局	公款局
	丁地附收	计丁银 23502 两，每两附收钱 300 文	由粮柜代收	合洋 4250 元	无此收入	学款	县仓科代收，一月一清缴	教育款产经理处
	公直捐	岁收无定数	从公直行用项下抽 8 厘	约计洋 1063 元	无此收入	学款	县户科代收，一月一清缴	教育款产经理处
	契尾捐	岁收无定数	每契尾 1 张抽钱 700 文	约计洋 875 元	无此收入	学款	县户科代收，一月一清缴	教育款产经理处
	戏捐	岁收无定数	每演戏三日抽捐钱 4 千文	约计洋 450 元	学款	学款	县礼科代收，一月一清缴	教育款产经理处
	买当契附捐	岁收无定数	按照正税附收百分之十四，以六分归学款，八分归自治	学款 6 分，年收洋 562 元 5 角，自治 8 分，年收 750 元	停办以前无此收入	学款	由县代收，每半月发给一次	学款归教育款产处，自治归公款局

续表

类别 事别	种类	数额及 价格	筹集及征 收方法	每年收入 数目	用途		管理方法	管理者
					自治停 办以前	自治停 办以后		
公益捐	料豆 折价	59石9斗3 升	由城乡粮行 捐缴，每斗 收钱2千文	钱1198千 600文	县议事 会参事 会经费	巡缉队 经费	由县代收随 时交公款局	公款局
	丁地补 助捐补 底	每收附捐1 千文加收钱 4文	由粮柜代收	钱64千 945文	实业	实业	由县代收随 时交公款局	公款局

资料来源：《叶县地方自治事业自治经费调查表》，《河南自治周刊》1923年第18期。

表4-15 夏邑县地方自治经费调查表

类别 事别	种类	数额及 价格	筹集及征 收方法	每年收入 数目	用途		管理 方法	管理者
					自治停 办以前	自治停 办以后		
公款	亩捐	每亩收钱 9文	随粮征收	5千串	教育费	教育费	专款 存储	公款局
	契税附收	按附收20 分，划拨 四成	随契税附收	约收银290 余两	教育费	教育费	专款 存储	公款局
公产	书院地租	7顷90亩	按季征收	350串	教育费	教育费	专款 存储	公款局
	儒学地租	9顷60亩	按季征收	450串	教育费	教育费	专款 存储	公款局

资料来源：《夏邑县地方自治事业自治经费调查表》，《河南自治周刊》1922年第1卷第14期。

表4-16 信阳县地方自治经费调查表

类别 事别	种类	数额及 价格	筹集及征 收方法	每年收入 数目	用途		管理 方法	管理者
					自治停办 以前	自治停办 以后		
公益捐	税契一分 附捐	每年预 算收洋 4600 余元	由买契税 项下征收	每年收入洋 2570余元	自治研究及 筹办事务所 经费	由公款局开 支一切经费	归公款局经 理，散发各 项经费	公款局

续表

类别事别	种类	数额及价格	筹集及征收方法	每年收入数目	用途		管理方法	管理者
					自治停办以前	自治停办以后		
公益捐	买当契附税十分之四自治经费	约收洋2060余元	由征收买契税项下附收十分之二遵章酌提	每年收入洋2600余元	无	无	由县署经理支发自治一切经费	信阳县公署
附记	信阳并无自治公款公产，仅有光绪三十四年经绅董筹议买契税附捐银二两，分为学堂一两，自治筹备一切新政费一两。又民国八年奉文买当契正税加收百分之二十附税，内酌提十分之四自治经费。							

资料来源：《信阳县地方自治事业暨经费调查表》，《河南自治周刊》1923年第20期。

表 4-17　确山县地方自治经费调查表

类别事别	种类	数额及价格	筹集及征收方法	每年收入数目	用途		管理方法	管理者
					自治停办以前	自治停办以后		
公款	普济堂生息款	本银450两	由商务会承领生息	息钱161千580文	发给孤贫口粮	警学两界分配支用	由契税附收项下提四成送在公款存储，不准他项挪用	由县署税务股管理
公产	普济堂地亩	197亩	佃户领种缴租	租银14两2钱7分，每两收钱2850文	发给孤贫口粮费用	作为孤贫棉衣之用	按季收租	由县署税务股雇员管理
	铜川书院地租	1000亩	佃户领种缴租	租钱2700串	本书院延聘山长每月16日月课一次费用	高等小学校经费	分课佃户，由劝学所按季收租	由高等小学校校长经理
公益捐	契税自治附捐	—	税契加收百分之二十，以八分划归自治经费	约2000余元	—	—	—	—

类别事别	种类	数额及价格	筹集及征收方法	每年收入数目	用途 自治停办以前	用途 自治停办以后	管理方法	管理者
公益捐	契税教育附捐	—	税契加收百分之二十，以六分划归教育经费	约2000元	—	—	—	—
	公益捐	—	买契收用三分，当契收用一分	约9千串文	预筹警学的款，不准挪用	仍系警学的款，尚不敷用	每月三期收捐，月终警学均分账自呈县核验	由公款局经理

资料来源：《确山县地方自治事业自治经费调查表》，《河南自治周刊》1923年第17期。

表4-18　武安县地方自治经费调查表

类别事别	种类	数额及价格	筹集及征收方法	每年收入数目	用途 自治停办以前	用途 自治停办以后	管理方法	管理者
公款	中人用捐	无定额	买契1分，当契5厘	每年约2698元1角8分3厘	自治经费	补助学款	—	教育款产经理处
	契税附加	—	按正税征收附税百分之二十，以四成拨归自治	每年约1525元	—	自治经费	—	教育款产经理处
	漕粮附收	—		每年约1200千文	—	农林试验场及苗圃费	—	公款局
	斗捐附收	—	每年由各镇粮行缴纳	每年约952千500文	—	贫民工厂常年经费	—	贫民工厂
	呈捐	—	—	每年约300千文	—	孤贫费	—	公款局
	猪布捐	—	—	每年约250千文	—	—	—	公款局

续表

类别事别	种类	数额及价格	筹集及征收方法	每年收入数目	用途		管理方法	管理者
					自治停办以前	自治停办以后		
公产	广仁堂田租	—	—	每年约6250千文	—	—	—	公款局
	育婴堂田租	—	—	每年约525千文	—	—	—	公款局
	礼区实业会田租	—	—	每年约300千文	—	自治经费	—	自公款局
公益捐	大米用捐、杂皮捐	—	—	大米用捐每年约1750千文、杂皮捐每年约200千文	—	—	—	公款局
	木板行捐、烟叶捐	—	—	木板行捐每年约350千文、烟叶捐每年约100千文	—	—	—	公款局
	串票捐、花秤用捐	—	—	串票捐每年约240千文、花秤用捐每年约700千文	—	—	—	公款局

资料来源：《武安县地方自治事业暨经费调查表》，《河南自治周刊》1923年第32期。

（一）田赋附捐

在清代的绝大部分时间内，百姓完纳钱粮，原则上只有正税而无附税。清末各县举办新政，由于经费短绌，各知县往往会邀集阖邑士绅商议，按地亩抽收附捐，以弥补经费之不足。当时的秉持的原则是："地方多故，一时权宜，事后尚可裁免。"[1] 但一旦附征，便沿为成例，世代罔替。清末各县在地丁漕粮上征收的附捐，因县而异，故款目也不尽相同，

---

① 民国《长葛县志》卷五，《食货志》。

大致有丁串捐、漕串捐、亩捐、粮差捐、册书捐、随粮学堂捐等，多充作学务或警务用款。民国初年，又加增政治警察附捐、自治附捐等项，由各县斟酌地方情形附收，也有按事务之性质分呈各主管机关核准备案者，情形极为复杂。①

宣统二年（1910），考城县奉文开办巡警教练所、自治研究所，因无的款，县知事陈寿山议加亩捐，每年共收钱2197千270文，后两项停办，款项移归学务。清乡亩捐则将地分为上下两等，上等每亩摊派40文，下等每亩酌派28文，每年共收钱8千串。民国五年（1916），县知事孙希宝以乡团无济，将其改编为巡缉队，由县节制。后该县扩充警察费，经县知事王道详准随粮加收每亩40文，永为警察的款。为筹措地方自治经费，复又开办亩捐，按亩加收，分上中下三等，上等地每亩10文，中等地7文，下等地5文。②长葛县于清宣统三年（1911）办理自治，由号草折价每正银一两附收钱300文，以3千串充自治经费，余则尽归城治警务经费。每年共收钱6699千934文。民国八年（1919）开办巡缉队捐，每正银一两附收钱1120文，每年额收钱25004千794文。③北洋政府时期林县丁地附加捐分为三项：原有附收174文，系清季丁地项下每两附收银2分、钱128文折合，民国元年（1912）禀准与漕粮附收共同拨归地方公款，作为办理团防经费；青苗捐217文，系民国五年（1916）呈准加收，充办理保卫团饷需；民国八年（1919）因筹巡缉队经费，又加收183文，名曰新加青苗捐。④通许县有余米之征，相传系协济太康之米，光绪三十一年（1905）共征米227石，按一五加耗，应征耗米34石1斗9升零2勺。该余米征之全县，实乃民间不应有之负担。民国元年经县绅胡汝麟等呈准豁免，但县署照征民间如故。不过将其更名改为随漕附加公益捐，划为公款局收入，以作地方款开支。民国八年正米每石改折洋4元1角3分8厘，

---

① 帖毓岐：《河南田赋之研究》，见萧铮：《民国二十年代中国大陆土地问题资料》第22册，台北成文出版社1977年版，总第10462—10463页。

② 民国《考城县志》卷六，《田赋志》。

③ 民国《长葛县志》卷五，《食货志》。

④ 民国《林县志》卷五，《财政》。

该余米仍照 6 千文附收。①

　　民国四年（1915）武陟县奉准加收巡缉队饷项，每年大差地亩加钱 10 文，约收钱 4300 余串文，免差地亩加钱 10 文，约收钱 550 余千文，均由公款局催收。小里地亩加钱 10 文，随粮带征，约收钱 100 余千文，专作巡缉队经费，不得挪用。民国七年（1918）开办农事试验场经费，议定每活粮地一亩，加收钱 10 文；每号口加收钱 2500 文，约收钱 300 千文，由公款局经收。②

　　在当时，田赋附捐中，教育附加最为普遍。光绪二十八年（1902）长葛县开征学务捐，每正银一两附收钱 70 文，年收钱 1561 千 119 文。自光绪三十一年（1905）起，漕米一石亦附收钱 100 文，年收钱 332 千 453 文。两项合计每年约钱 1893 千 572 文。③光绪二十九年（1903），太康县知县周云办理高等小学，提丁漕平余作为常年经费，每丁地银一两提制钱 56 文，每漕一石提制钱 100 文，岁可得钱 1650 余缗，由县署征收。光绪三十年（1904），知县瞿文炳会同县绅创建城乡公立国民小学校，全县共设置 28 处，经费每年由地亩捐钱 6 千余串。为扩充教育经费，光绪三十四年（1908）又随粮征收亩捐 2 文，后提高亩捐额数，每两粮银附收 4 角。④宣统三年（1911），光山县征收丁地附加教育费，每亩粮收制钱 30 文，计全县共有粮亩 438753 亩 2 分 8 厘，年收制钱约 13100 余串，由学捐局经管。民国元年（1912），此款改归公款局经理，民国六年（1917）归教育款产经理处经理。⑤光绪三十四年，通许县知县邀集阖邑士绅会商办学要务，令各村设立初级小学堂，以亩捐作为办学经费；如田亩数量在 25 亩以上者，每亩捐钱 10 文，由绅董按照收捐，各归各区应用。宣统二年（1910）2 月各绅商议成立学捐局，以 10 亩为限，每亩收钱 10 文，以作四乡初级小学经费。是年 6 月，经布政司批准，改为以地 15 亩为标准，

---

　　①　民国《通许县新志》卷三，《田赋志》。
　　②　民国《续武陟县志》卷六，《食货志》。
　　③　民国《长葛县志》卷五，《食货志》。
　　④　民国《太康县志》卷四，《教育志》。
　　⑤　民国《光山县志约稿》卷二，《政务志》。

照章筹捐，每年约收钱 5900 余串文。民国四年（1915），又抽收团捐，亦以 15 亩为率，每亩捐钱 30 文，与学捐合并征收。各花户为逃避亩捐，将所拥田地由一户析解多户，令地不足 15 亩。为革新弊，民国八年（1919）改为按亩征收学、团两捐，每亩共收钱 30 文。[1]民国七年（1918），西平县设立教育款产经理处，经理全县一切教育款项，每亩征收 9 厘，实收钱 11740 串。[2]考城县为筹办学堂，议定每亩土地加钱 150 文。[3]

粮户完纳粮银后，由官府发给凭证，作为完纳赋税的证据，称为串票。当时，串票附加，也成为州县筹措自治经费的一种渠道。林县丁漕串票，每张纳钱 20 文，由来已久，作为串票工价和地方办公之需。光绪三十四年（1908），因设立学堂，从票价岁收内提拨 850 千文，作为学款。后改为按张收捐，丁串每张收 10 文，漕串每张收 6 文。宣统三年（1911），漕串增纳为 24 文。民国成立以后，串票捐划归省地方款，林县因教育经费不足，仍请留充学堂经费。[4]宣统三年，武陟县禀准每串票一张，收捐钱 14 文，每年收钱 1700 余千文。初作为巡警教练所经费，后改为巡警费，由公款局支发。[5]通许县丁地漕粮串票每本 100 张，收票钱 45 文，以 10 文解财政厅，以 20 文解官印刷局，以 15 文归地方公款局、教育局、首事公所三处分支，岁约需丁地串票 826 本，漕粮串票 826 本。[6]西华县串票捐创于宣统二年（1909），初串票每张收捐 10 文，全年收钱 1 千余串，以 900 串作为统计处经费，余为领印制串票经费。民国以来，捐额增至每串票 1 张，收钱 200 文，作为地方自治经费。[7]

（二）杂税杂捐

"凡不随乎丁地者，曰税、曰课、曰徭，或名捐，实亦税，课则

---

① 民国《通许县新志》卷三，《田赋志》。
② 民国《西平县志》卷一二，《经制志·学校篇》。
③ 民国《考城县志》卷六，《田赋志》。
④ 民国《林县志》卷五，《财政》。
⑤ 民国《续武陟县志》卷六，《食货志》。
⑥ 民国《通许县新志》卷三，《田赋志》。
⑦ 民国《西华县续志》卷六，《财政志》。

盐。"① 据《赋役全书》记载，清代各县杂税大致五种，但具体名目不一。林县杂税有五种：曰老税，分额征、盈余两项；曰牙帖税，分额征、新增、新认三项；曰活税，分额征、新增、盈余三项；曰当税；曰房地税。② 郾城县"凡税曰五项杂税，则老税、牙帖、活税、盈余、新增税是也"③。在清代，杂税征收额无定，向为尽征尽解。④ 光绪末年，国家、地方经费不敷，各县遂设卡开征商税。民国以后，商税增加税款尤多。在各种商税中，属于国家者称为杂税，属于地方者称为杂捐。⑤ 一些大额商税，如营业税、契税、印花税、烟酒税、牙帖税、屠宰税等为国家税。⑥ 而各县为筹措地方自治经费，除在一部分国家税中加征之外，也因地制宜征收各种杂捐。

当时的地方附征中，最主要的有契税、牙税和屠宰税等附征，附征最多的当属契税。

河南"比年新政迭兴，百废待举，地方官艰与计划，契税为筹款之一宗。一切学堂、巡警、劝学所、新羁所、地方自治筹办处、自治研究所等，事属创办而款源无出，莫不禀明就此（买契）抽捐，以供挹注。固有新政项下，抽收附加费至一分者，至二分者，甚有至二分以上者"⑦。

所谓契税，是指对土地、房产等不动产典卖等交易活动所征之税。前清则例，买卖土地房屋，按交易价格征税，银每两纳税三分。如系典当土地房屋，且典期在十年以内，无须纳税，是为"买契有税，典契无税"。但各省在推行的过程中，征收方法多有改变。土地房屋买卖，有按九分征收；也有在正税之外，额外征收杂费。土地房屋典当，也开始征税，有按买契减半征收，也有按买契标准征收。各地税率，参差不齐。宣统年间，度支部奏定酌加契税试办章程，买契按交易额百分之九征收，典契按交易

---

① 民国《郾城县记》第九，《赋役》。
② 民国《林县志》卷五，《财政》。
③ 民国《郾城县记》第九，《赋役》。
④ 民国《续荥阳县志》卷四，《食货志》。
⑤ 民国《长葛县志》卷五，《食货志》；民国《西华县续志》卷六，《财政志》。
⑥ 民国《西华县续志》卷六，《财政志》。
⑦ 《河南财政说明书》上编，《岁入部》第四类，《正杂各税》第一款《契税》。

额百分之六征收。此外，不准多征丝毫。先前充当行政及办公经费的各种附收款项，一律在此九分六分内开支。因征收税率过重，仅有少数省份按章征收。民国三年（1914）1月，北洋政府颁布《契税条例》，所定税率，仍沿前清卖九典六之旧。此外另收契纸费，每张伍角。当时各省正在厉行验契，与税契息息相关。财政部恐契税税率太重，人民隐匿不报，遂规定契税税率的征收标准，即卖契在百分之二至百分之六之间，典契税契在百分之一至百分之四之间，具体税率由各省根据情况自定，但不能逾越这一范围。各省确定税率以后，需报财政部核准实施。于是，各省有减至卖六典三者，有减至卖四典二者，有减至买二典一者等，不一而足。民国四年（1915）三月，财政部复以契税税率轻重不一，拟定办法大纲，统一征收标准，俱按卖四典二征收。①

契税附捐始自民国八年（1919），用途分为三种，每税银百两附收银 20 两，以三成充水利经费，以四成充自治经费，以三成充教育经费。② 契税附征数额相对较大，考城县契税原征洋 8435 元，按百分之二十抽收附税洋 1687 元，以十分之三划归水利经费，计洋 506 元；按十分之四划归地方自治经费，计洋 675 元。当契税洋 1455 元，按百分之二十抽收附税洋 291 元，以十分之三划归水利局经费，计洋 87 元；按十分之四划归地方自治经费，计洋 217 元。③ 滑县征收契税附税 765 千 631 文，合洋 368 元零 9 分 2 厘。内分十分之三水利局，计 110 元零 4 角 2 分 8 厘；十分之三教育费，计洋 110 元零 4 角 2 分 8 厘；十分之四自治费，计洋 147 元 1 角 3 分 6 厘。④ 民国十五年（1926），太康县设契税经理局征收契税，税率买契正税为百之六，附税为千分之十二，手数料为千分之十，地方附捐为千分之三十（内分教育经费千分之二十五，苗圃经费千分之五），合计为百分之十一分二厘。当契正税百分之二，省附税千分之四，手数料千分之五，地方附捐千分之十，

---

① 贾士毅：《民国财政史》（上），河南人民出版社 2016 年版，第 403—405 页。
② 民国《长葛县志》卷五，《食货志》。
③ 民国《考城县志》卷六，《田赋志》。
④ 民国《重修滑县志》卷八，《财政第五》。

合计为百分之三分九厘。① 武陟县民国七年（1918）开办房地附捐，自 1 月起买当契税各加收百分之二十作为教育、水利经费。买契正税六分外加附税百分之二十，共合买契税 7 分 2 厘；当契正税 3 分，外加附税百分之二十，共合当契税 3 分 6 厘，两项年约收洋 600 元。②

除契税附捐之外，一些县份还有针对某项自治事务的附捐。如通许县契税附加教育费于民国十年（1921）呈准征收，按卖契一张收钱 500 文，当契一张收钱 300 文。民国十年呈准附收买契自治附捐，每百元收洋 4 角 8 分，当契每百元收洋 1 角 6 分。全年契税征收多寡不等，约计全年收洋 840 余元。③ 林县买卖田宅，习惯上行用 5 分，买三卖二。光绪三十一年（1905），林县创设巡警，提行用 1 分作为警局常年经费。民国五年（1916），因奉有官中代办发行所之令，定为每区官中一人，行用除缴警局一分外，复加至 5 分（连前共六分，按买四卖二分担）。民国七年（1918），因筹巡缉队经费，又于 5 分内提出 1 分归县。④

税契粘尾，始于顺治四年（1647）。当时规定"凡买田地房屋，必用契尾，每两输银三分"⑤。所谓契尾，是指粘贴在土地田房买卖契约末尾的官文书。契尾前半幅上除刻有法律条款以便对照执行外，还写明业户姓名、买卖田地（或房产）数目、价银等。后半幅在年代处钤盖官印，投税时将契价、税银数目，用大写字填在钤印之处。民间交易田房地产，订立契约，在契约之后粘连契尾，加盖官印，即为合法的交易。其尾由藩司发给，每张制钱 250 文。官发契纸，亦始于乾隆以后，民间用者甚少。光绪初年买卖田宅始一律通用官纸，每张制钱 50 文。光绪二十六年（1900）令典契亦用官纸，并粘契尾。宣统元年（1909），河南改订税契新章，契纸改为三联式，一曰正契，一曰副契，一曰契尾，官纸契尾共价银 4 钱。民国三年（1914）颁布税契条例，无论买当，契纸不粘契尾，每张收费 5

①　民国《太康县志》卷三，《政务志》。
②　民国《续武陟县志》卷六，《食货志》。
③　民国《通许县新志》卷三，《田赋志》。
④　民国《林县志》卷五，《财政》。
⑤　席裕福、沈师徐：《皇朝政典类纂》卷九四，《征榷十二·杂税》。

角，由县扣支十分之二作为经征费，十分之八解省。[①]

林县契尾每张向收钱 300 文。光绪三十四年（1908）提一半充作学款。后契尾免除，又加提 100 文，民间实纳 350 文。[②] 荥阳契尾向章每张收制钱 300 文（另有官纸，每张收钱 50 文）。民国五年（1916），变契尾为契纸，每张收银洋 5 角，知事刘海芳筹巡缉队经费，每张加收 1 元。[③]

牙帖附捐和屠宰税附捐也是一部分县份的收入来源。牙行以介绍买卖、评定价格、促成交易为业。在执业前，行户需到官府领取官帖（执照），名为牙帖。行户领帖时须先缴纳帖税，即牙帖税。按照前清定制，牙帖由户部颁行，管理非常严格。无奈时间一久，各种规章等同具文，弊窦丛生。期满不换帖而照常营业者有之，不领官帖私自开业者有之，或领一帖而分设多行者有之，或领一行帖而兼营数业者有之。各地知县大都充耳不闻，有贪婪者甚至私给谕帖，借端革充，婪取巨资，视为利薮。复有胥吏衙役，从中把持侵渔，以致帖捐年税，大都归于中饱。

民国初年，各省继续办理牙税，或令更换旧帖，或创设新帖，前清积弊稍有缓解。财政部考虑到中国幅员辽阔，习惯不同，税率等则亦应视各地生活之程度、民俗之习惯有所差别，于民国三年（1914）电令各省按照本地情形，拟定章程报部，以资整顿。但各地提交的章程，有的化散为整，另谋新篇；有的依照旧制，稍事改良。各省章制也不乏真知灼见，通览其内容，剔除中饱弊端条文鲜见。财政部复于民国四年（1915）拟定整顿大纲八条：（一）无帖私开，及前清旧帖未换新帖者，均勒令照章领帖。（二）各牙纪前清旧帖，已换新帖，未交新帖捐者，应于五年份一律按等则补交帖捐。（三）各牙纪常年税则，应比较直隶现行税率，切实增加。（四）牙帖营业年限，至多不得过十年。凡从前逾限之旧帖，概行取消，另行缴费领帖。（五）帖捐税率，以直隶为适中之数，其各省定章有超过者，悉仍其旧，不及者应比较加增。（六）领帖换帖，应按帖费三分之二，

---

① 民国《林县志》卷五，《财政》。

② 民国《林县志》卷五，《财政》。

③ 民国《续荥阳县志》卷四，《食货志》。

征收手术料。（七）各县田地房屋之牙纪，应改名为官中，其缴捐领帖等手续，悉照牙帖例办理。（八）各项帖捐年税，应专款存储，解济中央。①

河南牙税，分为三项：（一）帖费。分为三等缴纳，上等36元，中等30元，下等24元，均于领帖时一次性交清。（二）税率。亦分为三等，上等24元，中等20元，下等16元，每年分两次缴纳。（三）时效。领帖有效期间，以五年为限。②

帖费和牙税上解中央，除此之外，各县为应对近代日益扩张的新政事务，也在牙税项下附征。宣统三年（1911），淮阳乡绅陈绍义、张传善、刘卿云、朱锡仁等人在西华县关帝庙设立公立聚英初级小学校，开设两班，学生总计60人，常年经费280元，由该县牙行抽收。③进入民国以后，西华县牙帖税改由县公款局接管，寓完解帖税之中兼顾地方公益之意，税额根据各行营业盈绌而定。除照额解交省库外，如有盈余，则拨给教育经费1000元，抽二成补助县政府政务费，其余归地方公用。④民国七年（1918），西华县士绅朱润渠创设贫民工厂，内设织染两科，以牙税盈余为基金。⑤

牲畜、屠宰两税，本系杂税之一。清初定章，凡市场上交易的牲畜，按价值抽百分之三，即每两纳银三分。乾嘉以后，各省先后征收牲畜税，入款渐渐增加。然仅限于贸易之牲畜，尚未对屠宰之牲畜开征。清季新政繁兴，经费支绌，东南各省首创屠宰税。开征屠宰税之初旨在于赋税于消费奢侈品之中，则贫民无累；且屠宰税与日用饮食关系密切，则集款较易。各省次第施行，借此补充自治经费。民国以还，因仍旧制。民国三年（1914）冬，财政部编订牲畜税调查表，表内分为税名、牲类、税率、征收机关、征收实数、前清收数、向来用途等七项，饬发各省依式填报。民国四年（1915），京兆、陕、苏、黑、黔、闽等处，先后造表送部。京兆

① 贾士毅：《民国财政史》（上），第322页。
② 贾士毅：《民国财政史》（上），第327页。
③ 民国《淮阳县志》卷五，《民政下》。
④ 民国《西华县续志》卷六，《财政志》。
⑤ 民国《西华县续志》卷七，《建设志》。

牲畜税，分为骡、马、牛、驴、猪、羊六种，大率以值百抽三为准，间有值百抽二或抽六者；以各县知事署为征收机关，亦有由商人包收者。陕西牲畜税征收情形与京兆大同小异。江苏只征牲畜厘，向在厘金项内征收。宁属厘金，牛每头收钱自 120 文至 240 文不等，收银者自 1 角至 4 角有差；猪每口自 10 文至 130 文不等，驴每匹自 30 文至 260 文，羊每只自 5 分至 7 分。苏属按货物税征收，每牛征银 2 元 4 角；每猪大者 1 角 5 分，小者 5 分；每羊大者 7 分，小者 5 分；湖羊则大羊增十分之三。黑龙江牲畜税，亦由征收局征收，按牲畜价值征收，每价 1 元，征银 4 分，附捐 1 分 1 厘。惟吉林省猪系每口征银 1 角。贵州则有牲畜厘与牲畜税之分，牲畜厘每牛征银 2 角，每猪大者 6 分，小者 3 分；牲畜税牛马各征银 1 钱，猪视其大小分为 1 分 2 分 3 分三等。福建牲畜税各县章制不一，大率每牛征银 2 角，每猪 4 分，羊与猪同。至征收机关由县公署征收，或由按户包缴。其他各省则尚未提交。为划一征收方法，民国四年（1915）正月，财政部颁布屠宰税简章。其主要内容有：（一）屠宰税以猪牛羊三种为限，猪每头大洋 3 角，牛每头大洋 1 元，羊每头 2 角。但前项税额由屠户完纳，不分公母大小及冠婚丧祭年节宰杀者一律照征。如有附收地方公益捐，不得超过正项之数。（二）屠宰之猪牛羊，不问曾否完纳统捐，或通过等捐，一律照征屠宰税。（三）屠宰猪牛羊者，须先期赴征收所，纳税领照。（四）屠宰之猪牛羊，逐日清晨，由征收所查验。查验之后，方准出售。（五）违犯第三项时，处以二十倍之罚金，经手人扶同舞弊及浮收侵蚀者，照所得之数以百倍处罚，征税官吏如有前项情弊，照厘税考成条例第十六条处罚。（六）告发漏纳屠宰税者，查实后准予所收罚金内提十分之五作奖赏金。（七）屠宰税执照用三联制，一付宰户收执，一留征税官署存案，一缴财政厅查核。（八）屠宰税执照由财政厅照部颁式样刊刷用印，发往各征税官署应用。（九）征收所由各县知事委托相当人员代办，一切办公经费，准由屠宰捐项下提百分之五开支。①9 月，河南省颁布《河南省屠宰税暂行细则》，各县征收屠宰税，于县署附设征收所，选派妥员经理其事，在乡

---

① 《屠宰税简章》，《税务月刊》1915 年第 2 卷第 15 期。

镇各处，由县委托公正士绅就近稽查，代为征税。猪牛羊三种税率，悉以部章为准，不得增减。其向收屠肉等捐，作为地方公用或警察经费者，照旧征收，但不能超过正税之数。①

光绪三十三年（1907），滑县创办巡警无款，经绅董商议，开始征收屠宰税，自正月至4月每户月捐钱2千文，5、6、7三个月禁止屠宰免捐，8月至12月五个月每户每月捐钱4千文，以作巡警经费。民国四年（1915）归地方包办，全年缴大钱1千串，民国十三年（1924）收洋450元零9角，解财政厅五成，县支五成公费。②民国八年（1919），正阳县为筹措师范讲习所经费，设屠宰附捐，加征正税百分之十五。信阳设道立女子师范，又附征百分之十五。初随正税带征，常年收洋1800余元，分交县道两师范。嗣因经收亏欠难追。民国十三年春改由教育局专人管理。③

相对于杂税的整齐划一，各县的杂捐则采取因地制宜之策，视各地物产和商业门类而开征，不仅名目差异巨大，数额亦各有不同。"豫省近数年来，各属举办新政，因地筹捐尚称踊跃，而情形各殊，款目互异，本非划一办法。有抽之于花户者，如串票捐、契税捐、契尾捐、房捐、亩捐、随粮捐之类是；也有抽之于坐贾者，如斗捐、商捐、铺捐、油捐、火柴捐、煤油捐、粮坊捐、变蛋捐之类是也；又如枣捐、瓜子捐、柿饼捐、柳条捐、柿花、芝麻、花生等捐，则就出产之物而抽收；如戏捐、会捐、庙捐、巡警捐、册书捐等，则因特定之事而抽收。"④

长葛县地方杂捐有牲口捐、戏捐、产行捐、商捐、和尚桥捐、屠行捐、庙捐和息捐、船捐等名目。（一）牲口捐。牲口捐每年约收钱190千文，归县地方教育经费。（二）戏捐。戏捐按台征收，每台3600文，嗣又每台加增10千文，400文归文会奖赏，4千文归地方款教育经费，每年收无定额。（三）产行捐。产行捐每年捐钱846千文，归县地方教育经费。

---

① 《河南省屠宰税暂行细则》，《税务月刊》1915年第2卷第23期。

② 民国《重修滑县志》卷八，《财政第五》。

③ 民国《正阳县志》卷二，《财务志》。

④ 《河南财政说明书》上编《岁入部》第五类，《厘捐》第二款，《杂捐》第二项《各属就地抽收各捐》。

（四）商捐。商捐由城关商人每年约捐钱 800 千文，归县地方巡缉队经费。
（五）和尚桥商捐。和尚桥商捐设于民国九年（1920），每年约收洋 500 元，
蚕校和游学津贴各分其半。（六）煤行捐。煤行捐成立于民国元年（1912），
每年捐钱 360 千文，归地方教育经费。（七）屠行捐。屠行捐系民国元年
（1912）成立，每年收钱 360 千文，归地方教育经费。（八）庙捐。庙捐每
年额收钱 397 千 600 文，归地方教育经费。（九）呈号捐。呈号捐每年收
入无定额，归地方教育经费。（十）和息捐。和息捐每年约 50 余千文，归
地方教育经费。（十一）船捐。船捐于民国十一年（1922）成立，每年约
收钱 500 余千文，归地方教育经费。[①]

光山县自光绪三十一年（1905）开办学堂，除以旧书院膏火费拨充高
等小学堂经费外，其余经费皆出自于丁地附加、学田秸租、当买税附加、
牲畜捐、白布捐等项。民国十二年（1923）征收牲畜捐买卖各一分，年约
收 3000 余元，白布捐年约收 300 余元。[②]

滑县地方杂捐类别大致如下：（一）碱捐。清光绪三十年（1904）开
始征收，每斤抽税 2 文，由委员抽收，初始尚无定额；至民国初年，由行
户包缴，每年 53 元有奇，归教育局；民国十三年（1924）全年收洋 121
元 1 角 6 分 2 厘。（二）染房捐。染房捐由行户包缴大洋 625 元，归教育局。
（三）呈字捐。呈字捐自民国十二年（1923）为始，每状纸一张，加捐洋
1 角，民国十三年收洋 300 元，余款归教育局。（四）斗捐。光绪三十一
年（1905）奉文开办，由各粮户包缴，不分常闰，每年计钱 2400 千文，
批解本府 1000 串整，余钱 1400 千文作为县立高等小学堂经费。宣统元年
（1909）奉文闰月加收钱 200 千文，拨归师范讲习科。（五）铺户捐。铺户
捐自光绪三十二年（1906）5 月开办，当即禀明为中区巡局专款，由巡局
经收。（六）戏捐。戏捐系自光绪三十二年 11 月间经绅董议办，每戏一台
收捐钱 2000 文作为劝学所经费，曾于光绪三十三年（1907）禀准立案，
每年收钱八九十千不等，嗣因经费不敷，又于宣统元年（1909）11 月禀

---

①　民国《长葛县志》卷五，《食货志》。
②　民国《光山县志约稿》卷二，《政务志》。

准再加抽收钱 2000 文。[①]

　　林县地方筹收之款达十余种，有地租、生息、丁地附收、漕粮附收、粮票捐、漕票捐、契税附加、契尾捐、契税附收行用捐、斗捐、各项行捐、店铺捐、戏捐、房地合食捐等名目。（一）斗捐。系光绪三十二年（1906）创立，为各处初等小学所筹之款，原定每石收钱 20 文，粮行卖户各 10 文，因抽收不易，令各集粮行包缴。（二）合涧各项行用捐。系光绪三十三年（1907）创办，为合涧高等小学经费，就本集粮行、铁货行、杂货行、屠行、水碾行、煤行、鞭杖行等筹收公益捐，作为学堂常年经费，后因合涧高小停办，将款拨归劝学所。（三）绒毛行及横水各乡村之粮行捐。系民国五年（1916）劝学所筹自治收入。（四）粮行捐。粮行捐系民国元年（1912）县议会成立时筹定之款，抽于在城粮行，自治停办后，拨为县农会的款。（五）戏捐。戏捐系宣统元年（1909）设自治研究所时所创，原定抽于戏班，每日收捐 500 文；旋改为 300 文，抽于社会及个人之演戏者，嗣经停办。民国八年（1919）因筹实业经费，又行开征，日收 500 文。民国十三年（1924）实业局成立，议增为日收 750 文。（六）房地合食捐。民国十四年（1925）创办初级中学时所筹，契面价额在 49 元以下者，收捐 5 角；50 元至 199 元，收 1 元；200 元以上 2 元。[②]

　　西华县清季苛捐杂税逐渐增加，其中有"由官署巧立名目，自便私图者；亦因地方办理公益筹措经费者"。其中有：（一）斗捐。清季，凡城市粮坊卖粮米 1 斗，收捐 1 文，后增至 2 文，因手续繁杂，大都由各粮坊包缴。据宣统三年（1911）河南财政说明书统计，西华斗捐收捐为 121 两 8 钱 2 分。然实际并不止此数，据宣统三年（1911）县议事会更正决算案内所列，老窝集一处每年即收 800 余贯，四关每年收 200 余贯，其他集镇尚不在内，合计至少当在千贯以上。（二）硝价捐。西华各牙行向有缴纳部硝帮价之例，简称硝价，亦称硝价捐。因各乡大多产硝，责令各行商缴硝解省；亦由省库报部，谓之部硝。后又改为折价，谓之硝价。宣统三年

　　① 民国《重修滑县志》卷八，《财政第五》。
　　② 民国《林县志》卷五，《财政》。

（1911）河南财政说明书内注明，向办部硝合同卯规，以钱易银 2634 两 6 钱 9 分 9 厘，半归学堂经费。（三）戏捐。清季旧例，各地方演戏须赴县署请领告示，每次需费 1 串或 2 串，光绪三十四年（1908），因创办警务，遂倡办戏捐，每演戏一棚，收捐 3 串。据宣统三年（1911）河南财政说明书，戏捐年收 264 串，嗣后有增加。（四）船捐。一为北关外贾鲁河船捐，其用途未详；一为逍遥集船捐，系民国初年创办县立第二高等小学校时呈准抽收沙河船捐，大船 500 文，小船 200 文。（五）呈词捐。呈词捐亦为县地方收入之一。据宣统三年县议事会更正决算案内指名，呈词捐每月按五清季 10 串计算，全年应收 600 串。另外，西华县亦有菜捐之名。①

武陟县地方款收入也非常庞杂。（一）斗捐。系光绪三十二年（1906）开办，每斗抽钱 4 文，每年额收钱 2000 串文，以一半解省充饷，以一半留作地方警察经费，后经核减，每年征钱 1500 余千文。（二）戏捐。宣统元年（1909）开办，每日捐钱 600 文，年约收钱 200 余千文，由公款局经收，充巡警经费。（三）赵庄货捐。光绪二十三年（1897）禀准开办，每年包缴钱 1000 串文，作为炮船经费，旋改为怀靖营经费。宣统二年（1910）营队裁撤，拨归沁南区自治经费，由该区经收，每年除支高校学款 500 千文外，其余作为区巡警经费。（四）铁桥车船捐。宣统二年（1909）开办，由公款局派员经收，作为筹办自治事务所经费，每年约收 800 余千文。嗣经县议会议决，每年以六成拨入嘉应区高小学，以四成归公款局，为津贴各学校之用。（五）铁桥落地捐。民国六年（1917）开办，由公款局派员经收，每年约抽钱 1000 余串文。另款存储，备作巡缉队口粮。（六）状纸价，刑事状每套钱 160 文，民事状每套 200 文，交限各状每套 100 文，共计每年约收洋 230 余元。（七）盐当公益捐。民国四年（1915）奉令将规费改作公益捐，每年应缴洋 1295 元 4 角 3 分 2 厘，由县批解。此捐每年缴管狱员公益捐 110 千 400 文。②

纵观各县的地方附捐，几乎是无物不税，数量烦苛，征额亦重。

---

① 民国《西华县续志》卷六，《财政志》。
② 民国《续武陟县志》卷六，《食货志》。

（三）公款公产

宣统二年（1910），河南省咨议局通过了《各厅州县清理公款公产章程》，要求各厅州县清查向有之公款公产及其所属区域，以便将来拨充自治经费。根据章程：公款公产的隶属区域约有十种：府厅州县公有者；厅州县共有者；以府或一直隶州公有者；以府与他府或他直隶州共有者；一省公有者；城厢独有者；一镇一乡独有者；城厢与镇乡共有者；镇乡与镇乡公有者等。公款公产的类别有：各该地方向充公益费用之房屋土地、金钱、物品及因办理公益事务所设之各项捐款；团体或个人捐充公益费用之房屋土地金钱物品；无主之荒地荒山；由公共建筑的先贤祠、庙社、庙庵、寺院及其附属财产；已拨充公益费用的义庄、祠、堂会馆及其附属财产等。① 概而言之，当时的公款公产主要有三种形式：

一是学田学产。学田学产包括学田收入、生息基金以及房屋租价等，其在公款公产中所占份额最大，也多作教育经费。如光山县自光绪三十一年（1905）开办学堂，旧书院膏火费成为高等小学堂经费来源的一部分。民国元年（1912）县儒学裁撤，所有儒学田产，一律拨归教育经费，年约收稞租洋 200 余元。② 太康县连城书院旧有书院课租地 13 顷 44 亩余，学款生息基本金 12880 串，一分行息，作为书院山长及诸生膏火之资。光绪三十一年科举停办，书院废弛，此项拨为教育经费。另有儒学学田课租共地 42 顷 91 亩零 3 厘，本为儒学教谕训导俸禄之资，宣统二年拨作教育经费，每年分秋麦两季征稞收租，每季每亩稞租自 1 升半至 8 升 8 合不等，年收入约合洋 4946 元。③ 新乡县古廓书院学田 33 顷 93 亩 5 分 3 厘，其荒地 32 顷有零，屡经绅学设法开垦，均有地图石界。书院还有发当商生息基金 2000 两，扩充膏火。光绪三十年（1904）改设学校，宣统元年（1909）知县唐淮源推广教育，按地升租，每年约

---

① 《各厅州县清理公款公产章程》，载《河南咨议局宣统二年常年会及临时会公布议案（第一册）》，第 17—20 页。
② 民国《光山县志约稿》卷二，《政务志》。
③ 民国《太康县志》卷四，《教育志》。

收租钱 1500 余串。① 林县儒学学田及黄华书院地共 906 亩，书院儒学废后，其地由高等小学及劝学所收租，后归教育款产处经理。黄华书院另有生息基金 4000 串，原由绅商捐集，发当生息，月息 1 分，为书院膏火及乡会试川资等用。书院废后，归入学款，当铺歇业，收 4 分贷绅商。② 确山县铜川书院瓦房 34 间，草房 16 间；经费 300 两交基远当店生息，岁得息银 50 两作为膏火之资；地约 10 顷有余，现由教育局收租生息，以为办学经费。③ 武陟县各项杂费，义学生息钱 120 千文，充城内高小校经费；安昌书院生息钱 410 千文，充城内高小校经费，二款均由公款局经收。义塾生息钱 160 千文，由县署经收，先充四处义塾经费，后拨归小学校。④

　　二是其他机构之资产，主要有庙宇寺院或善堂等处的资产。林县有善堂地和天平地等名目。善堂地系旧日普济、育婴两堂之地，共 728 亩 6 分 7 厘，清代岁收地租除例给孤贫外，悉归官吏干没。光绪三十三年（1907）筹收学款，酌量加租，额定年收租钱 440 串有奇，除孤贫用外，拨充学堂经费（宣三预算拨学款 84 两，银按 1600 合钱）。民国后迭经加租，按民国十三年（1924）预算所列，年收租 1119 千 700 文，除书差扣支一成及完粮钱 167 千外，实收钱 840 千 730 文。孤贫口粮、棉衣、棺木等费岁支 320 文，余 520 千 730 文拨充教育经费。天平地系天平寺主持社产一处山荒，并无亩数。民国元年（1912）因地涉讼，将地判为地方公产，以上项地肥硗不一，收租不等。⑤ 武陟县普济堂生息钱 360 千文，由县署经收，额设孤贫口粮一百名，按口领用。⑥ 此外，尚有寺庙财产，民国十七年（1928）奉通令废除神宇庙产，充作教育经费。太康县计先后接受庙地共 36 顷 28 亩零 5 厘，每年每亩按地征收洋 1 元 2 角、1 元 6 角、1 元 8

---

① 民国《新乡县续志》卷一，《学校》。
② 民国《林县志》卷五，《财政》。
③ 民国《确山县志》卷一四，《教育考》。
④ 民国《续武陟县志》卷六，《食货志》。
⑤ 民国《林县志》卷五，《财政》。
⑥ 民国《续武陟县志》卷六，《食货志》。

角不等。①

三是一些充公财产，为数亦微。修武县牧马厂地 19 顷 63 亩，原额地 31 顷 63 亩，向为河北镇署管理，由公款局征收转解。民国九年（1920）公款局长陈振汉等呈准河南财政厅以该地 12 顷归镇署直接征收，与地方无涉，其余 19 顷 63 亩划分作地方公用，永不再要地租。民国十一年（1922）议拨第二苗圃 50 亩，民国十五年（1926）议拨农事试验场 30 亩，又议拨教育局 6 顷 82 亩，其余 12 顷 81 亩 3 分均拨归财政厅管理。②

（四）差徭

清代，差徭是州县为支应来往官吏委员车马、军队过境、狱墙枣刺、考试棚席等各种杂差，向由当地居民分摊。有时地方官员为了应付地方政务经费之不足，也会借机开征。"自丁并于粮而后，差徭本不应再派。惟皆裁作正赋，遇有大徭役，地方官无力支应，自不得不派之于民，积久相沿，已成习惯。近日办理新政，经济困难，欲掊克则病民，欲节用则废事，两全之道，往往借差徭余款以济其穷。"③

近代，一些州县对差徭进行了清理，部分被划入地方收入。统一允许县地方差徭于同治十二年（1873）开办，按全县四十八地方摊派，由兵房征收，每年约收钱 900 余串文，由县署征收。民国成立，划作县议会经费。另外，通许县还有车马费名目，大车八百辆，轮流支应兵差，法久弊生。光绪九年（1883），由县绅司泽民等呈准创办车马局，自养车马，专备支应委员及兵差过境，每辆车折价 4000 文，车户每年交一次，共应征车价钱 3200 千文。光绪十年（1884）车马局撤销，该款归户南房征收，每年除开支车价外，余款拨县参事会经费。民国二年（1913），公款局成立，该钱归公款局收入。④长葛县有车马捐之设，民国二年裁减籍书车马，每年收钱 400 千，归县地方教育经费；又车马余款 1400 千文，归县地方

---

① 民国《太康县志》卷四，《教育志》。
② 民国《修武县志》卷七，《民政》。
③ 《河南财政说明书》上编，《岁入部》第六类，《差徭》第三款《对于差徭之意见》。
④ 民国《通许县新志》卷三，《田赋志》。

自治经费。^①

清代西平县差徭由各保按类别分担：兵差需车，由留册保、永丰保、重渠保、仙侣保、义亭保支应；红差（即押解囚犯差）需车，由坊廓保、乐业保、抚治保、兴贤保、安抚保及师灵保下里支应；马驿号草（即驿站马食草料），由常济保、崇教保等上里供给；盐茨由云庄保供给；合水镇公馆差里仁保分任；蔡寨镇公馆差新丰保分任；学员过境差与学宫岁修费大堰保分任。至若筑城凿池之役，则由各保分段经营。除此之外，西平县各保还有物料之负担。清咸丰同治年间，因官军追剿捻军，络绎于途，令留册、永丰、重渠、仙侣、义亭五保按户派车输送。凡完粮银五两者充马户，一两者充牛户，赁车支差由衙役包办，一日之程，每车需价 6000 文。因差役诈钱私肥，间阎骚然，弃家逃亡者比肩接踵。同治三年（1864），巡抚张之万见状，命按粮银一两派千钱支差，改名物料。又增加坊廓、乐业、抚治、兴贤、安抚五保及师灵保下里，而衿户（学宫生员）吏役无须承担。此为县东十保半之物料。光绪二十六年（1900）两宫"西狩"，楚南勤王之师由此北上，兵差骤繁。知县左辅令常济、崇教、王寨、洪村、仪封、范二郎六保及师灵保上里均出物料如上数。光绪二十八年（1902）常济以下各保减价 300 文。光绪三十二年（1906）递减至 200 文，其后云庄、新丰、里仁大堰四保亦征纳物料钱，与常济崇教各保同。此所谓县西十保半物料。民国三年（1914），二十一保均平差徭，减定各种摊派，每年可征钱 4506 贯（一贯一千钱），除支应车马差费外，并补助地方教育公益事业。^②

清代荥阳除在城一保外，其余十三保轮流支应车马差。道光二十五年（1845），知事罗凤仪定为地 1 顷 20 亩支飞车一轮，40 亩支疲车一轮，20 亩支马一蹄，不及 20 亩者无差。但积久弊生，花户规避，书差隐瞒，地增者不肯支，地减者不能退。咸同年间兵差络绎，人民深受其困。光绪庚子两宫"西狩"，民众愈不堪命。知县赵景彬同绅董筹商，改为每地 1 亩，

---

① 民国《长葛县志》卷五，《食货志》。

② 民国《西平县志》卷一一，《经制志·赋役篇·赋役下》。

派钱 30 文，随粮征收。另给差票设局试办，官为监督，雇车马应差，民困始苏。铁路开通以后，差徭减少，此项差钱归公款局支配新政。荥阳十三保公所、图书馆、蚕桑局、公艺局皆车马所置。①

第二节　近代河南各县的财政征收制度

在赋税征收方式上，田赋和杂税是别立机构征收。清代地丁钱粮由县属户房经收。民国初年，县政总揽于县知事，下设财政科，后改称第二科，掌理田赋征收事宜。杂税在清末或由县署征收，或委之与地方士绅；民国初年，河南各县设置各色征收机构，专门责成征收某一税种；在具体征收方式上，为便利起见，多采包商之制。

一、近代河南田赋征收制度的演变

民国肇造，田赋征收，多沿清制。北洋政府财政当局也曾拟斟酌旧制，取长补短，颁行新制，革弊补偏，然各省积重难返，大多因循故旧，各行其是。近代田赋征收制度的沿革大致如下：

1. 税目及科则

河南民地亩数，清初有 716751 顷 85 亩，光绪三十四年（1908）为 779061 顷 31 亩，民初大致保持在 70 余万顷。② 田赋税目有地丁、漕粮等。地丁中的"地"系地亩，"丁"指人丁，古时赋出于地，役出于丁，本系分征。雍正实行"摊丁入亩"，将丁粮摊入地粮之内合并征收，名为地丁。③ 漕粮与地丁同为田赋，所以与地丁分立者，以地丁向系征银，而漕粮则征派本色，经由水道输纳京师。

漕粮例征本色，因豫省各县多以水次窎远，运兑维艰。清初或折征，

① 民国《续荥阳县志》卷四，《食货志》。
② 帖毓岐：《河南田赋概况》，参见萧铮：《民国二十年代中国大陆土地问题资料》（第 22 册），总第 10416 页。
③ 帖毓岐：《河南田赋概况》，参见萧铮：《民国二十年代中国大陆土地问题资料》（第 22 册），总第 10455—10456 页。

或代输。原以粟、米、麦为正供，雍正十年（1734）及乾隆二年（1737），各县先后由额运粟米内改征黑豆 7 万石，统由卫河起运。正兑改兑皆加以耗，随正入仓，乃有随漕、漕项等用项，亦随正同征。咸丰七年（1857），因匪扰阻运，且军需紧急，始改折银两。同治、光绪时屡有变易，民国七年（1918）由银折元。河南 111 县中，除经扶县外，有 54 县不纳漕粮，称为无漕县分；有 56 县纳漕，名为有漕县分。[①]

　　民赋田每亩征银自 1 分 4 厘至 2 钱 2 分 7 厘不等。征粮时，粮地均有大小之分，粮之大小以每户纳银额之多少而别，[②] 地之大小则以折地与否而异。地有大小之别始自明代，旧制地以 240 方步为 1 亩。明初奉令开垦荒地，初时规定洿下碱薄而无粮者永不起科，其后此等瘠薄之地也一概量出作数，是以原额少而支出之数反多。有司恐亩数增多，"取骇于上而贻害于下，乃以大亩赅小亩，取合原额之数。自此，上行造报，则用大亩以报黄册，下行征派则用小亩，以取均平，是以各县大地有以小地 1 亩 8 分折 1 亩，递增至 8 亩以上折 1 亩者。既因其地之高下而未至差等，又皆合一县之丈地，投一县之原额，以敷一县之粮料，而役赋由之以出"[③]。

　　河南漕粮原定每地丁正银 1 两，摊解正漕 7 升。因距水次较远之县，

---

　　① 有漕县份为开封、延津、宁陵、封丘、禹县、中牟、商丘、扶沟、滑县、尉氏、新郑、考城、安阳、原武、登封、兰封、武安、睢县、涉县、巩县、荥阳、太康、密县、鄢陵、许昌、淇县、浚县、沁阳、陈留、阳武、偃师、修武、淯川、郑县、汲县、孟津、杞县、长葛、广武、孟县、新乡、获嘉、通许、内黄、洛阳、临漳、温县、济源、汤阴、辉县、武陟、林县、汜水、民权、博爱、伊川。帖毓岐：《河南田赋概况》，见萧铮：《民国二十年代中国大陆土地问题资料》（第 22 册），总第 10457—10458 页。

　　② 大小粮之分，以花户完银多寡为断：洛宁一县以五分以上为大粮，下为小粮。汲县、宜阳、内乡三县以一钱以上为大粮，下为小粮。泌阳一县，以一钱五分以上为大粮，以下为小粮。阳武、鲁山、镇平、密县四县以二钱为大小钱之分界，孟津一县，以二钱四分为大小粮之分界。浚县、嵩县、巩县、偃师、新安、汤阴、中牟七县以三钱为大小粮之分界。桐柏一县以三钱二分为大小粮之分界。武安、延津、南阳、邓县四县以五钱为大小粮之分界。武陟、温县、考城三县分大小粮之标准不详。商丘门报乃有势宦家所完，历来不给差饭，亦以三钱上下为完银完钱之分别。帖毓岐：《河南田赋概况》，见萧铮：《民国二十年代中国大陆土地问题资料》（第 22 册），总第 10499—10500 页。

　　③ 《河南财政说明书》上编，《岁入部》第一类，《田赋》第一款《地丁》。

兑运艰难，遂有每石由人民纳银 8 钱，漕额则由距水次较近之县，自丁银额内扣支银每石 8 钱，代办漕粮运兑，是名"永折漕粮"。至清中叶各县多从民愿，每米 1 石纳银 3 两余，或钱 6000 余文，由官代办。咸丰七年（1857），每石征银 1 两 2 钱 5 分。同治元年（1862），通令有漕各县漕粮均按每石 3 两 3 钱征银。同治二年（1863）改定开封等 11 县为 3 两，兰封、内黄、考城三县因缺苦，减为 2 两，不久，汲县、淇县、延津、阳武、原武五县亦减为 2 两。同治九年（1870）又改向解 3 两 3 钱者减为 3 两，向解 3 两者减为 2 两 8 钱。至光绪三十四年（1908），除向解 2 两之兰封等 8 县，3 两之洛阳、登封及 2 两 8 钱之济源 3 县外，向解 2 两 8 钱之开封等 12 县改为 3 两，民初仍之。①

民国以后，河南财政始终处于收不敷支状态，每年亏短平均约 140 余元。财政亏短原因很多，而银元涨价当为重要原因。"盖丁漕收入大半为钱，而经费支出全数为洋，以钱易洋，必须折算，银价日高，致收数日短。曩之每钱一千三百文，可以易银一两或洋一元五角。今则仅能易银六七钱或洋一元，收入银价，其亏短已积如丘山。支出之用途，其额不减于黍，点金乏术，仰屋徒嗟，来日方长。""吾民赖有国家，而后能保其生命财产，故国家之官吏为吾民办公共事业也，国家之兵卒，为吾民御外侮平内乱也，国家所设之学堂、所营之路矿及一切实业，为吾民开浚智识便利交通、增进公益也。凡此种种行政，何一不需乎财。吾民节衣缩食，割弃自己一小部分之私财，以充国家行政经费，谋人群社会之发达，为国家而实所以为个人也。且官吏纵能枵腹办公，新政即可缓行，而军人饷需万难久欠，现在大局日危，纷争不已，保卫乡里，弹压地方，全恃军人。各省军人因饷需不给而哗溃变乱者，已数见不鲜。一旦不幸而至于如此，吾民彼时之损失，岂复可以以亿计。"② 基于此，河南于民国七年（1918）将丁漕改征银元。各县丁地，除新安、偃师、汲县、洛宁等县，每两改征银

---

① 帖毓岐：《河南田赋概况》，参见萧铮：《民国二十年代中国大陆土地问题资料》（第 22 册），总第 10502—10503 页。

② 《民国七年河南督军兼省长赵倜改折丁漕布告》，见民国《阳武县志》卷二，《田赋志》。

元 2 元以外，其他所有县份，每征银 1 两改征银元 2 元 2 角。各县漕米，每石一律改征银元 5 元。[①]

这些只是额定的税率，为应付近代的各种新政经费，田亩加派成为常态。光绪三十四年（1908），知府李星治目睹汝南县车马局积弊丛出，支应浩繁，改订新章，按每丁银 1 两附捐车马费钱 8 文，年收制钱 27000 千串，委绅管理。清末新政繁兴，宣统间有公款局之设，附收制钱达两三万串。民国初年军事扰攘，无事不附加于丁银，1 两附收已达七八千文。[②]清末有漕各县每石按 3 两 3 钱或 3 两解司，至民间完纳银高达 6 两 9 钱，纳钱高达 9200 文。[③]

表 4-19　不分大小粮钱庄州县每两折征钱数比较表

县别	每两折征钱数	县别	每两折征钱数
祥符	折征钱 2.55 千文	陈留	26 千文
杞县	2.6 千文	通许	2.6 千文
尉氏	2.5 千文	洧川	2.7 千文
鄢陵	2.7 千文	兰封	2.552 千文
旧兰阳	2.596 千文	禹州	2.6 千文文
新郑	2.35 千文	商水	2.8 千文
西华	2.8 千文	项城	2.9 千文
沈邱	2.8 千文	太康	2.668 千文
扶沟	2.7 千文	宁陵	2.52 千文
鹿邑	2.75 千文	永城	2.9 千文
虞城	2.57 千文	睢州	2.65 千文
柘城	2.65 千文	许州	2.75 千文
临颍	2.865 千文	襄城	2.6 千文
郾城	2.86 千文	长葛	2.7 千文
郑州	2.6 千文	荥阳	2.45 千文
荥泽	2.46 千文	汜水	2.45 千文
内黄	2.6 千文	涉县	2.57 千文
新乡	2.6 千文	辉县	2.7 千文

[①] 《河南省议会议决改折银元办法》，见民国《确山县志》卷一二，《财政考》。

[②] 民国《重修汝南县志》卷七，《民政考》。

[③] 民国《太康县志》卷三，《政务志》。

续表

县别	每两折征钱数	县别	每两折征钱数
获嘉	2.748 千文	淇县	2.526 千文
延津	2.44 千文	原武	2.5 千文
修武	2.64 千文	武陟	2.68 千文
渑池	2.973 千	伊阳	2 千文文
新野	2.8 千文	裕州	2.7 千文
舞阳	2.65 千文	叶县	2.5 千文
汝阳	2.8 千文	正阳	2.8 千文
上蔡	3 千文	新蔡	2.94 千文
西平	2.96 千文	遂平	2.95 千文
确山	3 千文	信阳	2.65 千文
罗山	2.95 千文	光州	3.3 千文
固始	民粮 3.3 千文	息县	3.3 千文
商城	3.234 千文		

资料来源:《河南财政说明书》上编,《岁入部》第一类,《田赋》第一款《地丁》。

表 4-20 不分大小粮银庄州县每两实征银数比较表

县别	每两实征钱数	县别	每两实征钱数
淮宁	1.4 两	滑县	1.3 两
封邱	1.327 两	河内	1.42 两
济源	1.383 两	孟县	1.378 两
温县	1.232 两	洛阳	1.43 两
登封	1.394 两	陕州	1.426 两
灵宝	1.4 两	阌乡	1.3781 两
卢氏	1.57 两	南召	1.5 两
淅川	1.45 两	郏县	1.533 两
宝丰	1.5 两	光山	1.46 两

资料来源:《河南财政说明书》上编,《岁入部》第一类,《田赋》第一款《地丁》。

表 4-21 不分大小粮半银半钱州县

县别	每两折征钱数	县别	每两折征钱数
考城	半银,每两折征银 1.1 两至 1.15 两及 1.2 两不等	汤阴	半银,0.65 两
	半钱,每两折征钱 2.587 千文		半钱,1.3 千文

续表

县别	每两折征钱数	县别	每两折征钱数
临漳	半银，0.675 两	林县	半银，0.61 两
	半钱，1.3 千文		半钱，1.372 千文
夏邑	半银，0.74 两		
	半钱，1.45 千文		

资料来源：《河南财政说明书》上编，《岁入部》第一类，《田赋》第一款《地丁》。

表4-22 分大小粮半银半钱州县征收比较表

县别	每两实征钱数	县别	每两实征钱数
商邱	大粮每两折征银 1.44 两	安阳	大粮每两折征半银，0.66 两，半钱，1.45 千
	小粮每两折征钱 2.66 千文		小粮每两折征钱 2.6 千文
武安	大粮每两折征银 1.44 两	汲县	大粮每两折银 1.26 两
	小粮两每折征钱 2.6 千文		小粮每两折钱 1.65 千文
浚县	大粮每两折银 1.44 两	阳武	大粮每两折征银 1.292 两
	小粮每两折钱 2.06 千文		小粮每两折征钱 2 千文
偃师	大粮每两折征银 1.3 两	巩县	大粮每两折征银 1.2 两
	小粮每两折征钱 1.7 千文		小粮每两折征钱 2.08 千文
宜阳	大粮每两折征银 1.45 两	永宁	大粮每两折征银 1.45 两
	小粮每两折征钱 2.6 千文		小粮每两折征钱 1.7 千文
嵩县	大粮每两折征银 1.46 两	南阳	大粮每两折征银 1.6 两
	小粮每两折征钱 2.55 千文		小粮每两折征钱 2.8 千文
镇平	大粮每两折征银 1.45 两	唐县	大粮每两折征银 1.449 两
	小粮每两折征钱 3 千文		小粮每两折征钱 3.2 千文
泌阳	大粮每两折征银 1.5 两	桐柏	大粮每两折征银 1.5 两
	小粮每两折征钱 3.2 千文		小粮每两折征钱 3.2 千文
邓州	大粮每两折征银 1.555 两	内乡	大粮每两折征银 1.5 两
	小粮每两折征钱 2.488 千文		小粮每两折征钱 2.2 千文
汝州	大粮每两折征银 1.433 两	鲁山	大粮每两折征银 1.58 两
	小粮每两折征钱 3 千文		小粮每两折征钱 2.14 千文

资料来源：《河南财政说明书》上编，《岁入部》第一类，《田赋》第一款《地丁》。

表 4-23 分大小粮银庄州县

县别	每两实征钱数	县别	每两实征钱数
密县	大（小）粮每两折征银 1.2 两（1.1 两）	孟津	大（小）粮每两折征银 1.41 两（1.15 两）

资料来源：《河南财政说明书》上编，《岁入部》第一类，《田赋》第一款《地丁》。

表 4-24 分大小粮钱庄州县

县别	每两实征钱数	县别	每两实征钱数
中牟	大（小）粮每两折征钱 2.9 千文（2.35 千文）	新安	大（小）粮每两折征钱 2.5 千文（1.5 千文）

资料来源：《河南财政说明书》上编，《岁入部》第一类，《田赋》第一款《地丁》。

2. 经征制度

清制，田赋征收隶属知县，而核销之权则分属各司道。属于布政司者为藩库，岁入为地丁、河工、驿站、颜料、平余、耗羡、司存留、府厅州县存留等；属于督粮道主管者为粮库，岁入为漕粮。田赋征收因收获有迟早之别，期限也颇不一致。概言之，有漕各地分上忙、下忙及冬漕三期征收；无漕各地仅分上下二忙，或间有一次总收者。无漕各地，按各州县赋额，分为夏秋两次缴纳，及期榜示，前为上忙，后为下忙。上下忙征数，或为对半，或为四六。田赋向为国家正供之大宗，清代征收田赋奏销有期限，考核有分数，经征督催有责成，奖叙议处有定例。民国初年，奏销考成制度荡然无存，而报册不能达于中央，考核也无从谈起，而奖惩亦无法加于外吏，田赋征收流弊日甚一日。民国三年（1914）财政部颁行田赋征收考成条例，河南省亦颁单行征收考成条例。

田赋旧制，地丁正额以外，例有附征，如平余、火耗、串费、票钱等项，名目纷繁，性质复杂。漕粮征收，例有漕项。漕项为解征漕粮时的各种用项，计有正耗米节省银、正兑及改兑盘剥银、赔头银、六八漕折银、轻赍银、折席银、润耗银、润耗米节省银、行粮一半折色银、行粮一半本色米节省银、临清仓米折银、临清仓赔头银、随粮席苇银等项。又征收田赋，发给人民粮票、串票、执照等，例由粮柜自备，公家无津贴，因之苛取于民。民国以后，改为征收费，并规定至多不得超过百分之十，包括职员薪水及津贴、征收人员费、催征工费、串票册簿费、造编费、杂费等。①

为解决上述问题，河南田赋征解主要采取四种方式，即内征内解、外征外解、内征外解、外征内解。"内解者，解正耗银两时，倾工火耗解费，悉出于办公平余之内，银价落则平余多，银价涨则平余少；外解者，解正耗银两时，倾工火耗解费书吏代官包办，不问银价涨落，净交县署平余若干；内征者，书吏纸墨饭食及家丁幕友分项秤两计算；外征者，书吏纸笔饭食，由外包办，其家丁幕友分项由外致送，各照旧规，不计两数。"②

征收方式，有于县府大堂设柜征收者，有由县派员按乡收取者，有委钱店代收者，有绅士包征，有义图代理者。考其体制，不外自封投柜、义图制与包征制三种。

自封投柜产生于明代，明隆庆初年（1567）在北直隶保定府、浙江绍兴府各县分设钱粮柜，令纳税者将应缴钱粮注明姓名及额数，自己封好投入柜内，并领取收据。制定"一条鞭法"后，曾普遍推行自封投柜。清顺治十六年（1659）通令"州县各悬木柜，排列公衙门首"，令"纳户眼同投柜"。康熙三十九年（1690）户部题准设立滚单，"令民遵照部例，自封投柜，不许里长、银匠、柜役称收"。雍正二年（1724）上谕，令民间输纳钱粮，自封投柜，自此以后，成为定例。自封投柜者，人民自携税银（清代需加封）亲赴粮柜完纳，随取执照。柜之设在县府者曰总柜，在四乡者曰分柜。为便利人民踊跃纳税，也有在适中地点暂设流通分柜，直接征收。由于分柜遍设为难，业户因道路辽远，诸多不便，由书胥代征代缴，书胥借以渔利。义图制是南方地区实行的一种田赋征收方式，县内分为若干乡，乡设乡董，为收税单位。乡又分若干庄，庄有庄首，依次轮充现年，核收全图地税，负责总缴县府。成立之时，合图协议，订立规约，

① 蔡如海：《中国田赋征收制度概观》，《政衡月刊》1934 年第 1 卷第 7、8 期合刊。
② 帖毓岐：《河南田赋概况》，参见萧铮：《民国二十年代中国大陆土地问题资料》（第 22 册），总第 10558—10559 页。

以资遵守。于征收之期，设柜于公共场所，各粮户即投柜完纳；延宕拖欠者，图董随时协助催收，期满即赴县扫数。义图制既能保证国家如期征齐赋额，也可保证纳税人免遭吏役诉索之苦，以达官民两益之美。包税制是由私人包征捐税的制度，开征之前，绅士入署与县长议定承包价格。议价既定，绅士出一期票与官府，官府则届期收款，以备缴解。至于绅士如何征税于民，官不过问。①

河南各县在清代实行自封投柜制度。一县划为若干区（乡），一区有一"柜书"（有称"户头"、"大户"、"卯首"、牌头者），分块征收。以灵宝为例，县分7"里"，每里置一"卯首"，每里有"里差"，里下各村有"劈头"，统收管下农户钱粮，然后反向汇总上解。陕县有22"里"，里有"里总"，下分"甲"，有"劈头"，专司收粮。②

民国时期，河南仍实行自封投柜，其具体办法如下：

本年丁漕自开征之日起，一律实行自封投柜，惟改良伊始，恐或有不便于民者，仍照向章，责成社首催完，不准假手差役，以杜积弊。

市区街村长均有督催责任，各应统治所属闾牌各长，务先与各该属花户说明完粮利害关系，俾人人皆知自封投柜利益，依限封兑，不得观望抗诿，违者即由各村长社首禀明究追。

征收期限，丁漕粮阴历正月二十，八月一日开征，其十一月底扫数，按照粮银多寡，分为三期比限。凡丁漕粮银在一两以上者，以二、八月底为比限，在三钱以上者，以四九月底为比期，在三钱以下者，以七、十一月为比期。如过比期仍不兑纳，定将该户开票饬差传追不贷。

丁粮有串票，有收据。各图社首花户，凡亲自投柜者，须按照粮单开明某户完粮若干，随时掣取串票收据，如各柜书推诿不予掣取票

① 蔡如海：《中国田赋征收制度概观》，《政衡月刊》1934年第2卷第7、8期合刊。
② 王天奖：《对〈民国时期的洛阳田赋〉一文的来信》，载中国人民政治协商会议河南省洛阳市委员会文史资料委员会编：《洛阳文史资料》（第六辑），1989年内部发行，第169页。

据，或浮收清事，准即时指名禀究。

完纳数目整数兑以现洋，零数须以铜元折找，每日按照市价悬牌示众，以杜绕算浮收之弊。

各花户完纳钱粮，照章准其并户，如有勒掯零收或意图取巧，查出一并究办。

正粮外尚有附征附捐，向为地方款、学款两项用途，准由公款局劝学所两处会同派妥员一员，每日到柜检查征收数目，并藉以指导完粮人是否手续相合。至收柜时，必须与各管柜书按照红账校对串票存根，结束一次，各清各项，以重公需。

村长副有督催社首之责，如能于所定期限前尽先撤欠，准由县署从优奖励，该社首亦予以相当之奖赏。①

但事实上，除一二绅夫外，花户大多未达县城，非包之于大户，即包之于钱行。虽加其息偿而乐此不疲，最重要的原因是花户深感其便。"一则不论钱项有无，有人包封，可免催科之扰；二则小户纳数极少，若到县自封，距城稍远之乡，不但旷时，加以饮食川资，所费滋多，故愿出利息，以惟以不到衙门为幸。"②

漕粮征收与地丁不同，地丁计闰，漕粮不计闰，地丁分上下两忙，漕粮征收在秋收以后。每岁秋收后开漕，以户粮二房司其事，完漕者填给串票以为凭证。至于催征，非签粮差，即派约保，每视完纳之多寡，以考催科之勤惰。至十月间则勒限比差，谓之比卯（五日一卯，督差役严催）。如再有不纳者，则饬差役垫付，谓之"撕票"，准其持票向花户加息索偿。③

3. 征收手续

国家按田亩征税于民，必有明确的地籍图册，备载花户、坐落、四

---

① 《整顿钱粮自封投柜办法十二条》，《河南财政月刊》1923 年第 13 期。
② 《河南财政说明书》上编，《岁入部》第一类，《田赋》第二款《漕粮》。
③ 帖毓岐：《河南田赋概况》，参见萧铮：《民国二十年代中国大陆土地问题资料》第 22 册，总第 10559—10563 页。

至、亩分、等则、图形等，以为依据。故国家有鱼鳞图册，与赋役全书相表里。而民间执有单契，以为执照之凭证。在征收赋税时，近代常用的手续有易知由单和串票。

易知由单，亦称由帖、由单，就是催交纳税人纳税的通知单，单内开载应缴纳的款项及输纳的期限等（多数还有田地的科则、田地的额数及折合银钱数项等）。在开征田赋以前，地方官府在单内各栏下一一填写明白，然后将单分发各花户，使纳税者得以依期如数缴纳。此单有使纳税人容易知道纳量的成案及其事由的用意，故名"易知由单"。始于明正德初，清代因之。康熙中年谕令各省陆续停刻，由单至此稍衰。其后太平天国亦有征粮由单之设，在光绪末年湖北等省仍奏请设立由单。[①]

民国七年（1918），河南省政府废除了漕粮易知由单。花户缴纳漕粮之前，按例给一由单，"原其立法本意，以漕粮原缴本色，嗣后以运输不便，改折银钱，为数零星，其征收有代完、包封、单头等名目，恐民不知本年应完确数，与其实有地亩能否相符，俾先核算，以免舛错。意亦甚美，未可厚非。但漕米折钱，为时已久，价亦足额，人人皆知。完时即与执照，事先无须由单。且查有由单各县，每多假手里书，并不亲自散给。向为各户自取，往往为翻阅遗失，或为该役故意揩留。俾该户主不得由单，不能完漕粮，即令托情缴完。而该柜书又不与执照，名为白票。时久年湮，又多生纠葛，似此情形，则由单之设，与事无益，与民有害。"[②] 由此，民国五年（1916）12月，河南免除漕米易知由单，民国九年（1920）5月，又免除单头。[③]

串票是清代纳税的收据，又称截票、联票、粮串、印票。早期串票实行二联制，二联中间钤盖官印，一联交给花户，作为纳税凭证；一联留给官府，以为存根。由于有司与奸胥贪官串通舞弊，借以勒索钱粮，康熙二十八年（1689）实行三联串票，一联留存官府，一付联交于催征差

---

① 梁方仲：《易知由单的研究》，《岭南学报》1936年第11卷第2期。

② 民国《太康县志》卷三，《政务志》。

③ 每逢征漕之时，先行按某里某甲开列滚单，由派书择其中花户某人签注，呈县点为单头，负责催收漕米之责。无论有无户主，已否收讫，概责令单头垫完。

役，一联交给花户。雍正三年（1725），更刊四联串票，除给县署、征差、花户各一联外，另送知府一联。雍正八年（1730），漕粮实行新的三联串票法。

光绪三十三年（1907），河南省串票改为三联，且由官印刷所印发，各县请领，每张缴价 2 文。宣统元年（1909）每百张改收银 9 分，加上来往路费，各县随粮每串票一张收钱四五文或六七文不等，以备领价及津贴书吏家丁之用。后因举办新政筹款，有加至 50 文以上者。至民国七年（1918）改折后，将串票价及领票盘费划归征收费项下开支。两项加征仍照常征收，征收后归入省库，名之曰串票捐。①

4.征解习惯

豫省完纳钱粮，有银庄、钱庄之别。钱庄有 60 处，银庄有 18 处。其余半银半钱，或大粮完银，小粮完钱。然按之实际，民间得钱易于得银，除首要州县银两较易兑换外，此外虽名为银庄，亦大半完钱。② 夏邑、安阳、林县、汤阴、临漳为半银半钱，每正银一两，以一半纳银，另一半纳钱。银庄有淮阳、滑县、济源、孟县、洛阳、登封、陕县、灵宝、阌乡、卢氏、临汝、郏县、宝丰、南召、光山、商城、淅川 18 个县，每地丁正银一两折收钱数，或银一两四五钱者，因各县正耗、办公、平余、倾工、火耗解费、书役饭食，及节次提公各款一并在内，故折价较市价为高，银则加四五钱不等。③

民国七年（1918）改征银元后，现洋缺乏的县份，如以铜元、制钱完纳，均应按照银元市价折算，但县知事需报解银元。具体折算比率，每届开征前，各县知事邀同公款局、商务会暨公正绅富会议，择本城可靠钱庄或商号，由殷实绅商担保，委托代办兑换银元事宜。银元价目须由署内经征主任协同公款局、商务会按市价酌定，每日由县知事牌示署前或征收处

---

① 帖毓岐：《河南田赋概况》，参见萧铮：《民国二十年代中国大陆土地问题资料》第 22 册，总第 10460—10461 页。

② 《河南财政说明书》上编，《岁入部》第一类，《田赋》第二款《漕粮》。

③ 帖毓岐：《河南田赋概况》，参见萧铮：《民国二十年代中国大陆土地问题资料》（第 22 册），总第 10500—10501 页。

所。代办兑换钱庄或商号，门首须悬一代办完纳丁漕银元兑换所木牌，对
于各花户以铜元或制钱兑换银元者，按照牌示价目收钱后，即将该花户应
完丁漕数目若干，开条盖章，令花户持条投柜完纳。其花户有愿购洋自
交，或按当日定价经以铜元或制钱投柜完纳者，悉听其便。丁漕改征银元
后，所有从前平余、耗羡等名目一律革除。①

二、近代杂税征收制度的演变

各种杂税征收，在清末并无专门机构，大多由县署征解。② 到民国以
后，各县开设各类征收机构，专司某项杂税的征收。

1. 征收机关

契税，光绪年间定例，由官中发卖契纸。民国五年（1916），因有官
中代办发行所之令，定为每区设官中一人。凡民间买典田房，订立契约，
均须遵用官契纸。官中申请书由县知事依照定式刊印，发交各官中，嘱令
购契纸人填写，不取分文。官中只负责管理契纸，所有征收契税事务，仍
归县知事公署办理。③ 同年，契纸支发行所成立。官契纸发行，以财政厅
为总发行所，县公署为分发行所，各区为支发行所。支发行所得由县知事
委托公正绅首或殷实商民办理。各县区设支发行所，由县知事按区域大小
自行分配。民间卖当房地，以前书立契据及查报契税，均由产行及官中办
理。在产行、官中次第撤销之后，所有书契及报税等事，均责成支发行所
承办。支发行所书立契据，应按典买如实填写，不得以多填少，以少填
多；并将领到空白契纸若干，书立契据若干，仍存空白若干，及户主姓名
成交价目，按月造册报县，以凭稽考，由县知事汇报财政厅备查。支发行
所只有承售契纸及书契报税之责，所有征收契税事务仍由县公署办理，支
发所不得代办。支发行所按契价抽收手续费，买契抽百分之一，典契抽百
分之五（受户出三分之二，售户出三分之一）。支发行所抽收之手续费，

① 《河南丁漕改征银元实行细则》，《河南财政月刊》1922 年第 5 期。
② 民国《淮阳县志》卷四，《民政上·建设》；民国《太康县志》卷三，《政务志》。
③ 《河南省发行契纸细则》，《河南财政月刊》1922 年第 5 期。

分作十成，以七成作支发行所经费，一分五作分发行所经费，一分五作总发行所经费。① 民国十四年（1925），河南教育专款独立，契税划归教育厅自行管理。民国十五年（1926），教育厅令各县设契税经理局征收，由省委契税经理专员，专司其事，以税收百分之三为该员薪俸。②

牙帖税向由县署征解，民国十三年(1924) 改为包办，后仍归官办。③ 屠宰分局创于民国十二年（1923）。各县设屠宰税代办征收所一处，选派妥员经理其事，其在乡镇各处，由县委托公正绅士划定区域，设征收所若干处，代为征税。委任手续以投标方法行之，由县知事在县公署设一投标匦，于奉文之日起，以 20 日为限布告通知，定期投标，当日开匦，以投标额数最高者为征收所征收员，征收所征收员任期为一年。投标以该县近三年征收高额再加三分之一为最低额。征收所系官督商办性质，征收员听从县知事指挥，县知事亦承担维持保护责任。④

2. 征收程序

各种杂税征收皆有严格程序。如契税由各官中代办分发行所，官中将契纸内缴厅缴部两联，连同申请书按照税契条例的规定时限，缴送县知事公署；如纳税逾限，可以此作为送达罚金通告书的根据。各县知事接到官契纸后，自留存根一联，其余三联截下，酌量分酌张数，发交各官中代售代填。各官中每隔十日即将已售纸费，连同契纸内缴厅缴部两联，造具管、收、除、在四柱清册，转交县署；但边远乡镇销售多者，由县知事酌定解缴期限。官中除照章征收契纸费、填给定式收据外，不得额外浮收。⑤

1917 年 1 月，河南省颁布《河南全省屠宰税征收暂行简章》和《河南修正屠宰税施行细则》，凡系屠宰营业，无论新旧各户，于屠宰税专局成立后，就地向各局报明姓名、牌号、住址、年岁、籍贯，由局所人员查

---

① 《契纸发行所简章》，《河南财政月刊》1922 年第 5 期。
② 民国《太康县志》卷三，《政务志》。
③ 民国《太康县志》卷三，《政务志》。
④ 《本厅拟定代办屠宰税征收所简章》，《河南财政月刊》1923 年第 7 期。
⑤ 《河南省发行契纸细则》，《河南财政月刊》1922 年第 5 期。

核后，分别填给牌照执照，牌照分甲、乙、丙三等，缴纳数额不等之费用。甲、乙、丙等次之分别，以该屠户屠宰多寡及销场大小为标准。颁发牌照之目的为杜绝私宰、均平价格、维持商务。特种执照发给屠技正目（类如清真寺执事），不取照费，但负责逐日报告经手屠宰牲数。营业牌照有效期间定为一年，期满后另缴照费一律更换。① 征收屠宰税由财政厅颁发三联执照，一付宰户收支，一留县署存案，一交财政厅查核。其各联年月上盖用厅印，并由县知事加盖县印，以示慎重。凡城内屠宰猪羊，应先期赴征收所报明完纳税款，领取执照，方准宰杀。次日由所派员查验，有无执照。其距城窎远之集镇，责令该集镇屠户先将认定月交数目上报，县署委托地方绅董复查，代为征收，按月截报，并随时由县查验执照。各县征收所屠宰税每月 5 日缴纳一次，每月 10 日以前，由县知事汇合上月份全月税款，分别正税罚金填造清表，连同执照交厅一联呈解财政厅。②

民国五年（1916）1 月 1 日，河南省颁布《河南牙税章程》，对牙商缴纳牙税程序作了具体规定。凡豫省牙商领帖时，需书明营业人姓名、营业牌号、营业种类（以货物言之）、营业地点、开业时间、纳税等则等，并附殷实铺商或同行三家保结，报送县知事加具印结，转呈财政厅核发牙帖。牙帖捐于领帖时一次缴纳之税银，每年分两期完纳，第一期以 1 月 1 日至 3 月末日，第二期以 7 月 1 日至 9 月末日，届时由各县知事经征。如有滞纳，应按月递加税款十分之一，逾三月后，再不缴纳，责成原保人保偿。牙商领换新帖，除缴帖捐外，每张须交帖费洋 1 元，以一半留为县署办公，一半解财政厅作为印刷工本，此外不准需索分文。豫省牙帖有效期间，以五年为限，满五年后按规定捐还新帖。凡豫省牙商中途死亡时，得由其兄弟子孙继承营业，但需缴销旧帖，领还新帖，并缴帖费洋一元，其有效期间仍以前帖未满之日为限。③ 豫省牙帖由财政厅印刷，分为三联，一联存县，一联缴财政厅，一联发给牙商营业人收领，其各联骑缝处编列

---

① 《河南全省屠宰税征收暂行简章》，《河南财政月刊》1923 年第 12 期。

② 《河南修正屠宰税施行细则》，《河南财政月刊》1923 年第 7 期。

③ 《河南牙税章程》，《河南财政月刊》1923 年第 7 期。

号数，盖用厅印，仍由该县知事加盖县印，以昭信守。牙商依限领帖，完浚之后，应将发给牙帖张数、征收帖捐费及税金各数目，由县知事遵照前颁表式，造具一览表，以便查核，每届年终造报一次。各县征收帖捐牙税，系属解济中央专款，应随征随解，无论何项用途，不得擅行动支，不得抵拨各项行政经费之需，违者由该知事赔垫。各县经征牙税每百元应准扣支 5 元，充作征收经费。①

3. 惩处规则

惩处规则主要是针对征税人借机渔利和纳税人偷税漏税而设。1917年颁布的《河南修正屠宰税施行细则》规定，各县征收所员如于规定税之外，借端需索，准由屠户禀请查办。凡屠户有抗不服者，或抗不纳税者，由各征收所陈明县知事惩处，并送交警察署惩办。凡告发漏税之人，查实后照部章第六条，于所收罚金内提给五成奖费。因疫自毙猪羊报告征收所查验属实，不准屠宰收税卖给食户，以重卫生，如捏报者照匿税处罚。②

《河南牙税章程》规定，对于大宗货物交易，不经牙商介绍，私相授受者，如被行商察觉，准其加倍抽取行用。倘额外索诈，亦准受害人举发。牙商营业，对于买卖者抽取用费不得超过货物交易价值百分之三。行商营业，只准按照指定地点一帖一行，不准有分行分庄名目，亦不准越地开设。凡牙商无帖私开，或执旧日帖照冒充，一经查实，科以 100 元以上 500 元以下之罚金。③

各县征收契税，均有定额，不容亏短，人民买典田房纳税，定有期限，不得逾越，且不准瞒价漏税，违者照章处罚。对于契税缴纳，无论是逾限未交还是匿报契价，一经发现，均有严厉惩罚。如立契后逾 6 个月限期不照章投税者，除缴纳定率之税额外，并处以罚金：逾期六个月为第一期，每卖（典）价百元，应纳税六（三）元加一倍罚六（三）元，共十二（六）元；再逾期六个月为第二期，每卖（典）价百元，应纳税六（三）

---

① 《河南牙税章程施行细则》，《河南财政月刊》1923 年第 7 期。

② 《河南修正屠宰税施行细则》，《河南财政月刊》1923 年第 7 期。

③ 《河南牙税章程》，《河南财政月刊》1923 年第 7 期。

元加二倍罚十二（六）元，共十八（九）元；又逾期六个月为第三期，每卖（典）价百元，应纳税六（三）元加三倍罚十八（九）元，共二十四（十二）元；逾限罚金以分期加至三倍为止。对于匿报契价的行为，也依据逾限未交办法，给予相应处罚。①

第三节　近代河南各县财政征收之弊病

正如民国《新乡县续志》的编写者所指出："近则旧制无效，变置多端矣。民之负担日增，国之困窘日甚，岂赋役之不足充国用哉？"②一语道出近代县财政之弊端，即赋税征收过程中弊端丛生，要么赋税无法征足额数，要么经征官役滥用权力，肆意侵吞，在官得一分，而民出十分。

一、征收簿册之散佚与紊乱

征收簿册的散佚与紊乱主要体现在田赋征收上。田赋经征，官府需有花户纳粮的地籍簿册，以便明晰花户应负担的额数以及全县的赋役总额，而花户也可知自己纳赋确数。但在近代，河南田赋经征中最大的问题就是地籍散佚，税率不一，簿册混乱。第一，地籍散佚，田赋底册由私人把持。清代各省县在田赋征收方面有鱼鳞图册、柳条册，前者载地亩坐落四至，后者载业户姓名、住址、粮额等，为征赋之依据。迨经变乱，遂致散失，即幸存者，亦残缺不全，田土坐落及业户姓名、住址，尽失稽考。于是，在每年田赋开征之前，由各县里书自行查编户粮，以此为凭，向花户征赋。在编造过程中，漫无标准，捏造谎报，飞洒诡寄③，百弊丛生，有

---

① 《改订河南省契税实行细则》，《河南财政月刊》1922 年第 5 期。
② 民国《新乡县续志》卷二，《赋役》。
③ "飞"是将应征粮户的银额，移作报荒的粮户项下，而业户则照常纳粮，这样，胥吏便可将缴入的田赋据为己有。"洒"是将缴入的田赋移作私有，而将其应付之粮，分洒于其他户下。例如甲缴赋于胥吏，吏取为己有，并将其银额分加于乙、丙、丁等户，使他人为之负担、"诡"即业主将熟田虚报作荒，以免田赋。胥吏或为卖弄人情，或侵蚀其所缴钱粮，两者皆有。"寄"即将已缴的钱粮侵蚀为私，不为上纳，并报该户为未缴钱粮；参见邹枋：《中国田赋积弊之形形色色》，《建国月刊》1934 年 10 卷第 1 期。

田无赋、有赋无田、田多赋少、田少赋多，各种怪象充斥。第二，赋率无统一标准，花户负担不均。赋率不一，征科无准。田圩颠倒，肥瘠不分。粮有大小粮之分，地有大小地之别，税率县与县不同，乡与乡各异。第三，簿册混乱，征收缺乏监管。清代地方的征收簿册有四种：一为征收簿，因盖有上级机关钤记，一若官契之称红契，故俗称红簿。红簿以日为经，以乡为纬，记载每日征收某年度丁米银若干。除记录当日收入总额外，还需合计累积征收额数，故又名实征滚存堂簿。一为缴款簿，即缴会计处收存的每日征银总额之簿，该簿记载之数为中的实征滚存堂簿各乡日缴总数，故又称日报簿；一为截串注销簿，即已裁串票盖戳核销登记之簿；一为日记簿，俗称现收流水簿，逐日登记各业户完纳数之簿，此簿以乡别类，每页十户，一日户数总计，必等于截串簿之截串数。四种簿册，缺一不可。清代户部则例，州县征收钱粮簿，需于十月内送布政司钤印，开征前领回。在花户完纳时，长官会同登记，填发串票。一切征收簿，每日提交县衙，由县知事亲自查核完欠，发出听比。如有假手户书，大头小尾等情，一经查出，即予参题，规定綦严。①但到清季，吏治败坏，红簿悉由户书制备，自行记载，事前既不送司钤印，事后又不经复核。报销不自簿册抄录，乃由司爷闭门造车。民国以来，相沿成习。所谓征收簿册，一塌糊涂，即便是高明的会计师审查账本，也只有望簿兴叹，理清乏术。簿册之紊乱，为经征员役上下其手提供了便利。

二、经征人员之朦混与侵吞

民国时期，蔡如海指出，赋税征收弊在征收吏者为组织欠善，稽核不严。②经征人员之朦混与侵吞体现在税收的各个环节。在田赋方面，基层负责经征钱粮的员役主要是里书和柜书等人。里书负责编制各县的征粮册，以作全县征收赋税的凭据；柜书主要负责经征钱粮。

里书又名"册书"。一般将全县划分为若干里，每里设里书一人或数

① 蔡如海：《中国田赋征收制度概观》，《政衡月刊》1934年第1卷第7、8期合刊。
② 蔡如海：《中国田赋征收制度概观》，《政衡月刊》1934年第1卷第7、8期合刊。

人，掌管着全里花户的地丁粮册。里书不属于县衙编制，官府不给报酬，没有固定工薪，其收入根据办理地亩过割、丁银划拨的总额多寡，坐中抽佣。里书的人选，起初是由各里豪绅地主遴选，再由县衙任命。里书的任期也以地方豪绅的意志而去留，因此，里书为自身利益计，往往与地方豪绅富户结成利益共同体。

县署按照规定，每年在麦后、秋后两次开征赋税。麦季以每亩土地应纳银两计算，秋季以谷折合升合计算。每届开征银米，即由里书着差通知地方，由地方转饬花户。各花户到管辖自己所在的里书办公场所（一般在当地书院里面），由里书抄写花户姓名、堂号、地亩数目、等级、折合银两数额的白条，然后由花户持条到县衙钱粮房临时设立的征收处，交条计算折合现金。缴纳数日后，再到里书处领取官府的正式收据（里书见到官府收据即在花户名下注明已经缴纳，不再催讨），俗称小票。花户拿到收据，即可证明银米已完，不再蒙受差役敲诈勒索。所以民间传有谚语："农民完了粮，好似自在王。"

里书营私舞弊手段五花八门。有大契小税。他们将土地出卖的价格以大化小，买地的豪绅富户虽然仍按原价交付，但可以按小数办理手续。这样以大数化小数，买主即可少纳税额，里书可从中渔利。有重赋轻拨。地亩之银米，本依土地的优劣而定，但在出卖土地过割中，奸诈的里书将地亩应缴纳的银米数目少划少拨，转祸于贫苦农民。所谓过割，就是贫苦农民出卖土地之后，交纳银米的义务，自应随产权的变更而转移。但是买地的豪绅富户为了减轻负担，采取贿赂手段，买通里书，施以诡诈伎俩，移花接木。里书将肥沃土地的一级丁银，以瘠地三级丁银划拨或少拨，为豪绅富户缩减赋税，给出卖土地的农民留下祸根，造成贫苦人家卖了土地仍需肩负缴纳银米的义务，年年照旧封银完粮。这就是所谓的"空粮"。还有轻赋重拨，即豪绅富户勾结里书，推出盐碱洼地，拨出肥沃土地的丁银。

在里书的地亩册内，花户名下还有"寄庄"名目。列入"寄庄"项目的是非本县或非本里的人购买的土地（亦称插花地）。土地一经划拨到"寄庄"栏内，土地所有者除每年缴纳应征的银米外，对其他苛捐杂税即可不再承担。豪绅富户及里书的亲友，通过里书将不少土地划拨到"寄庄"栏内，所有"寄庄"地亩均不担负苛捐杂税，而苛捐杂税又要依地亩摊派，无形中又给贫苦农民增加了额外负担。

杂捐是官府按照花户拥有土地多少征收的。如富户捐，是向拥有土地较多的富户征收的一种杂捐。这项杂捐起派的标准是两顷土地，即凡有200亩土地以上的富户，就应行摊派，不足200亩土地的户不摊。豪绅富户勾结里书，把占有的大量土地化整为零，千方百计为其减免杂捐负担。这样，除了豪绅富户的真实姓名外，又出现了许多五花八门的堂号，如"三槐堂""二铭堂""恒德堂"等等，较大的豪绅地主，堂号竟达几十个之多。里书把豪绅富户占有的大量土地，分化划拨到各堂号名下，化整为零，逃避捐款。结果是拥有大量土地的豪绅富户分摊不上，给土地少的花户加重了负担。

在里书的地亩册中，还有"死丁""逃户"。土地所有者家无后继之人的绝户，或逃往外乡、久无音讯、下落不明、无人缴纳丁银的逃户，里书则呈报官府，经县衙批准，列入"死丁""逃户"项下，成了空银。官府为了弥补应征丁银的总额，又要加重其他土地所有者的负担。里书则将此项数目扩大给关系户，推掉杂捐，逃避赋税，并乘机将自己的土地列入"死丁""逃户"项下，或趁别人办理过割时逐渐将自己的地赋拨给买主。这样，里书们既拥有土地，又不负担应纳丁银。[①]

滑县的里书还可按照花户丁银多寡征收粮食，作为里书的生活和纸笔费。每年麦秋后，就按丁银多少征收粮食，收粮多少视管辖村庄多少而定，有的收粮食三五千斤，少则两三千斤。如聂庄聂元喜管辖户固里，每年按每亩土地1升麦2升秋标准征收，每年收麦4000斤、秋7000斤。地主可以纳粮食，但逢年过节需给里书供奉肴仪，每户10元至20元不等。如管老安里肴仪一次就收仪礼200元，管孔林里收肴仪250元，管潘井里二十六村庄肴仪一次收现洋300多元。一般情况下，

① 刘式武：《万恶的"里书"》，载中国人民政治协商会议河南省鹤壁市委员会文史资料研究委员会编：《鹤壁文史资料》（第三辑），1987年内部发行，第104—108页。

肴仪是二年三次。①

里书之所以横行无忌，全仰仗其对田赋征册的掌握。为保持在田赋经征中的超然地位，里书窝藏粮册孤本，畏人照抄，往往秘不示人。如不得已示人时，往往以秘密记号书写呈交。其秘密记号，有斜点者，有梅花形者，有十字者，有三角形者，外人视作天书。倘县署调取，多抗不遵缴，即照缴亦无从辨识。其粮册账本，要么传之子孙者，要么传与门徒。这些人承袭舞弊之技，往往青出于蓝而胜于蓝。②

清代在各里设柜书、司账、催征等人员，专门负责一里的钱粮经征。按照时制，柜书、司账、催征等人员，每里只准设置一人。柜书属于无俸人员，全赖官府以养其身。淮阳分为九里，每里只准设一柜书，九里应有九人，在各房中择家道殷实声名较好者，令典史环保充膺。每年一更，或每忙一更，不准一人长期盘踞。司账、催征系柜书副手，每里亦只准设一人，即由本柜柜书具结保充，每届开征前，将点充人姓名住址大书榜示。而实际上，每里每项各十人。③虽然各县在民初进行了机构改革，但基层的赋役征收机构及人员仍然完全保留了下来。信阳县书办类皆为世业，其中号为肥缺者，尤莫如八柜。民国时期，州县置掾属于署内，设三科或四科，各设科长科员，由县长荐充，分掌词讼、民财、教实等，旧日房吏，悉行裁去。而信阳仍有八柜，名易而实不易。④另外，基层的一些乡约在基层赋税征收也扮演着不光彩的角色。

信阳征粮积弊最深且久者，首在柜书，次为乡约。柜书作弊之大者，莫如"卖户"。所谓"卖户"，即柜书索贿于粮户，将该户粮名拨割与远村。每年发给乡约的粮簿上，有粮名有粮额，其人为谁，居之何处，俱不得而知。久而久之，遂成"飞粮"。"飞粮"到手，善良的乡约，往往为补足"飞粮"而倾家荡产；不肖乡约，巧为弥补之法，或将所飞之粮，分洒于懦善

---

　　①　常利增整理：《旧社会里书盘剥人民述略》，载中国人民政治协商会议滑县委员会文史资料研究委员会编：《滑县文史资料》（第六辑），1989 年内部发行，第 104—105 页。

　　②　庄强华：《田赋积弊之检讨》，《国衡》1935 年第 1 卷第 2 期。

　　③　民国《淮阳县志》卷四，《民政上·建设》。

　　④　民国《重修信阳县志》卷八，《民政志一》。

人家，或成为民欠。柜书不仅在粮额分配上乱作手脚，在赋税征收过程中也对花户也百般刁难，恣意浮收。花户赴粮柜，将应完之数算清交柜。在这一过程中，柜书往往多方浮算，故意刁难。争执之中，或怒将款钱推掷，散落满地，引无数儿童争前抢拾。待农人收拾残余，已非原数，只得忍气吞声，哀求柜书核算，不敢再作计较，设法凑足以了事。亦有负气相持之人，与之抗争。往往会延宕数日，粮款仍不能上柜。而旅费之损失，更多加一种负担，只有自认倒霉。民初信阳完纳银元，以铜币折合，常视市价浮加十分之一二。至所完洋数，视征额多至一倍，或数成不等。券上征额愈少，珠盘折算愈多。而又随带券钱酒钱，及收零作整，转厘为分，层层剥削小户，大户也难逃此劫。券上粮额所写文字，柜书自有内钩外钩暗记。这些"龙飞凤舞""潦草涂抹"的暗记，对农人而言，无异于天书，无人能得其要领。①

在征收过程中，柜书使用方法五花八门，无所不用其极。一为卷尾之弊。这是化零为整的做法。一种土地的卷尾，一种钱粮的卷尾。比如张三有地 1 亩 9 分 1 厘，每亩应征银 3 钱 5 分 8 厘 6 毫，征税吏便将 1 亩 9 分 1 厘，卷成 2 亩，3 钱 5 分 8 厘 6 毫，卷成 3 钱 6 分。如是，则原来应付的 6 钱8 分 4 厘 9 毫 2 的田赋（依 1 亩 9 分 1 厘计）现在就得付 7 钱 2 分了。这样卷尾的数字积少成多，也很可观。二是穿靴戴帽之弊。穿靴戴帽之弊，前者胥吏在造串时，在数字上下预留空位，加于数字上边，其所增数额很大；后者在串票数字上留下空白，加入数字，其额较戴帽甚少。四是大头小尾之弊。胥吏征收钱粮，全凭粮串，但他们往往在存根上写得少，在付给农民的串票上写得多。这样，他们中饱的数字，又不在少，这叫大头小尾。②五是勒折浮收之弊。淮阳钱粮征银，自咸丰五年（1867）起，每丁银 1 两交银 1 两 4 钱，倾工、火耗、解费、书差饭食等皆取资于此。全县分为九里，设柜书征收。该县钱粮除大户纳银外，小户实居多数，粮银不过数钱或数分数厘，大都自愿折钱完纳。宣统年间，柜书而在经征时，高

---

① 民国《重修信阳县志》卷一〇，《食货志一》。

② 郭垣：《改革田赋声中的中国田赋积弊研究》，《平民杂志》1934 年第 3 卷第 8 期。

抬银钱折价，每两须增二三十文不等，市价为银 1 两折钱 2548 文，实际征收 2700 百文，丁银 1 两浮收制钱 152 文。①

信阳人民投充乡约，必先厚结柜书，柜书会授以舞弊之法，以便彼此分肥。乡约禀讦花户，柜书为之上下其手而操纵之，以取盈余。官府征粮，直接取之于乡约，责令先垫交三五百元，撕券（粮串）若干交与乡约。而乡约垫交的款项，或以最高利率贷于商家，补偿其损失，在征税过程中使用绕算之法获利。此例一开，即非垫交者，也一律施以绕算之法。于是，有作乡约数年而致富者，然而，粮户负担更为沉重。职是之故，地痞土棍无不争先充当乡约，因其可以凭借官府而鱼肉农愚。除绕算之外，乡约有另一生财要决，名曰"告邪邦俗"，亦称为"摇报"。乡约勾通劣绅，与粮差声明：某户将退差，遵县府令，报人顶替。乡约往往选择殷实农户中愚懦而不明书算者，逼迫接充。该农户畏不敢应，则托人关说求免，贿以千百缗钱，或千百元，而应酬费运动费尚不在其中。乡约按照家产之多寡，轮流推衍。甲家免则转向乙家，乙家免则转之于丙家与丁家，直到满足其欲望为止。在一年之中，乡约往往使用一次或二次，甚或三次。②

除直接经征员役外，县署衙门的吏役也在赋役征收中捞取油水。清末民初代县级衙门中除正役外，尚有大量的白役。无论正役和白役，官府不发薪水，利用各种机会捞取好处是其谋生之资。信阳县衙门的职役，在正额之外，尚有大量的不载卯簿人员，谓之"白役"，多达千余人。县署不支发白役工食，皆凭借官府以养其身家。③清末民初各县虽然进行了机构的调整，但一些县份名亡而实存。清代正阳各房吏、班役，均有定额，名登记簿，由官款发给规定工食银两。自嘉庆道光以后，官府不要发放工食银，各班房生活用项，均藉经办公务，取给于民。因此，无论办理任何事务，各吏均能自创名目，向民户勒索银钱，县官也置不闻问。民国初元，

① 民国《淮阳县志》卷四，《民政上·建设》。
② 民国《重修信阳县志》卷一〇，《食货志一》。
③ 民国《重修信阳县志》卷八，《民政志一》。

因仍旧绩，裁汰陋规，废除不合理的制度。随后，令县署分科办公，裁房吏，用书记；裁班役，招政警。正阳仍就各房班原人改换名称，并未实行更动。① 自是而言，清代的各项陋规也原封不动地保留下来。

官衙蠹役常用的敲诈勒索手段主要为出签、垫银等。在清代及民国时期，县府依时开征，由钱粮房开列名单，交里书协同乡约地方通知花户，按时缴纳银米。遇有灾荒，粮米歉收，群众无力按时缴纳时，县府即派八班之快班，专人催逼花户讨银完米，名曰"出签"。百姓称之为"火签"，意谓如火之急。催逼银米的衙役，照例向花户勒索烟酒饭钱、鞋钱若干。更急的是垫银，即所谓县府要火急上缴，刻不容缓，老百姓困难不能按时上缴，所欠丁银由县府衙役们垫出。当衙役催讨偿还垫银的时候，民户一时无法偿还，便要遭到衙役逮捕羁押。因而，被衙役代垫完纳的花户，不得不到处揭借，以济燃眉之急。偿还时，除加倍偿还外，还得任其敲诈勒索。②

河南省各县串票定价，每张自 20 文至一二百文不等。而蠹役房书等，以弥补茶资酒钱为借口，暗中所诈取者，超过定价十数倍。所有定价收入，除缴解购买官纸票官纸印刷局（不到收入总额的二十分之一）外，余则全数归县知事及经收钱粮员役等分吞。如新野一县粮银 18000 余两，粮串价亦定格式，最低每张 20 文，每年收入总数约有 1800 余串之多。书役等所诈取者，超过十数倍于此。若其他定价较高之县份，则县知事及经收钱粮员役双方分肥更多。③

民国以后，各县设立公款局，作为经理地方收支各项公款的总机关。原欲以本地之士绅管理本县之财政，使之细心钩稽，涓滴归公，一洗从前书吏侵蚀之恶习，并以此作为日后财政公开之张本。由于民讹数世，人心不古，各县公款局中廉隅自节者，固不乏人，而舞弊营私者，亦复不少。故公款局成立已十年之多，而县署与公款局经营之款，仍然没有划分明

① 民国《正阳县志》卷二，《政治志》。
② 刘式武：《万恶的"里书"》，载中国人民政治协商会议河南省鹤壁市委员会文史资料研究委员会编：《鹤壁文史资料》（第三辑），第 108 页。
③ 《训令开封等县据新野县公署杨雩条陈剔除中饱以资财用文》，《河南财政月刊》1924 年第 26 期。

白，地方公款每年收支之数亦未明白宣布；且有公款局长与县知事通同作弊、狼狈为奸的不法情事。①

永城县经征手续多染旧习，如征收钱粮，铜元折价，应照邮局所定市价以为标准。而永城邮局 1923 年 2 月初旬所定之价，每洋 1 元，折收铜元 2050 文。而县署收纳每洋 1 元，则折合铜元 2060 文或 2070 不等。当时铜元有当十、当二十两种，原可通用。而永城征收款项，统纳当十铜元，至当二十铜元，收纳时严加限制。经征人员明知当十铜元不多，故意以此与乡民为难，以便从中渔利，乡民深受其痛。②

其他经征人员欺上瞒下，借机浮收，或巧使奸计，中饱私囊者不乏人在。在契税征收中，换约减价，匿报税收视为常态。固始县契税征收员程广烈惯为换约减价、朦税取巧之伎俩。民国十年（1921）买刁映山兄弟四人田六石种，实价 1860 串，减少税钱 1000 串。民国十一年（1922）买李道生田五石种，实价 2400 串，减少税钱 9 百串。同年又买李兆祥田实价 720 串，减少税钱 320 串。其亲家卢长云如法炮制，民国十年（1921）6 月冯中绅等约买王先兄弟四人公有田价钱 3060 串，同日又买刘在庠田价钱 620 串。不料卢长云效伊亲家程广烈惯为换约减价、朦税取巧之伎俩，匿报 2160 串，逾法定期限 17 月余。至民国十一年（1922）11 月始行投税，当时无人得知。③武安县牙税征收所长段善任内，吞没商民帖捐帖税，不为呈报。领帖仅发给执照一张，声明以一年为限，在期限中随意营业，与牙帖有同等效力，期满缴换。查此项私帖，约有十余张之谱，所收捐税全数吞没。④临汝县在城煤行有帖者仅五户，其间混充者，十居八九。⑤1923 年

---

① 《清理各县公款附简章》，《河南财政月刊》1923 年第 12 期。

② 《训令永城县据委员张绅呈报该县经征手续多染旧习请剔除文》，《河南财政月刊》1923 年第 8 期。

③ 《训令固始县据李树恩呈控卢长云换约减价仰即集讯秉公判决文》，《河南财政月刊》1924 年第 24 期。

④ 《训令武安县据征收所呈报段善私发执照仰该县查明撤销文》，《河南财政月刊》1924 年第 24 期。

⑤ 《训令临汝县牙税征收所呈绅武泰和承办在城内煤行照额包缴税款查照牙税征收所呈词查办具报文》，《河南财政月刊》1924 年第 23 期。

10 月间，开封县契纸支发行所杨海臣，因王崇聚买王王氏民地 21 亩，每亩价钱 35 元，该行期内仅书价 420 串，按价减去四分之一。①

沁阳县钟莲孙多次私发牌照，巧立名目，违法浮收。按照牙行门牌式样，凡已领帖各行，每户发给纸门牌一张，以便查验，并无另外收费。但钟莲孙所颁牌照均铸有十二年字样，并无门牌二字。每牌照收费每年 3 元至 8 元、16 元不等，其所发收据执据各费，分季缴纳，亦无一元字样；而同丰厚一家已领牌照 15 个，纳费至 300 余元之巨，其浮收之多，显然共见。②

郏县支应局局长滥支兵差，舞弊分肥。该县自民国十一年（1922）4 月 11 日起至 1923 年 3 月 8 日止，统共支应兵差 116000 余串。查其支应局局长程廷熙等账内所列收支款项，有先支出而后补收者，有先收入而后补支者，有不经流水而遽登老账者。先后错乱，眉目不清，前后共查出伤耗、赔价等项暨各科流水账出入不符数 72794 串零 79 文③，这些前大都落入个人腰包。

三、纳税人之规避与隐匿

河南各县钱粮向有定章，而照额纳解者寥寥无几，扫数则更是凤毛麟角。除书差之朦混，奸民之借吞，知事之侵蚀，也在于民间之避税。花户规避和隐匿的手段主要有以下几个方面：

1. 化名承粮。民人产权转移，申请推收过割时，大都不立真实姓名，取名某轩、某居、某堂、某记，或以无姓之化名杂而出之。田赋征册每年系凭推收户册所造，故征册内亦无真实姓名可查。且继承分拆之户，转移之际，类多沿用其祖若父之名号，并不改用现实姓名，以致征册内亦多原有户名。倘按册列户名追收，必致无法催完。

---

① 《训令开封县仰将该县民孟岐鸣等禀控契纸支发行所杨海臣减价漏税一案依法究办具复查考文》，《河南财政月刊》1924 年第 23 期。

② 《训令沁阳县查照保卫团团总杜道生公款局局长杨子俊禀词查复文》，《河南财政月刊》1924 年第 26 期。

③ 《训郏县知事追办程廷熙侵吞兵差一案文》，《河南财政月刊》1923 年第 12 期。

2. 化整为零。人民为隐瞒财产，逃避负担，往往化整为零，分立户名承粮。大户之家，户名多至数十，即中下之家，亦均分列三四户。凡管田数十亩或数百亩之家，无不分立数十户，以为分期完纳地步，被催一次，完纳一二户。能全数完清者，绝无仅有。究竟何户属于何人，全县地广人多，征收人员，未能尽悉，致均归入零星小户，以差催苦难，任其拖延。

3. 寄庄承粮。本系甲庄之田，业户往往因住籍所在，或因完粮方便，拨其田亩字号于乙庄，旋复由乙庄拨于丙庄，辗转传递，以致田产坐落、业户住址，均无从稽考。此种情形，俗名出庄。此外，各县有因乱后粮不跟土，将无庄可归户粮，提出另创一庄。或因外县客户甚多，将外籍各户粮，汇集另创一庄以归纳之。征册有粮，实际无庄，久而久之，田地散在各庄之内，无从查考；业户并无真实姓名，亦无从根追。

4. 顶户承粮。民间买卖田亩，立券后，承业之主，例须推户过粮。故凡田亩虽经辗转售卖，粮户亦随时更易，而粮根终归有着。惟民间积习，延不推收。如田系甲户花名，既售于乙，粮归乙完，而册上花名，则仍归甲也。或乙又将此田售于丙，则丙为粮户，而花名仍为甲。

5. 寄户抱粮。民间买卖产业，或因业主爱惜声望，或希图高价，商同受主，每年抱贴粮款，粮不过户。或因买主希图避赋，先押后绝，暗中帮粮，避重就轻。历时既久，或因无力完纳，或因远徙他处，柜遂无着。

6. 隐辟瞒淤。垦熟之田或新淤之田，理应报官纳税，但为隐匿税收，往往秘而不报。故各县新开新淤之田，常有成顷无赋者，

7. 豪绅抗完。各县富绅大户，智足以饰非，财足以济恶，上可以控告主官，下可以左右书差，对于应纳粮赋，往往迟缴抗完。[①]

当然，此种情况，并非田赋所独有，其他税收亦然，南阳商民穆正德偷漏包裹税是为明证。按南阳包裹税主任员马其鹤 1923 年声称，南阳商民穆正德开设恒聚源经理京货，近月两旬之间，邮到落地包裹一百余件，每包面注明估价四元上下。当时，穆正德避税采取两种方式，一是以多报少，捏寄多家。包皮上面，仅写伊号一二件，余皆改用附件，由临商字号

---

① 庄强华：《田赋积弊之检讨》，《国衡》1935 年第 1 卷第 2 期。

查收，以恐计件合算，多交税额。二是以贵报贱。包裹税 5 元以内，例不纳税。因此，每包价格注明 4 元上下，可免除税收。1924 年 1 月 28 日，穆正德又由北京续来包裹 10 件，内分洋袜 6 包，洋线带 4 包，均系重量 16 斤。仅有洋线 2 包，注明价值 5 元，其余二包暨洋袜 6 包，皆估价值 4 元 5 角。其货色重量皆属一致，价值却两歧，且洋袜比较洋线带价高数倍，按最低价值，亦应至少估计四五十元。[①] 其避税意图，可见一斑。

小　结

近代河南各县的地方收入尚乏明确的税收来源，大多或在原有的税项之下征收，或另行开辟小额税源，或利用原有的公款公产，或是整顿以前之杂派等。附税有两种情况：一是依附在田赋项下征收，一是依附于杂税项下征收。田赋项下征收的附捐，大致有丁串捐、漕串捐、亩捐、粮差捐、册书捐、随粮学堂捐等，多充作学务或警务用款。杂税附征最主要的有契税、牙税、屠宰税，但附征最多的是契税，契税附捐主要充作教育、自治、水利经费。由于官方并没有法定的附税标准，所以各县在附征比例上基本是各自为政，税率千差万别。附税虽然税率不同，但依附的税种基本统一。杂捐的情况就更为复杂，各县往往视地方物产和商业门类而开征，不仅名目差异巨大，数额亦各有不同。公款公产主要有学田学产、庙宇寺院或善堂等处资产等。差徭是清代州县为支应差使、迎来送往等向居民分摊的财物，经过整顿之后，大多用于自治事业。总而言之，虽然各县地方财政收入有四大门类，但在征收上是杂乱无章，缺乏统一的标准。

在赋税征收方式上，田赋和杂税是别立机构征收。田赋征收机构由清代的户房转变到民国初年的财政科，但这只是机构名称的变化，在具体征收上，多沿清制。北洋政府曾有革除田赋弊政之动议，无奈各省积重难返，大多因循故旧，税目科则、征收方式、征收手续与征收习惯与清代并无明显不同。杂税征收制度变化较大，民国以后，北洋政府建章立制，在

[①] 《训令南阳县查照丝绸税局查验补税文》，《河南财政月刊》1923 年第 8 期。

征收机关、征收程序、惩处规则方面皆有规可依，在具体征收方式上仍然沿袭包商之制。从附税的具体运作形态上，清末民国的财政征收制度并未出现根本性的变化。

由于征收制度未作深入改革，清代税收制度的各种积弊依然如故。征收过程依然是杂乱无章，依然是弊端丛生，官吏侵吞与百姓避税并存。百姓避税固然会使税额无法征足，但并不占据主流。官员侵蚀则是主要方面，为此造成纳税人超额负担。近代的地方财政收入就其本质上说即为纳税人的额外负担，征收过程中大大小小的经征官员的侵蚀，无疑使百姓雪上加霜。而承担这一负担的又大多为农民，负担沉重使农民辛劳一年所得无几，生活异常辛苦；同时造成农业的无力积累，农业生产只能是听天由命，又使税源日益减少。

第五章　吏风、吏治与河南的县行政

当清末君主立宪在全国风起云涌之际,《河南官报》刊载了一篇时论《论立宪宜注重州县官》。文章开宗明义地指出:"夫提倡国民者,州县也;甄别州县者,大吏也。大吏以拔识人才为先,州县以倡导国民为本。盖今日民智之蔽,尚未大浚;民情之涣,尚未固结。举教育、巡警、征兵、完税诸务,均在萌芽之期,振励而发皇之,全赖州县之提挈。去旧布新之任在州县,承上启下之责亦在州县,事事踏实,着着增进,负担之重,无逾于此。无论官制如何更张,凡与民切近者,皆宪政枢纽关键所在。在上之责成及国民所取法,均惟一身是赖。非具过人之材而又尽厥心力者,不克当其冲也。"[①]诚如论者所言,作为最基层的亲民之官,州县官在推行教育、巡警等各种新式事务中的上联下达核心作用无可替代;但另一方面,决定新政能否顺利推行更取决于州县官的才智和高度的责任感。"县政之优劣,又恒视知事之良窳为依归。"[②]有鉴于此,为更好地阐明各种自治事业嬗变过程的复杂性及效果,探究近代州县官群体的作风和能力就成为无法回避的问题。

第一节　近代州县官的俸禄

在清末公费改革中,两江总督张人骏在奏陈核定州县官俸章程时言道:"州县为亲民之官,民生休戚,疆域安危胥于是乎赖。州县不得其人,

---

[①]　《论立宪宜注重州县官》,《河南官报》1900 年第 98—142 期。

[②]　王寿彭:《从县知事的责任说到县知事的修养》,《县政验究》1939 年第 1 卷第 9 期。

纵有良法美意无由施及地方，故慎选牧令为治平天下最要关键。然必有以赡其身家，乃能责以尽职。我国承平之世，物力丰盈，州县廉俸既无扣减，复有平余等项进款，故得俯仰宽然，尽心民事。其时循良辈出，海宇奠安，非偶然也。近来物贵币轻，生计日蹙，又复屡核盈余，而银价骤增，征不敷解，各省州县非但昕夕忧贫，僬焉不能终日。窃明知势必赔累，将有身家性命之忧，救死惟恐不赡，尚复何心政务哉。其贤者去之惟恐不速，往往委署地方，力辞不往；其不肖者则因穷斯滥不堪，究问受其害者仍在吾民。"①其大意是，州县官员履职尽责的程度与其收入的厚薄密不可分：在国家物力充裕官员俸禄有保障之时，官员能够尽心民事，海内乂安；在俸禄日减、生计困难之时，官员大多无暇自顾，更遑论治国理政。因此，在了解近代州县官员的治理效果之前，有必要先梳理州县官员俸禄制度的演变。

一、清初州县官的薪俸

"历代制禄之薄，至满清而极。京官仰给于外官，督抚仰给于州县，州县剥地皮，满清官场之习惯也。"知县薪俸微薄，无以自赡。即便如此，对于上宪每逢年节犹需照例馈礼。州县点金乏术，只有抽剥民间，"其视人民土地，直以为刍牧之壤、鱼鳖之渊而已"②，由此造成官场腐败充斥。为保障地方官员的生计和肃清吏治，雍正时期实行耗羡归公制度，在正俸之外，按各地经济水平与位置冲繁给予不同数量的公费和养廉银，暂时缓解了地方官员薪俸微薄的痼疾。

1.清初知县官俸标准的确定

顺治元年（1644）八月，按照"故明旧例"议定文武官员俸银，其中"正一品文官俸银二百五十两五钱，从一品文官一百八十三两八钱；正二品一百五十二两一钱，从二品一百二十两五钱；正三品八十八两九钱；正四

---

① 《两江总督张人骏奏核定州县官俸章程事》，宣统三年七月二十五日，中国第一历史档案馆：《宫中全宗》，档案号 04-01-35-1098-02。

② 民国《光山县志约稿》卷二，《政务志·财政志》。

品六十二两，从四品五十四两七钱；正五品四十二两五钱，从五品三十七两六钱；正六品三十五两四钱，从六品二十九两；正七品二十七两四钱，从七品二十五两八钱；正八品二十四两三钱，从八品二十二两七钱；正九品二十一两七钱，从九品一十九两五钱。禄米文自一品至九品俱十二石。柴薪银一二品内阁大学士一百四十四两（大学士加宫保者加二十四两），三品一百二十两，四品七十五两，五六品四十八两，七品二十六两，八品二十四两，九品一十二两。"① 知县为正七品，按标准每年支俸 27 两 4 钱，禄米 12 石，柴薪银 25 两。

顺治四年（1647），各直省文官"岁给薪菜烛炭、心红纸张、案衣家具、修宅等银各有差"②。按当时的俸禄标准，知县岁支"柴薪银三十六两，心红纸张银均三十两，修宅什物银均二十两，迎送上司伞扇银均十两"③。顺治九年（1652），裁"州县修宅家具银"。④ 顺治十年（1653），对俸禄标准重新调整："在京文官一品俸银一百八十两，二品一百五十两，三品一百三十两，四品一百零五两，五品八十六两，六品六十两，七品四十五两，八品四十两，以上正从同。九品三十三两有奇，从九品三十一两五钱有奇。自一品至九品恩俸如其正俸之数，俸米视其俸银，每银一两给米一斛，其银有奇者，以米之升合准之。在外文官俸银与京官同，不给禄米。"⑤ 经过调整之后，知县俸银有所提高，由 27 两 4 钱到 45 两；加上柴薪银 36 两，心红纸张银 30 两，迎送上司伞扇银 10 两，每年收入为 120 两。

到了顺治十三年（1656），为了节省开支，供应军需，裁直省文官"菜蔬烛炭、案衣家具等银"⑥。知县本有遇闰加银 3 两 7 钱 5 分，亦于是年裁

① 《清朝文献通考》（第一册）卷四二，《国用四》。

② 《清朝文献通考》（第一册）卷四二，《国用四》。

③ 《大清会典事例》卷二五一，《户部·俸饷·文武外官俸银一》，

④ 《清朝文献通考》（第一册）卷四二，《国用四》

⑤ 《清朝文献通考》（第一册）卷四二，《国用四》。"恩俸"仅限于各部堂官，外省官员无此收入。见黄惠贤、陈锋：《中国俸禄制度史（修订版）》，武汉大学出版社 2005 年版，第 77 页。

⑥ 《清朝文献通考》（第一册）卷四二，《国用四》

撤。①康熙十四年（1675），知县的心红纸张银30两亦被裁除。②经过裁扣之后，知县的收入除额俸45两之外，别无其他来源。

2. 雍正时期的养廉银制度

清初文职官员的薪俸是依据万历《明会要》确定，依然体现出低薪制的特点。③在顺治年间曾支付给官员的柴薪银、心红纸张、菜蔬烛炭、案衣什物等银，成为常规俸禄的重要补充。嗣因军事倥偬及财政困难而被迫取消，遂使官员依靠正常收入陷入困窘，生活变得捉襟见肘。康熙八年（1669），御史赵璟的遵旨条奏反映了这一社会现实。

　　　　查顺治四年所定官员经费银内，革官俸薪心红等项，比今俸银数倍之多，犹为不足，一旦裁减，至总督每年支俸一百五十五两，巡抚一百三十两，知州八十两，知县四十五两。（若以知县论之），计每月支俸三两零，一家一日，粗食安饱，养喂马匹，亦得费银五六钱，一月俸不足五六日之费，尚有二十余日将忍饥不食乎？不取之百姓，势必饥寒。若督抚势必取之下属。所以禁贪而愈贪也。④

低微的廉俸影响了官员正常的生活，"其不足以自赡者十居八九"。除应付日常生活之外，各级官员尚需迎来送往，打点上司，也需耗费巨资。最终是贪风日盛，"上以虚名相市，下以诡道相应。于是官吏例外苛索，视为固然"⑤。在当时，加征耗羡是知县弥补官俸不足的主要手段。

耗羡的征收，在清初普遍存在。由于地方经费的短缺，火耗征收有日渐加重之势。"州县火耗，每两有加二三钱者，有加四五钱者"⑥；"大州上

---

①　道光《河内县志》卷一二，《田赋志》；乾隆《洛阳县志》卷四，《田赋》。

②　乾隆《洛阳县志》卷四，《田赋》。

③　黄惠贤、陈锋：《中国俸禄制度史（修订版）》，武汉大学出版社2005年版，第565页。

④　蒋良骐撰，鲍思陶、西原点校：《东华录》卷九，齐鲁书社2005年版，第139页。

⑤　民国《盐山县志》卷八，《法制·赋役篇下》。

⑥　蒋良骐撰，鲍思陶、西原点校：《东华录》卷二四，第370页。

县，每正赋一两，收耗银一钱及一钱五分、二钱不等。其或偏州偏邑，赋额少至一二百两者，税轻耗重，数倍为正额者有之"①。鉴于知县薪俸不足的现实，清廷对耗羡的征收由最初的痛诋到逐渐默许。

耗羡的征收固然可以缓解知县薪俸的不足，但其消极影响也不容小觑。首先，州县官征收的火耗，除了满足州县之需外，上司也以规礼的形式分润了一部分。上司既然收受规礼，便无法约束下级的贪墨行为，从而造成整个官场贪风日炽。其次，这种加派毫无标准，以致出现"税轻耗重"的局面，加重了百姓负担；百姓无力缴纳钱粮，又影响了国家的财政收入。②

雍正即位后，为整顿财政、澄清吏治起见，他采纳山西巡抚诺岷等的建议，于雍正元年（1723）年在全国范围内实施耗羡归公政策。③耗羡归公就是"化私为公"，对先前知县私征的耗羡进行统一管理，厘定征收标准，纳入正式财政收入范畴，然后在各级衙门之间按比例分配。征收的耗羡以养廉银和公费的形式发给地方官员。公费主要用于维修城垣和桥梁、仓廒建设、水利设施等公务。养廉银主要用途有三：（一）日用薪水费，用于养赡家口及其本人用途，占养廉银的30%—40%；（二）幕友的束修，占养廉的25%左右；（三）公费，主要为衙门的维持费，包括衙门修缮、心红纸张、日常公务、征税、捕捉犯罪等活动；养廉银具有"公私不分"之特征，虽为地方官的职俸，但也用于公务方面。④由于各地的经济水平和公务繁简不同，因此，养廉银的数额也有所差别（见表5-1）。

表5-1 清代知县养廉银定例

省区	养廉银（两）	省区	养廉银（两）
直隶	600—1200	湖北	600—1680
山东	1000—2000	湖南	600—1300

① 钱陈群：《条陈耗羡疏》，见贺长龄：《皇朝经世文编》卷二七。
② 岁有生：《清代州县衙门经费研究》，大象出版社2013年版，第29页。
③ 陈锋：《论耗羡归公》，《清华大学学报》2009年第3期。
④ 佐伯富：《清雍正朝的养廉银研究》，台湾商务印书馆1996年版，第163—166页。

续表

省区	养廉银（两）	省区	养廉银（两）
山西	800—1000	四川	600—1000
甘肃	600—1200	广东	600—1500
江苏	1000—1500	广西	704—2259
浙江	500—1800	云南	800—1200
贵州	400—800	河南	1000—1800

资料来源：陈锋：《论耗羡归公》，《清华大学学报》2009 年第 3 期。

养廉银在实施一段时间后，弊端开始显现。由于支用缺乏明确的制度规定，地方官员"或挪补借支，或任意使用。前任含糊交代，后任不便深求"①。乾隆年间，对耗羡进行清理，并酌定《耗羡章程》。一是规范了耗羡的奏销；二是规定了各地耗羡支发标准、范围和类项；三是改变了耗羡基本为存留的模式，将一部分耗羡划入起运项下。②

二、清末州县公费改革

养廉银的实施，解决了知县官俸低微的问题。但为解决中央财政困难，清廷常有裁扣官员薪俸的做法。到了晚清，国家财政状况日益恶化，裁扣行为是层出不穷，知县一般情况下无法如数拿到廉俸。地方官员再次陷入困窘，复又借助公权多方罗掘。在清末实施薪政的背景下，官俸改革也被提上议事日程。

1. 州县官俸禄的减折摊罚

清代裁扣官俸的方式五花八门，有罚俸、减成、减平、公捐养廉资助穷员、摊帮、扣荒、枢费等形式，其中最常见的有罚俸、减成、减平、扣荒四种。

（1）罚俸。罚俸在历史上由来已久，清代承袭了罚俸制度。《大清会典》规定："凡处分之法三：一曰罚俸，其等七。罚其所得之俸，以年月为差，有罚俸一月、罚俸二月、罚俸三月、罚俸六月、罚俸九月、罚俸

---

① 《清世宗实录》卷一五七，雍正十三年六月乙亥。

② 陈锋：《论耗羡归公》，《清华大学学报》2009 年第 3 期。

一年、罚俸二年之别。二曰降级。留任者，其等三；调用者，其等五。三曰革职。"① 罚俸涉及的范围很广，有官员赴任违限罚俸、参劾官员错误罚俸、徇庇容隐罚俸、失察失报罚俸、官员离任交代违制罚俸、推诿罚俸、馈送礼物罚俸、违例迎送罚俸、漕运违限罚俸、欠征盐课罚俸、征收地丁钱粮违限罚俸、报灾逾限罚俸等。②

（2）减成。减成一款，始于道光二十八年（1848），当时范围较小。咸丰五年（1855）秋季以后，以品级为标准对养廉进行核减。"凡文武二品以上如府藩则停给三成，三四品如臬运道府则停给二成，五品以下自同通至州县停给一成，其余不扣，武职则三四品以上者停给一成，余亦不扣。"③ 咸丰九年（1859）再次减成，无论俸薪养廉公费皆得按扣。

（3）减平。地方官员廉俸的扣减，始于道光二十三年（1843）。鸦片战争后，由于赔款和战费数额庞大，中央财政吃紧。除各旗营兵饷外，自王公以及满汉文武职官廉及暨一切支款，凡从部库支领款项时，一律减平六分支放。后又推及于各直省，所有文武职官廉俸及一切杂支等款，均照京平给发，每两核扣平银六分。各州县坐支等项，亦一律照扣。④ 第二次减平是在光绪二十三年（1897）。当时，御史宋伯鲁以"洋款重叠、库款支绌"为辞，奏请添扣各项减平。自是年7月起，各省藩、运、道库及各局处所额支旗绿各营俸薪、饷乾米折、养赡，并各项经费津贴、薪费、口粮，及一切正杂各款，凡向支库平者，一律每两核扣六分⑤。1843年的扣平仅限于藩库，且并非波及所有款项。1897年的减平范围扩大，除了向在藩库支款未扣除者扣除之外，在运库、道库及地方各局处支款的也尽行扣除。

（4）扣荒。《畿辅通志》记载："直省因荒豁除粮银，在督抚司道府州

---

① 《大清会典》卷一一，《吏部》。
② 黄惠贤、陈锋：《中国俸禄制度史（修订版）》，武汉大学出版社2005年版，第582—584页。
③ 《山东清理财政局编订全书财政说明书》，《杂款》第一款，《减平减成》。
④ 《浙江财政说明书》上编，《岁入门》第二类，《收款》第十一款，《杂款》。
⑤ 《浙江财政说明书》上编，《岁入门》第二类，《收款》第十一款，《杂款》。

县正印各官实支编俸银内均摊，其署事例支之正印各官，亦照实授人员一体摊扣支给。至佐杂、教职等官正署俸银，概免摊荒"①。实际上，扣荒不止知县一人，州县的存留款项都有波及。顺治十三年（1656），洛阳县知县官俸项下裁扣除荒实征银 2 两 3 钱 4 分 7 毫，县丞除荒实征银 2 两 8 分 6 毫，典史除荒实征银 1 两 6 钱 3 分 9 厘 5 毫，教谕除荒实征银 1 两 6 钱 3 分 9 厘 5 毫。康熙十四年（1674），洛阳龙亭原额银 1 两，除荒实征银 5 钱 5 分 2 厘 1 毫；知县除荒实征银 11 两 4 分 2 厘 2 毫；修理监仓原额银 20 两，除荒实征银 11 两 4 分 2 厘 2 毫；迎送本县新进生员花红等项原额银 7 两 5 钱，除荒实征银 4 两 1 钱 4 分 8 毫；季考生员原额 40 两，除荒实征银 22 两 8 分 4 厘 5 毫；生员试卷饭食赏赍花红原额银 44 两 5 钱，除荒实征银 24 两 5 钱 6 分 9 厘；等等。②

地方官员的薪俸和养廉银本来就十分有限，经层层摊扣之外，所剩无几。即便如此，地方官员也未必能拿到所余银两。"凡州县经征钱粮留本地支给经费曰存留，而存留后复节年裁扣，尽取之以益上，其残留之额，实事求是，均不足以自赡，于是官吏视例外苛索为当然，应支之存留经费，亦概不实给。而一切杂差陋规，皆由是而起。自乾隆五十一年奉文存留经费支用银两全数起解，按季赴布政司请领，往返周折，消耗愈多，而存留益成具文。"③有些省份的养廉平时不支放，于卸任时请领；甚或充饷，一文不支。广东省各州县养廉于交卸时请领，除扣平各项外，即以实领之数抵解丁米各款。各县俸银无闰 45 两，内扣荒摊银 1 两 4 钱 5 分 4 厘，剩银 43 两 5 钱 4 分 6 厘，其均摊较多者则额俸只有 20 两到 30 两，或 10 余两不等。有闰加银 3 两 7 钱 5 分，除荒摊外，余银全入充饷。④州县官的廉俸对其来说实际上形同虚设，为了解决办公经费及维持生计，州县官不得不别开筹措之途。

① 光绪《畿辅通志》卷九七，《禄饷一》。
② 乾隆《洛阳县志》卷四，《田赋》。
③ 民国《林县志》卷五，《财政》。
④ 《广东财政说明书》卷一一，《行政总费》。

2. 清末的公费改革

经过层层减折摊罚，知县收入已所剩无几。于是知县故态复萌，各种陋规纷纷出炉。据西华志记载，清末县署陋规大致有五种：（1）卯规。房书、里书、差役、保正、乡约、牙行、产行，于新官到任之初及每年三节，例须点卯并缴卯规，少者制钱数百文（如保正、乡约），多者制钱数十串（如房书、里书、产行），每年四百串三百千文不等。（2）点规。清季，凡房科经承、各里书、壮皂各班总役，每有更调，例需缴纳点规，多至一千余串，少亦数百串。（3）支官陋规。县署及典史署等日常用品，屠行供肉(称作官肉)、鸡鱼行供鸡鱼（称为官鸡官鱼），以及柴、煤、油、盐、蜡烛、木泥、裱糊、工匠等，均需支官。（4）草豆折价。清季县署养马，城乡供给草料豆，为数甚巨。即不养马亦须照缴，日久遂成陋规，每年冬至以前缴纳。（5）里书帮规。全县向分21里，每里分8甲，每甲分上下两牌。里设里书一人或数人，视为世业。欲充任里书，除缴县署点卯外，并须向前任里书缴相当经费，其数有多至七八百元者。[①] 正所谓雁过拔毛，清代州县正是如此。

在咸丰同治年间，湖北、江西、浙江、江苏等省层裁减各种浮收，并划出一定数额作为办公之资。[②] 但此种改革属于部分督抚的自发行为，大多省份仍维持原状，大规模的公费改革出现于清末。在清廷推行君主立宪的过程中，官俸制度改革再次提上议事日程。当时的官俸制度改革有两个核心点：一是将各项规费和盘托出，除津贴各署公费外，概归入各省正项收款；[③] 二是匀定公费，各督抚就地方情形，"酌拟适中之数，务使入款皆有所著，出款毫不虚糜"。[④] 为此，度支部饬令各省，一面酌拟公费数目，一面严饬各属，将所有规费据实报明，由清理财政局复明，汇呈督抚，拟定切实办法。[⑤]

---

① 民国《西华县续志》卷六，《财政志》。

② 刘伟、刘魁：《晚清州县的办公经费与公费改革》，《安徽史学》2013年第3期。

③ 陆定：《清理财政章程解释》，河南清厘财政局印行。

④ 《两江总督张人骏奏核定州县官俸章程事》，宣统三年七月二十五日，中国第一历史档案馆：《宫中全宗》，档案号04-01-35-1098-027。

⑤ 《咨各省督抚查明各署局所一切款项规费并酌定公费办法奏咨办理文》，载《清末民国财政史料辑刊》第1册，北京图书馆出版社2007年版，第215页。

但前期的公费改革最初基本上是各自为政。在宣统二年（1910），宪政编查馆公布了《官俸章程条议》，其主要内容有：（1）将官俸分为品俸、职俸、恩俸、年级增俸四类，"品俸照现支俸银两数，按国币圆数现支，删去减成减平等名目，以现定圆数十成支给，其支米者仍照定例办理。职俸京官有差者，外官有缺者，皆给之；京官无差，外官无缺者不给。恩俸，凡官品清崇，职事繁剧及尽瘁国事，改致仕引年者，皆给之。年级增俸，拟于司法各官及教授官用之。"（2）将知县分为五等，每等给予不同公费，其中一等4800元，二等4200元，三等3600元，四等3000元，五等2400元。散州散厅视县。（3）京外各官署所需办公项，应于品俸、职俸外，另行酌定确实数目开支。（4）章程所定职俸、恩俸数目，京外各衙门原有款项足敷开支者，即准照支；其不敷者，由度支部统筹京外各衙门原支养廉、公费、津贴等数目酌减支发，俟款项充裕，再一律照支。①但接着又指出，目前不具备颁布官俸章程的条件，将颁布时间延后。其理由有三：（一）官制尚未议定。"官俸实应以官制为根本，未有官制不定，而能先议官俸者也。今京外各项文官多与立宪官制不合，一经厘定裁并添改，不可枚举。使仅议改现行之官俸，则与宪政何裨，使遂议新政之官俸，则与今制向殊。"（二）京官职掌仍未厘清。"在京各官署廉费等项多因鸟布，而异议者诧其支款之悬绝，名目之参差，而不知皆由官制之未定。今欲整齐划一，则必先为之厘改名称，确定职掌，增损员缺，庶所定官俸乃适应而非虚受。"（三）京外各官公费多未奏定。"至外官司道公费，各省虽渐次奏定，然未尽趋于平均，而州县等公费尚多未经奏定。现在库款支绌，既不能悉资于正供，则原有规费平粜不能不详查以资挹注。倘未考核明确，遽定支数，宽限从何取给。若仍虚拟俸额，将来必无望实行。"②

在此前后，各省也纷纷提出官俸改革方案。大体的做法是将各项规费

---

① 《官俸章程条议》，宣统二年九月十四日，中国第一历史档案馆：《宪政编查馆全宗》，档案号09-01-03-0041-003。

② 《奏为官制专定官俸章程碍难厘订拟将颁布年限展后事》，宣统二年九月十四日，中国第一历史档案馆：《宪政编查馆全宗》，档案号09-01-03-0041-001-1。

盈余进行整理，依"缺分之繁简，定公费之多寡"。

直隶县级以上机关的公费制度改革较早，州县一级并未实施。但在光绪二十九年（1903），袁世凯曾有调剂各县盈虚之举。当时，直隶各县经费苦乐不均，一些瘠缺州县，进项常常不敷办公，这些知县"希图调优，时存苟且之思，不复尽心民事"，于是，袁世凯从税契项下拨银50000两，津贴34个瘠缺州县。津贴具体数额是：清苑县10000两，阜平、阜城、临榆各为2400两，庆云、成安、武强各为2000两，卢龙、巨鹿、望都各为1500两，南宫1200两，广宗、涞水、临城、灵寿、肥乡、清河、新河、唐山、赤城、高阳、安平、宁晋、独石口厅、内邱、完县、东明、博野、清丰各为1000两，龙门县800两，唐县、故城、鸡泽各为500两。①

四川将各州县分最繁要、繁要、繁缺、中缺、简缺为5等，边缺与繁缺同列一等。其列入最繁要者，非地居首要，即缉捕交涉异常繁难，每缺每年公费银12000两，另给缉捕、交涉等项经费银8000两，共计6缺，需银12万两；列入繁要者，每缺每年给公费银10000两，共计14缺，需银14万两；列入繁缺者，每缺每年给公费银7000两，共计43缺，需银301万两；列入中缺者，每缺每年给公费银5000两，共计45缺，需银230500两；列入简缺者，每缺每年给公费银4000两，共计35缺，需银140000两；统共需银920600两，于光绪三十四年（1908）1月初1由藩库支给。②

吉林先于省城设经征总局，各府厅州县设分局，将所有契税、牲畜税全归该局征收，定于宣统二年（1910）2月初1日一律开办。各府厅州县分最繁缺、繁缺、中缺为三等，最繁缺每月酌给公费银800两，繁缺700两，中缺600两；佐贰各缺亦一律普定公费，以免枵腹办公，遇闰按月照加。③

---

① 《直隶布政司详直属瘠缺州县拟请津贴文》，《北洋公牍类纂》卷六，《吏治》四。

② 四川总督赵尔巽：《奏报筹定州县公费查核平余税契等项银数事》，光绪三十四年八月十八日，中国第一历史档案馆：《宫中全宗》，档案号04-01-35-1082-055。

③ 《吉林巡抚陈昭常奏报吉省设立经征局匀定各缺公费事》，宣统二年二月十一日，中国第一历史档案馆：《宫中全宗》，档案号04-01-35-1387-045。

　　河南将各州县摊解公费及铺垫家县、巡缉经费、盐当规等款分别裁提，作为各州县办公经费。根据各县情况，分别按最繁要、繁要、繁缺、中缺、简缺五等酌给公费。惟养廉一款，原为各官赡养所资，因此，自宣统三年（1911）正月初 1 公费实行之日起一律实给，统计养廉自藩司以至教佐每年共应支库平银 1071084 两。①

　　浙江比照直隶、广西等省核定银数，参互核定。各厅州县 78 缺，分属三等六级。一等一级者 13 缺，各给公费银 4000 两；二级者 8 缺，各给公费银 3600 两。二等一级者 17 缺，各给公费银 3400 两；二级 15 缺，各给公费银 3000 两。三等一级者 9 缺，各给公费银 3400 两；二级 16 缺，各给公费银 2800 两。总计全省府厅州县常年共给经费银 322400 两，遇闰应加银 26000 余两。②

　　东三省仿照直隶成案，将各府州县按地方繁简分为五等：一等 8 属，每属年支公费银 6000 两，经费银 11572 两；二等 23 属，每属年支公费银 5400 两，经费银 9020 两；三等 11 属，每属年支公费银 4800 两，经费银 7897 两；四等 7 属，每属年支公费银 4200 两，经费银 7139 两；五等 5 属，每属年支公费银 3600 两，经费银 5307 两，加以纸张、邮电、函报、马夫、勘验、招解、囚粮及本官下乡夫马禀交涉费等项外，按规定共需银 142423 两。③

　　陕西厅州县共 87 缺，拟定 9000 两者 5 缺，7400 两者 4 缺，6900 两者 4 缺，5900 者 11 缺，5400 两者 2 缺，4900 两者 20 缺，4400 两者 7 缺，4000 两者 15 缺，3500 两者 11 缺，3000 两者 8 缺，计需银 499600 两，拟于宣统四年正月 1 日实行。④

------

　　①　《河南巡抚宝棻奏报酌定豫省文职各官公费情形事》，宣统二年六月二十日，中国第一历史档案馆：《宫中全宗》，档案号 04-01-35-1096-03。

　　②　《浙江巡抚增韫奏为遵章酌定府厅州县公费并拟定办法事》，宣统二年八月二十一日，中国第一历史档案馆：《军机处全宗》，档案号 03-7514-074。

　　③　锡良：《东三省总督奏为酌定奉省两巡道及各府厅州县公费经费事》，宣统二年八月二十五日，中国第一历史档案馆：《军机处全宗》，档案号 03-7514-063。

　　④　《陕西巡抚恩寿奏为酌拟府厅州县公费数目并发给办法事》，中国第一历史档案馆：《军机处全宗》，档案号 03-7514-009。

山西按照缺分繁简分等，计通省散州 6 缺，知县 85 缺，分为四等：一等年给银公费银 2700 两，经费银 2500 两，内阳曲首邑另加经费银 1000 两；二等年给公费银 2200 两，经费银 2000 两；三等年给公费银 2000 两，经费银 1500 两；四等年给公费银 1700 两，经费银 1000 两。计划于宣统四年实行。①

贵州各府厅州县及杂职各员亦分为三等九级：州县三等一级岁支银 4600 两，二级岁支银 3800 两，三级岁支银 3000 两；二等一级岁支银 3400 两，二级岁支银 3000 两，三级岁支银 2600 两；三等一级岁支银 800，二级岁支银 400，三级岁支银 20 两。②

山东一等县 13 缺，每缺每月 700 两，内分公费 400 两，行政费 300 两，全年共支银 109200 两；二等县 18 缺，每缺每月 630 两，内分公费 360 两，行政费 370 两，全年共支银 136080 两；三等县 40 缺，每缺每月 490 两，内分公费 280 两，行政费 210 两，全年共支银 235200 两；四等县 36 缺，每缺每月 420 两，内分公费 240 两，行政费 180 两，全年共支银 181440 两。③

根据各省的奏报，大致有三种情况，一种是已经实施，如直隶、四川、河南等④。一种是有实施方案，但未来得及实行，如陕西、山西计划于宣统四年实行。一种是尚无明确的方案。如福建省"酌定督抚司道公费，至府厅州县正佐各缺应定公费，应俟调查每缺每年入款及陋规名目，逐一

———————————

① 《山西巡抚丁宝铨奏为酌定府厅州县各官公费等项事》，宣统三年二月二十八日，中国第一历史档案馆：《军机处全宗》，档案号 03-7516-024。

② 贵州巡抚沈瑜庆：《奏为汇报通省各官起支经费并属办公经费日期及考取主计科员大致情形事》，宣统三年五月二十日，中国第一历史档案馆：《军机处全宗》，档案号 03-7518-001。

③ 《山东巡抚孙宝琦呈拟定州县等级数目清单》，宣统三年六月二十九日，中国第一历史档案馆：《军机处全宗》，档案号 03-7518-016。

④ 据项城县志记载，项城县知县俸银原额银四十五两，遇闰加额银三两七钱五分，除荒实征银十二两二钱四分八厘一毫，雍正三年加养廉银一千二百两外，公费银二百两。宣统间改为公费，每月俸银六百两。据此可以判断河南也实行了公费改革。见宣统《项城县志》卷八，《田赋志》。

厘定，再行奏明办理"①；江苏官俸"已据清理财政局等拟略列入本届预算，俟复加审定即当另案奏明办理"②；江西省各州县已于丁漕项下每石提解银五分充办公经费，但由于省库帑奇绌，常年不敷之数甚巨，尚乏支给公费的款，暂不普定公费。③

由于公费含义模糊，各省督抚认知亦有差异，因此在改革中呈现出不同面相。一种是化私为公，将官员的个人用度也包含在公费之中。一种是分别公费与经费。④ 前者如湖北、河南、福建等省。署理湖广总督瑞澂称，"凡有私入悉数归公，以后凡属于本官伙食应酬一切杂支皆核载于公费之内，不得另行开支"⑤。闽浙总督松寿亦主张"公费为行政所必需"。⑥东三省仿照直隶成案，将官俸分为公费、经费两项。公费为官员服食、车马、仆从、个人酬应之需，经费是各衙门自科长以下员司、弁勇、夫役及一切杂支预备费等项。公费开支由本官自便，无须造销。经费开支应按月册报清理财政司查核，不得逾于额定之数，仍于每年度按照决算法一律办理。⑦虽然改革目标不同，但从各省督抚的陈奏不难看出，仅有公费名目的应该是官俸与办公经费合二为一，也就是说，公费除支应官俸以外，其余部分用于办公经费；有公费与经费之别的，则公费纯为官员的个人用度。但有一点需要指出，作为知县的官俸或公费，也包含仆从人员幕友和家丁的支出。无论如何，清末各省所确定的公费标准，与雍正时期的平均

---

① 《闽浙总督松寿奏报酌定闽省司道各官公费事》，宣统二年七月十二日，中国第一历史档案馆：《宫中全宗》，档案号 04-01-35-1096-047。

② 江苏巡抚程德全：《奏报酌定苏属司道各官公费并拟限制行政经费办法事》，宣统二年七月二十六日，中国第一历史档案馆：《宫中全宗》，档案号 04-01-35-1096-059。

③ 江西巡抚冯汝骙：《奏报酌拟州县公费数目事》，宣统二年十月初七日，中国第一历史档案馆：《宫中全宗》，档案号 04-01-35-1097-046。

④ 刘伟、刘魁：《晚清州县的办公经费与公费改革》，《安徽史学》2013 年第 3 期。

⑤ 《署理湖广总督瑞澂奏拟定湖北各司道公费折》，载上海商务印书馆编译所编纂：《大清新法令》（点校本）第 8 卷，商务印书馆 2010 年版，第 364 页。

⑥ 《闽浙总督松寿酌定司道各官公费折》，载上海商务印书馆编译所编纂：《大清新法令》（点校本）第 9 卷，第 289 页。

⑦ 锡良：《东三省总督奏为酌定奉省两巡道及各府厅州县公费经费事》，宣统二年八月二十五日，中国第一历史档案馆：《军机处全宗》，档案号 03-7514-063。

1000 两左右的养廉银相比，其标准大大提高。

三、北洋政府时期县知事的薪俸

辛亥革命爆发后不久，江西省于 10 月公布《江西暂行地方官俸给及公费章程》，规定了府县知事的薪俸及办公经费标准。章程内容共计 15 条，其中主要的有以下几条："第一条府县知事俸给：府知事月俸 150 元，县知事月俸 100 元。第二条科长月俸 24 元，科员月俸 16 元，司法科长月俸 30 元，司法科员月俸 20 元。第三条府县知事自辟文牍、庶务、会计、收发等员，月薪俸照科员一律。第四条府县内部各科分科录事，每人月薪 6 元或 4 元。第五条府县知事自用护兵，每名月薪 4 元。第六条府县因公费用及纸笔墨邮政电报等费，得由公费开支，按月核实报销。第七条所有一切官俸及公费均由本地丁漕及各项杂税开支，按季开单报销。第八条府县知事及司法员赴任川资，按每百里给洋 10 元计算。第九条府县知事及佐治员等，不得私收民间贿赂。第十条府县所用文牍、庶务、会计、收发各员与录事护兵等，不得遇事需索规费。第十一条府县知事下乡办理公事，不得需索车马费。第十二条司法科检察官、检查吏下乡相验费，由府县会同地方绅士订定之。"①

江西省所定的府县官员薪俸，与清末的官俸相比，在原则上有了很大的改变：（一）以月为周期支付俸禄。在清代，官俸是按年支付。在清末的公费改革中，除吉林、山东等少数省份外，大多仍保持按年支付的习惯。（二）公私分开。官员个人俸禄和办公费用截然分开，以堵塞清代官俸公私不分而出现的官员侵占办公经费的弊病。（三）地方官僚属的工食不再由官员个人承担。在清代，官员的幕宾、家丁的养缮之资由知县自掏腰包，为解决此一问题，知县往往以法外之收入予以弥补。江西的俸薪章程则规定府县知事自辟文牍、庶务、会计、收发等员，月薪俸照科员标准由府县署发放，不再由官员个人承担。（四）各官下乡办事，不得额外需索，防止各类官员借办事之机侵渔百姓。府县知事下乡办理公事，不得需

---

① 蔡鸿源主编：《民国法规集成》第二册，黄山书社 1999 年版，第 319 页。

索车马费。司法科检察官、检查吏下乡相验费，由府县会同地方绅士订定收费标准。从这些规则可见，民国初年的薪俸制度力图扫清前清之弊。这些原则，在各省乃至北洋政府厘定的官制改革中都有体现。

辛亥革命胜利之后，1912 年 1 月，作为首义之区的武汉也颁行了《各府县暂时行政规则》，统一了县级名称及内部组织，规定了县署职员的薪俸标准。其主要内容有：各府厅县名称，除武昌首府外，一律更名为县，此后厅州名称不再使用。府及各县各设知事一员佐领，以前巡守兵备各道及佐贰杂职、教官一律裁撤。县知事之下设书记官一员，承启一员。各县就所辖行政事务，得分置内务、财务、劝业、统计四课，各科设课长各一员、课员和司书生各若干员；内务课主务为自治行政及团练、教育、赈恤、警察、卫生、土木行政等，财务课主务为地丁钱漕报解征收、行政费收入支出及制造预算决算表册、稽核公款公产存储及收益、稽核地方税收入等，劝业课业务为民政统计、财政统计及司法部委任的司法统计事项。府县知事薪津，在官俸未定以前，每月在 300 串以下、150 串以上，由议事会议开支；县知事伙食及私用仆役、马夫杂费一概在内，不得另行开支。县知事所属各职员，其薪津等差，由该知事酌定数目，交议事会议决，在行政费内支领，并呈部核。①

此后不久，浙江也公布了县知事及其属员的官俸标准。浙江将各县分为三等：一等县知事月俸 240 元，参事（设 1 人）月俸 100 元，科长（设 3 人）月俸 50 元，科员（设 6 人）月俸 36 元，书记（设 3 人）月俸 20 元，掾史（设 2 人）月俸 20 元，司书生（设 8 人）月俸 10 元，公役（设 12 人）月俸 6 元，另有纸张、笔墨、灯油、邮电各费、监犯口粮及其他临时零星用款等每月活支 300 元；二等县知事月俸 200 元，参事（设 1 人）月俸 80 元，科长（设 3 人）月俸 50 元，科员（设 4 人）月俸 36 元，书记（设 3 人）月俸 20 元，掾史（设 2 人）月俸 20 元，司书生（设 6 人）月俸 10 元，公役（设 9 人）月俸 6 元，另每月活支 250 元；三等县知事月俸 160 元，参事（设 1 人）月俸 66 元，科长（设 3 人）月俸 50 元，科员（设 3 人）

---

① 蔡鸿源主编：《民国法规集成》第三册，第 12 页。

月俸 36 元，书记（设 3 人）月俸 20 元，掾史（设 2 人）月俸 20 元，司书生（设 4 人）月俸 10 元，公役（设 6 人）月俸 6 元，另每月活支 200 元。①

民国元年（1912）9 月，山东省颁布《州县分科治事章程》，章程规定：州县各设长官 1 人，仍沿用直隶州知州知县之名称。县署下设佐治员，共分四科：一总务科，科员 1 人；二民政科，科员 1 人，三财政科，科员 1 人；四司法科，科员 1 人。总务科掌理收发文牍、启用印信、统计庶务、会计等事务，民政科掌理警察、自治、户籍、教育、实业、交通工程、礼制禁令等事务，财政科掌理田赋、盐法、征解丁漕捐项及募集公债等事，司法科掌理民刑诉讼之批判预审及管理待质所、监狱等各种事项。总务科科员员额虽以一人为限，但一等州县事务较繁，可酌添二等科员一人。各科下设录事，受各科员指挥，检查案卷及办理例行文牍、缮写核对等，其额数一等州县每科设 6 人，二等州县设 5 人，三等州县每科设 4 人。在颁行分科治事章程的同时，也规定各州县的俸给及行政经费标准。当时山东各县分为三等，其官俸及行政经费按月发放，额数大致如下：一等州县州县官月俸 300 元，二等州县 250 元，三等州县 200 元；总务科科员分为二等，一等科员无论是一等、二等或三等州县皆为 30 元，二等科员薪金一等县 20 元；财政科与民政科科员不分县等，科员月俸皆为 30 元；司法科科员分为二等，一二三等州县的一等科员薪金为 50 元，二等科员薪金 30 元；录事长薪金一二三等州县皆为 48 元，录事薪金三等州县皆为 160 元；民政费一二三等州县分别为 40 元、30 元、30 元，司法费一二三等州县分别为 60 元、50 元、50 元；杂支费一二三等州县分别为 100 元、80 元、60 元；杂役费一二三等州县分别为 120 元、100 元、80 元。②

民国元年（1912）12 月，甘肃也拟定了各衙门的公费数目，各县按位置及影响分为上中下三缺。上缺为皋兰、张掖、武威三县，每县公费银 4800 两。中缺为金县、安定县、秦安县、伏羌县、徽县、礼县、文县、成县、陇西县、岷州、西和县、清水县、通渭县、静宁州、平凉县、镇原

① 《浙江军政府公报》1912 年第 53 期。
② 民国《续修巨野县志》卷二，《食货志》。

县、会宁县、隆德县、海城县、宁州、安化县、灵台县、靖远县、中卫县、灵州、宁夏县、宁朔县、平罗县、西宁县、平番县、古浪县、镇番县、抚彝县、山丹县、永昌县、高台县、玉门县、敦煌县38县，每县公费银3600两；下缺为宁远县、华亭县、平远县、大通县、碾伯县、渭源县、正宁县、两当县、合水县、崇信县、环县11县，每县公费银2400两。①

各省制定的官俸标准大都因地制宜，县署职员设置及官俸标准各有等差。但有几点是共同的：第一，考虑到各县事务繁简，在确定标准时能够做到因地制宜，按等支发；第二，支发薪俸都以月为计算周期；第三，除县署各员个人俸禄之外，另有活支若干，实际上相当于衙署人员办公经费。

北京政府考虑到"各省都督、民政长以次各署现支经费多寡不齐，殊非划一办法"。于1913年公布了《财政部通布公决各省公署官俸及办公经费》，统一了县署机构设置及俸禄支放标准。县知事署职员俸给数目分为三等：一等知事一员300元，科员四员技士一员每员50元，月共支550元，年计6600元。二等知事一员260元，科员三员技士一员每员50元，月共支460元，年计5520元。三等知事一员240，科员二员技士一员每员50元，月共支390元，年计4680元。县公署办公经费分为三等：一等月共450元，年计5600元。二等月共360元，年计4320元。三等月共210元，年计2520元。至各县署办公经费，每等数目如何支配，应由各县自行酌定，以不出此总数范围为断。②自此以后，地方县署官制和经费开始有了统一的标准，改变了各省自行其是的状态。

河南各县按照财政部的通令，对各县的俸禄做了调整。许昌和郑县属于一等县。许昌县公署薪公费每月如下：县知事俸银300元，科员200元，技士薪费50元；办公费495元，主要包括员役薪公180元，警备队薪饷100元，文具82元，邮电费13元，修缮杂费32元，消耗费88元。③郑

---

①　《谨将省议会议决通省各衙门公费数目缮具清折呈请鉴核》，载中国第二历史档案馆编：《北洋政府公报》第八册，上海书店出版社1988年版，第642页。

②　《财政部通布公决各省公署官俸及办公经费》，《东方杂志》1913年第10卷第5期。

③　民国《许昌县志》卷三，《籍赋·经费》。

县知事一员月支洋 300 元，年共支洋 3600 元；科员四员，月支洋 200 元，年共支洋 2400 元；技士一员，月支洋 50 元，年共支洋 600 元。办公费月支洋 400 元，年共支洋 4800 元。① 考城县县署官俸知事一员，每月支洋 260 元，科员三员，每月支洋 50 元，技士一元，每月支洋 50 元，全年共支洋 5520 元。县署办公经费每月支洋 410 元，全年共支洋 4920 元，所有雇员薪水夫役工食及一切需用等物均在其内。② 确山县知事月支 260 元，年支 3120 元，科员三员，每员月支 50 元，月共支 150 元，年支 1800 元；技士一员，月支 50 元，年共支 600 元。办公经费，月支 410 元，年共支 4920 元。③ 荥阳县志知事一员，月支洋 240 元，年共支洋 2880 元；科员二员，月支洋 100 元，年共支洋 1200 元；技士一员，月支洋 50 元，年共支洋 600 元；收发员一员，月支洋 15 元，共支洋 180 元；征收员一员，月支洋 15 元，年共支洋 180 元；一等雇员五人，月支洋 30 元，年共支洋 360 元；二等雇员 5 人，月支洋 20 元，年共支洋 240 元；办公费月支洋 68 元，年共支洋 816 元。④

北洋政府时期一等县知事月俸 300 元，二等月俸 260 元，三等月俸 240 元，核计年俸分别为 3600 元、3120 元、2880 元。如折为银两，分别为 2412 两、2090 两、1930 两。⑤ 这个标准低于清末各县厘定的公费银数额，但清末各县的公费内在地包含着官员的服食、车马、仆从、个人酬应等，一些省份也包含办公经费在内。如剔除以上因素，仅就俸银一项而言，这个标准亦应不低。所以，基本能够得出结论，民国时期的县知事薪俸，是高于清代知县的薪俸标准的。

---

① 民国《郑县志》第四卷，《食货志》。

② 民国《考城县志》卷六，《田赋志》。

③ 民国《确山县志》卷一二，《财政考》。

④ 民国《续荥阳县志》卷四，《食货志》。

⑤ 根据 1917 年 10 月 17 日河南禹州生银及银元本日行市，每元合市平六钱七分。中国第二历史档案馆编：《北洋政府档案》（67 册），中国档案出版社 1921 年版，第 138 页。

第二节　近代河南的吏风

清代州县官员官俸之薄，常为世人所诟病，也成为时人替官员不尽心履职甚至是贪渎解脱的重要说辞。国家也意识到官俸低微对吏治带来的负面影响，在近代的官制改革中，将俸禄制度改革作为一个重要环节来对待，并且在事实上也提高基层官员的薪俸待遇。按照常理而言，影响吏治的障碍已除，此时政治上应该清明，地方官员也应该尽心民瘼，协助国家实现社会的改革目标。但事实却不然，与清代的大部分时间相比，近代河南的吏风更加窳败。

一、清代知县的出身及其施政风格

作为宰临地方，负责刑名钱粮、劝农赈贫、兴养立教、维持治安的知县，清代国家对其选拔异常重视。"设官置吏，首严兹选，非科目、官荫、明经正途出身者，不得滥授。即有曾任佐贰著有能声者，亦必俟督抚保举，方得升授正印，盖綦重矣。"① 但为了满足社会各阶层人士入仕的要求，除正途出身之外，杂途亦可入选。因此，大体来讲，清代知县的出身主要有正途和异途两种。② 正途出身者主要是进士、举人、贡生，异途出身者主要有议叙、官学生、俊秀、吏员、捐纳等。

康熙、雍正、乾隆都认为做官应以"操守清廉"为本，非常重视官员的真才实学。出于吏治的考虑，始终保持正途出身知县比例的绝对优势。在康、雍、乾三朝，知县的正途出身者都在75%以上。③ 知县正途出身，饱读诗书，熟悉儒家伦理教义等中国传统文化，有利于维护封建王朝统治。④ 但

---

① 陆蓍祚：《请停止捐纳知县疏》，载《皇清奏议》卷二〇。
② 柏桦、李春明：《论清代知县出身与康雍乾时期的用人政策》，《史学集刊》1990年第4期；魏光奇：《官治与自治：二十世纪上半期的中国县制》，第29—30页；吴仁安：《清代的州县官》，《历史教学》1986年第5期。
③ 柏桦、李春明：《论清代知县出身与康雍乾时期的用人政策》，《史学集刊》1990年第4期。
④ 郭钦：《清代知县选拔和任用的特点》，《光明日报》2009年10月13日。

到清代中后期，知县中"异途"出身者比例逐渐加大。[1]

在镇压太平天国和捻军起义的过程中，由于大办捐纳，许多地主商人只要缴银一千数百两，即可买得实缺知县；同时各支清军和地主武装中，一些人凭借战功而获取知县。正途、捐纳和军功三条途径汇聚在一起，遂使候补官员队伍不断壮大。由于僧多粥少，请托之风盛行。在激烈的竞争中，捐班和军功人员"类饰车服，捷趋对，希大府欢；其中进士出身，大府辄慢为'书生'，乃至以无用相谑，无推毂者，十年或终世不补一官"[2]。结果是，"胸无点墨，且忝高官；目不识丁，亦膺社稷。其巧者逢迎奔走；其拙者，谬妄昏庸，颠危迭见。至其假手胥吏，百弊丛生，叩其图治之方，甚或茫无以应。""至有业吏皂隶，合数人以捐，一人得缺后，余为手足，俟获重利，次第报捐。"[3]

1905 年科举制度废除以后，州县官的选拔日益混乱。第一，保荐成为日益重要的选官方式，滥保现象非常严重，相当一部分保荐人员被授予州县官职。第二，为考虑举贡生员的仕途出路，朝廷于 1907 年和 1910 年在北京举行两次举贡会考，分别录取 300 多人，经复试后，录用前二等，授予不同的官职。其中只要录取为举人，就可以直接拣选知县。第三，晚清政府还从游学回国和学堂毕业生中选拔部分人奖以州县官官职。[4]

清代州县官出身的改变，必然会对当时的吏治吏风产生负面影响。即便是在正途出身占多数的清代前中期，其吏风也并非整齐划一，既有廉吏清官，但也不乏大贪大蠹之辈。如欲了解当时的州县实际执政情形，有必要考察一下州县吏治的一般状况以及官场风气。

实际上在康乾盛世之时，知县漠视民瘼、借机渔利之风已引起一些人的警觉。乾隆时学者洪亮吉指出，乡里中有人出任守令，戚友前往祝贺，

---

① 赵利栋：《1905 年前后的科举废止、学堂与士绅阶层》，《商丘师范学院学报》2005 年第 1 期。

② 民国《考城县志》卷一二，《金石志》。

③ 朱寿朋：《光绪朝东华录》，总第 26—27 页。转引自程有为、王天奖：《河南通史》第四卷，第 54—55 页。

④ 谭春玲：《民国初年的县知事实验》，华中师范大学 2008 年硕士学位论文，第 62 页。

亦必为之计虑，"此缺出息若干，此缺应酬若干，此缺一岁之可入己者若干。而所谓民生吏治者，不复挂之齿颊矣。"而守令之心思，"不在民也。必先问一岁之陋规保何，属员之馈赠若何，钱粮税务之盈余若何"。而其妻子兄弟、亲戚朋友、奴仆媪保则"各挟谿壑难满之欲，助之以谋利"。"其间即有稍知自爱，及实能为民计者，十不能一二也。此一二人者又常被七八人者笑，以为迂，以为拙，以为不善自为谋。而大吏之视一二人者，亦觉其不合时宜。"① 在当时人们的眼中，做官就是谋取个人及戚友私利的方式而已。其间稍有廉洁自守者，往往被人视为迂腐拙笨之辈。官场之风气如此，令人扼腕长叹。

清代官场常以清、慎、勤三字标榜，但事实远非如此。"州县至繁，亦不过半日之公事。各牧令如不溺于声色之娱，断不致刻无暇晷。"②"官僚幕友，终日宴饮。或与仆辈昼夜聚赌，恬不为怪"③，亦或狎妓女，宠姜童，捧优伶，生活奢靡，腐化堕落，离朝廷要求相差不啻万里。汪辉祖告诫州县官带子弟上任，应防范其误入歧途。"官衙习气，最足坏人子弟……如赌钱、唱曲、养鸟鱼、嬖优、狎妓之类"④，甚或内外勾结，多方罗掘。

迎来送往，国家明令限制，但地方官员往往置若罔闻。大多官员整日以宴会接待为乐，日日沉醉于宴饮之中，所有公务抛诸脑后。上司驾临，正是邀功树宠的绝佳时机，官员自是不敢怠慢，倾其全力去取悦。即便只是上司的幕友、书差也会隆重接待。

州县官置身于这样的环境之中，必将为现实所吞噬，最终变得麻木不仁。公务本无所谓勤与不勤，公务就是公文，自有幕友和书吏代理。知县所做之事，就是在文稿上画诺批行而已。对于那些看不惯官场而思图做事之人，由于环境熏染，早晚也会变成畏首畏尾、谨小慎微之人。这也许这就是所谓的为官之"慎"。⑤

①　洪亮吉：《守令篇》，载贺长龄编：《皇朝经世文编》卷二一，《吏政七》。
②　程含章：《通饬各官熟读律例》，载贺长龄编：《皇朝经世文编》卷二一，《吏政七》。
③　谢振定：《察吏八则》，载贺长龄编：《皇朝经世文编》卷二〇，《吏政六》。
④　汪辉祖：《用亲不如用友》，载贺长龄编：《皇朝经世文编》卷二一，《吏政七》。
⑤　郑秦：《清代县制研究》，《清史研究》1996 年第 4 期。

二、北洋政府时期县知事的施政风格

民国初肇，吏事未及修治，"纲纪不存，品流芜杂，其新进少年则昧于民情，而无裨治术；其旧时僚吏则狃于故智，而阄合事宜；甚或胥吏皆绾县符，棍徒亦膺民社，以致疮痍满目，盗贼繁兴。"在一些省份，"土棍匪目，亦绾铜符；走卒伶人，并膺墨绶。"① 相对与清代而言，北洋政府时期的吏风日下，贪残苛虐，任意勒罚，贪污中饱，罔恤民艰之流俯首皆是。

民国三年（1914），河南省署向中央呈报各县知事的考语：

> 署阌乡县知事孔繁昌勤政爱民，群情感戴；署商丘县知事孙金章勤明干练，为守兼优；署商水县知事徐家璘除暴安良，有胆有识，均准仅给六等嘉禾。舞阳县知事曾邦孚操履讳严，断案明敏，给予七等嘉禾。署卢氏县知事钟汝廉才具开展，办事勤能；署项城县知事朱名炤洞达治体，公正廉明；署郑县知事周秉彝守洁才优，老成练达，均传令嘉奖，并交内务部存记。署尉氏县知事庄昭然心粗气浮，办事躁妄；项城县知事王金相于扶匪韩西申复叛一事未能事先预防，实属咎无可辞，均著即行撤任，以示薄惩。②

民国十七年（1928）河南省长张凤台考核属吏：

> 永城县知事徐家璘秉性刚直，勤政爱民，著以简任职交国务院存记。太康县知事张锡典历膺繁巨，所至有声；夏邑县知事金钟麟学识优长，经验宏富，均著俟任实职三年期满后呈保升用；汝南县知事彭嵩龄老成稳练，治理明通，晋给三等嘉禾章。商城县知事潘鸣球久膺边要，有守有为；新乡县知事李嘉临励精图治，卓著循声；淮阳县知事杨葆禄规模宏远，办事精勤；罗山县知事胡荫培才识明敏，耿介自

---

① 《大总统令》，载中国第二历史档案馆编：《北洋政府公报》第 18 册，第 403 页。
② 《大总统策令》，载中国第二历史档案馆编：《北洋政府公报》第 31 册，第 331 页。

持；宝丰县知事马也良居官廉正政简刑清，均著晋给四等嘉禾章。伊阳县知事郑国翰究心吏治，劳著资深；息县知事候必昌识练才明，办事勤谨；光山县知事李瑞灿小心趋步，办事精详，均著晋给五等嘉禾章。郑县知事陈箴实心任事，悃愊无华；沈丘县知事王希曾才具优长，办事明敏；尉氏县知事邓瀛宾持躬廉洁，办事认真；正阳县知事徐贯之精明笃实，为守兼优；叶县知事王锡田通达治体，公正廉明；洛宁县知事程瑶阶洁己奉公，严于驭下；济源县知事郭名世才识豁达，公正廉明；卢氏县知事秦宏鼎操履谨严，办事钦敏；上蔡县知事林肇煌通达治体，振作有为；遂平县知事赵琦办事切实，勤干有为；杞县知事周湘清廉自矢，吏畏民怀；商水县知事陆眉寿听断明敏，案无留牍；泌阳县知事唯联棣振兴庶务，物望攸归；淅川县知事曾铨勤慎将事，清白乃心；舞阳县知事沙德生通达事理，砥砺廉隅；修武县知事张承彝识敏才优，堪胜繁巨；阌乡县知事管云程严于驭下，事必躬亲；临漳县知事王肇甲操守廉明，听断勤慎，均著传令嘉奖。前临汝县知事王秉彰侵蚀公款，私德有亏；前确山县知事杨溶亏欠公款，心地糊涂，均著交文官惩戒委员会依法惩戒。①

河南全省总计108县，第一次考核出具考语者9人，嘉奖7人，惩戒2人。第二次出具考语者32人，嘉奖30人，惩戒2人。由此不难看出，在当时实心任事、能堪重任者实属凤毛麟角，大多数乃庸碌之辈。当然，贪残成性，漠视政令，违法虐民者也不乏其人。就当时所记载的对各知事惩戒的记载来看，主要原因大致如下：

1. 藉公舞弊，滥权苛罚

县知事是国家政令的直接执行者，在履职过程中，县知事利用职权，违法浮收，任意勒罚，时有所闻。县知事负责征收各种赋税，借征赋以浮收在当时不乏人在。太康县知事陈守谦和长葛县知事洪宝焘即属此类。当

①　《河南省长张凤台考核属吏》，载中国第二历史档案馆编：《北洋政府公报》第192册，第347—348页。

时，太康县知事高报市估，浮收于民。该县于民国七年（1918）6 月 2 日至 9 月底，每月征收洋价均系悬牌 1520 文，自 10 月、11 月、12 月至民国八年（1919）一律呈报洋价 1550 文。当时各钱店洋钱折价大致在 1460 文左右。按该县购洋实价比较征收牌价，民国七年（1918）6 月 2 日至 9 月底每元浮收五六十文不等，自民国七年（1918）10 月、11 月、12 月至民国八年（1919）比较每月呈报洋价，浮收八九十文不等。洪宝燾于民国六年（1917）2 月委署长葛县，当时尚未改折银元，计六年（1917）丁漕两项共收银 26507 两，六年（1917）带征五年（1916），七年（1918）带征六年（1917）丁漕两项共收银 14237 两，合计共收银 40740 两。查核每月所报银价，市价每两 2000 文，则报 2100 百文，每两浮报 100 文左右，照前所收银数合算约共浮报 4070 余千文。七年（1918）丁漕改折银元，完纳角洋，照邮局牌示，每角洋 1 元完纳 1500 文，查当时实价每元在 1330—1340 文之间。每年丁漕两项共收角洋 17900 余元，浮收浮报均匀按每元 140 文计算，约共 2400 余千文。长葛县附税向系完钱，以钱合银，以银折洋，查六、七两年(1917、1918) 附税共收钱 28261 千 600 余文。按月报银价折洋 18676 元，以每元浮报百文计算，月共浮报 1800 余千文。统计六七两年浮收浮报之数，约共 8000 余千文。[①]

除操纵银钱比价之外，在一些县份，甚或有些知事借公舞弊之举，如息县县知事陈煐私自印制行帖牟利。清代定制，行帖每张收钱 2400 文，以 2000 文上解，以 400 文归作房书饭食。迨至民国，则由财政部颁发行帖，县印行帖一律禁用。民国四、五年（1915、1916）间复经河南省财政厅发文严禁，但陈知事于民国七年（1918）私印行帖 385 张，一律征收钱 2400 文，以 400 文为房书饭食，其余均系侵吞入私。[②]

浮收种类繁多，尚有谎报支出以浮收。固始县勇营不足百名，该县知

---

① 《国务总理呈大总统准会咨议决河南已撤太康县知事潘守谦已撤长葛县知事洪宝燾交付惩戒一案祈鉴文》，载中国第二历史档案馆编：《北洋政府公报》第 146 册，第 18—19 页。

② 《国务总理呈大总统准会咨议决撤任河南息县知事陈煐违法营私交付惩戒一案祈鉴文》，载中国第二历史档案馆编：《北洋政府公报》第 151 册，第 378 页。

事陆守仁却谎称该县警勇数 120 名。该队自七年（1918）7 月 1 日起改编为巡缉队，统算 18 个月，应支洋 12420 元，实际支出为 16920 元，此项浮支 4500 元。①

当然，还有假借司法名义的征收。西华县状纸向由河南官印刷局印发，每张定价制钱 150 文，附收呈词捐钱 450 文，拨充警察各用。自民国三年（1914）12 月 1 日为始，改用司法部颁发状面，呈词捐照准仍旧。刘泽青于民国三年（1914）7 月 9 日到任以后，以添练侦缉队为名，牌示每张加收制钱 1000 文。自加收之日起截至 11 月底止共收诉状 376 张，应加收制钱 376 千文。乃核对公款收支总账，仅于 9 月至 11 月三个月内列收加捐钱 221 千文。② 民初按法部定章，刑事诉讼不准和解，民事诉讼准予和解，亦无规费。固始县知事陆守仁每张和息，除秘密需索外，定收价 8 串文。据调查报告，每月或百余起，或八九十起，或六七十起不等，即以最少的六七十起算，每月收钱 528 串。其任内 20 个月，共收钱 10560 串文，按一四合洋 7543 元 8 角有奇。固始县还有递交状纸时缴规费的陋习，按本地习惯，刑事于三八告期外，传递状纸需缴规费 1200 文。固始讼案繁多，常年每日或十数起，或数起，或一二起不等，即以最少每日两起计，每月共 60 起，每月共收钱 72 串文，知事陆守仁 20 个月统共收钱 1400 串文，按一四合洋 1028 元 7 角有奇。③

借推行政令以勒罚，也是一部分县知事的常用伎俩。潢川县知事朱正本为防范各花户相率观望，抗不完粮，以催粮为名，签传花户多人，将王得志罚钱 400 串，罗注罚钱 200 串，凌旭初罚钱 500 串，谈培清、谈虎臣各罚 100 串，王光谦罚 80 串，连桂兰、连桂蕊各罚 10 串，他如张、施二

---

① 《国务总理呈大总统准会咨并案议决前河南固始县知事陆守仁匿报命盗各案暨亏款潜逃先后交付惩戒一案祈鉴文》，载中国第二历史档案馆编：《北洋政府公报》第 147 册，第 590 页。

② 《平政院裁决书河南西华县知县藉公舞弊枉法勒赃》，载中国第二历史档案馆编：《北洋政府公报》第 59 册，第 424 页。

③ 《国务总理呈大总统准会咨并案议决前河南固始县知事陆守仁匿报命盗各案暨亏款潜逃先后交付惩戒一案祈鉴文》，载中国第二历史档案馆编：《北洋政府公报》第 147 册，第 590—592 页。

姓则枷游各保。① 延津县知事何庆埏办案草率，大多以勒罚了事。县民于克俭等禀控该县县民郑长修滥派公债，何庆埏对其是否确有滥派公债、浮收图利之事，并不究明虚实，以确定有罪无罪而依法判决，即公然批令罚款 3000 元了事。② 宁陵县知事马德诚以范玉光私和王朝栋一案，将范玉光押入牢房，罚钱 1000 串；是年 4 月初，向九野首事牛廷玺报告郭世振地内栽有烟苗，郭世振畏罪，央人向马德诚说情，缴纳罚款 1300 串后被释放。③

各县账目混乱，县知事将财政收入视若私财，浮支滥支，账目不清，其中固始县最为典型。按照司法定章，禁烟罚款项下以六成上解，以四成充赏。凡县署充赏，里外经收办事人员平分其半。据调查，固始县知事于禁烟罚款项下，除六成上解外，其余四成并未分半充赏。此项充赏银数近 200 元，不知所踪。该县发还兵差费及契税盈余，也不知支向何处。民国三年（1914），固始县因白朗起事，由本地 48 保内大户筹捐 27000 余元，使用 16000 余元，剩余 11000 元。省督署按章将余钱发还县署，此款应由县署于地方平靖后分还各保户，但该县知事陆守仁并未将民国六年、七年（1917、1918）两年余款分还。该县前知事桂某在任，浮收验契款 5300 余元，嗣经县民禀控，蒙批发还，此款尚存县署，陆守仁经手，曾否指归何事挪用，何时发还，现实交存何处，仍茫无所知。固始县契税自民国二年（1913）6 月由省议会议决，照准于每两旧收 9 分之外，附捐 1 分作为本地中学校暨贫民工厂之用。中学校每年得拨用 3000 串，贫民工厂每年拨用 2000 串。如附捐 1 分项下前两项拨用外尚有盈余，拨归修理本县城工之用，不得擅动。就每年五六十万两价

————————

　　① 《代理文官高等惩戒委员会委员长汪燧芝呈大总统议决河南河防局长吕耀卿等六员惩戒案缮具议决书请鉴核文》，载中国第二历史档案馆编：《北洋政府公报》第 112 册，第 205—206 页。
　　② 《国务总理呈大总统准会咨议决河南盐津县知事何庆埏滥权苛罚交付惩戒一案祈鉴文》，载中国第二历史档案馆编：《北洋政府公报》第 150 册，第 376 页。
　　③ 《河南宁陵县知事私断任性勒罚无辜》，载中国第二历史档案馆编：《北洋政府公报》第 92 册，第 76—77 页。

折合，每年应拨银 5600 两，作钱 11200 百串，按一四合洋 8000 元。前四任 39 个月，应拨出动支 26000 元。陆守仁任 20 个月，应拨出动支 13226 元 6 角 6 分 6 厘。按本地中学校暨贫民工厂每年仅支 5000 串，按前 39 个月仅共支 16250 串，照一四合洋 11607 元 1 角有奇。按后 20 个月仅共 8333 串有零，照一四合洋 5952 元 1 角有奇，二项支 1705 元 2 角有奇。前四任应余存交接洋 14392 元 9 角有奇，陆守仁任内应余存留拨洋 7274 元 5 角 6 分 6 厘，二项共余存 21667 元 4 角 6 分 6 厘。据调查，五年来城工或修或不修，即修亦无大工程，动支当然无几，但此项余款不知归于何处。①

2. 玩视政令，庸劣不职

部分县知事任内玩忽政令，不实心任事，消极对待政务，能瞒则瞒，能拖则拖，即便为之，亦非全力以赴。经征钱粮当为国家要政，为督促县知事按期征收田赋，北洋政府曾制定《征收田赋考成条例》，以示奖惩，但部分官员仍置若罔闻。据统计，民国三年（1914），河南经征田赋不力各员达 9 人。经征未完一分以上之通许县知事张泳、商丘县知事孙金章、辉县知事顾若愚、济源县知事史延寿、温县知事奎印、偃师县知事陈环、孟津县知事田锦堂、嵩县知事戴光龄各减三个月俸禄的十分之二；荥泽县知事何朝宗未完田赋在二分以上，减六个月俸禄的十分之二。② 民国四年（1915），此一数目攀升，达 15 人。商丘县知事孙金章、柘城县知事孙甲铭、西华县知事汪继祖、长葛县知事何毓琪、前任荥泽县知事万中黼、荥泽县知事席庆恩、温县知事奎印、南阳县知事曹慕时、邓县知事崔雯、内乡县甘士达、偃师县知事毛龙章等，未完田赋在一分以上，减三个月俸禄的十分之二；汤阴县知事戴廷谔、临漳县知事邱缙、前任光山县知事邓日瑞、光山县知事李行恕等，未完田赋在二分以上，减半年

<hr>

① 《国务总理呈大总统准会咨并案议决前河南固始县知事陆守仁匿报命盗各案暨亏款潜逃先后交付惩戒一案祈鉴文》，载中国第二历史档案馆编：《北洋政府公报》第 147 册，第 590—592 页。

② 《民国三年份河南督催及经征田赋不力各员惩戒》，载中国第二历史档案馆编：《北洋政府公报》第 117 册，第 509 页。

俸禄的十分之二。①

民国时期社会动荡，盗匪猖獗，捕务为维持社会治安之要政，但各县捕务大多废弛。当时各县监所经费短缺，大多年久失修，颓垣破壁，风雨飘摇。因此，监犯逃脱之事较为普遍。内乡县知事贾培基任内，监犯庞志子、叶文德打伤门丁，夺门逃逸。② 通许县知事张泳，性耽安逸，捕务废弛。自匪首高二成等出没于西南乡边境一带，掳人勒赎之案，层见叠出。③ 河南杞县知事杨树藩因疏防监犯，民国四年（1915）4 月 12 日夜四更时大风猛起，监犯李乾净、王青云、刘十二、闪万金乘机扭断镣锁，折损笼木，挖洞出院，越墙同逃。④ 民国四年（1915）7 月 20 日，睢县知事曹瀛督队赴乡巡缉，夜间监犯趁无人防守，扭断镣铐，折断木笼，由廒房前墙挖洞爬出，用砖砸毁各廒门锁，放出各犯，并跳入隔院看守所放出人犯，一同脱逃。除追获监犯何胜奎等 29 人外，其余监犯朱恒修等 22 名逃逸无踪。⑤ 河南夏邑县知事张绅善于文过饰非，民国三年（1914）12 月间，有匪徒 20 余人夜间逾城而入，直扑县署，击毙警役，劫去匪首马文俊之妻马岳氏等人。⑥

民国初年，禁烟亦为国家要政，但部分官员匿而不报，或以罚款了事。内乡西北一带，如黑烟障、长滩河、蛇尾沟、跳猴沟、猛虎岈、大窑

① 《兼任文官高等惩戒委员会委员长平政院长夏寿康呈大总统议决河南省民国四年分督促暨经征不力各员范寿铭等惩戒案缮具议决书恭呈祈鉴文》，载中国第二历史档案馆编：《北洋政府公报》第 119 册，第 491—492 页。

② 《国务总理呈大总统会咨议决河南内乡县知事贾培基玩视要政讳饰命案暨疏脱监犯先后交付惩戒一案祈鉴文》，载中国第二历史档案馆编：《北洋政府公报》第 147 册，第 563—565 页。

③ 《文官高等委员会会议议决书》，载中国第二历史档案馆编：《北洋政府公报》第 55 册，第 565 页。

④ 《文官高等惩戒委员会议决书》，载中国第二历史档案馆编：《北洋政府公报》第 60 册，第 208 页。

⑤ 《河南巡按使田文烈呈睢县监犯反狱逃脱请将疏防之县知事曹瀛交付惩戒文》，载中国第二历史档案馆编：《北洋政府公报》第 63 册，第 138—139 页。

⑥ 《文官高等委员会会议议决书》，载中国第二历史档案馆编：《北洋政府公报》第 55 册，第 566 页。

沟等处，环绕皆山，嗜利之徒，藐视法文，任意私种。知事贾培基多次接到上司严禁之令，但业经数月，仍不通令严禁。① 卢氏县知事翟则恒烟禁废弛，拘究烟户托人运动，即可免于拘役。明罚虽止数十元，而其私出则二三百元不等。卢氏有烟之地，或三亩或五亩不等，甚至有达30余亩之多者。赵永泰、常小平同系种植2亩，但在处罚时区别对待，一则判罚洋50元保释，一则并未处罚给予保释。郝同顺因种烟自认罚洋400元，初犹未准，后只罚洋210元了事，其中贿托情弊，自难保其必无。②

民国时期倡导司法改良，但部分知县对于司法事务仍然漫不经心，办理案件一拖再拖，司法事务仍无多大起色。沁县县民陈鸿儒状告该县陈怀山、闪贵明先后霸占其地亩一案，官经七任，事隔五年，仍未结案。在任知事吕相曾批以即行勘验，再为审理，但该民连词呈催半年有余，毫无行动。③ 更有甚者，对于命案置若罔闻，匿而不报，或应付了事。民国七年（1918）11月15日，据荥阳县地方张尽忠禀称，其所管吕庄牌民吕应妮将其母吕赵氏扎伤身死，张尽忠同其族邻人等将吕应妮扭获送案。知事刘海芳办理吕赵氏一案，即经验明，确系扎伤身死，自应依限具报，以符司法规例，乃竟延宕多日，直至交卸并不呈报。④ 民国八年（1919）1月31日，内乡县属操场村民张钧与于春纪因索欠发生口角，张姓前往寻衅，于春纪之兄于春成于是晚身死，报案后，知事贾培基于2月2日派刑仵往验，尸亲不认而归。3日该知事因公赴宛（南阳），4日又派警佐往验，仍由尸亲拒绝。该知事于11日由宛回归，绕道该村亲自检验，声称验无伤痕，系属病毙，尸亲拦阻滋闹。其时尚在旧历正月，乡民闲暇，又事隔旬余，喧

①《国务总理呈大总统会咨议决河南内乡县知事贾培基玩视要政讳饰命案暨疏脱监犯先后交付惩戒一案祈鉴文》，载中国第二历史档案馆编：《北洋政府公报》第147册，第562页。

②《国务总理呈大总统为准会咨议决河南卢氏县知事翟则恒交付惩戒一案祈鉴文》，载中国第二历史档案馆编：《北洋政府公报》第141册，第311—312页。

③《河南沁阳县人陈鸿儒告诉该县知事吕相曾徇情违法溺职殃民等情由》，载中国第二历史档案馆编：《北洋政府公报》第89册，第39页。

④《国务总理呈大总统准会咨议决河南荥阳县知事刘海芳讳报命案违背职务交付惩戒一案转呈钧鉴文》，载中国第二历史档案馆编：《北洋政府公报》第147册，第586页。

传遞迻，观者众多。该处乡民强悍，当尸亲滋闹之际，有拾石乱掷，损毁官轿之举。县队勇开枪示威，藉资弹压，将乡民雷百仓、马和尚误伤，先后身死。①

对于监狱改良，部分知事也以敷衍了事。改良看守所乃省署及司法部门先后饬办之事，县知事对于改良监所事务责任攸归，责无旁贷。但一些县知事阳奉阴违，并不着手进行。太康县看守所仍系旧日班房，监所人丁概系昔日差役。所谓门丁班管，一仍旧习，管狱员徒拥监管虚名，于所务不能过问，种种弊窦，依然存在。而且县知事收受各案既未即时集讯，依限审结，而于收押之后，尤复漫不经心，全然假手家丁劣役，任意处置。方丈之地，聚集十余人，转辗于丛垢积污之中，疫疠繁兴，死亡相继。事前不设法预防，慎选医士，认定症候，施以疗治；事后一纸公文，具报了案，累累病犯，熟视无睹。该县班房原有数处，且有宽旷基地，稍事扩充，不难合并。而选用良民充任所丁，应需经费亦属有限，更不难克期举办，乃竟因循敷衍，不予更张，致令积弊未能剔除，法令等于虚设。太康县押犯自民国九年（1920）1 月至 6 月，因病死亡人数共有 10 余名之多，实属废弛职务。②

3.枉法滥刑，任性妄为

在审理案件过程中，亦有知事办案草率，不遵从法定规则，动辄以刑责了事，枉法滥刑时有发生。

卢氏县知事翟某于民事案件，滥用刑讯，常使用镣铐、鞭笞等重刑，如郭三保买妾一案，男受一千皮鞭，女责一百皮掌。③信阳县知事杨兆奎办事操切，民国三年（1914）10 月间，平昌关清乡局长李树森指控地保

---

① 《国务总理呈大总统会咨议决河南内乡县知事贾培基玩视要政讳饰命案暨疏脱监犯先后交付惩戒一案祈鉴文》，载中国第二历史档案馆编：《北洋政府公报》第 147 册，第 563 页。

② 《国务总理呈大总统准会咨议决河南太康县知事杨酉贵废弛职务交付惩戒一案转呈钧鉴文》，载中国第二历史档案馆编：《北洋政府公报》第 170 册，第 82 页。

③ 《国务总理呈大总统准会咨议决河南卢氏县知事翟则恒交付惩戒一案祈鉴文》，载中国第二历史档案馆编：《北洋政府公报》第 141 册，第 312 页。

黄万林圈赌窝匪，该知事提案后，并未研讯确供，请示上峰，亦不就近面请道尹示遵，擅将黄万林立时枪毙。罪犯即便罪有应得，但不依据法令擅自刑责，实属任性妄为。①

洛阳县民黄占鳌高祖、曾祖墓于民国元年（1912）7 月初 9 日被该村劣绅张广渊近族张亮等黑夜以捇砖为名所掘，黄占鳌于 9 月 25 日以掘穴盗墓等词禀控。张广渊仰仗村长威势，夤缘攀附。至民国二年（1913）2 月，串通二壮蠹役刘长升入署，内外运动，以致不批不差，成为悬案。民国二年（1913）6 月 13 日夜，黄占鳌胞侄黄海澜，年甫 19 岁，在场看麦，突被群匪捉按，刀砍左太阳穴，多伤俱深，骨髓脑脂迸出，立时殒命。14 日黄占鳌纠同地方报案，15 日查验伤情，注明在案。村首事孙承先通知该区守望社社长郭建三会同巡警捉拿罪犯，但始终不至一人，却又勒派村民款项。知事王锡龄始则偏袒劣绅，诈诬掺抢，继则违抗上宪法令，串弊违法，以致黄占鳌先祖坟墓不保，子侄命冤不申。②

长葛县知事洪宝焘临卸任之际，纵容匪徒贻害地方。洪知事于民国七年（1918）12 月下旬数日之间，开释匪徒 9 名，其中的一名匪徒耿七，乃民国四年（1915）1 月长葛县拿获之犯，初讯即供认伙同吴良生、郭顺成等排架双宁庄人田骡，并供称赎票银 200 两，但在押四年，并未惩办。其余各人具有聚赌抢劫等案，皆非善良之辈。③

方城县知事沈家新于民国七年（1918）10 月 3 日因丁艰交卸，在任五月之久，于获案讯供不讳之匪犯，未能依法处理。又将李鸣皋等 13 名罪犯，全部交保开释。开释犯人李鸣皋等，除焦荣德乃犯拐案收押外，其余均系抢掠烧杀架票勒赎之犯。而李鸣皋保释后，复在该县二郎店地方架杆为匪，以致民怨鼎沸。张劳六亦于保释后，伙同王进学等十数人，冒充

① 《文官高等惩戒委员会议决书》，载中国第二历史档案馆编：《北洋政府公报》第 55 册，第 565 页。
② 《河南洛阳黄占鳌告诉该县前任知事王锡龄违法虐民案》，载中国第二历史档案馆编：《北洋政府档案》第 42 册，第 56—63 页。
③ 《河南太康县知事贪劣不职民怨沸腾长葛县知事被控累累声名甚劣均交付惩戒》，载中国第二历史档案馆编：《北洋政府公报》第 146 册，第 21 页。

军队闯入河洛村，将村民扈大典枪毙。①

　　河南省创办印花税已历多年，但因民力凋残，收入无几。民国四年
（1915）财政部将印花税列入中央专款，全年额解 20 万元，定为考成。河
南省财政厅长督饬各知事奋力劝导检查，严防偷漏；且规定一律以贴用为
主，不得专事派销。但在实际征收过程中，各知事为完成定额，大多以摊
派为主。考城县印花税系于民国三年（1914）1 月开办，均系尽销尽解。
民国四年（1915）7 月，经财政厅按照该县等级，定为每年认销 5000 元。
县知事纪墀于署外设置公所 1 处，派委绅士 1 员经理其事，除竭力销售贴
用外，终以商业萧条，不敷额解，由各首事按亩派销，由该公所交县批
解。② 潢川县知事朱正本在地丁之内加收酒税、印花税，该知事于洪宪元
年（1916）3 月 29 日印示，随粮每亩加收酒税钱 12 文，印花税钱 7 文 5
分以上。酒税属于营业税，印花税条例亦无粮票必须贴用之规定，该知事
竟将酒税、印花税等同正赋，按亩加收。该知事虽然按亩加收印花税 7 文
5 分，但当年完粮串票，多又不贴用印花，此项收入大都落入私囊。③

　　民国初年，为了筹措资金，常有办理公债之举，办理公债取自由应募
主义，但各县知事违背公债条例，摊派情事，屡有发生。潢川知事朱正本
于四年办理内国公债，由各区团总会同各保董，体察乡户贫富，酌量摊
派，有 3 元、5 元、7 元、8 元、15 元、30 元不等。④ 安阳县知事庞毓同
办理公债，亦按亩勒派 50—60 文，且于省署支配债额之外，多加摊派，
人民稍有不遵，即以扑比从事。如笞押武官村贾姓，羁押郭里村孙文秀月

　　① 《河南方城县知事枉法渎职》，载中国第二历史档案馆编：《北洋政府档案》第 39 册，
第 483 页。

　　② 《河南省长田文烈呈大总统考城县知事纪墀违章摊派印花税票请交文官高等委员会
惩戒文》，载中国第二历史档案馆编：《北洋政府公报》第 93 册，第 254 页。

　　③ 《代理文官高等惩戒委员会委员长汪燨芝呈大总统议决河南河防局长吕耀卿等六员
惩戒案缮具议决书请鉴核文》，载中国第二历史档案馆编：《北洋政府公报》第 112 册，第
206 页。

　　④ 《代理文官高等惩戒委员会委员长汪燨芝呈大总统议决河南河防局长吕耀卿等六员
惩戒案缮具议决书请鉴核文》，载中国第二历史档案馆编：《北洋政府公报》第 112 册，第
205 页。

余，罚洋 200 元。^①

4. 用人失检，纵役扰民

在执行政务过程中，县知事任用非人，纵役扰民事件也屡有发生。杜树棠本系卢氏县保卫团团长，乐川首事冯永贵等人禀其曾经投奔陕西倡乱张钫部队，被靳营长拿获。知事翟则恒稔知其事，并不呈明，仍任用其为县巡缉队副领队官，其情节迹近养奸。^②沘源县知县潘灏性情执拗，用人失检，其亲信警备队长李福田遇事藉端滋扰，贻害地方，尤为众人所侧目。^③卢氏县翟则恒亲任颇专，秦占魁本系该知事家丁，改编巡警队时派为队长，乘势包揽词讼。其族人秦庄将其妻卖于郭三保为妾一案，经秦占魁拨弄，捏词指为诓拐，翟知事将郭三保镣铐严押。^④县知事甚或纵容属役，假借各种名目扰民。罗山县所派差役，办理失宜，有按村匀摊，挨户压派情事，甚至书差藉端需索，骚扰不堪。如该县西关外北后街在城约王文会被差役陈玉堂、柴德胜、赵发富、徐万三、姚春和 5 人指办兵差，将王文会拉至县署，派令出钱 45 串外，索酒钱 14 串 420 文。民国三年（1914）1 月 28 日，又被县役五班卯首万福山、胡庆余、潘占魁、王保善、胡永顺捏禀王文会抗车未缴，将王文会之侄王鸿吉拘至班房，派令出车 50 辆，无车派令出钱 166 千文。南关外森茂泉杂货铺罗旦雨、徐心元等家被地保潘继全指办兵差，勒令出钱各 300 文。城西南三里小高湾村徐发禄被县役潘占魁、胡庆余指办兵差，派令出钱 800 文。城西八里黄土岗吴正德家被县役潘占魁指办兵差，派令出车钱 500 文。城南马家湾蔡泽中被地保谈大胯子带领皂班，勒令出钱 1 串 300 文，同日又令梁钟山出

① 《代理文官高等惩戒委员会委员长汪燨芝呈大总统议决河南河防局长吕耀卿等六员惩戒案缮具议决书请鉴核文》，载中国第二历史档案馆编：《北洋政府公报》第 112 册，第 206 页。

② 《国务总理呈大总统为准会咨议决河南卢氏县知事翟则恒交付惩戒一案祈鉴文》，载中国第二历史档案馆编：《北洋政府公报》第 141 册，第 311 页。

③ 《文官高等惩戒委员会议决书》，载中国第二历史档案馆编：《北洋政府公报》第 61 册，第 641 页。

④ 《国务总理呈大总统为准会咨议决河南卢氏县知事翟则恒交付惩戒一案祈鉴文》，载中国第二历史档案馆编：《北洋政府公报》第 141 册，第 312—313 页。

钱 1000 文。城北五里墩尖岗即四围等村民人亦被县役头壮不知姓名指办兵差，勒令出钱 1 串并 600 文、300 文不等。"军队剿匪仓卒，开拔千里，持粮转输不易，雇觅担夫，亦非得已，无奈蠹胥恶役辄乘机强派，骚扰多家，甚至腾笑外人，宣传报纸。"①

西华县知事刘泽青以县知事兼理司法，在审理过程中，失察幕友私索小费。差役杨省身、樊复盛、陈金贵借案向张廷瑞等五家需索陋规，其中向张廷瑞家索钱 27 串，王斐然家索得钱 10 串，尹清泰家得钱 15 串，何保国家先后得钱 20 串。②太康县知事陈守谦派官亲束鉴、霍宝亭等冒充省委，赴各集镇调查印花、牌照等项，勒讹商民，其中束鉴勒罚高朗集牙行七家，每家出钱 5500 文，共罚钱 38 千 500 文。霍宝亭在常营集勒罚牙帖牌照，共私罚大洋 75 元，双兴合、瑞升永两烟铺共出洋 50 元，其余 25 元，系由零星小商分摊。束鉴、霍宝亭合伙在老冢集勒罚，各商除钱以外，又罚大洋 30 元以上，且均系私罚，并未入公。③

在民初，县知事群体整体不佳，贪残苛虐，庸劣无能，任意妄为，纵役扰民，无所不用其极。各种报章对知事之丑态，也极尽讽刺之能事。"暮夜怀金，白昼蝇营，汗流浃背，气喘吁吁，此运动时之相也。礼服楚楚，高座堂皇，混帐忘八，声似牛鸣，此问案时之相也。油头滑面，谑浪笑傲，左拥右抱，乐以忘忧，此闺房时之相也。俯首弯腰，鞠躬诚是，栽培请安，语不离口，此谒见长官时之相也。地方绅衿，竭诚交欢，鬼鬼祟祟，称兄呼弟，此狼狈为奸之相也。偶离衙斋，非轿不兴，前呼后拥，气象万千，此出外时之相也。刑事民事，不问不闻，善博好色，神瞀志昏，此衙居时之相也。宠妾灭妻，违悖天理，倾翻醋罐，反目时闻，此勃豀时

---

① 《陆军上将衔陆军中将河南省民政长兼署都督田文烈呈遵令查明罗山县办理兵差暨过境骚扰各节详细情形除令该县将勒索之差役讯押办外复请核示文》，载中国第二历史档案馆编：《北洋政府公报》第 30 册，第 373—374 页。

② 《河南西华县知县藉公舞弊枉法勒赃》，载中国第二历史档案馆编：《北洋政府公报》第 59 册，第 425 页。

③ 《河南太康县知事贪劣不职民怨沸腾长葛县知事被控累累声名甚劣均交付惩戒》，载中国第二历史档案馆编：《北洋政府公报》第 146 册，第 18—19 页。

之相也。贪墨不密，秽声远播，揭参惩革，垂头丧气，此落职时之相也。赃私累累，衣锦还乡，取之不尽，用之无竭，此幸逃法网之相也。"①"求缺时，东奔西走低头下眉如乞儿；挂牌时，摇头摆耳手舞足蹈如狂夫；上任时，得意洋洋威风凛凛如带假面具之猴狲；坐堂时，擅作威福滥用私刑如活阎罗王；索贿时，多多益善贪得无厌如贪食狗；被参时，五内焦灼上下运动如热石头上之蚂蚁；褫职时羞怒并作，坐立不安如无头苍蝇；被捕时前拥后护如大盗；提审时言语支离如小贼；枪毙时，呼冤哀鸣如临灾之畜牲。"②

知县（县知事）为亲民之官，古昔尊为民牧，迨至民国肇造，率又自命公仆。"顾就'牧'与'仆'两字意义而诠释之，固有役民与服役于民之区别，但按之实际，则为一县人民办理公举之事业，初无二致。在民牧时代，贤良政绩，史不绝书，而入公仆时代，则反落落无关，甚至虐民之举，报载不穷。"③鉴于吏治的腐败，清代民国的国家政权制定各种知县的任用和奖惩，以此规范和绳准知县之行为。

知县任职期间表现是通过"大计"来评估，按照"卓异、贪、酷、疲软无为、不谨、年老、有疾、浮躁、才力不及"等考核结果，分别给予擢升、留任、革职、降级、劝退等奖惩。在官员的任用和奖惩方面，民国时期重点做了两项工作：一是通过《知事任用暂行条例》《知事任用暂行条例施行细则》《知事试验暂行条例》《知事试验暂行条例施行细则》《修正知事试验条例》《修正知事试验条例施行细则》等制度，试图以考录或保荐的方式，建立公开的、程序化的选官制度；二是通过《文官惩戒法草案》《知事奖励条例》《知事惩戒条例》《县知事办理命盗案限期及惩奖暂行条例》《县知事劝业考成条例》《文官惩戒条例》等制度，约束与规划县知事的行为。④但这些措施并没有收到明显效果，民国时期基层吏风的窳败日甚一

---

① 郁悼愚：《县知事十变相》，《余兴》1915 年第 11 期。

② 抱朴子：《县知事之十时十如》，《余兴》1915 年第 6 期。

③ 喻世芳：《县知事之任务》，《县政验究》1939 年第 1 卷第 8 期。

④ 民国时期的县知事任用与奖惩，魏光奇、李俊清、姬礼萍、谭春玲等学者已有深入研究，此处不再赘述。

日。从档案中随处可见的惩戒记载来看，这些高悬在县知事头上的达摩克利斯之剑并未发挥有效的震慑作用。

第三节　近代河南州县的实际作为

知县职责繁杂，陈宏谋将其应办之事概括为田赋、地丁、粮米、田功、粮价、垦殖、物产、仓储、社谷、生计、钱法、杂税、食盐、街市、桥路、河海、城防、官署、防兵、坛庙、文风、民俗、乡约、氏族、命盗、词讼、军流、匪类、邪教等等 30 多项。[①] 但实际上，在这些职责中，知县最关注的是诉讼刑狱和财赋，即所谓的刑名钱粮。那么，在近代地方自治的背景下，知县或县知事是不是如时人所期待的那样，积极投身于这一洪流之中，为地方自治的开展倾注更多的心血？

一、清末河南的知县行政

清代知县的首要任务是征收钱粮。清代有一套完整的钱粮征收制度：在征收钱粮之前，知县首先查对《赋役全书》所规定本县一年应该征收的本色、折色，以及存留起运数额是否与各图里甲应征钱粮相符，避免少征或多征。选择"老成谙练"者若干人，充当收役。征收时，用滚催法，自封投柜。全县征收完毕，尚需例行复查，复查无误后，县官就将征收的钱粮，按照应解数量，按月解司，随征随解。除此之外，知县还负责地方的治安和审断、宣讲圣谕和律条、兴办教育、劝课农桑等事务。[②]

从清代河南知县的实际行政来看，在康雍乾时期，素有政声之官员数量颇多，但到嘉道以后，数量锐减，大多数官员仅守成而已，当然也不乏贪残苛虐之辈。光绪元年（1875）邹萼棠任新安县令，到任伊始，访知民间富户，伺机索贿。遇有乡里争讼，便将两造拘囚，不满欲则不予释放，人民多因犯法而破产。光绪三年（1877）邹萼棠又宰新安，春季大荒，夏

---

① 陈宏谋：《咨询民情土俗论》，载《清经世文编》卷一六。

② 李林：《清代的县官职掌与作用》，《辽宁大学学报》1986 年第 5 期。

秋又遇干旱，麦禾无收。新安人民"鸠面鹄形者，性命且在旦夕"，而邹萼棠却迫令纳谷还仓，"逮系敲比，殃及邻里，新民坐是流离死亡，十损六七"。① 当然，也有一些政绩卓著之官员，康熙年间任职鄢陵的杨应标，"饬胥吏，均徭役，公听断，恤茕独，推诚御物，政声懋著。"② 康熙元年（1662），西平县令沈莱"平心理事，敦尚醇实，轻徭赋、修道路、筑堤岸、劝农桑、奖孝行，惩奸蠹，振兴文教，修辑邑志，去奢崇俭，弭盗安民，治象政声一时称最焉"③。乾隆三十五年（1775）宰临西平的知县汤显相，"学问渊雅，兼饶吏材，治狱明允，不事鞭扑。凡兴学、课士、治河、缮城、备荒诸政，无不毕举。在任六年，民极爱戴"④。即便到清末新政时期，一些官员仍实心任事，有所作为。光绪三十三年（1907）任西平知事的程嘉谷汲汲求治，办事热心。如县城内的劝学所、师范传习所、地方公款所、警察教练所、图书便买室，城外的农业试验场皆程嘉谷所创立。而地方公款所一切规程，也悉经其手。"尤为当道所嘉许，通饬各州县仿行，至今尚沿为定制。"宣统三年（1903），知西平事的朱名炤，"兴学、理狱、保商、惠工诸事，均尽心为之。"⑤ 光绪二十九年（1903），任新安县知事的言有章提倡新政不遗余力，创办学堂、购置图书、选俊才、延明师、督励训，谆谆不倦。新安县教育之兴，以言有章为先河。又倡办善堂，集农商讲演，以开民智；植树官道两旁，以荫行旅。光绪三十四年（1908），新安知县曾炳章，整顿学校，创办自治集巡警教练所，立贫民工厂与宣讲所。⑥ 不过，就各县的实际行政来看，大致包含如下方面：

1. 劝课农桑，发展生产

在古代社会，农业是主要的生产部门，不仅是庶民衣食之资，也是国家税收的重要来源。因此，农业生产状况之好坏，也自然成为官员政绩良

---

① 民国《新安县志》卷四，《宦绩志》。
② 民国《鄢陵县志》卷一四，《宦绩志》。
③ 民国《西平县志》卷二一，《名宦事略下》。
④ 民国《西平县志》卷二一，《名宦事略下》。
⑤ 民国《西平县志》卷二一，《名宦事略下》。
⑥ 民国《新安县志》卷四，《宦绩志》。

瘝的一个重要的判断标准。在清代前期，尚有官员重视劝课农桑，督导农民勤于生产。张琦于康熙三十四年（1695）任新安知县，在十余年任职期间，"平易恺悌，熟民间疾苦，劝农课桑勤垦，如家人于署西垦圃，名曰菜根厅，春韭秋松，以荐宾僚，一时传为美谈"①。郑士玉于雍正年间莅任鄢陵，"劝课农桑，野有余粟。"②

2. 体恤民艰，减轻民累

在清代，农业生产方式落后，收成也不高，而赋税却较为沉重，农民大多生活清苦。因此，减轻民累，纾缓民力也是州县官责无旁贷之事。新安县地瘠而冲要，为秦豫孔道。顺治年间，李自成之役，"土地荒芜，室庐灰烬，民之存者盖三之一焉"。同时，吴三桂驻扎西安，京兵往返络绎，"车辆马匹，驿为之空，官不能支，借办于民。正供之外，杂差箕敛，常至倍蓰，残黎逃走无算"。顺治年间，佟希圣任新安县令。"殚心抚绥，苟便于民，知无不言，行无不力。"并哀吁上官，为民请命，批驳往复，"恸哭流涕，誓以身殉，得援例题请除荒征熟，减地丁粮银 3800 两有奇，民以再甦。"该县县署毁于火灾，借用民舍办公，佟希圣以官署"乃国家体统，黎庶观瞻，勿可苟且旦夕为传舍，计乃复整旧署堂楹廊序 70 余间，不日落成，一瓦一木，不以累民"③。裴宪度康熙九年（1670）任鄢陵县令，爱民如子，不事苛责，"招流亡以辟草莱，清田亩以补污下。"邑中弊政，如驿马、里夫、盐荚、漕米、河夫之为民累者，悉行革除。董允怿于康熙三十七年（1698）莅任鄢陵知县，"日嘱绅民而劝谕之，未尝以催科为急，赋税亦集。"④西平县地瘠赋重，民多逃亡，康熙二十八年（1689）李弘植知西平，"轻徭缓征，加意抚循，岁余民皆复业。"⑤张琦于康熙三十四年（1695）任新安知县，时清帝西巡，道经新安，一切御用物品，悉竭力购办，而倍值于民。徐秉懿嘉庆八年（1803）任新安知县，"甫下车，即延

---

① 民国《新安县志》卷四，《宦绩志》。
② 民国《鄢陵县志》卷一四，《宦绩志》。
③ 民国《新安县志》卷四，《宦绩志》。
④ 民国《鄢陵县志》卷一四，《宦绩志》。
⑤ 民国《西平县志》卷二一，《名宦事略下》。

父老问疾苦，访之北山一带，岁支官煤数万斤，大为民累，悉数豁免。"
冯森于道光三十年（1850）知新安，在差徭整理方面舒缓民力。新安地当
冲要，差徭繁重，再加上吏役派办，浮滥侵渔，民不堪累。冯森创立公车
局，延请邑绅经理其事，节费甚巨，民困稍苏。咸丰间赵培桂任新安知
县，"励操清廉，居官谨慎，讼狱不受请托，因公下乡，未尝一饭扰民，
父老称为有清第一好官。"王承枫于咸丰十年（1860）任知县时，"怜民疾
苦，裁兵差浮费。"① 杜信义于光绪十四年（1888）代理鄢陵县知县，在任
一切政事，"以德化不事刑威"。鄢陵河工物料，系向民间按地派捐，且需
出车运送公所。而杜知县办理物料，均以现钱收买，由官发价雇车，运送
于民，分毫不扰。②

3. 重视教育，厉行教化

学校教育既是国家选拔人才的途径，也有利于淳厚地方民风，因此，
也成知县极力推奉之要政。康熙年间，鄢陵知县杨应标尤加意学校，"月
有课，季有考，鼓舞诱掖诸生，咸彬彬就范。"③ 雍正二年（1724），新安
知县王元衡，"修葺文庙两庑，木主如式。每月课士，锡赉甚厚。又举行
宾兴大典，士林荣之。"④ 道光六年（1826），李德林任西平县令，课农桑、
兴水利、筑城垣，尤以兴学育才为己任。劝令绅富捐资创办义学41处，
凡贫寒子弟，皆可就学。杜杰魁于同治七年（1868）及同治十一、十二年
（1872、1873）间两任西平县事，"文学优长，政尚清简，尝创建试院，增
筑柏亭南桥，士民爱戴之"⑤。张吉梁于同治十三年（1874）6月任鄢陵知县，
最爱读书人，每逢文清书院月课，案卷亲加批评，增设会课文社，鄢陵士
人入门受业者颇多。⑥ 石庚于光绪二十一年（1895）10月代理鄢陵县事，
下车伊始，即以振兴教育为先，县署旧有文清书院月设官、斋两课，石庚

① 民国《新安县志》卷四，《宦绩志》。
② 民国《鄢陵县志》卷一四，《宦绩志》。
③ 民国《鄢陵县志》卷一四，《宦绩志》。
④ 民国《新安县志》卷四，《宦绩志》。
⑤ 民国《西平县志》卷二一，《名宦事略下》。
⑥ 民国《鄢陵县志》卷一四，《宦绩志》。

亲临课试。且于正课之外，加课经古杂作及字学。既增加其廪饩，更于课读讲解淑身济世之道，使士子知所依归。①

当时，也有一些知县重视对百姓的教化。雍正年间郑士玉莅任鄢陵，"甫至，即以明伦为先务，集士子于泮宫，勉实行饬廉隅，朔望课士，亲加丹铅，以示奖励。敬重祀典，致祭圣庙，预夕演乐习礼，必信必诚，未尝闻咳唾声。且化及乡民，时招父老子弟宣讲圣谕，亲为训戒，由是风化大行。"②

4.修桥治路，兴修水利

当时的公共工程主要有修治城墙、桥梁和兴修水利工程，以保境安民、便于行旅和裨益农业。许承澎于康熙二十二年（1683）任鄢陵知事，勤于政事，凡仓库、城池、道路、桥梁，无不修治。③康熙二十八年（1689），李弘植知西平事，以境内洪河溃决为患，每逢农隙，督率百姓固堤防、疏支流，并令各乡村疏浚沟渠，以备旱涝。④董允怿于康熙三十七年（1698）莅任鄢陵，"是年秋，大水城圮，允怿命工兴筑，逾月告成。"雍正年间，郑士玉莅任鄢陵，鄢陵旧有南北河水患，郑士玉亲自查验形势，疏通陂泽，民得安堵。⑤宣统三年（1911）夏，西平大雨如洪，河水暴涨，城北王店堤将溃。知县名焰冒雨立于河干，督工抢险，并亲自负土堵塞。⑥

5.清理词讼，缉捕盗贼

知县作为父母之官，平理词讼，调处纷争，稳定社会秩序，应视作地方要务。雍正年间，郑士玉莅任鄢陵，判理词讼，案无留牍。⑦光绪二年（1875），李待时任西平县县令，"听讼片言立决，案无留牍。暇辄下

① 民国《鄢陵县志》卷一四，《宦绩志》。
② 民国《鄢陵县志》卷一四，《宦绩志》。
③ 民国《鄢陵县志》卷一四，《宦绩志》。
④ 民国《西平县志》卷二一，《名宦事略下》。
⑤ 民国《鄢陵县志》卷一四，《宦绩志》。
⑥ 民国《西平县志》卷二一，《名宦事略下》。
⑦ 民国《鄢陵县志》卷一四，《宦绩志》。

乡，访民疾苦。遇诉者，即于田间或道旁树下讯断，罔不折服。"① 光绪三年（1877）6月，王枚代理鄢陵知县，其于清理词讼，带到即问，并不使百姓因讼受累。光绪年间鄢陵知县石庚，"日坐堂皇，受民词状，亲自撮答。凡户婚田产不需会审者，辄善言开导；或谕令邻族调解，对方亦往往闻情倾服，讼得中止。"②

清代地方不靖，盗匪时有所闻。因此，缉捕盗贼，便是保证人民生命财产的不二手段。康熙四十九年（1710）间，宜阳乱民亢斑与渑池李一宁等匿居山寨，大肆焚掠，延及新安县曹村、纸坊一带。知县钱汝驰守御有方，民得安堵。又率健儿捕获李一宁及亢斑，使其伏法，"全活被协良民以累千计"③。咸丰年间，西平各乡镇团总恃强凌弱，横行乡里。宫国勋于咸丰十一年（1861）任知县，"廉得其状，亟裁抑之，各团总咸为敛迹。"同治元年（1862）3月，捻军张总愚率众万余人围攻县城。宫国勋募壮士缒城奇袭，斩获数十人。初四日夜，风雨大作，"贼潜渡城濠，国勋侦知设伏，比蚁附城垣，枪炮并发，贼披靡，翌日解围去"。西平有悍匪名歪爪虎者，横行一方，民众苦不堪言。光绪二年（1875），知县李待时"侦悉其巢，躬往掩捕，贼觉，逾墙遁，持铜锤追擒之"④。光绪辛卯年，鄢陵县有大盗李奇，党羽数十人，夜聚明散，盘踞于城南十室村，距城七十里，为害一方，乡民畏之如虎，莫敢举发。知县石庚"廉得之，黄夜戎服乘马往。是夕微雨，比到天明，择要设伏，以防其逸。自带队勇数名，直捣其巢，贼惊起挺枪而出，直指庚，庚急转身，贼枪中墙深入数寸，庚急以佩刀……斯役也，李匪及其党数人悉置之法，一方晏然。其他发奸摘伏恶无所匿，故斯民安业"⑤。

6. 办理仓廒、恤理百姓

在古代社会，由于生产技术的低下及自然灾害的侵袭，农业产量较低

① 民国《西平县志》卷二一，《名宦事略下》。
② 民国《鄢陵县志》卷一四，《宦绩志》。
③ 民国《新安县志》卷四，《宦绩志》。
④ 民国《西平县志》卷二一，《名宦事略下》。
⑤ 民国《鄢陵县志》卷一四，《宦绩志》。

且极不稳定。因此，储蓄仓谷，以应急需，是赈济灾民的主要方式。顺治十二年（1655），经起鹏知事鄢陵，莅任五载，兴废咸举。前令王某设立的常平仓，曾造福一方，乃日久废毁。经起鹏为之修复，复捐俸买谷 300 石，以为民倡，当地急公好义之人次第捐助。① 康熙二十八年（1689），李弘植知西平事，创建南北常平仓，积谷备荒。② 雍正二年（1724），新安知县王元蘅创建先农坛及墩堡营房，劝捐社谷，分城乡六仓。③ 光绪三年（1877）6 月，王枚代理鄢陵知县，岁值大荒，倡先捐廉，在东关开设粥厂；继请各保大户劝捐麦粮，并请上宪开仓接济，办理粥厂，至次年麦熟始行停止，全活灾民无算。④

二、民初河南知县的行政

1925 年《绥远月刊》中刊登了《对于各县知事之训词》一文，对民国时期县知事的应尽职责有明确的界定。"知事者，为能知悉一县之事也。凡一县之利弊兴革、风俗人情、善良歹恶、荒歉丰稔，以及户口丁粮之多寡、里甲村落之远近，与夫稼穑之艰难、民生之疾苦、警察教育之整顿、盗贼劫掠之有无，均必了如指掌，成竹在胸。然后举措得宜，擘画中肯。"⑤ 简言之，作为县知事，除对传统的刑名钱粮事务负有责任外，警察、教育、农政等本属地方自治领域之事，也是县知事应当擘画的重点。

民国成立后不久，1913 年 3 月 29 日，北洋政府颁布了《各县知事公署暂行办事章程》，规定各县主要职责如下："1.关于选举事项；2.关于监督下级自治团体及其他公共团体至行政事项；3.关于赈恤救济及其他慈善事业；4.关于道路及其他土木工程事项；5.关于宗教及礼俗事项；6.关于征兵征发事项；7.关于人户籍事项；8.关于警察卫生事项；9.关于土地调查事项；10.关于土地收用事项；11.关于本县行政经费之出入事项；12.关

① 民国《鄢陵县志》卷一四，《宦绩志》。
② 民国《西平县志》卷二一，《名宦事略下》。
③ 民国《新安县志》卷四，《宦绩志》。
④ 民国《鄢陵县志》卷一四，《宦绩志》。
⑤ 《对于各县知事之训词》，《绥远月刊》1925 年第 2 卷第 1 期。

于委任国税征收事项；13.关于教育学艺事项；14.关于农林工商事项；15.关于官产官物事项；16.关于地方交通行政事项。"① 概言之，县知事职责主要有立法、财政、司法、治安、教育、实业、警政、慈善、工程、宗教、礼俗、自治等。从章程规定的内容看，县知事的职责是熔官治事务与自治事务于一炉的。

由于中国地域广阔，各地情形差别较大，再加上县知事个人倾向，各县的施政重点亦有不同。北洋政府对一些县知事德政的褒奖也印证了此一情况。直隶乐亭县知事李传煦，自民国三年（1914）11月任乐亭知事，任内廉闵勤慎、兴利除弊、善政颇多。主要如下：1.注重教育。2.提倡实业。创设制辫制帽传习所，招男女生分班教授，共招两班。修建及开办等费共计700余元，学员互相传习，均著有成效。3.改组警务。4.缉捕精勤。5.整顿司法。6.整治暴民。7.提倡善举。8.重视外交。9.捕蝗勤劳。10.厘剔财政。催办验契，谕令村正村副代劝办，每张奖铜元3枚，以示鼓励。故巨款立集，而民不扰。民国四年（1915）劝募公债3万余元，绝不苛派扰民。一切罚款及地方公款开支，均详细榜示，无丝毫染指。其他如礼让绅士、维持商务、平凡冤狱、严禁烟赌、约束差役等，不胜枚举。② 甘肃镇原县孟知事也受到政府的褒奖，其业绩主要有：1.捐俸修城；2.注重教育；3.整顿司法；4.维持风化；5.加惠穷民；6.振兴文学；7.举办新税。③ 甘肃高台县徐知事的德政如下：1.热心兴学；2.地方安静；3.修城浚池；4.清讼恤狱；5.教民种树；6.操守清洁；7.教惩兼施；8.改良种痘。香河县知事德政有：1.注重教育；2.弭平盗匪；3.整顿司法；4.严禁赌博；5.捕蝻勤劳。④ 以上知事勤政为民，受到政府通令嘉奖，应该是任内作为较好

---

① 《各县知事公署暂行办事章程》，载中国第二历史档案馆编：《北洋政府公报》第11册，第720—721页。

② 《直隶乐亭县知事德政》，载中国第二历史档案馆编：《北洋政府公报》第90册，第98页。

③ 《甘肃镇原县孟知事德政》，载中国第二历史档案馆编：《北洋政府公报》第99册，第149页。

④ 《甘肃高台县徐知事德政》，载中国第二历史档案馆编：《北洋政府公报》第100册，第83页。

之知县。但从具体行为看，主要是司法治安和教育，至于实业方面，直隶乐亭县知事李传煦主要是创设制辫制帽传习所和捕蝗勤劳，甘肃高台县知事教民种树，以及香河县知事捕蛹勤劳而已。

从河南本身来看，北洋政府时期河南县知事之作为反不如清代，究其原因，大致如下，其一是县知事流品混杂。"前清循吏，多出科甲……异途出身者，亦能因时制宜，为一方保障，守常未见异政，而应变特有专长。"①河南在张镇芳、赵倜统治期间，政治异常黑暗。赵倜任职期间，在省内各县实行专制之政，各县知事大都由他派放，皆为其亲朋故旧。后吴佩孚盘踞洛阳，俨然是河南的太上皇。先后任省长的张凤台、李济臣均与他同恶相济，各县知事，大多是由富户拿钱贿买；另一半则是吴佩孚各军军官亲族戚友。因为僧多粥少，所以知事任免十分频繁，大都数月甚至一两个月即换任一次，使更多的知事在搜刮民脂民膏上大显神通。所以当时省内外人士将县知事、毒品和客军一道并称为"河南三害"。②甚至一些市井中人也身膺疆寄，如民国九年（1920）的新安县知事桂文衡，本市井中人，以术学夤缘得官，民国九年（1920），署理新安知事，任用其戚属某居署内要职，广开告密之门，以赌、烟、匪为名，大肆逮捕，取盈则释，数月间累积财富巨万。上司洞察其情，将其褫职逮捕。桂文衡离开之事，沿途百姓无不拍手称快，多有焚刍马以相送者。③即便是一些政绩颇多之人，也会"稍染陋习"。④其二是任期短暂。由于军阀武力干政，导致县知事更换频繁。曾任河南省省长的张凤台曾无可奈何地表示："河南仅108县，而携荐牍纷至沓来。如欲使之久于其任，恐尽全国之二千余县，由我一人支配，尚嫌粥少僧多。"⑤民国二十年间，林县更知事三十有八，任久者年余，端仅月余，"官如传舍，有建白者少"⑥。

---

① 民国《林县志》卷三，《职官》。
② 程有为、王天奖主编：《河南通史》第四卷，河南人民出版社2005年版，第244页。
③ 民国《新安县志》卷四，《宦绩志》。
④ 民国《新安县志》卷四，《宦绩志》。
⑤ 《晨报》1923年2月10日。
⑥ 民国《林县志》卷三，《职官》。

知县事务烦琐，但知县办理事务也各有侧重。因此，据北洋政府对各县知事的褒奖以及各县方志中的《宦绩志》可以了解政府的政策导向以及县知事执政重心。就河南各县知事的实际作为来看，剿治土匪以及办理命盗案件是各县知事殷切关注之事。

1. 剿治土匪

北洋政府时期，吏治腐败，百姓负担日益加重，民生状况日益恶化，以致盗匪蜂起。因此，一些县知事将剿匪视为重要职责。民国元年（1912）12 月 13 日，商水境内窜集大股马匪，各执快枪，肆行抢掠，居民惊逃。知事曾纪烜侦探确实，召集商团及巡警捕壮内队百余人，携带枪械攻剿。在北蔡寺地方，与土匪狭路相逢。是日大雪，众人皆忍饥耐寒。曾知事劝令土匪解散，但该匪凶悍异常，竟开枪抗拒。知事率队迎击，相持良久，枪弹告竭。由于前队已经溃败，援兵又尚未到来，土匪乘势围攻，在该村盐店门首放火延烧。知事恐累及百姓，又值围急援绝，乃挺身突出，指匪骂不绝声。土匪大怒，开枪击中知事心坎，又连发数枪，子弹贯入知事头脑，以致骨碎脑出，唇被削断，齿被打落。知事死事情状，令人惨不忍闻。北洋政府按照牧令剿匪阵亡条例对曾纪烜从优议恤，并入祀商水县名宦祠。①民国二、三年（1913、1914）间，新安县土匪蜂起，知事曾炳章倡办民团，招募成立侦缉队，亲率剿捕，先后歼除巨匪十余起，境内粗平。②林县东南境本就多匪，民国九年（1920）因遭遇灾荒，土匪势力益张，抢劫临淇集，垂涎县城。知事王泽溥与绅耆和衷共济，预先全城戒严，擒获匪探数名，就地正法。土匪知县城有备，移攻水治，林县县城得保无虞。③民国十四年（1925），张聚奎任鄢陵知事，刚一到任，便面临股匪蜂起的局面。牛绳武、魏国柱、张祥、李信等人分途骚扰鄢陵，土匪人数众多，达千余人，高架云梯，连次攻城，人心惶惶，将有不守之势。张聚奎督饬绅民严行戒备极

① 《内务总长朱启钤呈大总统故河南商水县知事曾纪烜因剿匪被戕拟援照恤金令第十八条请恤文》，载中国第二历史档案馆编：《北洋政府公报》第 26 册，第 322 页。
② 民国《新安县志》卷四，《宦绩志》。
③ 民国《林县志》卷三，《职官》。

严，誓与鄢民共生死，登城巡视，数越月衣不解带。虽暴雨如注，亦未能稍辍，人心倍固，城防益坚，临封如洧川、陈留、太康、淮阳、沈丘、项城各县相继失陷，而鄢陵独保瓦全。①

在当时，由于盗匪猖獗，拿获邻境盗匪也成为各县知事应办之事，并且国家予以明令嘉奖。考城县知事纪墀于民国四年（1915）7月将睢县越狱盗犯郑马缉解讯办，陕县知事潘鸣球将曾在鲁山县抢劫孙玉树家的土匪孔详秋拿获解办，各奖给银质棠荫章。②10月，临漳县县民桑兴、李金华、刘廷元等家被土匪李石头、李保二犯洗劫，为武安县知事王嗣曾缉获，咨解归案。③淅水县知事李维第拿获商南县抢劫客民丁景志及德懋昌两案主犯张占彪，照章给以银质棠荫章。④汤阴县土匪连培元作恶多端，纠同孙步霄等抢劫壶关县民李日新家银钱衣物，伙同刘三烟灰架起淇县民栗凤春之幼孙栗兴周肉票，纠伙抢劫汤阴县民王荣家衣物首饰等。1915年3月10日，沁阳县知事杨炤督饬警队会同驻军，在县署东关查获匪徒连培元，因剿办土匪有功被奖以银质棠荫章。⑤

2. 办理命盗案件

命盗案件的数量骤增，也是社会窳败的一种表征。为此，北洋政府规定，"拿获盗案之盗首盗伙或窝户在五日以内……拿获命案真凶在三日以内均以三等奖励"⑥。在民国年间，及时办理命盗案件者不乏其人，并受到政府通令褒奖。

---

① 民国《鄢陵县志》卷一四，《宦绩志》。

② 《内务部呈汇核河南巡按使请奖拿获邻盗各知事拟纪墀等拟请奖给银质棠荫章文》，载中国第二历史档案馆编：《北洋政府公报》第68册，第423页。

③ 《河南武安县知事王嗣曾缉获临境盗犯请照章给奖银质棠荫章文并批》，载中国第二历史档案馆编：《北洋政府公报》第70册，第198页。

④ 《河南淅水县知事李维第拿获临境盗犯照章请奖文并批》，载中国第二历史档案馆编：《北洋政府公报》第72册，第292页。

⑤ 《内务部呈河南沁阳县知事杨炤拿获临境盗犯照章请将文》，载中国第二历史档案馆编：《北洋政府公报》第72册，第293页

⑥ 《河南三等奖励各知事》，载中国第二历史档案馆编：《北洋政府公报》第92册，第406页。

民国四年（1915）2月7日通许县民人王肮脏杀死王根成，知事张星汉验缉迅速，于次日犯王肮脏拿获判决；又于7月12日拿获盗首刘伏。根据知事奖励条例"命案真实凶犯在三日以内者……拿获盗案之盗首在五日以内者"之规定，各奖以三等奖励。① 同年4月，尉氏县民郭长明呈报郭银海奸杀其妻郭邵氏，致其身亡；5月24日，县民赵义德又状告赵孙氏、赵祥谋害其兄赵金榜身死。县知事郑陈琦于据报之日即拿获各正凶审讯明确。② 鄢陵县知事陈寿芝办案迅速，县民梁改成扎伤李保身死一案，于民国四年（1915）5月8日据报，即日便将正凶梁改成拿获；王其善掭伤董玉保、董三兴身死一案，于民国三年（1914）5月13日据报，即于14日将王其善缉获讯办各。鄢陵县知事拿获命案真凶均在三日以内者，奖以加俸注册。③

1916年，北洋政府对河南一些县知事的办理命盗案件给予大规模的褒奖。如郾城县知事黎德芬于民国四年（1915）9月将行劫薛聚银、李全喜等家首伙盗犯蒋法运等9人在五日内拿获；宝丰县知事王运昌将劫杀吕满昌之凶犯张玉堂，扎毙吴牛氏之凶犯吴闯，均于三日内拿获；密县知事姚晟于民国三年（1914）1月将扎毙黄李氏之凶犯黄升在三日内拿获；河阴县知事胡铨于民国四年（1915）3月将砍毙李小妮之凶犯李国新在三日内拿获，以上县知事各奖以三等奖励。④ 西华县知事王继朝拿获行劫淮阳县民人刘长清家盗贼于三解讯惩治；郾城县知事黎德芬拿获遂平县著匪陈国桢解讯惩治，以上两员各奖以四等奖励。⑤

---

① 《内务部呈河南通许县知事张星汉缉犯迅速照章拟奖文》，载中国第二历史档案馆编：《北洋政府公报》第74册，第10页。

② 《内务部呈河南尉氏县知事郑陈琦办理命案迅速照章拟奖请示文》，载中国第二历史档案馆编：《北洋政府公报》第74册，第55页。

③ 《内务部奏河南鄢陵县知事陈寿芝获犯迅速照章拟奖折》，载中国第二历史档案馆编：《北洋政府公报》第79册，第24页。

④ 《谨将汇核陕西等省应得三等奖励各知事分别拟奖开单恭呈》，载中国第二历史档案馆编：《北洋政府公报》第87册，第100—101页。

⑤ 《谨将汇核直隶等省应得三等奖励各知事分别拟奖开单恭呈》，载中国第二历史档案馆编：《北洋政府公报》第87册，第220页。

当然，有一些县知事在办理警政、教育，废除苛扰，兴修水利等方面也卓有成效。民国十年（1921），沁阳县知事何曾培到任以后，竭力扩充警额，并将保卫团改编乡镇警察，成绩卓著。根据《修正警察奖章条例》第九条规定，给予一等一级以上警察奖章。① 民国六年（1917）西平县知事洪寿昌任职期间，通达吏治，勤求民隐，听断平恕，民无冤狱。又以教育为立国根本，蠲除陋规，厘剔中饱，增筹中小学经常费两万余贯，被地方誉为"民国以来第一贤吏"②。许其寅于民国七年（1918）自襄城调署鄢陵，力除烦苛，狱讼无留滞，能使两造帖服。先时和息费无定额，民人往往因鼠雀之争，而倾家荡产。许其寅侦得其情，规定最低和息费，不准妄加勒索，人民称快。衙蠹素为民害，捕快班尤为狡悍，暗中与贼匪勾结，根深蒂固，颇难驾驭。许其寅针锋相对，竟将捕快裁去，永除民害。县境双洎河横贯县北，迂回曲折，宣泄不利。山洪暴发，时有溃决之患。许其寅请示上峰，竭力堵筑，逢弯取直，水患革除，并涸出良田若干。③ 曾炳章于民国二、三年（1913、1914）间任新安知事，请减包差钱四千五百余串，以纾民困。④ 郾城县城居民众多，缺乏甘泉，每遇匪警，城门连日固闭，数万生灵无以为汲。张聚奎于民国十四年（1925）任内，捐廉洋500元，在城隍庙前开凿西式水井，解决城内居民饮水问题。⑤

小　结

近代推行的地方自治，"以地方人办地方之事"，在县署的官治系统之外，设置由士绅管理的教育、警察、实业、财务等机构，履行自我管理的

---

① 《内务部呈大总统为河南沁阳县知事办理警察事务著有成绩请晋给警察奖章文》，载中国第二历史档案馆编：《北洋政府公报》第178册，第90页。
② 民国《西平县志》卷二一，《名宦事略下》。
③ 民国《鄢陵县志》卷一四，《宦绩志》。
④ 民国《新安县志》卷四，《宦绩志》。
⑤ 民国《鄢陵县志》卷一四，《宦绩志》。

职能。虽然士绅在教育、警察、实业、财务等事务的管理上有主导权，但作为县级最高首长的知县（或县知事）却拥有对地方自治事务的监督权和地方财政收支的审批权。因此，知县（或县知事）对自治事务的倾向与投入程度是决定自治新政能否顺利推行的关键性因素。

清代州县官员官俸之薄，常为世人所诟病。雍正时期实行养廉银制度暂时缓解了清代地方官员官俸的微薄与公费的奇绌。但在中央财政再度吃紧的情况下，清廷常以折、减、摊、罚等方式裁扣官员俸禄，知县在一般情况下无法如数拿到廉俸，地方官员收入再陷危机，复又借助公权罗掘。在清末宪政改革的背景下，各省大规模地推行公费改革。虽然部分省份未能实行，但从推行的省份上看，清末各省确定的知县公费标准，远远高于雍正时期的养廉银标准。辛亥革命以后，各省也对县级官员的俸禄标准及发放形式进行调整，北洋政府所定的标准也高于清代。

按理而言，知县（县知事）薪俸标准提高之后，不必再为生计担忧，应该尽心民事，协助国家实现社会改革目标。但与清代相比，北洋政府时期河南州县的吏风更加窳败。在当时，能堪大任、尽心民事者少，大多数庸碌无为，甚至贪残成性、滥权苛罚、玩忽政令、违法虐民、营私舞弊之流也不乏其人。政风败坏的原因主要是县知事流品的芜杂与任期的短暂，北洋政府试图在县知事的遴选、任用、奖惩等方面补偏救弊，但效果并不明显。

在地方自治推行之时，无论朝野都对知县或县知事寄予厚望，希望借助于其权威和声望实现国家政治经济社会的改革目标。无论是《府厅州县地方自治章程》，还是《县自治法》，都明确知县或县知事作为参事会会长，执行议事会议决的地方兴革大事。虽然地方自治是为补助官治之不足，负责处理官治以外的地方公益事务。但作为最基层的知县或县知事来说，应该是系官治与自治于一身的，不仅是官治与自治的联结者，更是自治的倡导者。在民智未开、风情涣散的近代，知县或县知事应发挥启迪民智、凝聚人心的作用，对与教育、实业、治安、慈善诸政，亦有劝导激励之责，但实际上知县或县知事的所作所为与时人的期望相去甚远。也许在他们的心目中，自治只不过是地方绅衿的义务，官治才是其赖以栖身之资，必然会对赋役征发与维持治安投入更多的热情。因此，在近代的知县或县知事群体中，真正能够对地方自治倾注热情的少之又少，大多数虚与委蛇，部分则因惧于地方自治分割其管辖之权，而对自治持敌视态度，想方设法加以践踏与破坏。

第六章　近代河南的农业政策、
农村经济与农民负担

　　经济为一国之命脉，是国家存在和发展的重要条件。在近代内忧外患的背景下，有识之士多从救亡图存、裨益民生的角度谈论振兴实业的重要性。"盖经济为国家之命脉，无此不足以图生存也。故处今日而谈富强，非救贫无良策。然贫何以救，莫不曰开财源也。财源何自开，又莫不曰振兴实业也。"①"实业为致富之源，非极力提倡不足以资利用而厚民生。"②在清末新政中，振兴实业也成为知县的一项重要职责。北洋政府更是将振兴实业纳入州县的考成之中。1917年颁布的《县知事劝业考成条例》，对兴办实业卓有成效者，颁给勋章、记名或进等、进级或加俸、给予农商部颁定奖章、记大功或记功等五等奖励；而对于玩视政令者，则予以降等、减俸、记大过或记过。实业范围也涵盖极广，包括办理农工殖业银行、开垦荒地、督劝公私造林、苗圃、创设商品农产水产等陈列所和农事林艺畜牧等试验场、办理水旱蛊灾兽疫等预防及善后事宜、提倡丝茶棉糖畜牧等项。③

第一节　近代河南的农业管理机构与农业政策

　　在传统社会，农业生产的发展与土地的开垦、水利工程的兴修以及农业生产技术的改良息息相关。但在大部分时间内，国家在基层并无专门的

---

① 民国《确山县志》卷一三，《实业考》。
② 民国《许昌县志》卷六，《实业》。
③ 《县知事劝业考成条例》，载蔡鸿源主编：《民国法规集成》（第十二册），第114页。

农事管理机构，农业生产是一种自行其是的状态。"草莱未辟，则沃壤等于石田；堤防一决，则千里沦为汪泽；而螟蝗之灾，徒事祈禳；陇枯之病，无术消除；肥料不知配，田器不知修，土性不知辨，籽种不知择。"在这种情况下，如果年成较好，"则含哺鼓腹，粗得衣食之安"；一旦"水潦为灾，旱魃为虐。弱者流离转徙，乞食四方；强者铤而走险，触于法网。"①在近代，上述情况有所改变，国家在县一级设置各种农事机构，加强对农业事务的管理。

一、农业管理机构

近代，各县成立很多兴农机构，如农会、农事试验场、苗圃、劝农员以及各类农事培训学校，调查地方农情，宣传和传授农业生产技术，试验和推广各种作物、树木以及农副产品。北洋政府时期设立实业局，将上述各项事务统由其经管。为确保农业旱涝无虞，各县还成立水利分会或水利支局等水利部门，负责疏浚河道、防潦以及凿井等事务。

1. 农会

农会之设，始于清末。时农工商部颁行《农工商部奏定农会简明章程》，以筹办农会为整理农业之枢纽。令各省于省城设立农务总会，于府厅州县酌设分会，于乡镇村落市集等处酌设分所。各农务总会设总理一员，协理一员，分会设总理一员，于农会董事中公举。由于各地情况不同，总会人员大致在 20—50 人之间，分会人员在 10—30 人之间，分所董事最多不超过 5 人。各级农会的董事必须具备一定资格尚能胜任，其主要有：创办农业卓著成效者，或研究农学能发明新理者；在地方富有田业，为一方巨擘者；或本地方土著，或游宦流寓本地已届五年、谙熟情形、在三旬以上者；其人声望为当地士民推重居多数者，平日顾全公益、勇于为义者。分会、分所地方应设农事半日学堂一区，农事演说会场一所，召集附近农民，授以农学大意，以开风气。农会的职责为：就地方境内土宜业产，切实调查研究改良办法；境内有应修水利，应垦荒地，均准其拟具办

---

① 谢兆汇：《各州县农会董事宜求农事之普通知识说》，《湖北农会报》1910 年第 7 期。

法；应将境内所有春稔秋收情形、米谷粮食市价随时报明总会；遇有旱水荒歉，应由分会分所于未成灾以前，将详情报名总会，会商地方官统筹办法；凡一切蚕桑、纺织、森林、畜牧、水产、渔业各项事宜，农会均可酌量地方情形，随时条陈。农会办理各事，均应集众公议，务顺舆情。^①但章程颁行以后，报告开办者寥寥无几。《农会章程》奏定颁行三年之后，仅直隶、山东、江西、河南四省开办，其余各省并未举行。因无确实经费来源，又缺乏奖励惩戒办法，因此，该法令成为一纸空文，未能收到实际效果。

清末农会法之颁行，制度较为粗糙，对于内部组织尚乏明确规定，农会大致省一级设置较多，县级农会则属寥寥。从方志记载来看，河南设置农会的县份并不多见。如滑县于宣统元年（1909）成立农务分会，附设半日学堂，并拟筹办农林试验场一区，改良农业，就场试验种植诸法。^②

民国二年（1913）农商部颁布农会规程，分饬各县筹设，复颁《农会法草案》，对农会职员及其职责重新厘定。县农会由该县各市乡农会代表组成。农会内部组织，有会长、副会长、总务干事、评议干事、调查干事等人。其中会长一人，其他干事往往视事务的繁简，定人数的多寡，并推举一人为主事。会员不限人数，但有资格限定，国籍为中华民国国民，品行端正年满20岁，有农业学识者，有农业经验者，有耕地牧场原野等土地者，或经营农业者，可充任会员。农会职责如下：制定、修改、废止农业法规及为农业有利害关系之事提供建议；筹议农业改良事宜；编制预算决算及会费收入方法；调查该区域内农业状况；答复主管官署咨询事宜；救济年岁荒歉方法；农事公断事宜；推广农产营业事宜；农产陈列所搜集农产事宜；农事试验场实验事宜；种子交换所选种事宜；补习学校或冬期学校启发农民知识事宜；农事改良技能巡回演讲事宜等。县农会会议有三种：常年会、临时会、评议会。农会之经费有会员常年会费、下级农会分担费、特备捐助费、财产收入费、推广营业费、中央或地方补助费等。^③

---

① 《农工商部奏定农会简明章程》，《江西农报》1907 年第 9 期。
② 民国《重修滑县志》卷七，《民政》第四。
③ 《农会法草案》，《钱业月报》1923 年第 3 卷第 4 号。

在此情形之下，各县纷纷设立农会，但设立时间不一，且长久保持者少，大多数开办不久即停办。成立较早的是正阳县，于民元二年（1913）成立，实行会长制，会员 8 人。当年 7 月因经费难筹停办，直到民国二十年（1931）复又成立。[①] 民国四年（1915），确山县成立农会，正、副会长各 1 人，会员 32 人，所有经费暂由会员担任。[②] 在民国六年（1917）成立者较多，诸如阳武、修武、孟县、林县等[③]。阳武县农会设有会长，经费 204 串，开办不久即停，民国十六年（1927）县长提倡成立。[④] 修武县农会有会长、副会长、评议员、庶务、会计等人，以发达农业改良农事为宗旨。[⑤] 林县农会设正、副会长各一人，以善田地租 170 串，天平地租 80 串为常年经费。不敷之数，由公款局拨给，民国七年（1918）增书记兼庶务 1 人。[⑥] 民国七年（1918）信阳县县知事杨承孝委派绅士陈月宾、刘遂真等筹办信阳农会，公选陈月宾为会长，被违章驳回。民国九年（1920）遵部颁章程，选举王泳春为会长，呈报实业厅立案，未几即废。[⑦] 通许县农会于民国十三年（1924）2 月 24 日成立，设置正副会长、评议员、调查员、庶务、会计、书记，均为名誉职。办公处设于县东关东岳庙，每年 2 月开全体大会，于每月第一星期召开通常会，遇有重要问题发生时，由会长召集特别会，以促进本县农事之改良。[⑧] 而阌乡农会迟至民国二十年（1931）4 月成立，领导为义务职，不支薪。[⑨]

2. 农事试验场

北洋政府颁布《农事试验场规程》，令各县设农事试验场，掌管各

① 民国《正阳县志》卷二，《政治志》。
② 民国《确山县志》卷一三，《实业考》。
③ 民国《阳武县志》卷一，《农林志》；民国《修武县志》卷九，《财政》；民国《孟县志》卷八，《社会》；民国《林县志》卷四，《民政》。
④ 民国《阳武县志》卷一，《农林志》。
⑤ 民国《修武县志》卷九，《财政》。
⑥ 民国《林县志》卷四，《民政》。
⑦ 民国《重修信阳县志》卷七，《建设志三》。
⑧ 民国《通许县新志》卷一○，《行政志》。
⑨ 民国《河南阌乡县志》卷四，《实业》。

项农事试验事宜。农事试验场一般设树艺、园艺、化验、蚕丝、病虫害等科。[①] 各县农事试验场成立时间不一，人员设置、规模大小也颇不相同。据统计，最早成立的为许昌和信阳[②]，均成立于民国五年（1916），而鄢陵县农事试验场成立于民国十七年（1928）[③]，淮阳县农事试验场迟至民国十九年（1930）才设立。[④] 各县农事试验场之试验地亩、经费多寡、职员名额以及实验成效也多有区别。通许县农业试验场成立于民国六年（1917），以县东关旧蚕桑局为办公处，试验地十余亩。[⑤] 阌乡县农事试验场设立于民国五年（1916），试验种类有棉花、大豆、白菜、萝卜及德槐枣桃杏桑等树，常年经费初为银 250 两，后改为洋 348 元，由公款局支领。[⑥] 确山县农事试验场于民国六年（1917）由县知事成立，设场长 1 人，历年试验各项物产，均属繁茂丰盛。[⑦] 长葛县民国七年（1918）成立，圃长 1 名，园丁 5 名，每年由自治项下支付津贴 200 缗。[⑧] 林县农事试验场民国八年（1919）成立，以大河头村北 21 亩为场地，设场长 1 人。[⑨] 阳武县农事试验场民国八年（1919）奉令成立，面积 16 亩，全年经费 300元，归劝业所管理。[⑩] 正阳县农事试验场设场长 1 人，经费由地方公款局支给。[⑪] 修武县农事试验场创办于民国八年(1919)，有房 16 间，地 30 亩，由场长主事，专司农作物实验，将所得结果宣传农人仿效，以求农业改良。[⑫] 太康县农事试验场有地 1 顷，筑室 5 楹，凿井 5 眼。内分园艺、农作两区，园艺区内又分为蔬菜、果木、花卉三区，农作区内又分为谷类、

---

① 《农事试验场暂行规程》，《北洋政府公报》第 17 册，第 526 页。

② 民国《许昌县志》卷六，《实业》；民国《重修信阳县志》卷七，《建设志三》。

③ 民国《鄢陵县志》卷一三，《实业志》。

④ 民国《淮阳县志》卷四，《民政上·建设》。

⑤ 民国《通许县新志》卷一〇，《行政志》。

⑥ 民国《新修阌乡县志》卷四，《实业》。

⑦ 民国《确山县志》卷一三，《实业考》。

⑧ 民国《长葛县志》卷三，《政务志》。

⑨ 民国《林县志》卷四，《民政》。

⑩ 民国《阳武县志》卷一，《农林志》。

⑪ 民国《正阳县志》卷二，《政治志》。

⑫ 民国《修武县志》卷九，《财政》。

棉作、蚕业三区。场长由建设局技术员兼任，事务员 1 人，农工 5 人，事务大致有经济、试验学理、实验模范、调查、推广、理想六项，但每月经费仅 42 元 5 角。[①] 信阳农事试验场民国五年（1916）由知事邓日瑞奉令筹办，以城内旧协署东官园地 6 亩为场址，以县内职员兼场长，因虚应故事，旋即停废。民国七年（1918）9 月，邑人姚协理奉实业厅令筹办，将前场地标卖 1200 串作为开办费，另择北门外子贡祠前 30 余亩为场址，建造办公室 3 间，夫役厨房 2 间，场丁室草房 10 间。农事试验场规划桑园、果木、蔬菜各畦，分区试验，拨地方税契附税捐实业的款 660 元为常年经费。[②] 实业局成立之后，各县农事试验场归并于实业局。[③]

3. 林业苗圃

植树造林也为农事要政，时人指陈植树有十三个好处：(1) 利用荒地；(2) 能使瘦地变成肥地；(3) 不费多的劳力和资本；(4) 保存土地；(5) 可以做界线；(6) 增高地价；(7) 增加富源；(8) 御防大风；(9) 防止大水和久旱；(10) 能使气候寒暑适宜；(11) 遮荫道路有利行人；(12) 防除病疫有益卫生；(13) 增美风景感化人心。特别是在致富方面，也是好处多多，并详细列举种植各类树木的获利情况。譬如桐子树，栽后四五年即可获利。假如每根桐子树，一年卖一串钱，栽十根就可以卖 10 串钱。百根、千根，就卖 100 串、1000 串。七八年以后，结实更多，得利更大。栽种桑树，春夏天的桑叶可以养蚕。若不养蚕，把桑叶卖给别人，亦可获利。秋天后的桑叶可以喂猪，剪去后的枝叶可以做燃料，桑树皮可以造纸。"栽桑点油，子孙不穷。"栽种松柏杉、白杨、刺槐、椿、竹子，得利虽稍迟，但是利益更大。修房造屋、制造家具、修铁路、开煤矿、架电线、修桥造船、造纸、做醋、做燃料、取油。栽一根树子，十年之后卖五串钱，十根就卖五十串钱。一百根一千根，就可以卖五百串五千串。栽种桃、李、梅、枣、杏、梨、柑橘、核桃、葡萄等作物，不到七八年就可能

---

① 民国《太康县志》卷三，《政务志》。
② 民国《重修信阳县志》卷七，《建设志三》。
③ 民国《通许县新志》卷一〇，《行政志》。

结果子，就可以卖获利。假设栽一百根核桃，每年一根，只算卖一串钱，一年就可以卖一百串钱。[①] 县苗圃的主要职能，就是培植苗木，分配给全县种植。[②]

修武县苗圃有两处：民国元年（1912），第一苗圃由公款局于普济堂东关外地拨入圃地 30 亩；第二苗圃有圃地 83 亩，民国十年（1921）由公款局于牧马厂地内拨入地 50 亩。[③] 民国四年（1915），林县筹设苗圃，民国七年（1918）正式成立，以城北大河头官地 30 亩为圃地。设圃长 1 人，培养木苗，提倡林业，无常年的款，由县知事临时设法筹拨。[④] 长葛苗圃于民国五年（1916）成立，设圃长 1 名，园丁 5 名，每年支薪钱 200 缗，由自治项下支给，民国十三年（1924）改新章，每月由县公署发给洋 50 元，常年发给洋 600 元，以谋求树艺为宗旨。[⑤] 信阳县苗圃民国五年（1916）由知事邓日瑞遵令设立，以东关旧校场营产官地 130 余亩内拨出之 45 亩作为圃地，修葺演武厅旧房 10 余间为办公处，由自治款节存项下拨 300 元为苗圃经费。不久，圃房被驻军占住，款亦停拨，苗圃遂即搁废。民国八年（1919）林务处催复立，知事金钟麟将变售旧农事试验场地价拨出二百元作常年经费，于新农场划出一部为苗圃，以场长姚协理兼圃长。民国十一年（1922）驻军他调，原圃恢复，续筹加经费月 40 元，从事育苗。[⑥] 民国八年（1919），淮阳县县长杨葆禄创设苗圃，圃地有 10 余亩，委任圃长 1 人，专司培植各种苗木。[⑦] 通许县成立于民国六年（1917），以农桑局及东关校场地址为办公处，苗圃地面积 28 亩零 9 厘，常年经费 300 元。民国十二年（1923）8 月，拨入南关因案没收地 26 亩，又由车马项下拨入常年经费洋 300 元。民国十三年（1924）苗圃长改为林业局长，局长兼

---

① 余必达：《我们为甚么要栽树》，《河南林务公报》1925 年第 1 卷第 11 期。

② 民国《太康县志》卷三，《政务志》。

③ 民国《修武县志》卷七，《民政·公产》。

④ 民国《林县志》卷四，《民政》。

⑤ 民国《长葛县志》卷三，《政务志》。

⑥ 民国《重修信阳县志》卷七，《建设志三》。

⑦ 民国《淮阳县志》卷四，《民政上·建设》。

技术员。① 鄢陵县苗圃于民国七年（1918）奉令筹设，以县城南关旧校场
地 24 亩作第一苗圃，设员管理。② 阌乡县苗圃设立于民国七年（1918），
面积 30 亩，新造及固有各森林共计 25600 余株，常年经费银 339 两 2 钱。
民国十二年（1923）3 月，复奉林务专员办事处训令，规定县苗圃面积需
50 亩至 100 亩之间，常年经费暂以 600 元为度。新扩圃地 24 亩，共计 54
亩，常年经费由公款局每年筹足 600 元。③ 阳武县苗圃于民国五年（1916）
成立，面积 50 亩，设有苗圃长，全年经费 336 串。民国十三年（1924）
奉令改苗圃为林业局。④ 民国八年（1919）3 月，长葛县成立苗圃、农林会，
各有会长 1 名，评议 8 名，调查员 8 名。两会由公款局自治项下每年拨给
津贴 200 缗，为职员薪水、夫役工食、讲报之用，以谋农林事业改良发达
为宗旨。民国十三年（1924）于丁漕串票项下支领，每年得钱 1100 余缗，
津贴圃长薪水。⑤ 太康县苗圃面积最大，达 1 顷 70 亩，分育苗、移植两
大区，有房 8 间，井 6 眼。苗圃长由建设局技术员兼任，管理员 1 人，林
工 14 人，育有三龄一龄等苗木。所育苗木或以廉价出售私人，或无偿提
供给公家，以促进本县林业之发达。⑥

　4. 劝农员

　为督促各县农业改良，民国三年（1914）12 月 3 日，北洋政府饬令
各县设劝农员，以"勤朴坚实、谙习农事、经营在二十五年以上者充之"，
其职责是"巡回演讲""分布种苗""教用农具""调查天灾虫害"和"其
他改良农事一切事项"。"经延聘后至三年以上确有成绩者，由本场开具履
历籍贯，详报农商部核给褒状，以示鼓励。"⑦ 河南各县劝农员成立较晚，
大致在民国十年（1921）左右，各县始行设立。如淮阳县劝农员成立于民

---

① 民国《通许县新志》卷一〇，《行政志》。
② 民国《鄢陵县志》卷一三，《实业志》。
③ 民国《新修阌乡县志》卷四，《实业》。
④ 民国《阳武县志》卷一，《农林志》。
⑤ 民国《长葛县志》卷三，《政务志》。
⑥ 民国《太康县志》卷三，《政务志》。
⑦ 《劝农员章程》，载中国第二历史档案馆编：《北洋政府公报》（第 45 册），第 522 页。

国十年。① 阌乡劝农员于民国十年(1921)7 月创办，办公处于南关关岳庙，常年经费 204 元。② 修武劝农员办公处成立于十年（1921）4 月，内设事务员若干人，劝导农人用科学方法经营农事，以求农业之改良。③ 确山劝农员内附设水利局，民国十年（1921）设置，以尽改良劝导之责，每月支经费 30 串文。④ 阌乡劝农员亦成立于民国十年(1921)，常年经费 204 元。⑤ 正阳县劝农员 1 人，设立于民国十三年（1924）。⑥ 信阳劝农员额设 1 人，民国十年（1921）成立，讲劝农业，假农会为办公地址，月支经费 34 元。民国十三年（1924）8 月并入实业局。⑦

5．实业局

为统一办理地方实业，各县设立实业局，商承县知事，办理全县实业，并对实业推行负有督促指导之责。"各县实业局隶属实业厅，以局长一人，劝业员及事务员若干人组织之。前项劝业员事务员名额，视该县实业事务繁简酌之。"实业局局长必须具有以下资格：（一）毕业于各专门以上学校者；（二）毕业于甲种实业学校，曾任实业行政或其他职务三年以上者；（三）曾任实业行政职务五年以上，确有成绩者；（四）办理实业卓有成效者。实业局经费就各该县原有实业行政经费扩充，或由各该县公款内筹给。⑧

各县实业局大多在民国十三年（1924）成立。修武县实业局成立于民国十三年（1924）7 月，设局长、劝农员、事务员、农事试验场场长，负责农蚕、工商、水利事业的促进与改良，以及农场工厂之管理。⑨ 阌乡县于民国十三年（1924）奉令农事试验场、劝农员两机关改组为实业局，另

① 民国《淮阳县志》卷四，《民政》上《建设》。
② 民国《新修阌乡县志》卷四，《实业》。
③ 民国《修武县志》卷九，《财政》。
④ 民国《确山县志》卷一三，《实业考》。
⑤ 民国《河南阌乡县志》卷四，《实业》。
⑥ 民国《正阳县志》卷二，《政治志》。
⑦ 民国《重修信阳县志》卷七，《建设志三》。
⑧ 《各县实业局规程》，《总商会月报》1924 年第 5 卷第 4 号。
⑨ 民国《修武县志》卷九，《财政》。

设劝业员数人，常年经费以旧日农事试验场、劝农员两项经费挪充。[1] 民国十三年(1924)信阳以原有之农事试验场及劝农员经费改设信阳实业局，以旧农场为局址，在税契项下月支 100 元。[2]

6.水利分会或水利支局

水利为农田要政，兴修水利工程也自然是县级官府之职责。正式水利机构之设始于民初。最早设于民国七年（1918），[3] 最晚成立于民国十七年（1928）。[4] 当时，设置水利分会之县份较为普遍，[5] 但人员规模相差悬殊。修武水利分会，于民国七年（1918）10 月设立，置会长、副会长、事务员若干，开发水利。民国十二年（1923）3 月，直隶开封水利分会，置局长、技术员、事务员，负责浚河开渠凿井，暨一切振兴水利各事宜。[6] 确山水利支局于民国七年（1918）成立，每月经费支钱 80 串。[7] 长葛于民国八年（1919）10 月成立，局长 1 名，干事员 1 名，夫役 1 名，每年在自治项下拨给钱 120 缗，为职员薪水。[8] 阌乡县民国七年（1918）10 月奉省署令筹设水利分会，邑绅李世德为会长，彼时有名无实。民国十二年（1923）4 月，省城水利测绘养成所学生毕业，水利局委杨国勋为技术员，此时水利分会又奉令改称水利局，又委刘广曹为志局长，于民国十四年（1925）8 月到县设立支局办公处，常年经费 334 元。[9] 民国八年（1919），阳武县县知事周良璧筹办成立水利分会，内设会长及技术员等职，全年经费 372 串，民国十二年（1923）奉令改为水利支局。[10]

① 民国《河南阌乡县志》卷四，《实业》。
② 民国《重修信阳县志》卷七，《建设志三》。
③ 民国《修武县志》卷九，《财政》；民国《确山县志》卷一三，《实业考》。
④ 民国《鄢陵县志》卷一三，《实业志》。
⑤ 《河南实业周刊》1923 年第 2 卷第 4 期；《河南实业周刊》1923 年第 2 卷第 5 期；《河南实业周刊》1924 年第 2 卷第 34 期；《河南实业周刊》1924 年第 2 卷第 36 期；《河南实业周刊》1924 年第 2 卷第 37 期；《河南实业周刊》1924 年第 2 卷第 38 期。
⑥ 民国《修武县志》卷九，《财政》。
⑦ 民国《确山县志》卷一三，《实业考》。
⑧ 民国《长葛县志》卷三，《政务志》。
⑨ 民国《新修阌乡县志》卷四，《实业》。
⑩ 民国《阳武县志》卷一，《农林志》。

7. 农业培训机构

为进一步提高农民的生产技术，部分县份甚至设有农事培训机构。如太康县民国以前，县民皆育土蚕，由于不得要领，费时多而成功少。民国元年（1912），该县创办乙种蚕校。民国四年（1915）添设甲种蚕校，提倡新法，并推广新圆、诸桂、新昌等新式蚕种，蚕业渐臻发达。输出蚕丝，其价值年达十数万元。[①] 荥阳县也设有各类培新学校，如甲等蚕业学校、乙种蚕桑学校、工艺传习所、草帽辫传习所、男纺纱传习所、女纺纱传习所、养蚕传习所，[②] 以提高农事工艺和纺纱水平。

从各县设置的农业机构的运行情况看来，面临最大的问题是经费的微薄和机构的兴废无常。经费的微薄致使各机构难以有效发挥作用，机构的存废无常往往使各种职责的履行缺乏连续性。但即便如是，在农业方面，仍然做了一定的工作。

二、农业改良措施

民国时期，河南各县设立了劝农员和农事试验场，1924 年，各县成立实业局，1927 年 12 月，实业局改为建设局。除此之外，各县还有负责地方水利事务的水利局。这些农业机构出现以后，实施了各种农业措施，传播和改良农业生产技术，兴修水利工程，以此改变传统农业墨守成规、故步自封的局面。

1. 传播农业生产经验

河南农业生产大都墨守成规，不思改良。"查乡农知识浅陋，对于农业改良，率多茫然。"[③] 河南舞阳县农民"但知春高粱谷子最少应锄五遍，而舞民则绝不加锄。洼下受水之地，每年只种麦子一季。若好地则割麦种豆，次年种秋，最少两年三收。而舞民则好地亦多一年一收，地藉工少，最为可惜"[④]。

---

① 民国《太康县志》卷三，《政务志》。
② 民国《续荥阳县志》卷五，《学校》。
③ 《西平县政治视察报告》，载《河南政治视察》（第四册），河南省政府秘书处 1936 年版，第 10 页。
④ 道光《舞阳县志》卷六，《风土志》。

林县"农功，一曰春耕，先冬畜粪于圈，交春出粪于场。土膏即动，撒粪于田。用犁犁地，以起土也，用耙耙土，以破块也。乃驱牛马、骡驴驾耧下种，是为耩种。耩毕仍用钝子压土埋种，则根深而耐风。凡粪地有三，园蔬用人粪，大田用畜粪，或用羊群卧地以代粪焉。凡种地，惟一犁一耩，资乎牛力，余皆人工也。一曰夏耘，耩后数日新苗出土时，雨既濡，草莠并发，乃用锄锄草，草不尽除，则禾不尽茂。故用工多者，锄至四五，其收自倍。若贫农惰农，不过一锄再锄，则丰年歉收，不能尽咎天时与地力矣"①。因此，传播农业生产经验和技术，是推进农业发展的必要一环。北洋政府时期，进行了经常性或临时性的各种农业知识宣讲，帮助农民解决生产中面临的实际问题。

北洋政府成立后，在县一级设置了劝农员。各县劝农员深入乡村了解农情，针对农业生产中存在的问题，提出各种解决方案，包括种植技术、养蚕方法、施肥方法和病虫害防治等。获嘉县劝农员在北区陶村、王靳村、北马营、周圪塔等村宣讲浸种利益，指出其具有"发芽很快"和"除去病患"两大优点。②桐柏东一区上石门、下石门等村庄农民种美棉很多，由于种植方法不当，获利不多，甚或亏本。针对此种情况，劝农员特别强调深耕的功效，既有利于"吸收多量的养分"，又可在开花结果时防止大风暴雨的吹打。③武陟县城东北40余里之周村、耿村、马村等村仍用旧法养蚕，成绩恶劣，且有致完全失败者，于是劝农员将"催青、收蚁、饲育、给桑、除沙、上簇各法"详为演讲，"民众莫不炊然乐从"。④氾水县境内主要种植大小麦、玉蜀黍、粟棉与豆类等作物，劝农员指出栽培作物的种类不同，施肥方法亦应不同，"麦类肥料多喜窒素，玉蜀黍与粟棉则喜磷酸，至于豆类则酷好加里。喜窒素者则宜施用人粪尿与大豆饼等，喜磷酸者则宜施用过磷酸石灰骨粉与棉油豆饼等，喜加里则宜施用木灰与蒿灰等"⑤。氾水县任庄

---

① 乾隆《林县志》卷五，《风土志》。
② 《获嘉县劝农员四月份报告》，《河南实业周刊》1923 年第 44 期。
③ 《桐柏县劝农员七月份报告书》，《河南实业周刊》1923 年第 2 卷第 3 期。
④ 《武陟县劝农员杨永怀五月份报告书》，《河南实业周刊》1924 年第 2 卷第 47 期。
⑤ 《劝农员朱璋七月份报告书》，《河南实业周刊》1923 年第 2 卷第 3 期。

郎中沟马固一带，时值谷粟抽穗之期，常有一种白发病，乡农久为所困。劝农员告诫"见有心枯之叶及不实或变形之穗，宜速为切取而烧弃之"①，以防其传播。

蝗蝻为农业大害，各县实业局甚至借鉴外省经验，编制《芦草间蝗蝻殄灭法》，根据本地土宜，教授灭蝗之法。除选派技师技术员等分往各处实地驱除，并将其最适用之驱除方法广为传播：（一）捕捉法。蝗虫在夜间常聚集于芦梢之上，行动不活泼。可利用此习性，于上午寒露未干以前，用捕蝗网收罗之，极为便利。此法仅能用于草之低者，苟芦草稍高而茎强硬者，宜采用第二种方法。（二）火烧法。将芦草四周去二丈左右，以免蝗蝻外跃。然后就被害区域中，不计纵横，每留二尺处，必割成一条四尺阔之通路，将所割之草平铺地面。俟暴露稍干，即用喷露器略撒以洋油，旋从四周举火渐及于中央，其在已割之地蝗蝻触火而毙，即其藏于未割草间者，亦以两侧火起，畏热乱跳触火而死。②

安阳县实业局还传播美棉的耕作方法，编制种植方法：（一）棉种。大白籽和小白籽两种最合安阳风土。（二）犁地。在秋天拨棉以后，要深深地犁地，犁后随即耙平，春天可不必再犁，只需耙掘数次就行了。（三）下肥。每亩当用草粪1000斤，或用牲口粪400斤，在秋天犁地前施下。如下棉饼，每亩可用60斤到80斤。如下花生饼或豆饼，每亩用40斤到60斤。若用谷糠更佳，每亩可用30斤至40斤。在下种前一个月，用粪楼播下。（四）下种。谷雨立夏间是下种的好时期，先把种子浸水和灰揉拌，用花播下，行子相隔中等地二尺五寸。瘦地二尺，肥地三尺。（五）稀苗。棉苗高三四寸，是行第一回稀苗的时候，每隔一尺或八寸留苗两颗，等到高至七寸，再拔去一颗。（六）锄地和除草。当行五六回，每隔十天或半月行一回。如锄地后随遇大雨，就当重行一回。（七）打尖。如果照着所说的法子去做，就可不必打尖了。（八）收花。每隔十天或半月收一回，收花须得清洁，枯叶草屑不可杂入。红花也当和好花分开。（九）

① 《劝农员朱璋七月份报告书》，《河南实业周刊》1923年第2卷第3期。
② 《芦草间蝗蝻殄灭法》，《实业周刊》1923年第1卷，第40期。

浇地。下种的时候，或是开花的时候。如天气亢旱，可想法浇地。[①]

除劝农员的定期宣讲之外，北洋政府也要求各县农事试验场，于农暇时招集农民开设短期讲习会，期限至少在三个月以内。讲习内容主要是"作物学大意、养蚕学大意、畜产学大意、农产制造大意、棉产泛论"等。[②]

2. 农业技术改良与推广

各县负责农业改良和推广的主要机构是农业试验场和农会。光绪三十二年（1906）清廷设立农工商部，内置农务司，综理农业行政。并于北京设立中央农事试验场，内置树艺、园艺、蚕丝、化验及虫害等科。同时在各省设劝业道，各厅、州、县设劝业员，通饬各省举办农务学堂及农事试验场。光绪三十二年（1907）订定农会简章，饬各省仿办，省设总会，府、厅、州、县、乡镇酌设分会，一时应者甚众。农会主要职责为调查土宜物产、研究改良办法、条陈农务事宜、代诉农民冤抑，以及发行刊物、巡回演讲、种子交换、农产展览等。宣统元年（1909）订定推广农林简章，规定奖励绅民垦荒，办理农林事业，设立农业学堂、农事试验场、农林讲习所以及讲求水利、畜牧等事项。至宣统三年（1911）止，各省已开办的试验场、讲习所、农业学校、农会、木植局、垦务所等机关，不下一百数十处。[③]

民国之初，即有各县农事试验场之成立，但应者寥寥。1917 年 11 月，河南省政府重新厘订《河南县农事试验场暂行章程》，责成各县由县公款设立农事试验场，"专以改良本县农艺、森林、蚕桑、畜牧渔业各项事业，并普及农事上之新理新法于一般农民"[④]。农事试验场设置五科，树艺科掌关于谷物选种、谷物栽培法实验、肥料及土壤实验、种子种苗之检查及分配事项、农具应用事项，园艺科掌关于蔬菜栽培法实验、果树栽培法实验、花卉培养法试验事项，蚕丝科掌关于桑树栽培法试验、饲蚕试验、杀蛹干茧、制丝制种、蚕病消毒试验事项，化验科掌、关于土壤肥料之化验

---

① 《河南安阳县实业局注重美棉》，《农事月刊》1925 年第 3 卷第 10 期。

② 《河南各县建设局附设农事试验场章程》，《河南建设》1929 年第 2 卷第 3、4 期。

③ 王希贤：《从清末到民国的农业推广》，《中国农史》1982 年第 2 期。

④ 《河南县农事试验场暂行章程》，《河南实业周刊》1924 年第 2 卷第 28 期。

及鉴定、农产物产制造品之化验事项，病虫害科掌关于谷物病害之预防及治疗法试验、果树蔬菜之病害预防及治疗法试验、谷物之害益虫鸟预防驱除及保护法试验、果树蔬菜之害益虫鸟预防驱除及保护法试验事项。①

3. 兴修水利工程

据冀朝鼎依据地方志材料统计的数字，清代河南水利活动共843次。然而多集中于雍正年间，而且绝大多数规模只限一村或数村范围，效果自然有限。②

嘉庆时朱云锦在谈到河南的水利状况时说："开封、归德、陈州，数为河决沙淤，故渠埋没。故但有泄水沟渠，以求水不为害而已。西南一带，山溪下生，势如建瓴，间如平衍停蓄之处引水灌田，为数甚寡。其以水利著者，西北则怀庆各属，东南则光固等州县。"③确山县农业"只待天之晴雨，以占岁之丰歉"④。内乡县"旱涝丰歉听诸天"⑤。渑池县"山高水低，向无水利……光绪丁丑大饥后，始有开渠灌田者"⑥。武陟县亦"水利不兴，一遇旱干每束手待毙，同光以后，稍稍讲求水利，凿井灌田"⑦。就连水利向称发达的辉县在清代也是"水利不足以灌溉"⑧。河南禹州，"夫沟渠未兴，则耕凿无恃"⑨。新郑县"雨则涨流平川淹没，旱则枯焦中泽。叹乾耕多而获少，所从来也"。"田地低洼，每积雨水即淹没禾稼，民受其害者十七八，而享其利者十二三"⑩。河内县"水田少而旱田多，仰天泽以

---

① 《农事试验场分科细则》，载中国第二历史档案馆编：《北洋政府公报》第17册，第527页。

② 冀朝鼎著，朱诗鳌译：《中国历史上的基本经济区与水利事业的发展》，中国社会科学出版社1981年版，第34页。

③ 《豫乘识小录·田渠说》，转引自陈铮：《清代前期河南农业生产述略》，《史学月刊》1991年第1期。

④ 民国《确山县志》卷一三，《实业》。

⑤ 民国《内乡县志》卷七，《实业》。

⑥ 民国《渑池县志》卷七，《实业》。

⑦ 民国《续武陟县志》卷六，《食货》。

⑧ 乾隆《辉县志》卷三，《物产》。

⑨ 道光《禹州志》卷一〇，《田赋志》。

⑩ 乾隆《新郑县志》卷四，《风土志》；乾隆《新郑县志》卷五，《山川志》。

为丰歉。十日不雨，则尤其旱干。而淫雨三日，山水暴涨，则又以为涝。且逼沁河，异时堤防不慎，夏秋之交，泛滥冲决"①。鹿邑县"农苦而不勤，播种既毕，旱涝皆听之于天。境内旧有沟渠数百十道，皆导积涝归于干川者，近多湮塞，或犁为田，每值盛夏，雨集下隰，半为泽国。高壤易旱，掘地尺许，可以得泉。然语以灌溉之利，亦率惮于图始，无肯为者"②。鄢陵县"田土无水利，旱则不能播种，涝则水无泄处，致伤禾稼"③。南阳县"乾隆中修泉水堰后，百余年不复疏浚，水泉淤伏，堰涸废"④。

豫省位居中原，气候温和，本为宜农之区，"徒以河渠蓄泄无度，以致旱则赤地千里，潦则汪洋一片"⑤。为此，兴修水利以保旱涝无虞，遂成各县级一项要政。民国初年各县亦有治水，但多数临时措置。新乡县块村营西临御河，明嘉靖时时创建仁义礼智信五闸，光绪三十二年（1906）又增廉让闸一道，灌田共约数百顷。然多年失修，夏秋之间，稻田需水不容他泄。倘或雨泽愆期，凡属旱田特征，秋禾枯槁，即麦亦难播种。民国二年（1913）块村营与阎家庄吴家庄约众公议，相度地势，在块村营西南隅修建公溥闸一道。五月，将闸修成，共费款5600百余串。自是旱涝有备，地皆沃壤。⑥

河南各县在民初已有水利分局及各县支局之设，各县水利支局"受该管县知事之指挥监督，掌管全县关于水利一切事务"⑦。确山县水利支局开池凿井修通河渠，农民便之。⑧通许县境内无河流沟渠可以吸引灌溉。水利分局训令成立以后，时值亢旱，于是多凿水井，藉资补救。⑨而民国初年太康县的水利工程尤为浩大。太康县境内河道共三十七道，其中以涡河

① 道光《河内县志》卷一二，《田赋志》。
② 光绪《鹿邑县志》卷九，《风俗志》。
③ 同治《鄢陵文献志》卷九，《土地志》。
④ 光绪《南阳县志》卷九，《沟渠志》。
⑤ 《水利》，《河南建设概况》，出版地不详，1933年版，第1页。
⑥ 民国《新乡县续志》卷一，《河渠》。
⑦ 《修正河南各县水利支局章程》，《河南实业周刊》1925年第3卷第34期。
⑧ 民国《确山县志》卷一三，《实业考》。
⑨ 民国《通许县新志》卷一〇，《行政志》。

为尾闾，"阴雨期间，宣泄积水，深资得力。但因幅员较阔，渠道不能密布，全境洼地常有向隅之叹。且以积年失修，河床壅塞，排水利益颇行式微，一遇阴雨，则积水无从宣泄，淹没田禾，民困昏垫，自动挖河，则枝节横生，难成事实，请求官府而官府视为不急之务，每不切实主持，以致极关农业之水利，日益不振，良深浩叹。"民国九年（1920）、民国十年（1921）之间，县水利分会督饬民夫疏浚黄河清水河等河道 20 余道。民国九年（1920），水利分会疏浚七里桥河，口宽三丈，底宽二丈，深五尺。侯陵沟又浚口宽二丈二尺，底宽一丈二尺，深六尺，以泻侯家洼一带积水。铁里河于民国十年（1921）疏浚，口宽一丈五尺至三丈，底宽一丈至二丈，深五尺，堤高二尺。清水河民国十年（1921）水利分会督工疏浚口宽三丈，底宽二丈，深六尺，堤高三尺。①

固始县龙潭五坝纵横百余里，灌溉千万家，上关国赋，下益民生。民国十二年（1923）春，固始久旱不雨，沟塘皆涸，指日闲田、大麦田插秧，需水孔殷，若不及时筑坝，恐有临渴掘井之虞。地方绅董朱文元等在龙潭寺会议，拟于 5 月 17 日开工堵筑，以便用水而利农田。是日，水利局长召集该坝民夫 1755 名破土，至 5 月 19 日合龙。19、20 两日大雨如注，水利局长偕地方绅董冒雨督工加筑二日，以期增高培厚，至 21 日竣工。计该坝长度总长 205 丈，底宽 8 丈，顶宽 3 丈，高一丈八尺，筑坝与料沙草并用，间搭木椿草二十二万斤，按习惯旧法，以草结堆，上口中部后身以沙压草，以草裹沙，以沙为肉，以草为骨，层叠堆积，以符定式。②

近代时期各县政府在农业上所作的努力，致力于改善长期困扰中国农村的农业技术改良和水利失修之弊。但是，这些措施并未达到预期效果。就农事试验场与农会而言，各地方的农业试验场及各专门的农事试验，本来为解决农业重大问题、改良农民生产技术的重要机关；但是各类试验场，第一是缺乏人才，第二是缺少经费。所以十余年来，对于农民一点没有效果发生。各县农会及试验场非不灿然具备，"不过岁耗巨款，以供一二人之挥霍，

---

① 民国《太康县志》卷三，《政务志·河务》。
② 《固始县水利支局报告》，《实业周刊》1923 年第 1 卷第 40 期。

甚或鱼肉平民，勾结官吏，恣其欲而徇其私，民安得不贫，俗安得不敝！"①
就水利工程而言，具有成效者，尚在少数，大多数效果不彰，具体原因在于
三个方面：一是经费之短绌。如息县水利支局因经费支绌，皆有名无实。② 汜
水县每月只发车马费 16 千文，实属敷衍因循。③ 考城县每月经费 40 千文，
为数太少。临漳县水利支局月支经费 70 千文，为数亦少，难资办公。④ 邓县
水利支局经费年仅 600 千文，除局长及技术员薪金外，一无所余。新郑县水
利经费月支仅 30 千文。⑤ 新安县水利支局全年经费仅 75 千文，为数太少。⑥
二是人员缺乏。技术员是各县重要一环，但大多数尚乏技术员，仅仅设置局
长 1 名。如临漳县等。⑦ 三是各县从业人员的虚与委蛇，消极对待水利事务。
按照成例，水利支局人员应向实业厅上报各县治水情形，但大多数水利支局
置若罔闻。泌阳水利支局自民国十二年（1923）6 月报告成立，成立十月之
久，并无片纸只字呈报到局。对于该县水利事宜如何筹划如何进行、该职员
有无成绩、办事细则如何拟定等等事务，均置之不理。⑧ 虞城县水县水利支
局长宗芸芳于民国十二年（1923）5 月间经前局长委任为虞城县水利支局长，
乃期近一年未据呈报到差，亦未辞职。南阳县水利支局长魏光祖于民国十二
年（1923）4 月委任，乃期逾一年未据呈报到差，亦未呈请辞职。⑨ 水利关系
农田至为重要，汜水县汜河屡次为害，亟待挑挖除灾兴利，但各县支局均已
先后成立，而该县却迟延未办。柘城县水利支局长韩景勋谨陈所见毫无见地，
既以凿井为救旱之策，而又以工程浩大，得不偿失为言，含混率呈。⑩ 沁阳县

① 章有义编：《中国近代农业史资料》（第二辑），生活·读书·新知三联书店 1957 年
版，第 183 页。

② 《河南实业周刊》1924 年第 2 卷第 5 期。

③ 《河南实业周刊》1924 年第 2 卷第 38 期。

④ 《河南实业周刊》1924 年第 2 卷第 34 期。

⑤ 《河南实业周刊》1924 年第 2 卷第 37 期。

⑥ 《河南实业周刊》1924 年第 2 卷第 36 期。

⑦ 《河南实业周刊》1924 年第 2 卷第 34 期；《河南实业周刊》1924 年第 2 卷第 37 期。

⑧ 《河南实业周刊》1924 年第 2 卷第 34 期。

⑨ 《河南实业周刊》1924 年第 2 卷第 34 期。

⑩ 《河南实业周刊》1924 年第 2 卷第 38 期。

利丰渠长约百七八十里，灌田至五万七八千亩之多，而该县水利支局长听其淤塞，坐失厚利。①

第二节　近代河南的农业生产与农业产量

近代经济社会不断变迁，特别是近代新式工业的发展，将会重塑人民的就业格局。但就河南各县农村而言，业农者仍占据主要地位。虽然农业耕作方式、种植结构并无太大的改观，但不可否认的是，河南省农业的产量在近代是有所提升的。

一、农村职业

近代河南各县人民大都以务农为主，间或从事其他行业。西华、鄢陵、太康三县从事农业的人口，占全县总人口百分之九十以上。② 彰德农民，约占全县人民十分之八。③ 获嘉县居民业农者亦十之七八，商工次之，政学军警又次之。城镇居民多经理商贾或手工业，寒微之家则小本经营，借以获取蝇头微利。农村居民多从事耕获，男或从事副业，间或有人肩挑贸易以谋生活者；女则专于纺织。其余优秀分子，亦有托迹于政学军警各界者，约居百分之四五。由于近代提倡尚武精神，投笔从戎起家行伍者，也颇为不少。④ 项城县"民无他业，惟稼穑是务，工艺商贾非其所长"。"人有余财，惟知拓田为业。间有经商者，亦多亏折资本，反致变产抵偿。或居近市廛所为者，惟粮行、牙行、杂货之类，其他则不敢为也。其有开钱店折，但只用纸币之利，而每假手于山右之人，卒至浮冒亏累，虽倾家不足抵偿者，比比然也。"⑤ 许昌"俗尚稼穑，土地多平原，素号天然农业

---

①　《河南实业周刊》1924 年第 2 卷第 37 期。

②　民国《西华县续志》卷七，《建设志》；民国《鄢陵县志》卷一三，《实业志》；民国《太康县志》卷三，《政务志》。

③　郁青：《河南彰德的农民概况》，《中国青年周刊》1924 年第 2 卷第 26 期。

④　民国《河南获嘉县志》卷九，《风俗》。

⑤　宣统《项城县志》卷五，《地理志·风俗》。

区，人民亦多倚农业为生活"①。灵宝县人民也是男耕女织的生活状态，"男人以耕田为正业，即家产甚丰之人，亦莫不日日下地。学生放假期间，亦必帮其父兄工作。""女人以纺织为正业，虽机器粗笨，每日所出无多。而家家如是，人人如是，时时如是。"②林县以农为本业，虽有从事士工商之人，但也兼作农业。妇女足不履场圃者，只是极少数富裕家庭。其耕种山田者，妇女操作之勤苦，几与男子相等。③

二、农业生产状况

近代河南各县农村家庭，有自耕农和佃农和雇农三种。据统计西华县全县农户为 72059 户，其中自耕农约占 56130 户，佃农约为 15906 户。④

自耕农是指占有一定数量的土地，依靠自己和家庭成员进行农业生产的农户。佃农是指没有或很少拥有土地，主要依靠佃种地主土地为生的农民。在近代，河南的租佃分成，往往因县而异。如项城县佃农自备牛车、籽粒者，所获皆五五分成；地主出籽粒者，佃得十分之四；地主备牛车、刍秣者，佃得十分之三；若仅仅为种植芸锄，则所得仅为十分之二。⑤西华县的租佃制度分为三种：一为佃种，俗称分种。地主与佃户经中人说合，订立佃契。地主即将佃契所载地亩交由佃户耕种，所用耕器、牲畜、车辆等由佃户自备，而丁银、杂差、捐税均由地主完纳。肥料或由佃户自备，或由地主与佃户均摊。所收农产物五五分成，惟麦季之麦秸，归佃户饲养牲畜。麦秋两季种籽、麦豆，由地主供给。收获后由总数内加倍扣除，再行均分。此外，均由佃户自备。地主需用力役及车辆时，多由佃户供应。但人工、伙食、牲畜、草料等费，则由地主负担。二为租佃，俗名稞地。地主与佃农经中人说合，订立文契。地主将契约所载地亩交由佃户耕种，所需耕器、牲畜、种籽、肥料，均由佃户自理。稞租有租金和

---

① 民国《灵宝县志》卷二，《人民》。
② 民国《灵宝县志》卷二，《人民》。
③ 民国《孟县志》卷八，《社会》。
④ 民国《西华县续志》卷七，《建设志》。
⑤ 宣统《项城县志》卷五，《地理志·风俗》；民国《许昌县志》卷六，《实业》。

租粮两种形式。租金按土地等级而定，上等地七八元，中等地五六元，下等地三四元或一二元不等。每年于麦季收货后，佃户即将应交租金凑齐，缴纳地主。租粮亦视土地之等级而定，上等地五麦一秋（即麦季小麦五斗，秋季交绿豆一斗，或其他秋粮亦可），中等地三麦一秋，下等地二麦一秋或仅二麦者。三为把牛地（俗名把牛活，即小佃之意）。地主与佃户只经中人说合，不订契约，承佃退佃之期，约在每年旧历8月15日。佃户名称有整份（俗曰一个活）、九分、八分、七分、六分、五分等，佃农只带锄镰，其种籽、农具、车辆、牲畜均由地主置备。肥料费除购买肥料费由佃户按份摊给，地主摊十分之七，其十分之三由佃户按份分摊。农忙时如雇用短工所需工资，亦按三七分摊。麦秋两季收获农产籽粒，地主与佃户一般均按三七分（总收获量十分之七归地主，十分之三归佃户，按份分配为其所得），芝麻秆、高粱秆，佃户与地主按三七分，其余柴草多归地主。冬春农隙地主需用力役时，可由佃户帮助，只供伙食不给工资。

雇农是指没有或只有极少数土地，主要依靠出卖劳动力为生的农民。雇农分长工、短工，长工向例以旧历十月间为上工、下工之期，工资视雇主地亩多寡，及雇工所任工作轻重而定。一般以能喂养骡马、执鞭耕地、播种扬场者为全活（即全才），其常年工资约10元至20元左右。短工每日工资多为2角5分，农忙时可由3角5角至1元以上。不论长工短工，其在应雇期内之伙食，统归雇主供给。工作时间每日在10小时左右，至农忙时则有至12小时者。其雇用短工手续，有雇主在本村招集者，有农民持锄镰至集市街头等候雇佣者，经人说合，议定工资数目，即可前往工作。[①]

各地作物大多以小麦为主。确山农作物以大麦、小麦、高粱、黄豆为大宗，芝麻、黍、稷、稻次之，豌豆、黑豆、绿豆、青豆、豇豆、红薯又次之。[②]鄢陵县谷类不一。春季小麦占百分之八十以上，大麦占百分之十，

---

①　民国《西华县续志》卷七，《建设志》。
②　民国《确山县志》卷一三，《实业考》。

豌豆、扁豆、红花、油菜等均系少数。秋季高粱、谷黍、豆类最多，芝麻、红薯次之，荞麦、棉花等又次之。至于副业，如蚕桑系妇女事，牧羊者无多，喂猪者十家居九。鸡因蛋贵多成群饲养，养蜂者间亦有之。[1] 许昌全县土质黄壤，五谷皆宜。惟不修治水田，种稻尚少。农家主要作物以麦、粟、菽为大宗，黍、稷、蜀、黍、甘薯次之。许昌农副作物较为发达，城东北种蓼蓝、菘菜，城西南种烟草，石固种药物、辣子，葚涧栽竹竿，芦荻、张潘种麻，繁城种落花生、红花。至于棉花，各村皆普遍种植。园蔬各保皆有，惟近城之地，肥料充裕，栽培更佳。[2]

但是各地农业生产，技术改良非常之少，大多仰给于传统生产经验。诸如此种记载不胜枚举。太康县农民故步自封，不知改良品种，辨别土宜，预防灾害等科学方法，以致收获之数，远不如人。衣食住行之要需，皆不足以自给。加以频年灾歉，"完善之地已称食艰，凶祲之区更多失所"[3]。项城民性敦厚，风俗质朴，男耕女织，不务游戏无益之事。然地广阔耕种鲁莽，随入为出，不务蓄积。[4] 许昌"西北苦旱，农夫守旧，不知兴水利以灌田，讲森林以培阴，实为可惜"[5]。汝南县虽有农事试验场之设，终亦鲜有实济，而籽种、器具、粪壅、耕耘，仍墨守古法，且无毫发之改良。[6] 汜水县农民，惟墨守旧法，不知改进。清代邑令张国辅常谓，"汜人不精于农。盖深耕足粪，及时播种，所在多有，而改良种植，精制肥料，凿井引渠，广辟园圃，他县恒有，汜人则未能云"[7]。

生产农具仍如其旧，耕地有犁、耙、锄、铁锸等，播种有耧，收获有镰、铲、戳子、网包等，运输有四轮车马车等，打落五谷籽粒有石磙捞石等。此外有桑、有荆、有掠叉木锨竹帚等，亦是农事辅助工具。[8] 水利方

① 民国《鄢陵县志》卷一三，《实业志》。
② 民国《许昌县志》卷六，《实业》。
③ 民国《太康县志》卷三，《政务志》。
④ 宣统《项城县志》卷五，《地理志·风俗》。
⑤ 民国《许昌县志》卷六，《实业》。
⑥ 民国《重修汝南县志》卷一三，《实业考》。
⑦ 民国《汜水县志》卷七，《实业志》。
⑧ 民国《西华县续志》卷七，《建设志》。

面，主要是凿井，用桔槔、辘轳以汲水，用新法提水机者尚少。① 农业生产拘守旧见，于一切播种之法、粪壅之法、灌溉之法，不复研究新理进求改良，而只待天之晴雨以占岁之丰歉。"此亦中国农业不发达之一大原因，不仅确山一邑为然也。"②

三、农业产量

在清初，河南平均单产不高，与南方相比，差别很大。尹会一就觉察到这种情况，"南方种田一亩，所获以石计；北方种田一亩，所获以斗计。非尽南智而北拙，南勤而北惰，南沃而北瘠也。盖南方地窄人稠，一夫所耕，不过十亩，多则二十亩，力聚而功专，故所获甚厚。北方地土辽阔，农民惟图广种，一夫所耕，自七八十亩以至百亩不等。意以多种则多收，不知地多则粪土不能厚壅，而地力薄！工作不能遍及，而人事疏矣。"③

在 19 世纪 70 年代，豫西的新安、渑池一带，旱地一般亩产小麦不过 2 斗（48 公斤），水浇地再加粪壅，可收 4—5 斗（95—120 公斤）。后一类土地不多，折中计算，该地区一般亩产小麦当在 75 公斤以内，按两年三熟制（一麦两秋）再加秋粮，亩产原粮当有 100 多公斤。④ 孟县西乡岭坡专种棉花，亩可七八十斤，次则五十斤上下；平地多种五谷，种类以小麦为大宗，每亩丰收可一石四五斗，次则七八斗五六斗不等。⑤ 获嘉县农产品以米、麦、棉花、高粱、豆为类大宗，胶土易旱，然收量较丰。以麦论之，收两季者，每亩约得三四斗，收一季者，约得五六斗不等。收两季者每亩可得玉蜀黍一石有余，惟盛夏之际，必数日一加灌溉。其余米豆之属，亦均在一石以下数斗以上。壤土耐旱，然收量则较胶土减

---

① 民国《许昌县志》卷六，《实业》。
② 民国《确山县志》卷一三，《实业考》。
③ 尹会一著，张受长编：《尹少宰奏议》（一）第三卷《敬称农桑四事疏》，上海商务印书馆 1936 年版，第 26 页。
④ 《豫赈征信录》第 5 卷。转引自王天奖：《从单产看近代河南的农业生产》，《史学月刊》1991 年第 1 期。
⑤ 民国《孟县志》卷八，《社会》。

半。至于沙碱二土，则每况愈下矣，惟播种棉花颇宜壤土，丰收时每亩约可获百斤上下。①

20 世纪初豫西南的南阳一带的农田单产，在丰收年份每亩可收小麦 3 斗（约 51 公斤），稻谷 6 斗（约 70 公斤）、玉米 4 斗（约 62 公斤）、谷子 5 斗（约 75 公斤）②，普通年景以六折计，亩产麦、秋总共当在八九十公斤上下。豫北林县，"每亩谷合二百五（市斤），杂粮也有石四三"③，加上小麦，全年单产当有 100 多公斤。豫东南的项城，"普济堂"地产 15 顷（内腴地二顷，中等地二三顷），平均单产 2 斗，推算县境一般中等土地亩产当有 3 斗（约 51 公斤），加上秋粮，共七八十公斤。豫东的陈留、唯县、商丘一带，据民初日本人调查，农田单产在 2—5 斗之间（约 40—100 公斤）④，晚清时亦大致如此。综合不同地区的农田单产推算，晚清时期河南旱地作物单产大体上有八九十公斤左右。至于水稻，禹州在道光年间亩产 6.47 斗（约 170 公斤），光绪末增为 8 斗（约 200 公斤）⑤。前述南阳境内，光绪末亩产稻谷只有 70 公斤左右。豫南水稻集中产区的单产少有记载，据清中期信阳亩产 300 多公斤来推断，一般单产当较禹、宛为高。因为稻作区不到全省耕地总面积的 10%，故对提高全省单产作用不大。水旱混算，晚清时期河南单产当不到 100 公斤。⑥

据许道夫的统计，1914 年至 1929 年河南主要农作物的产额，在 1914 年至 1918 年之间，粮食的总产量是呈增加的趋势，小麦亩产由 45 斤增加到 93 斤，玉米亩产由 62 斤增加到 201 斤，高粱由 109 斤增加到 217 斤。因此，麦秋二季产量总体是上升的。但 1918 年以后，小麦亩产量上升，玉米和高粱也有所下降。就麦秋二季平均额而言，1924 年至 1929 年是

---

① 民国《河南获嘉县志》卷九，《风俗》。

② 潘守廉：《南阳府南阳县户口地土物产畜牧表图说》，光绪三十年石印本，第 2—4 页。

③ 林县志编撰委员会编：《林县志》，河南人民出版社 1989 年版，第 452 页。

④ 东亚同文会编：《支那省别全志》第八卷《河南》，台北南天书局 1988 年版，第 449 页。

⑤ 民国《禹县志》卷四，《水志》。

⑥ 王天奖：《从单产看近代河南的农业生产》，《史学月刊》1991 年第 1 期。

149 斤，低于 1918 年的水平。

表 6-1 河南各主要作物产额（1914—1929）

(单位：市斤 / 市亩)

年度	小麦	玉米	高粱	麦秋二季平均额
1914	45	62	109	72
1915	45	62	78	61
1916	158	50	51	86
1918	93	202	217	170
1924—1929	135	148	165	149

根据以上统计，可以大致得出结论说明：

1.1914—1915 年见《第四次农商统计表》。

2.1916 年见《第五次农商统计表》。

3.1918 年见《中国年鉴》第一回，商务印书馆发行，第 1143—1160 页。

4.1924—1929 年见《统计月报》1932 年 1—2 月合刊农业专号。

资料来源：河南省农作物产量 1914—1929 年，见许道夫：《中国近代农业生产及贸易统计资料》，第 19 页。

　　根据以上统计，可以大致得出结论，就粮食产量而言，清末为 100 斤，到民国初年以后，粮食产量上升，到 1918 年达到峰值。随后，又有所下降。但仍高于清末的粮食产量。1918 年以后粮食产量的下降，主要在于 1920 年至 1929 年间自然灾害的频繁。[①] 近代粮食总产量的上升趋势，原因也许很多，但有一点似乎是不容抹杀，近代各县政权在农业生产上的努力，应该是具有些许效果。

第三节　近代河南的农民负担与农民生活

　　近代，各项新政繁兴，自治、教育、警察、实业等经费，需款甚殷。再加上军事倥偬，军事征发日急。而所有经费，无一不取资于农业。农民负担，除正税附加外，尚有附加税、摊派等名目。农业生产之有限脂膏，不得不填补地方职能扩张之无限经费需索。由于政府对农业的汲取力度远

---

　　① 王天奖：《从单产看近代河南的农业生产》，《史学月刊》1991 年第 1 期。

远大于对农业的扶持力度，农业生产的有限增长完全被地方财政无限需求
所侵蚀，最终导致百姓的困窘日甚一日。

一、农民负担

近代河南的农民主要包括地主、自耕农、佃农和雇工，考虑到"小农
土地所有制"是河南农村的主要成分[①]，因此，农民负担主要是指自耕农
的负担。清代的田赋，包括地丁、漕粮、租课及杂项收入等，一般均合称
"正税"。农民所承担者的主要是地丁、漕粮。民国时期田赋在地方财政收
入中仍有举足轻重的地位，其征收制度基本沿袭清朝旧制。农民的田赋负
担主要有四种形式：

1. 正税浮收

田赋正税征收，各县都有定额，不得额外需索。但这些规定大多成文
具文，在实际征收过程中，各县往往根据需要屡增或加倍。因此，田赋正
税对农民的苛扰，主要不在于税率之高低，而在于征收办法之积弊。[②]

由于近代地方社会管理中"集权的简约治理"[③]，钱粮征收重责，不得
不司之以幕友，稽之以家丁。在征收过程中，往往在丁漕项下附征若干，
以用作火耗、解费、投掣、车价鞘木、户书川资、银匠工价、幕友酬费、
家丁分项、收书纸笔饭食、库书纸笔饭食、粮差饭食之资。因此，地丁所
包之名目有十种，漕项有轻赍、折席等名目数十种，田赋一项，分名析
目，至少有六七十种。[④] 田赋附征不仅包括田赋正额的附征，而且还包
括串票的附征。据宣统三年（1911）滑县的预算，丁银实征 81496 两
7 钱 2 分 8 厘，银庄每两收银 1 两 3 钱，外收帮费、火耗钱 200 文。

---

① 张锡昌：《河南农村调查》，《中国农村》1934 年第 1 卷第 2 期。

② 范师任：《整理中国田赋办法之纲要》，载《田赋问题研究》（上册），上海汗血书店
1936 年版，第 1—6 页。

③ [美] 黄宗智：《集权的简约治理：中国以准官员和纠纷解决为主的半正式基层行
政》，《开放时代》2008 年第 2 期。

④ 《河南财政说明书》上编，《岁入部》第一类，《田赋》第一款，《地丁》第二项，《地
丁征收情形》。

每实征 1 两，扣给账房、幕友银 3 厘，门印办公银 9 厘，房书笔墨纸张、油烛饭食银 3 分 8 厘，以上三项计银 5 分；另需扣给银匠倾熔火耗钱 80 文，催粮差役饭食钱 20 文，二项又计钱 100 文。漕粮每年实征 6278 石零 2 升 8 合，每石解银 3 两，共应解银 20717 两 4 钱 9 分 2 厘。根据向章，每漕 1 石，收钱 6600 文，共收钱 41434 千 985 文。每征漕粮 1 石，扣给房书工食钱 100 文，门印办公钱 100 文，共计钱 200 文。地丁串票每年花户投柜完纳者，每张收钱 6 文，差役撕票催缴者，每张收钱 4 文，以备购买串票工价，以及经手人员办公之需。漕粮串票，每张收钱 10 文，差役撕票催缴者每张收钱 1 文，里书摊办每张收钱半文。①

河南省完纳钱粮，“有银庄、钱庄之别。称钱庄者六十处，称银庄者十八处。其余半银半钱，或大粮完银，小粮完钱。然按之实际，民间得钱易于得银，除首要州县银两较易兑换外，此外虽名为银庄，亦大半完钱。”② 因此，操纵钱粮比价，也成为征收员役搜刮农民的一种常用手段。同治以后，获嘉县每漕粮一石折纳制钱 7000 文以上，每银 1 两折纳制钱 2700 文以上，较市面银米价约涨一倍有奇。③ 清季，淮阳县每两征钱 2700 文，按之市价，每两在 1500—1600 文之间，比实际多交 1000 文左右，总核每年不下万余缗。④

民国七年（1918），财政厅长蒋懋熙呈准，河南完纳丁漕改折银元，每银 1 两改征银元 2 元 2 角，小粮改征 2 元，漕米每石改征 5 元，碱漕每石折征 2 元 5 角。按完纳丁漕向例，每银一两收钱 2600 文，每上漕一石收钱 6000 文，每碱漕一石收钱 2880 文。改收银元之后，在当时应按照市价折合，无大出入。而银元增涨至一千六七百文，则每银一两竟完钱三四串文，每漕一石竟完钱八九千文。⑤ 每银一两，比实际多支 1000 文左右，

① 民国《重修滑县志》卷八，《财政》第五。
② 《河南财政说明书》上编，《岁入部》第一类，《田赋》第三款，《对于征收丁漕之意见》。
③ 民国《河南获嘉县志》卷五，《赋役上》。
④ 民国《淮阳县志》卷四，《民政上》。
⑤ 民国《新乡县续志》卷二，《赋役》。

每漕一石，比实际多交二三千文。

2. 补助捐

民国四年（1915），北洋政府因外债逼迫，弥补无法，财政部电令各省举办田赋附税，随粮带征，协济中央。河南首先试办，凡行粮地 1 亩，每年应缴附税钱 60 文。在实际征收中，各县税率有所差别。长葛县正银 1 两收附加税钱 1180 文，民国五年（1916），省议会议决减去二分之一，更名为补助捐，每正银 1 两收钱 590 文，每年额收钱 13158 千零 2 文。① 新乡县每亩加钱 60 文，摊合每银一两加附税钱 1116 文。县知事何嘉澍迭经绅民呈恳核减，两次酌减收钱 914 文。人民仍觉负担太重，后经省议会议决，按减半征收，每银一两附收税钱 457 文，以民国六年（1917）5 月 7 日为始。② 修武土地向分为五等，统以 60 文为率，恐难均平变通办法，每两银加钱 1392 文，绅民迭经禀请核减，始减为 1250 文，继减为 1100 文。民国五年（1916）又减为 850 文，后经省议会议决各县附税均行减半，减为 425 文。③ 林县每行粮地一亩，不分等则出制钱 60 文，照地银均摊，每两应摊钱 1301 文。后以官绅迭请减缓，于民国五年（1916）5 月 5 日减去 151 文，嗣因天旱减去 100 文，以一月为限，不计期限，永远实收 1050 文。民国六年（1917）5 月，省议会议决，按照现征数减二分之一，林县地银一两，实纳附税钱 525 文。民国七年（1918）4 月实行丁漕折征，河南省财政厅以汜、林等 11 县粮赋较重，酌减附税，林县每正银一两减去钱 250 文，仍带征钱 300 文。④ 荥阳县每丁地一亩，加派制钱 60 文，额征制钱 22343060 文。民国五年（1915），邑绅李渤等联合各县公恳减免，奉文减收十分之二，每丁地银一两征制钱 900 文，每亩应摊派制钱 45 文。民国六年（1917）奉文核减附加税二分之一，每丁地银一两征制钱 450 文。每亩应摊派制钱 22 文。⑤

---

① 民国《长葛县志》卷五，《食货志》。

② 民国《新乡县续志》卷二，《赋役》。

③ 民国《修武县志》卷九，《财政》。

④ 民国《林县志》卷五，《财政》。

⑤ 民国《续荥阳县志》卷四，《食货志》。

3. 地方附加

田赋附加是指田赋正税之外的额外加派，而田赋附加税征收是历代统治者增加财政收入的最主要手段。

光山县自光绪三十一年（1905）开办学堂，除以旧书院膏火费拨充高等小学堂经费外，其余经费皆出自于丁地附加等项。宣统三年（1911）征收丁地附加教育费，每亩粮收制钱 30 文，计全县共有粮亩 438753.28 亩，年收制钱约 13100 余串。① 太康县自清末办理亩捐，屡有增加。据民国十三年（1924）公款局报告收入支出预算决算表册，公款局收支项下新旧亩捐 33900 千文，用于武装警察和保卫团、公款局、实业等经费。1917 年，教育款产经理处与公款局划分，附设经理处于劝学所，教育款产经理处收支项下地亩捐 9395000 文、漕票捐 588500 文，全部用作教育经费。②

郑县民初的学款收入项下，地亩附加每亩钱 10 文，每年收入钱 2250 千文。③ 民国三年（1914），太康县每银一两，加征正卫营饷捐钱 1500 文，民国七年（1918）又增 1200 文，用公款局经管收支。民国十二年（1923），每银一两加征五区保卫团费 1800 文。④

在串票项下，亦有附加。太康县丁票原额 148600 张，漕米原额 149300 张，向来每张收捐钱 3 文。民国十七年（1928）3 月 29 日，奉令每票收捐洋 1 分，工价洋 4 厘。嗣又增至 5 厘。⑤ 光山县串票捐，每串票百张征洋 1 元，工价 5 角。⑥ 考城县丁地串票年约 4 万张，每张收钱 4 文，后改为每张 20 文。漕粮串票年约需 40800 张，每张收钱 5 文，后改为每张收钱 20 文。⑦ 民国七年（1918），新乡县知事车云奉督军省长指令，就

① 民国《光山县志约稿》卷二，《政务志》。
② 民国《太康县志》卷三，《政务志》。
③ 民国《郑县志》卷四，《食货志》。
④ 民国《正阳县志》卷二，《财务志》。
⑤ 民国《太康县志》卷三，《政务志》。
⑥ 民国《光山县志约稿》卷二，《政务志》。
⑦ 民国《考城县志》卷六，《田赋志》。

原有警备队 50 名，添招 50 名，改编为地方巡缉队，呈准于丁漕串票项下每张收钱 30 文充饷。按丁漕串票钱每张向例 6 文，至此竟加至 36 文。①

清末，叶县以借办"新政"为名，连增加村捐、民户捐、车马捐、草料捐、自治捐、巡警捐、杂捐及随粮附征等七种捐税，每两正银附收钱 1040 文。在经征过程中，又有所谓"帮项"（驿站出的差使钱，每两地丁银要多交 400 文），"陋规"（县官及吏役薪捧、杂支等，任意随赋加征，国税额一串，收税时实收两串）、"饶算"（逢厘捐分，征税时以分为单位，向农民多算一些赋税）、"加耗"（谓市秤不及库秤，计算时要加耗）、"摊派"（支应差使的临时费）等等，以及衙门吏役、乡间里正、里账、柜书等的中间盘剥，造成无数贫苦农民卖妻背女，背井离乡。②

4. 摊派

与附加税同样扰民者，便是摊派，大都是随粮附征。摊派主要为来往官员供应车辆以及过往军队供亿等，往往为数不菲。宣统年间，正阳县每银一两，加征车马钱 200 文。③ 新乡县车马一项，向归都卫所大户经管，按亩收捐，每亩有收钱 17 文或数十文不等，多寡有无，参差不齐。光绪三十四年（1906）经徐知县禀明，改为按粮出捐，仍由大户代收，虽收数稍减，而办理仍不一律。民国改元，迭经县议会会议，请平均收数，并改随粮带征，但未实行。民国三年（1914），知事刘清选以车马钱附粮带征，经民政长电示，按每亩 12 文计算，每银一两加钱 200 文，永不增减。④ 修武地当衢道，过客频繁，车马差事急如星火，每有差徭，衙署便勒令民间支应。旧例，正东路向无号草，每两银派钱 340 文，上六里及三里向来支马无车，每两银派钱 300 文，其余各里每粮银派钱 400 文，条规完备，行之历年，民无不便。道清铁路告成，差事减少。民国元年（1912）经省议会议定，将各县所收车马费款项归入自治及地方行政之用。民国二年

① 民国《新乡县续志》卷二，《赋役》。

② 叶县税务局税务志编辑室：《解放前的叶县赋税》，载中国人民政治协商会议河南省叶县委员会编：《叶县文史资料》第二辑，1987 年内部发行，第 15 页。

③ 民国《正阳县志》卷二，《财务志》。

④ 民国《新乡县续志》卷二，《赋役》。

（1913），修武县议会呈请民政长免收，后因差事又烦，财务局每两加收钱1300 文，若有军需特别大事仍随粮加收。① 考城县车马向由各里支差，并不完钱。宣统元年（1909）始改为按地丁粮银 3 钱以上花户，每粮银一辆随征车马费钱 100 文，所收钱文除长养车马支销一切外，下余之钱为监押改良应用。漕车一项，向系按米十石派漕车一辆，共派漕车 652 辆，除潘井、户固两里漕车 13 辆向不摊派，实征漕车 639 辆，运送漕粮自改本色，一律折钱。漕车摊派，分民里、太行隄两等办法：民里漕车 596 辆，每辆折收正钱 3000 文，随收房书门印里书差役等饭食钱 1000 文；太行堤漕车42 辆，每辆征收正钱 1000 文，随收房书门印里书差役等饭食钱 400 文，共钱 58 千 800 文。②

　　民国以来，由于河南战事频繁，供应兵差遂成为农民的一项沉重负担。长葛县自民国十一年（1922）至民国十四年（1925）屡年皆有兵差支应。民国十一年（1922）奉直战后，陕军曹世英驻长葛，掳掠枪械，悉索供给，因而设立支应局。半年之间，费钱六七万串。民国十三年（1924）秋，奉直再战，征车索赋，派丁出草，全县骚然。民国十四年（1925）春，豫督胡景翼与洛西憨玉琨战，以禹州为南线。和尚桥为赴禹孔道，大军云集，因又设军需支应所，日供粮草器具，月余约费洋 30000 元。民国十四年（1925）秋吴佩孚部署联络南方，与奉又战，征款约洋五六万元，麸料146000 斤，柴草 4 万斤。③ 派款用途有二：一为当事者提去，每次八千、六千元不等，数年计不下 5 万元；一为支应驻扎暨往来军队。民国十二年（1923），专设军需支应局，按保派款，每次一二万串不等，一年中共派七次，计钱 8 万余串。旋裁撤。民国十四年（1925），郑知事思源复立，计每次三四万不等。摊派达 11 次之多，钱数 10 万串。④

　　孟县民初最累民者实惟兵差，由于连年战事不息，招募愈多，军队亦愈杂，饷项亦愈不足，有由国府或省府发饷者，有全不发饷，或发饷而为

---

①　民国《修武县志》卷九，《财政》。
②　民国《考城县志》卷六，《田赋志》。
③　民国《长葛县志》卷三，《政务志》。
④　民国《长葛县志》卷五，《食货志》。

数寥寥者，城乡驻军充斥，供给已属不支，他处驻军又纷纷来县筹粮秣、索车马、征兵士、派款项，人民不堪其苦，有投井投河者，有自缢者。孟县支应军队账目细数不及详载，每年总数如下：民国十三、四（1924，1925）两年支银 30 余万元，民国十三年（1924）至民国二十一年（1934）计九年度支银 1242285 元。① 田赋附加虽已极为沉重，摊派却有过之而无不及。中央大学经济学系在河南调查时发现，"河南农民负担之繁重，尚不在田赋附加税，而在临时摊派。因田赋附加税，虽名目繁多，征额苛重，然究尚有定制。惟临时摊派，供应频繁，农民之倾家荡产，弃地出走者，不可胜计。此临时摊派，盖为黄河流域及西北各省兵差繁重之普遍现象"②。

田赋正税浮收、补助捐、附征和摊派，致使民众负担沉重。通许县近代近数十年来，匪灾兵祸频仍，地方新政繁费，田地附加随粮征收者，已过正供三分之二，而临时摊派地方差徭尚不在内。③ 西华县民国以来政务日繁，需款益多，加捐摊派恒超正供三四倍。④ 阌乡地方杂款，在清代与正税比较不过十分之一二。清季兵差浩繁，乡间口号有轻的流行对圪塔（谓银十两），重的老汉背娃娃（谓一大一小银十一两）之谣，已属骇人听闻。但与民初军队压境，每岁正税一石加洋四五十元相比，尚属较轻。故民有觅人认粮种地，不收租金而犹难得其主。⑤ 民国十四年（1925）信阳一带，每石田纳捐税 2 元至 3 元；河南北部，每亩有的 1 元以上者；豫东、豫西杂税额，超过正税 3 倍以上；各地钱粮，又预征到十八年，农民血汗所得，简直全被剥削。辛亥革命以后，百姓所受剥削不独毫无减少，反而变本加厉。⑥

光山县志的编纂者指出，明清两代，地方官员"置民事不问，其视人

---

① 民国《孟县志》卷四，《财赋》。

② 中央大学经济资料室：《田赋附加税调查》，上海商务印书馆 1935 年版，第 317 页。

③ 民国《通许县新志》卷三，《田赋志》。

④ 民国《西华县续志》卷六，《财政志》。

⑤ 民国《河南阌乡县志》卷一〇，《财政》。

⑥ 《河南省农民运动报告》，《中国农民》1926 年第 8 期。

民土地，直以为刍牧之壤，鱼鳖之渊而已"①。其实在民初，又何尝不是如此，"时上下交征，经营累进，以二三人之主张，而病及亿兆；以一时之便宜，而祸延永远。丁地附加之税出焉，其始以办理新政为名，有所谓实业附加、教育附加、警察附加。其后举一事，迨无不有一种之附加随之。然叠用一种税名犹恶，其以数见而骇民听也。"②

二、农民生活

清末民初，自治、实业、警察、学务等各项新政的举办，益之以战乱、匪扰，无一不借资于农业。因此，遂有正税附加、额外摊派，肆意浮收，无形转嫁，导致农民辛苦劳作所得之有限财富，不得不供亿其中，最终是农民生活的日趋贫困，"富者日见其贫，贫者不见其富"③，结果是"富者率流于贫，贫者率流于盗"④。

河南农家，除正、二月能稍事休息外，终年辛勤勤劳，每日"日出而作，日入而息"⑤。即便如此，由于负担沉重，在正常年景下，也只能够保持一种自奉甚俭的生活。

民国《灵宝县志》记载了当地农民的衣食住行，使我们能够了解当时农民日常生活的大致样景。

衣　灵宝县农民，均以土布为主。俗言谓之家生布，每人每年约费棉花五斤。至立春后，男人向田野工作，女人均日夜纺织，每日平均纺线三四两，纺罢即织。至二麦将熟，各家女人皆将其全年所用之布织成，夏衣即用白底，冬衣间用黑蓝，一人全年之鞋袜、衣服铺盖，均取给于此五斤棉花。毕生不知绸缎洋布为何物，自奉

① 民国《光山县志约稿》卷二，《政务志》。
② 民国《重修信阳县志》卷一〇，《食货志一》。
③ 徐寿兹：《学治识端》，清光绪二十七年刊本，第97页。转引自程有为、王天奖主编：《河南通史》（第四卷），第105页。
④ 陈善同：《陈侍御奏稿》，台北文海出版社1968年版，第4页。
⑤ 郁青：《河南彰德的农民概况》，《中国青年周刊》1924年第2卷第26期。

亦可谓俭矣。

食　灵宝县农民，中等人家半年食麦，半年食包谷杂粮。至贫寒小户，则每年食麦之期不过麦罢一个月，其余全食包谷杂粮。每人每年以五百斤计算，食麦百斤，食杂粮四百斤。至菜蔬、调和、燃料，中人以上之家，每人每年约须十元。中人以下之家，燃料则取之于山，菜蔬则取之于野，油醋则制之于家。其所求于商市者，每年盐十余斤而已，故每人每年之一二元而已。

住　灵宝县四乡之间，山陬之内，其靠崖谷者，纯以土窑为居。至有数百年而不知房屋为何境者。其平原之中，中人以上之家始有房屋。其中人以下之家，多于平地下掘一深坑，坑内剜窑，谓之地荫院。又有于平地纯用土甓砌起，合成窑形，谓之锢窑。每遇阴雨，倾塌堪虞，其穷亦可怜矣。

行　灵宝县山岭重叠，川流纵横，交通最感不便。除城东二十余里平原可以行牛马大车外，其余均系山僻小路，逼窄异常。灵邑今日无人不以驴耕，且有欲买一驴而数年不得者。其转运耕田，至纯用人力，苦中之苦，非目睹亲受者不知也。统计灵民生活之程度，四乡之间，每人每年有三十元即可。若遇水旱偏灾，欲求三十元之生活，亦不可得，其苦况实不堪言！①

灵宝农民仍然过的是一种男耕女织的生活，衣食等生活所需大体是自给为主，所过生活也只能是衣能蔽体、食求果腹而已。豫东的通许县在正常的年景下也过着一种相差无几的生活。

衣　棉花为通许县土产要品，农家妇女纺棉织布，亦为要工。其所制衣料多用土布，少用洋布。冬日御寒多用棉衣，至于丝麻皮衣，用着甚少。

食　通许县所产食料，以麦为大宗，高粱、谷子次之，豆类又次

① 民国《灵宝县志》卷二，《人民》。

之，白薯亦不少。农家麦罢，多食麦面，自秋收以至明春前，多食杂面及白薯。而全年食麦面者，百不抽一焉！

　　住　农家多住草房，瓦房甚少。草房建筑容易，而瓦房建筑，非富有储集，广木料砖瓦者不能也。

　　行　农家多用太平车，惟县西北一隅沙地，多用马车；行人多用土车驴子，而用轿子车者甚少。凡遇嫁娶，多用肩舆，或用车代之。所养牲口，以牛为最多，驴次之，骡马更次之。用以耕田收获转运者多，用以乘坐行路者少。①

鹤壁地区原为农业区，人民务农，以耕织为业。但土地贫瘠，收获不丰，一般农民生活都比较艰苦。

衣服都以自己纺织的土布为原料，服装款式仍保留着古旧风俗。男子着左襟上衣，下穿长裤，腿扎线带，布鞋布袜；头戴瓜皮帽，有的人还留着清朝时期发辫。商人富人多穿长袍，有的外罩马褂以示阔气。

妇女上衣也是左襟，但比较宽大，颜色各异。袖口多饰花边，下边绑腿扎得很高。足缠小脚，除穿小鞋外，还有套鞍。头留长发，绾结于脑后，插着银管，耳戴坠子。未婚女子皆梳长辫，扎红色头绳。

饭食以小米为主，早晚吃的是稀菜饭和糠窝窝，中午是小米干饭、菜汤或面条汤，常年如此。只有到端午节、中秋节、春节，才能吃上白面，改善生活。当地有一顺口溜："鹤壁一溜十八荒，一年四季喝清汤，遇到灾年更难过，逃荒山西黑龙江"，是对当地农民生活的真实写照。②

南阳农民的生活，在整个中国讲来，也很低下。因交通不便、文化落后、土地瘠薄、自然环境恶劣、土匪骚扰不断，土劣、政府、军队任意敲诈与摊派等原因，日复一日地促使南阳农民破产化、无产化，而他们的生活也不得不降低到最低限度。

---

① 民国《通许县新志》卷一一，《风土志》。

② 孙绳武：《旧社会鹤壁一带农村经济生活见闻》，载政协河南省鹤壁市委员会学习文史工作委员会编：《鹤壁文史资料》（第六辑），1992年内部发行，第118页。

衣　南阳县旧时乡下的农民，穿衣多是自种棉花自纺线、自织棉布做衣衫。但有大部分农民因无地可种，穿衣就更是问题了。每年秋后收了棉花，用人工轧车将棉花脱籽，再用旧式弹花弓弹成净花絮，然后再搓成花捻，纺成线织成布。旧时的农村妇女，人人能纺织，每年冬春二季都忙着纺织，甚至日忙家务夜纺棉，一纺纺到五更天。没钱买油把灯点，只好燃上灰麻杆。

在农村的劳动人民，男子一般不穿长袍长衫，倘若有长袍长衫的，要用战带束紧。于农活时或长走时，把前衿提起掖在战带上。一般常年劳动的农民，多穿带大衿短衣，束战带。青壮年男子，不穿马褂，穿撅肚小袄居多。或者不扣纽扣，常以战带束腰。冬天，有穿衩裤。衩裤是裤腿内夹棉絮，单为护腿作用。两条裤腿，每个上端系一条窄带，穿时将带子系在腰带上，里面穿一件贴身单裤。穿衩裤的，都是推车、挑担，干起活时比较轻便，或是没钱做囫囵棉裤的。夏天男子在田里劳动，多穿土布做的汗肩，甚至也有赤膊坦胸的。

妇女的上衣都是带大衿的，衣衿周围还镶上宽窄不等的辫子，袖口、领口也有较窄的辫子镶上。衣服的颜色都是粉蓝、黑蓝或杂色。如做被面或枕头，可染成印花布。印花是蓝底白花，朴素雅观。或者在织布时先用几种有色绒线互相搭配织成，红黄分明，确也耐观。如小孩穿的衣服，上身选用织成的花布，下身棉裤与袜底缝在一起，称为"连脚裤"。

劳动人民大多是穿黑色土布帮、底自制的布鞋，有园口和方口，前面另补一块三角形的简单图案，俗称"跨鞋"。雨天的鞋，多是油鞋。这种鞋底子厚，有鞋钉，鞋帮纳得绸，用桐油涂后晾干，以便在雨天行走，还有代替雨鞋，仅能短距离涉足的泥屐，以布鞋插在里面，方能践路泥泞。

食　县境之内，群众吃饭的习惯大致相同，一年四季一日三餐。其中穷苦人家冬春农闲季节多是两餐，在农忙季节才改为三餐。一般农民终年吃粗粮，只有在过年或过节气时才变一变饭食；年节一过仍是窝窝头稀糊粥。县境流传着一首歌谣是："窝窝头，蘸辣椒，越吃越上膘"。若遇灾年或青黄不接之期，贫苦人家吃糠咽菜，挨门乞讨或背乡离井。稍有几亩地的人家，便把田里七八成将熟的大麦、小麦，搓出青麦粒，放进石磨里，碾成线绳。一般的细条叫"辗转"，加上野菜放点食盐，以便充饥，藉以苟延残喘。县境农民有一种不约而同的聚餐习惯。每逢饭时，有男有女（多是老妇）端饭拿菜，自然地集到一个饭场。夏季多在树荫下，场边成路口。冬天多在牛屋里或向阳的场所。众人围在一起，边吃边喝边说，谈论的题目多是以农业生产为主，也有本村新闻、邻村奇事，说长道短，颇觉有趣。

　　住　县境旧时的建房形式，多是古老的造型。由于贫富悬殊，住房也大相迥异。贫苦人家多是草舍茅庵，或篱笆为墙，或泥坯土墙，一无配房二无院墙。人口多的农户，仅以简易的草棚，权当厨房，较好的农户，有几间草屋，外绕篱笆充作院墙。生活条件再好的农户，北屋三间当主房，东西两厢当配房，南屋正中开一门俗称四合院，多是灰瓦蓝砖建造的。较高级一点富裕人家住的，多是明三暗五的两进院、三进院……甚至还有木板楼房。那时建屋悬殊也很大，其质量有板打墙、土坯墙、外熟里生堵（砖包皮）、卧砖到顶墙。屋顶前后有坡有草的称草房；前后坡有瓦的称瓦房；仅屋脊有瓦，而两坡有草称罗汗衫；有屋顶至檐全部是草，而两山墙用三搭瓦垄或五搭瓦垄的叫瓦潜飞。那时贫苦人家住房狭窄，人畜挤在一起，不但牛羊夜间在屋里，连鸡窝也砌在门后。地主们的牲畜饲养室是长工们的住地，贮藏牲口草的屋，也是无房住的贫苦人的"安乐窝"。①

　　其他地区的生活也颇为类似，在食物方面，小麦、大米等细粮平时不常食用，大多做招待宾客之用，日常生活常食用杂粮。如河南汲县，"膳食以小米为主，大米即稻米惟宴会始用，不常食小麦，面亦为佳品。乡人

────────

　　① 李西鹤：《浅谈建国前南阳县人的衣食住行》，载政协南阳县文史资料研究委员会编：《南阳文史资料》（第六辑），1992年内部发行，第148—153页。

率以高粱、荞麦、黄豆之属杂制以炊，各邑甚多，盖皆采以为食。"① 密县
"大率民间常食，以小米为主，以黄豆及杂粮佐之，其大米饭小麦面素所
珍惜，以供宾粲之需，非常食所用"②。

　　农民生活状况往往会随着年岁丰歉和季节变化而有所改变。在麦收以
后，农民大多能够维持最基本的生活。当寒冬霜降之际，农民生活则惨苦
异常。因此，因饥寒所迫，常有农民走入匪途者，屡见不鲜。③ 在丰年尚
能自给，但一遇灾害，便无以为生。如西华县丰年尚可自给，唯地势洼
下，河渠纵横，时蒙水患，农村生活异常艰苦。因此，"民俗勤俭之美，
亦环境有以养成之也。"④ 民国九年（1920）夏季，内乡因上年大雨冲刷表
土，农田瘠贫，小麦亩产一百余斤。生活所需，多指望秋季玉米。但玉米
苗长大以后，终日烈日炎炎，万里晴空，星雨不滴。玉米豆类，颗粒未
收。秋季人民只能以干红薯叶和藜藿为食。因镇平收成转好，贩卖粮食，
云集于马山口。于是农民变卖家具什物，换得一点粮食。赤眉街的粮行摆
簸箕，逢集除赊粮而外，妇女、老太太各持苕帚、小簸箕，争扫买粮洒下
的几粒粮食，争抢不及，常致斗殴。卖家具买粮食，只能维持较短时间，
而大部分人民靠剥榆树、梧桐树皮，辗碎炕烙当馍吃。许多家庭扶老携幼
逃往镇平的清化、穰东讨饭为生，甚至卖儿鬻女。陈营陈双成将三儿卖于
清化某家作螟岭；陈宗雨瞒着姐夫，携其姐卖于穰东某人为妻。小学教员
陈定基到镇平讨饭，因大雪刺目，回家数月不能看书。⑤

　　20 世纪 20 年代末，经济学家张心一对中国南北方的粮食供需状况做
过如下估计："在长江流域以及长江以南各省，只要没有大灾害，荒年是
很少有的。在黄河流域的各省，若稍有水旱、蝗灾，或兵匪为患，饥荒是
常不能免。这样看来，在年成平常的时候，黄河流域出产的粮食，大概刚

---

① 乾隆《汲县志》卷五，《风土志》。
② 嘉庆《密县志》卷一一，《风土志》。
③ 郁青：《河南彰德的农民概况》，《中国青年周刊》1924 年第 2 卷第 26 期。
④ 民国《西华县续志》卷七，《建设志》。
⑤ 陈自立：《内乡民国八九年灾荒见闻》，载中国人民政治协商会议内乡县委员会文史
资料研究委员会编：《内乡县文史资料》（第四辑），1986 年内部发行，第 147 页。

够用；黄河以南的各省，则稍有剩余。在年成不好的时候，南方各省的粮食大约只够用；而黄河流域，就要感觉饥荒了。"① 但有些地方，无论年景好坏，生活皆异常清苦。如巩县无论岁时如何丰稔，县民粒食均须仰给于外。至农民自身，"衣鸠食粝，胼胝不遑允"②。

当然，各阶层生活程度也会有所差别，大致来说，地主和自耕农生活较好，而佃农则生活困穷。如彰德七八口人的农家，自家田不够四五十亩的，还需兼租别人的田地。若有田百亩以上农家，多半不另租别人的田地。此两类生活程度相对较好。③ 在彰德，有些无家可为青年农民，一人又无力去租种田地；所以他们就联合在一起，向地主租田，以营共同的生活，俗称"光棍班"。他们居住在田舍间的草庵里，既无家室之累，又无应酬亲朋等费，自奉又极俭约；所以除了共同的消费之外，年景若好，尚可均分余利。因此，他们的生活，倒也快乐。最痛苦的，就是自家无一亩田地，而人口又多的农家，即使五谷丰登，也还要节衣缩食，才能维持生活；假使收成少坏，则不免有饥馑之危，而至冻饿死伤。④

生活程度的差别也体现在种植结构上，彰德田地分为旱地、园地和山林地三种。旱地出产小米、小麦、高粱、大麻子、豆类，然不及棉花种植数量。因为棉花价值较贵（子花每斤价值400—500文不等），得利较多；所以种田百亩的，至少要种80亩棉花。若某年棉花不收，农民生活便极大地恐慌。园地的出产品，以靛和旱烟叶为多。时因外洋洋靛、纸烟输入增多，靛和旱烟叶获利极少，甚至不能销售；故种旱烟与靛之家，已较前骤减。1923年春季，英美和南洋烟草公司力劝农户种植洋烟，种子由公司发给，因此，园地十分之九种植洋烟。洋烟每亩约产五六十斤至百斤，每磅（十二两）价值三角至一元不等。农民的生活程度，遂因作物种植结构的不同而异。此外还有山果，如核桃、花椒、柿饼等类。此类树木，皆在田边山坡。因上海天津往购者日多，价值较前互涨数倍，农民种植此类

---

① 张心一：《今年粮食问题的一种研究》，《统计月报》第1卷第9期。
② 民国《巩县志》第七，《民政》。
③ 郁青：《河南彰德的农民概况》，《中国青年周刊》1924年第2卷第26期。
④ 郁青：《河南彰德的农民概况》，《中国青年周刊》1924年第2卷第26期。

果树也不断增加。据民国十一年（1922）调查，核桃输出在 50 火车之上（每车 36000 斤），山中农民由穷变富者也很多。①

但彰德的情况为数甚少，大多数县份到民国以后，随着赋税的加重，农民的生活也开始恶化。滑县民生所赖，只有农业一途。全境地亩，分为六则，折行差地 3028 顷有奇。全县人口男女总数 62 万有零，则每人平均分地不足半亩，生计困难状况可知！且城乡富户百无一二，大抵多中人之产。或经商以权子母，或作贾以竞锥刀，除消耗外，罕有盈余。次及贫民小户，或负贩以谋生活，或做工以觅口食。年丰粮贱之时，尚能赡身养家。倘遇饥馑荐臻，薪米昂贵，不免于饥馑。况时局扰攘，政府征求日急，地方摊派日多，民生之穷困日甚！滑县所最苦者，民国十五、六年（1926、1927）间，天灾人祸并集一时，加以红枪会倡乱，大肆抢劫，互相烧杀，村落为墟，十室九空，地方元气大伤。故民富者变而为贫，贫者变而为极贫。转徙流离，散于四方。据民国十七年（1928）户口调查表，迁往外地的人数男女总计共 9390 余人。至民国十八年（1929）6 月间，迁往东三省就食之民又达六七千人之数，民生之状况亦可概见。②

信阳地薄瘠土，农民向来广种薄收，耕田而食，凿井而饮，大有不知不识之况。每岁灯节后，即赴城纳税，不敢落后。米薪价贱，谋生极易，工人日得三五十文，便足仰事俯畜，当地居民也无流为乞丐者。先前乡村绝无盗劫之案，偶一有之，远近惊诧，以为异事。官府亦为恐惧，即不日即予破获。间遇荒歉，地方人士奔走救济，好行其德者颇多。极贫之民，宁闭门饿死，也不做非法之事。"后赋税加重，加以兵匪交迫，卵巢不完，水旱荐臻，宿储告匮。逋负难清，诛求无艺，人皆同病。沿户无借贷之门，道有流亡，何处是安集之宅？圆法廓大，乞丐终宵呼哨，不得一文；物价提高，小贩尽日所赢，难获半饱。呜呼，民处斯世，生之不保，尚有何经济之可言哉？"③

---

① 郁青：《河南彰德的农民概况》，《中国青年周刊》1924 年第 2 卷第 26 期。
② 民国《重修滑县志》卷七，《民政》第四。
③ 民国《重修信阳县志》卷一一，《食货志二》。

通许县方圆 50 里，地约 8000 顷，以 25 万人口计之，每人约可分地 3 亩 3 分，并以每年每亩平均收粮 3 斗计之，每人均可得粮 1 石。通判计算，尚不敷用。若遇荒歉，即有冻馁之虞。西北多沙，生产力薄，人民勤苦无论已！即东南素称沃壤之区，自入民国以来，"因土匪扰乱，民不安生，若被匪架，倾家荡产。乡间少有资财者，方移居城寨，逃难不暇，安能顾及生产量之多寡，加之屡经战事，纷扰不已，叠经派提款项，征收军需，田赋附加超倍正供，人民困苦颠连之状，殆难言喻！"①

至于农民的具体生活程度，乔志强和张志平依据卜凯对郑州、开封两地数据的统计，根据恩格尔系数，即食物支出均占到生活总支出的比重，得出新郑为 75.1%，开封为 76.7%，开封、新郑高达 2/3，按照恩格尔系数法标准，他们的生活水平都属"贫困型"。② 这两个地方属于河南的富庶之区，其尚且属于贫困，其他各县则遑论矣。

表 6-2　河南部分地区农户各项开支费用统计表（1922—1925）

（单位：元）

县份	食物	房租	衣着	燃料	器具	其他	总值
新郑	194	8	6	28	1	20	259
开封	268	12	24	20	5	19	350

资料来源：[美] 卜凯：《中国农家经济》下，张履鸾译，上海商务印书馆 1937 年版，第 513 页。

清末民国时期，河南各县先后设立了农会、农事试验场、苗圃、劝农员、实业局、水利分会或水利支局等机构，传播农业生产经验，改良农作物和种植方法，兴修水利工程，虽然效果并不是特别明显，但在一定程度上促进了农业的发展。但由于此一时期新政迭兴、军事倥偬，需款孔亟，而这些款项，大都取资于农业，致使农民负担沉重。虽然各地农村生活水准有所差别，但从整体而言，河南农村生活较为贫困。

---

① 民国《通许县新志》卷一一，《风土志》。

② 乔志强、张平：《近代华北农家消费水平和消费结构分析》，《山西大学学报》1994 年第 2 期。

第四节　近代河南地方社会的失序

河南省财政在 19 世纪七八十年代基本上还能收支平衡，进入 20 世纪以后，赔款、练兵等各种摊派增加，再加上开办各项新政，又增巨额开销，财政入不敷出异常严重。河南最主要的财政收入地丁全年不过 250 万两左右，而 1908 年、1909 年两年支出就高达 900 多万两。① 收支之间巨大的差额，只有依赖搜刮以事弥补，而其中的绝大部分，最后都直接或间接地落到农民的身上。河南农民的生活日益贫困，无以为生，只有奋起抗争，最终导致整个社会处于失序状态。在全国风起云涌的民主革命运动日趋高涨之际，河南各地相继爆发了以抗粮抗捐为主要形式的农民运动。

一、清末河南各地小规模的农民抗粮抗捐斗争

据统计，在 20 世纪前 10 年间，河南省发生的抗粮抗捐斗争总数在 50 起以上，地区广及 40 多个州县。② 这些斗争，大多与办理地方自治而加征赋税有关，如永宁、密县、长葛等县。

光绪三十二年（1906）4 月，为了反抗官府的滥征苛捐杂税，永宁万余农民发动了一次声势浩大的罢耕缴犁耙运动。在官府的多方搜刮下，洛宁人民衣不蔽体，食不果腹，加之连年灾害侵袭，农民辛劳终年所得无几，天天在死亡边沿上挣扎度日。时任永宁县代理知县的史塈，以扩充学舍经费不足为由，擅自续派各地摊捐钱 1000 余两，并勒令限期缴清。衙役下乡催款，戴着脚镣手铐，动辄绳捆锁绑，百姓怨声载道。4 月 15 日，在廉凤梧、马点贵、曾石虎等人的带领下，四乡农民数千人背犁荷耙，进城与官府理论，声言不减田赋就要缴犁耙农具，归田与官，不当农民。知县史塈不屑理会群众，即令官兵出击。此举激怒群众，遂击伤官兵数名。接着，官兵开枪打死无辜农民 3 人，拿获马点贵等 20 余人。进城论理的农民原无准备械斗，遭袭击后，甚为慌乱，廉凤梧等人率众暂退洛河南

---

① 程有为、王天奖主编：《河南通史》第四卷，第 103—104 页。
② 程有为、王天奖主编：《河南通史》第四卷，第 148 页。

岸。这次虽遭杀掳，但群众斗志弥坚。随后几天，负农具行于途者络绎不绝，参加缴犁耙运动的农民斗志昂扬，意气风发。张同林、曾天幅等人亦率众前来，复于 20 日聚众近万人，欲进城与官论理。当时城门紧闭，不许农民进城。农民遂持农具高呼："要进城与县知事论理！""还我论理农民！""我们要上缴犁耙不种地了！"① 一时喊声震天动地，大有撼城欲动之势。县知事史堃龟缩县衙，不敢出面。管带豫北营游击谢宝胜率领官兵驱散群众，开枪打死打伤参加缴犁耙运动的农民多人，农民终因无人带领而逃散。在群众的压力下，巡抚张人骏出示停收捐款，并将代理永宁县知县史堃即行革职。②

1910 年 4 月，密县爆发农民反抗捐税的斗争。1909 年，知县徐文田甫一到任，就勾结总首事郭殿元、土豪孙太平，以开办地方自治筹办处为名，改添亩捐，每亩土地勒交钱 120 文；开设劝学所、车马局，议定加添车马局钱，每亩 80 文；同时提高盐税、煤税，使人民生活所必需的盐每斤由 36 文涨到 48 文，煤每斗（15 斤）由 15 文涨到 20 文；另外还有名目繁多的苛捐杂税，农民称之为"百样税"，如农民家里的纺花车、桑叉，甚至连生小孩、娶老婆都要拿钱。农民的生路被断绝了，决心组织起来反抗。

1910 年 2 月，在密县高山堡等村，出现了"三月三大闹密县，扒劣绅房子"的无名揭帖（传单），动员人民在预定的时间起事。4 月 11 日（旧历三月二日）夜里，各村战鼓雷鸣。早就做好准备的农民纷纷操起大刀、长矛、土枪、叉耙、扫帚等云集起来，从四面八方直奔县城。在张小五、张群的率领下，所经之地群众纷纷加入，队伍声势浩大，前后绵延长达几里许。一路未遇任何拦阻，就直逼县城。知县徐文田闻报，吓得魂不守舍，急忙调派守城兵丁出来弹压。平时威风张扬似狼如虎的兵丁，一看到声势

① 舒光祖、李龙、李生涛等林：《清末洛宁农民缴犁耙运动》，载中国人民政治协商会议河南省洛宁县委委员会文史资料委员会编：《洛宁文史资料》第二、三辑，1988 年内部发行，第 149—150 页。

② 《河南巡抚张人骏奏永宁知县勒捐苛派激变请旨严处折》，载中国第一历史档案馆、北京师范大学历史系编选：《辛亥革命前十年民变档案史料》，中华书局 1985 年版，第 214—215 页。

浩大的群众队伍，谁都不敢交锋，争相避匿逃命。张小五领着群众，齐声
呐喊，向城门涌进。城内群众纷纷打开城门接应。暴动群众虽然缺乏统一
的组织和指挥，但终于胜利地攻进县城。徐文田得讯，慌忙抱着官印，爬
上马，跌跌撞撞地逃往省城。愤怒的群众一进城，便将车马局、劝学所、
盐店、煤厘局等机关打毁。最后，群众齐集县署，将大堂大门拆毁，贪官
和劣绅们吓得六神无主，只好先来个缓兵之计，写出告牌"全免捐税"安民。
群众知道这不过是缓兵之计，官府六出告牌，被群众六次打毁。最后，由
各乡首事出面，向群众哀告，并让留城的官员盖印为凭，保证将所增捐税
免去，煤、盐价格照旧。群众见斗争基本上达到了目的，方才离开县城。①

　　在清末及民国时期，长葛县民众的抗税斗争接连不断。其规模最大、
影响最深的是 1910 年农历 6 月 15 日爆发的四乡群众"砸大堂"的抗税斗
争。长葛地瘠民贫，知县江湘到任以来，横征暴敛，如税契原系 8 分，加
至 12 分 6 厘；上号费每次原系 50 文，加至 100 文；粮票费每纸原系 3 文，
加至 8 文；呈词费每次原系 150 文，加至 300 文；戏捐每台原系 2400 文，
加至 3400 文；陈公桐公产及陉山书院每亩稞租原系 600 文，加至 900 文；
酒捐每家每月原系 350 文，加至 800 文，并缴酒 100 斤；烟税每家每月原
系 1600 文，加至 2400 文，并缴烟 300 斤；十二保之产行，每月每保捐钱
40 千文。外托举办新政之名，其实尽饱私囊。典史杨梦鲜，终日在署狎
妓赌牌，同恶相济，从中分肥，民众不堪其扰。宣统二年（1910）农历六
月初，江湘借口办乡村警备队，命令各乡每粮银一两加警务费 300 文，拟
每年加捐 17000 余串，即在原捐每亩 5 文外加捐每亩 25 文。6 月 12 日江
湘邀各村村长会商，村长持反对意见，经绅士司先登、郭毓瑗劝说，暂从
缓议。14 日江湘忽遍张告示，勒令每亩每年加捐一麦二秋，即以一合麦
二合秋，按时价计算，已加至 30 文以上。②

---

　　① 《密县农村的抗捐税斗争》，载中国人民政治协商会议密县委员会文史资料研究委
员会编：《密县文史资料》第 2 辑，1989 年内部发行，第 14—16 页。

　　② 《掌新疆道监察御史陈善同奏河南长葛县苛捐激变据实纠参折》，载中国第一历史
档案馆、北京师范大学历史系编选：《辛亥革命前十年民变档案史料》，中华书局 1985 年版，
第 236 页。

当时长葛县的大首事樊继宗、郭毓瑗、司先登、黄银、耿重光、李正希等人，对江湘此举甚为不满。于是开会计议，组织农民起来反抗增银，借以威胁县官。计谋一定，首事们遂通知各村，并向各地散发传单，相约进城论理。消息传开后，农民对官府异常愤恨，立即鸣锣四乡，奔走相告，相约在六月十五日进城找知县说理。

十五日早上，各保农民有男有女，扛着扫帚、犁耙，拿着绳索，成群结队到县城来。宏任保农民最先到达，在城隍庙集合。他们把庙里历任官吏和江湘送挂的匾全部砸碎。其他各保农民也先后抵达，总计有5000多人。进城群众情绪激昂，蜂拥而至，将县衙团团包围。知县江湘被迫出来，群众用砖头、棍棒对其袭击，并质问增银理由。县官四面向群众作揖谢罪，并叫皂班张荣贤扛着"一切免缴"的牌子，保证免银，让群众回去。群众怒气难消，手执棍棒，拥进衙内。江湘在首事杨金彪和把总宋清泰的保护下，狼狈逃入后衙，同其妻室在班头陈自样的护送下，越后墙逃到"大生恒"钱铺躲了起来。民众随即进入内衙，把衙内的锅、碗、轿车、玻璃、皮箱等物一概砸碎。群众越来越多，中午已达万人，把大堂砸得一塌糊涂，直到天黑方才慢慢散去。江湘在大堂被砸之后，所有衣物无一存者，狼狈不堪，很快就被调离长葛。巡抚宝棻另派潘守廉为知县。长葛群众"砸大堂"的抗税斗争，以江湘狼狈离开长葛而告终。[①]

清末河南各县的农民抗捐税运动，大多与由于推行自治而加征赋税有关。这些运动规模不大，多局限于一县乃至一乡；运动也缺乏强有力的组织，主要是基于对官府盘剥的痛恨而自动加入；运动目标也相当单一，只求以取消苛税而作罢；斗争的矛头也主要指向知县本人，而不涉及清代制度本身，所以只是以打砸衙署与各种税务机构泄愤。但即便如此，这些运动都实现了目标，迫使地方官员取消苛捐或罢免知县，有力地冲击着地方官府的统治。

---

① 赵拴柱：《长葛县民众一九一〇抗税砸大堂》，载政协河南省长葛县委员会文史资料委员会编：《长葛县文史资料》，1989年内部发行，第59—61页。

二、北洋政府时期河南的农民起义

白朗起义，是北洋军阀统治时期起源于河南的一次规模较大的农民起义。民国初年，袁世凯夺取政权后，"托名共和，厉行专制"。河南人祸天灾，交相煎迫，农民的武装斗争更趋活跃。在这种背景下，白朗发动武装起义。

白朗是宝丰县农民，"性豪爽，善驭人，疏财仗义，以是能得众"。1911 年 12 月，白朗以"打富济贫"相号召，拉起一支二三十人的队伍揭竿起事。白朗"先奔走于汝（临汝）、鲁（山）、郏（县）、宝（丰）之间，结识豪侠，渐成规模"[①]。"时值共和告成，裁汰军队，白朗乃派部下招集被裁之兵士，购置军械，组织大队；又以豫省连年荒旱，民生凋敝，铤而走险者日众。于是乌合景从，闻风归附，白朗之焰以炽，狼之祸遂奋然起矣"[②]。

1913 年夏，白朗攻破经济繁荣的禹州，在城内打开监狱，释放囚犯，捣毁衙署，提出"打富济贫"口号，大得人心。由此，声威大振，远近震动。因其治军严明，又能与群众结合，故不数月已发展至豫鄂边区的南阳、汝宁、信阳、德安、襄阳一带。

白朗的战术是：官军进则委弃财帛于地而退，官军贪财则弃械弹以争取财物；白朗军反攻，官军则贪财惜命而逃。[③] 如此一进一退，即可得到大批的军事补充。在豫、鄂边区一带，虽屡与豫、鄂两省官军对仗，实力反而有增无减。

时值国民党人在孙中山领导下发动"二次革命"，白朗义军声势日壮，引起革命党人的重视。1912 年，孙中山、黄兴派革命党人孙浩至白朗义军协助工作，但没引起白朗重视。1913 年 7 月 20 日，江苏讨袁军总司令黄兴曾写信派函润苍、夏焕三二人与白朗联系，要求配合讨袁。在信中，黄兴说道："自足下倡义鄂、豫之间，所至风靡，豪客景从，志士响应，将来扫清中原，殄灭元凶，足下之丰功伟烈可以不朽于后世。现在东南各省均已宣布独立，江西战胜袁军五次告捷，苏军在徐州与袁军酣战亦获胜

---

① 杜春和编：《白朗起义》，中国社会科学出版社 1980 年版，第 411 页。

② 杜春和编：《白朗起义》，第 321 页。

③ 杜春和编：《白朗起义》，第 411 页。

利。现北有蒙警，赣又合力进攻。袁军以大兵分道南来，内地空虚，乘虚
直捣，必获优胜。足下占领鄂、豫之间，相机进攻，可以窥取豫州，若能
多毁铁道，使彼进路阻碍，为功实匪浅鲜。"① 由于信使被张镇芳捕杀，信
未送达白朗手中。1913 年 8 月，孙中山派沈参谋到白朗义军工作，受到
白朗器重，义军的重大战略决策，多由沈参谋筹划。9 月，黄兴又派革命
党人徐昂、刘天乐、于庆华三人到白朗义军工作。革命党人的指导和支
持，对起义军的胜利发展起了积极的作用。②

白朗军趁北洋军大批南下镇压讨袁军、后方空虚之机，在 9 月下旬，
一举攻克了鄂北重镇枣阳，在城内打开监狱，释放囚犯，开仓济贫。俘去
外国传教士 8 名，后经人说合，交出新枪 50 支，才将两人放出。白朗在
枣阳城内休息 12 天，对义军进行了整编，共编为 17 路（又称杆、队），
白朗称抚（扶）汉讨袁军司令大都督，副司令为李鸿宾、宋老年。设参谋
处，有沈参谋、徐昂、夏光明、魏廷献、张宝善。设侦探处有娄心安、刘
天乐、于庆华。白朗以"中华民国抚汉讨袁司令大都督"的名义布告安民，
宣传反对袁世凯独裁专制、拥护民主共和的宗旨。因南方的讨袁军很快就
归于失败，白朗军在 10 月上旬突破北洋军、鄂军、豫军的包围，北返豫
西宝（丰）、鲁（山）一带山区活动。这时，白朗军已发展到三四千人。

"二次革命"失败后，河南及邻省许多反袁的青年学生和一些基层的
革命党人，为了反抗袁世凯、张镇芳的疯狂屠杀，纷纷加入白朗军队。白
朗军在革命党人的影响下，已不再仅仅局限于"打富济贫"的经济斗争，
开始加入革命的行列，③ 使用"中华民国抚（扶）汉讨袁军"的旗号，把斗
争矛头明确指向以袁世凯为首的北洋军阀的反动统治。这个重要变化，标
志着白朗起义进入了一个新的阶段。

1914 年元月 13 日至 17 日，白朗军先后攻克光州、商城、固始等县，

---

① 杜春和编：《白朗起义》，第 226 页。

② 张显明：《白朗起义略述》，载中国人民政治协商会议平顶山市委员会编：《平顶山
文史资料》第三辑，1993 年内部发行，第 10 页。

③ 谢照明、潘民中：《白朗起义的历史特点》，载中国人民政治协商会议平顶山市委员
会编：《平顶山文史资料》第三辑，第 4 页。

24 日再克安徽省六安。当白朗军克商、固后，先自遣书六安县令让城，并令殷富输纳财物。六安知事殷葆诚闻警逃匿。白朗兵抵城下，驻六安巡缉队出战不利，知事卫队遂乘机抢劫，白朗军同时入城，杀法国教士奚凤鸣。袁世凯惊恐万状，为了挽救危局，将张镇芳、赵倜革职，另行委派陆军总长段祺瑞代理河南都督，长驻开封，统一指挥鄂豫皖三省正规军 2 万多人进行会战，企图"聚歼"白朗军。

在六安，白朗以"建国讨贼第二军"的名义发布告示："余欲为官吏，奈余不善于钻营；余欲为议员，奈余不善于运动；是以倒行逆施，犯大不韪。"在城内筹款时，提出"五要""五不要"。五要：向做官的要，向充衙们差使的要，向大商人要，向吃租人要，向放债人要。五不要：苦力人不要，帮工人不要，残废人不要，参加革命者不要，讨袁者不要。①

白朗起义军的军事行动，直接威胁着西方帝国主义国家在长江中游的商务和传教活动。1914 年 3 月 7 日，白朗在湖北商业重镇老河口，抢夺天主、福音各堂，以及各牧师、女教士存放商号白银 2 万余两，英美烟公司、考文登、美孚洋行、亚细亚煤油公司银 18000 余两、洋 12300 余元、钱 6600 余串，杀死挪威人医士费兰 1 名，枪伤医生沙麻 1 名，又劫掠各处教堂。② 在唐县、潢川、六安等地，根据当地人民的意愿，对外国传教士中作恶多端的帝国主义分子及其教堂进行了惩罚。这些活动引起了各帝国主义国家驻华使节的恐慌，各国驻汉口的领事和驻北京的公使，接连开会商讨，对袁世凯政府施加压力，要求"即日剿平"白朗军。他们还为袁世凯出谋献策，英、俄两国使馆还争相派武官到信阳"参观剿匪"，并声言要派兵进行军事干涉。

"二次革命"失败后，国民党在安徽、江苏的力量已经瓦解，白朗军进入安徽后，无法实现预期的目的。而袁世凯、段祺瑞在豫、皖、鄂一带又调集重兵进行"围剿"，起义军在中原地区已难立足。因此，他们决

---

① 张显明：《白朗起义略述》，载中国人民政治协商会议平顶山市委员会编：《平顶山文史资料》第三辑，第 21 页。

② 杜春和编：《白朗起义》，第 239—240 页。

定掉头西进，计划取道陕西，夺取四川作为反袁的根据地。1914 年 3 月 14 日，白朗军队攻克豫、陕交界的荆紫关，打开了进入陕西的大门。在紫荆关，白朗召开军事会议，重新进行行整编，不愿西去的杆子，则留豫活动。西征人员编重新为三军，改称"公民讨贼军"，白朗任总司令，副司令为李鸿宾、宋老年。设参谋处，由李鸿宾（参谋长）、沈参议、孟参谋、吴士仁、杨芳洲负责；设侦探处，由娄心安、刘天乐负责。军师为李白毛、徐昂（均孙文、黄兴派来），秘传为吴明（兼军医），军医有吴明、王仁、徐居仁（马医）。1914 年 3 月 15 日，白朗在荆紫关附近贴出布告，宣布起义军的政治目的、纪律和期望要求，其内容是：

> 照得我国自改革以来，神奸主政，民气不扬。虽托名共和，实厉行专制。本都督辍耕而太息者久之！用是纠合豪杰为民请命。惟起事之初，无地可据，无饷可资，无军械可恃，东驰西突，为地方累，此亦时势之无可如何，当亦尔商民人等所共知共谅者也。往岁大军过境，未尝过于伤害，尔商民等输助义饷，似亦粗知大义，本都督深为嘉慰。不料狼心狗肺，以德为怨，迫大军去后，我军士之阵亡掩埋兹土者，乃竟发冢开棺，剥衣焚尸，实属惨无人道。已不以人道待人，而欲人以人道待之，难矣。此次之来，我军士皆痛心疾首，咸欲铲除，寸草不留，以泄前愤。经本大都督再三告诫，始获保全尔等生命，仅焚烧房屋，以示薄惩。夫雨露所以施恩，雷霆所以示威，不有雷霆之威，不知雨露之恩。尔向民等当思孽由自作，无以致怨本大都督为也。嗣后本军过境，尔商民等但能箪壶迎师，不抗不逃，本大都督亦予以一律保护，决不烧杀。仰即周知。此布。[①]

正当白朗起义军向陕西进军之际，曾经响应"二次革命"的原陕西陆军第一师团长王生岐，率领全团官兵参加了白朗起义军，陕西的农民武装也纷纷加入，起义军人数已达两万人以上，声势更盛。他们又打出了"中

---

①　杜春和编：《白朗起义》，第 223—224 页。

原扶汉军"和"公民讨贼军"的旗号，到处发布革命文告，反袁的目标更加明确。

白朗起义军的节节胜利，帝国主义列强的种种压力，以及中外报纸的讥讽、批评，使正在积极准备当皇帝的袁世凯惊恐异常，寝食难安。1914年 3 月 21 日，他接连给在前方指挥"剿匪"的陆军部长段祺瑞发电报，"白匪久未平，各国报纸谓政府力弱，不足以保治安，乱党又从中鼓吹，殊损威信。因而中国债票跌至百分之十二三，续借款愈难办，关系全局甚重。"①"以部长久在外，各国注视白朗更重，且久不平，尤损声威。"② 因此，督令段祺瑞从速"剿平"。

白朗军越过秦岭之后，逼近西安，又北渡渭河，在一个多月中横扫陕西 13 个州县。营盘岭之役后，义军乘胜把讨袁檄文贴于大峪口北堵村镇。其文如下：

> 父老伏处于异族专制几三百年，水深火热，控告无所。势极则变，物极则返，相摩相荡，于是始有往岁革命之举。方幸君权推倒，民权伸张，神明华胄，自是可以自由于法律范围，而不为专制淫威所荼毒。孰料袁贼世凯狼子野心，以意思为法律，仍欲帝制自为，摈除贤士，宠任爪牙，以刀锯刺客待有功，以官爵金钱励无耻，库伦割弃而不顾，西藏叛乱而不恤，宗社党隐伏兹蔓，而不思防治铲除，惟以植党营私，排除异己，离弃兄弟，变更法制，涂饰耳目为事。摧残吾民，盖较满洲为甚！海内分崩，民不聊生。献媚者乃称为华盛顿，即持论者亦反目为拿破伦，实则吕政、新莽不如其横酷也。朗用是痛心疾首，奋起陇亩，纠合豪杰，为民请命，故号称"扶汉"。孔子曰："颠而不扶，则将焉用彼相？"今汉虽复，若一任袁贼自为，而不早为扶持，行将即颠，则又焉用吾民？夫天下之大，匹夫有责。秦民夙称强武，而又热心爱国，岂其见神奸主政，群凶盈廷，河山之断送，

---

① 杜春和编：《白朗起义》，第 146 页。
② 杜春和编：《白朗起义》，第 149 页。

汉族之沦胥，而遂莫然不一援乎？朗幸赖黄帝在天之灵，起义以来，所向克捷。兹者兵指秦陇，坚城雄关，望风披靡，虽则由我师武，要以民苦虐政，人无斗志。现已逾秦岭，出大峪，耀武咸宁，观兵长安。城克之日，但申沛公三章之约，不举项王三月之火。我诸父老昆弟，其各安堵勿恐。此布。①

随后由陇县进入甘肃省，并于 5 月 5 日攻克了陇南重镇天水城。他们随即南下到陕、甘边境的徽县，拟由略阳、阳平关入蜀，后闻白水江水大难渡，船只尽撤避，又有川军重兵把守，入川困难，因此转向西进。

当 4 月间白朗军向陕西进军时，袁世凯又任命其亲信陆建章为"西路剿匪督办"，指挥各路官军 20 万人进行"追剿"，并未能阻挡起义军的胜利前进。但是，白朗军深入甘肃之后，由于人烟稀少，粮食奇缺，甚至饮水都有困难。特别是进入回、藏等少数民族居住的地区，未能处理好与少数民族的关系问题，因而在 5 月下旬进攻临潭时，遭到回族居民的顽强抵杭。再加上各路官兵的跟踪围攻，起义军连续遭到损失，逐步陷入困境。

在进军遭到严重困难的情况下，白朗军内部出现了意见分歧。白朗在临潭县署召开军事会议，讨论战略行动方案，有人主张入川，有人主张独立，但多数领导骨干都主张返回河南。白朗鉴于副司令李鸿宾和军师李白毛、徐昂相继死难，力量大为削弱，且入甘之后，处境恶化，加之多数主张返豫，众意难违，于是决定东归。

白朗军突破重围，在 7 月上旬通过荆紫关回到豫西。为了避免被官军集中包围，决定分散活动，但由于官军的重兵"围剿"和"清乡严洗"，很快被各个击破。1914 年 8 月初，白朗率领着 50 余人，在家乡宝丰的山区英勇战死。这一场曾经震动中外的农民起义，终于失败了。

白朗起义历时三年，转战鄂、像、皖、陕、甘五省，纵横 80 多个县区，攻克过 50 多座城市，沉重地打击了袁世凯的反动统治，提出"打富济贫""扶汉讨袁""反对专制，拥护共和"等口号，以实际行动配

---

① 杜春和编：《白朗起义》，第 225 页。

合和支持了孙中山领导的民主革命。① 白朗侵犯的对象主要是官僚地主劣绅，但白朗所经之处也不乏烧杀淫掠的恐怖场景，但总体来看，白朗起义的"革命性"与"破坏性"方面都没有比旧式农民战争走得更远。②

三、近代河南的匪灾

近代河南匪灾泛滥始于清末。时任河南巡抚宝棻曾言："官历燕晋，即稔中州盗风之炽，甲于各省。"③ 清末土匪始则人数不多，三五成群，继则三五十人，夜聚明散，后来发展到白天明火执仗劫掠。④ 进入民国后，各种苛税杂捐更行沉重，民生日益困蹙，以及由于军阀混战而引发的社会动荡，土匪的发展更是愈演愈烈。在 20 世纪 20 年代初，各省"萑苻遍野，几无一干净土，尤以豫省为最甚"⑤。

清末民国河南土匪的分布地区主要为：豫西和豫西南的登封、嵩县、宜阳、临汝、鲁山、宝丰、郏县；豫东的柘城、鹿邑、夏邑和永城；豫北卫河流域的滑县、浚县、内黄和汤阴；南阳白河流域的衰败地区。⑥ 土匪可分为为大杆、小杆、三五成群夜聚明散的劫掠者，以及所谓"叫场"和"贴条子"，而坐收其利者。所谓大杆，人数三百五百，千八百，直至五六千、七八千甚至万人以上。小杆则由十人八人，二三十人至百八十人不等。⑦ 其中比较著名的有王天纵、老洋人等。

王天纵少喜舞枪弄棒，思想上崇尚游侠作风，18 岁时因与官府冲突

---

① 程有为、王天奖主编：《河南通史》第四卷，第 201 页。

② 徐有礼：《动荡与嬗变：民国时期河南社会研究》，大象出版社 2013 年版，第 224 页

③ 《河南官报》1910 第 30 期。

④ 李骏轻：《滑县匪患记述》，载政协滑县委员会文史资料研究会：《滑县文史资料》（第六辑），1989 年内部发行，第 62 页。

⑤ 半山：《豫省匪势之猖獗》，天津《大公报》1922 年 9 月 2 日。

⑥ [英] 贝思飞著，徐有威等译：《民国时期的土匪》，上海人民出版社 1992 年版，第 85 页。

⑦ 张子欣：《民国时期的匪患》，载中国人民政治协商会议河南省平顶山市舞钢区委员会文史资料委员会编：《舞钢区文史资料》第四辑，1989 年内部发行，第 50 页。

而落草为寇。在此后的二三年间，实力发展到二三百人，枪 200 余支，遂在杨山修寨扎营，占山为王。王天纵根据离其山寨远近，分为四类区域，实施不同的抢劫策略。山寨周围 30 里以内区域，供给山寨柴草和蔬菜，是替山寨充当耳目。30 里以外 60 里以内为半保护区，只供给山寨粮食，由地主富户摊派和运送。60 里以外为公道区，用飞页子（即临时送王天纵的名片）的办法向乡中大户、镇内富商要钱要物。在山区以外更远的地方，则派精悍小股截劫官府公款和富商财货。① 由于王天纵驭下有方，杨山山寨发展到千人，王天纵成了伏牛山中的绿林领袖。武昌起义爆发，王天纵曾协助河南同盟会革命志士与陕西东征军作战。袁世凯夺取政权后，应邀赴京，为袁世凯所羁縻，1920 年春逝世。

　　老洋人本名张庆，早年加入赵倜之弟赵杰的宏威军。第一次直奉战争中宏威军被吴佩孚解散，时任连长的老洋人率所部及散兵 300 人拉杆。他们从中牟南下豫西，经过宝丰、鲁山、栾川、卢氏、邓县，然后北向直指陕州，所经之处，不断有贫苦农民和小股土匪加入。到 1922 年，人数已达七八千人。老洋人的活动，使驻守洛阳的吴佩孚和河南督军冯玉祥大为不安，他们联合制订三路合剿计划。1922 年 10 月 22 日，老洋人突出重围，向东逃窜，十天之内横贯河南省，从豫西打到皖西。在劫掠安徽阜阳县城，并架走阜阳天主教堂神父意大利人马福波、息县基督教牧师美国人巴牧林父子、正阳县基督教伦敦会牧师英国人贺尔门等之后，11 月底再次啸聚于鲁山、宝丰、郏县一带，自称"河南自治军"，以老洋人为总司令。12 月下旬，在豫省剿匪总司令靳云鹗的进攻下，老洋人伤亡惨重，被迫接受招安，改编为正式军队。老洋人在驻防宝丰、郏县、归德等地时，匪性不改，烧杀抢掠如故。由于老洋人的种种劣行，以及惧怕老洋人为反直势力所收买，吴佩孚下决心剿灭老洋人。在曹锟吴佩孚的剿击下，老洋人流窜于豫东、豫中、豫西、豫西南各地。为避开处处设防的官军，老洋人试图经湖北进入四川，利用四川军阀混战的形势，重新打开局面。豫省官

---

　　① 张钫：《中州大侠王天纵》，载中国人民政治协商会议河南省洛阳市委员会文史资料委员会编：《洛阳文史资料》（第十辑），1991 年内部发行，第 1—19 页。

军以逐老洋人出河南了事，而湖北军队则沿省界处处设防，不让土匪窜入。在河南境内的鄂豫陕军的严厉打击下，老洋人又返回豫西。1924 年 1 月，老洋人所部被官军围困在郏县西北山中老爷顶。12 日，因内讧老洋人被部下射杀，老洋人之祸至此结束。①

除王天纵和老洋人大股土匪外，小股土匪也不计其数。清末南、汝、光、淅及河、陕、汝两道境内最为猖獗。捉人勒赎之风，宛、洛一带尤甚，有拉牛犊、拉老犍、请观音、倒醋罐、撕票子等名目。而南阳裕州间维摩寺、袁店、石桥镇等处，以及陕州卢氏县之官道口镇、关帝庙等处，几乎无人不匪，无日不劫，道路为之梗塞。其著名刀匪如南阳属之曲五妮、刘小娃、田小娃、赵忙、田玉振、杨复成、赵歆，汝南之丁老八、韦秋子等各树党羽，互相联络。乃至明目张胆勒派居民银两，令送至某处，违者即焚其宅而杀其人。②

清末民初，豫北土匪猖獗，王德福乘机拉杆而起，招众结伙，实为豫北土匪帮伙之"大旗"。结伙后，效刀客之抢劫财物，盘踞于汲县境太行山内之老寨。王德福拉杆初期，仅抢劫财物，至民国六年（1917）始，除抢劫财物外兼绑架人质，谓之肉墩（也称肉票）。由于王德福抢劫殷商富户，豫北各地小股匪徒亦相继而起。如咸万山（小名孬妞，淇县卧羊沟人）、庙口的申小七等到处为非作案。王德福为实现其劫富济贫之志，扩大实力，又与咸万山（称王德福为舅父）汇集一处，声势逐渐大振。其他小股杆头，更到处涌现，如浚县屯子镇的武林、北王庄的杨法秋、卫贤集之孟昭俊、淇县形盆口的高老寿、汤阴县的郑合，以及绰号为二斗半（姓名不详，因向绑架的富户索价价银元二斗半，故名）的老白毛等纷纷聚众结伙猴起。③

豫西栾川境内自民国元年到民国二十几年，成起拉杆暴乱的有著名的土匪杆老王太、崔二旦、孙石滚、憨老九、李元周、白朗、张举娃、魏国

①　苏辽：《"老洋人"——张庆》，《民国春秋》1989 年第 6 期。

②　陈善同：《奏请查办河南盗案折》，载中国人民政治协商会议信阳县委员会编：《信阳县文史资料》（第二辑），1986 年内部发行，第 6 页。

③　刘式武：《豫北土匪略述》，载政协河南省鹤壁市委员会学习文史工作委员会编：《鹤壁文史资料》（第五辑），1990 年版，第 124 页。

柱、郭世发、王天纵、柴老八、梁益栋等 55 杆。在 20 多年的时间中，你兴我亡，相继发生，未从根绝。① 伊川县吕店乡一带大小股匪即有十多起。这些土匪头子（时称"架杆的"）是：邢科（吕店邢坡人）、孙延（吕店啦嘛店人）、赵德胜、张三妮（吕店王村人）、常天兴（白沙常岭人）、马之才（白沙窦村人）、张保城（吕店菜园人）、任双来（吕店人）、宋竹（吕店竹园人）、崔东来（登封崔圪塔人）、蔡书祥（彭婆槐庄人）、高凤英（女，彭婆高屯人）等。②

　　民国年间有这样说法：世界上的土匪以中国为最多，中国的土匪以河南为最多，河南的土匪以豫西为最多，而豫西的土匪则以鲁山、宝丰、郏县为最多。豫西的宝丰，自古以来水利条件较差，十年九旱，居民生产困难、生活艰苦、文化落后；加上宝丰民性倔强彪悍，而边沿结合地带，又历来是"三不管"的空隙，政治控制力量比较薄弱，"山高皇帝远"便成为产生和发展农民自发武装的温床和大本营。民国之后，破产的农民、手工业者以及溃兵和无业游民，为了谋食求生，多乐于参加"拉杆"活动。因而一遇机会，登高一呼，便有可能拉起来几百、几千甚至上万条枪，形成一个或几个武装集团。辛亥革命后的 30 多年间，宝丰先后就出现了白朗起义武装、老洋人的"河南自治军"和樊钟秀的"建国豫军"三个数万人之众的武装集团，以及孙世贵、王太、崔二旦、李老来等十数个万余人或数千人的武装集团。他们的活动范围，涉及豫、鄂、皖、陕、甘等省广大地区，对社会的政治、经济都造成了极大的冲击和影响，成为本地区这一历史时期的特有现象。③ 鲁山匪患，尤为严重，30 人一起，50 人一杆，甚至成百上千，到处奸淫烧杀，抢劫掠夺。④

---

　　① 《解放前三十年栾川境内土匪活动纪实》，载中国人民政治协商会议河南省洛阳市委员会文史资料委员会编：《洛阳文史资料》第九辑，1991 年内部发行，第 103—104 页。

　　② 姚清修：《吕店匪患纪略》，载中国人民政治协商会议河南省洛阳市委员会文史资料委员会编：《洛阳文史资料》（第十辑），1991 年内部发行，第 128—129 页。

　　③ 张显明：《民国年间宝丰的杆子》，载中国人民政治协商会议河南省宝丰县委员会学习文史委员会编：《宝丰文史资料》（第九辑），1994 年内部发行，第 51—52 页。

　　④ 栗凌岐：《土匪对交口的三次烧杀》，载中国人民政治协商会议鲁山委员会文史资料研究委员会编：《鲁山文史资料》第 2 辑，1986 年内部发行，第 106 页。

豫南潢川、固始、息县一带土匪猖獗，当时比较著名的匪首，就有十多杆（一杆即一伙）：东有王新斋、胡老末、周怪货，西有孔洪飞、杜守业、王杰彦，南有张少彬、鲁正轩、袁广寿，北有汤永光、赵末，流窜股匪育老姬子、大马子，每杆数十人或数百人不等。①

在当时，拉杆起事的土匪大多是亡命之徒，大多为兵痞、流氓恶棍、监狱释放犯、不守本分之徒。百姓们称他们为"刀客"，或讥称为"刀客王爷"。有的土匪头子在扩充势力时，"无恶不收，不毒不要"。入伙前还要讲条件和进行所谓"考验"。有个无赖找着土匪头子张保成要求入伙。张保成说："你如果想干，先带两条枪来！"这个人听后就直奔洛阳，黑夜潜入兵营，一连杀死两个哨兵，将枪带回，当面交给了张保成。张保成认为他有种，便吸收他入伙。因此，当刀客之人，皆为老虎心、豹子胆之人。②

当时土匪掠杀人民的形式是多种多样的，手段是毒辣的。计有以下几种：

1. 贴票

土匪写张纸条，贴在某户的门上，纸条上写要银洋多少元，烟土若干两，限某天某时送往某地，若过期不送，就杀其全家。如息县三里村土匪吴仓银贴票李德昌家，李德昌因家庭困难，拿不出土匪索要的几百块银元，结果全家七口全部杀光。

2. 明火执仗掠杀

1912年农历八月，濮阳渠村集大会，匪首李仲元（绰号李二红）、刘春明等率匪数百人，包围会场，掳去商民80余人，滑县居半。以后让其家属陆续用现银赎回。③ 民国三年（1914）农历三月，匪首邢科攻入吕店，见人便杀，逢人便戮，从早晨到下午4点，一个不到700口的村庄，竟被土匪一次打死297人，其中26家死绝。1922年农历闰五月十五日早晨，

---

① 吕文华：《张庄匪患》，载中国人民政治协商会议河南省淮滨县委员会文史资料科编：《淮滨文史资料》（第二辑），1986年内部发行，第60页。

② 姚清修：《吕店匪患纪略》，载中国人民政治协商会议河南省洛阳市委员会文史资料委员会编：《洛阳文史资料》第十辑，第128—129页。

③ 李骏轻遗稿，郑克家整理：《滑县匪患记述》，载政协滑县委员会文史资料研究委员会编：《滑县文史资料》第六辑，1989年内部发行，第62页。

土匪头子王老虎等率众攻打赵庄，无论男女老少，逢人就杀，见房就点，八十老翁、数月婴儿也未能幸免。匪徒们在村内整整横杀了大半天，只有300户人家的赵庄，竟被残杀了150多口。全村被打绝了7户，仅有3家没有死人，房屋被烧毁200余间。[①]

3. 深夜抢掠

土匪夜间破门而入，抢钱、抢物、拉牲畜。如吴德采系孤寡老人，以卖瓜子为生，有次用所卖零钱换一块银元，为土匪探知。深夜，土匪破门而入。把吴吊起来拷打，用香火烧燎，抢走了一块银元，老汉也被折磨而死。[②]

4. 拉票

土匪抢掠后，把人捆绑带走作为人质，名为"拉票"，限定时间叫"票"，家属送钱赎叫"赎票"。到规定期间不能把钱如数送上，就要"撕票"（即把人杀了）。赎票的价钱要几十元、几百元或更多。有些家境贫困的人，土匪也拉，闹得人心惶惶，哀鸿遍野。拉票子又分为四种：（一）快票（女票）；二骨票（抓不到活人将坟内尸骨掘走）；（三）死票（已拉去的票因无人看守，将票打死后再通知其家，赎回尸首）；（四）普通票（男票）。[③]土匪为了得钱财或淫乐，就拉"快票"。"快票"也叫"花票"，就是专门绑架女性，被拉的家属为了顾全女儿或媳妇的贞操和性命，就竭尽全力，火速赎人。[④]民国七年（1918），洛宁匪首杜老六等从民国七年（1918）到民国十年（1921）数次率众在白土、狮子庙一带，拉走男女肉票30余名，拉去农民耕牛70余头，赶走羊270余只，烧毁房屋50余间，杀害农民10余人，其他抢掠财物不计其数。民国七年（1918），鲁山匪首吴天顺组织30名匪众，于当年8月至11月中间，屡次在庙子街及各乡拉

---

①　姚清修：《吕店匪患纪略》，载中国人民政治协商会议河南省洛阳市委员会文史资料委员会编：《洛阳文史资料》第十辑，第130—131页。

②　吕文华：《张庄匪患》，载中国人民政治协商会议河南省淮滨县委员会文史资料科编：《淮滨文史资料》第二辑，第62页。

③　《解放前三十年栾川境内土匪活动纪实》，载中国人民政治协商会议河南省洛阳市委员会文史资料委员会编：《洛阳文史资料》（第九辑），第105页。

④　吕文华：《张庄匪患》，载中国人民政治协商会议河南省淮滨县委员会文史资料科编：《淮滨文史资料》第二辑，第62—63页。

去50余名票子，赶走30余只羊，烧毁农民房屋60余间，抢掠财物无数。①

5. 攻城破寨

民国六年（1917）6月，滑县土匪刘培玉勾引山东土匪700余人，攻破东北二区赵拐寨，杀死16人、伤30余人。旋即进攻牡丹街，寨长董玉安率众死守，两日夜未攻破。不幸天降大雨，火药失效，寨被攻破，董玉安遇害。刘匪掳去男女票140余人，死者30余人，烧毁房屋，掠夺财物，不可胜计。②民国十一年（1922）5月12日（农历四月初六），内黄县杆首申文样等攻破李次范寨，杀死村民108人，附近各村逃到该村（因为有寨）的民众也被杀害百余人，抢掠财物不可计算。③1923年11月23日，老洋人进攻豫南淅川县李官桥镇时，该镇居民依寨墙顽强抵抗。入夜，匪徒攻入镇中，顿时火光烛天，哭声震地。土匪大肆屠戮，见人就杀。据统计，土匪在淅川县一地就杀死居民4326人，焚毁房屋2.6万间。尤其令人发指的是，匪徒竟以死尸掷添江中，企图叠成人桥而过。而劫掠的居民，在途中因不胜负荷，便被一枪打死，弃掷路旁，致使沿途暴尸累累。④

小　结

经济与财政是"源"与"流"的关系，财政收入的增长是以经济发展为基础和前提的，这正是近代各界高谈"振兴实业"的重要原因。在北洋政府设计的蓝图中，实业蕴含农业（主要是垦荒、造林、苗圃及农事试验等）、工业（主要是丝、茶、棉、糖等轻工业）、商业（商品、农产、水产

---

① 《解放前三十年栾川境内土匪活动纪实》，载中国人民政治协商会议河南省洛阳市委员会文史资料委员会编：《洛阳文史资料》第九辑，第130页。

② 李骏轻遗稿，郑克家整理：《滑县匪患记述》，载政协滑县委员会文史资料研究委员会编：《滑县文史资料》第六辑，1989年内部发行，第64页。

③ 刘静轩：《内黄县匪患纪略》，载政协内黄委员会内黄县地方志编委会编：《内黄文史资料》（第四辑），1992年内部发行，第174页。

④ 苏辽：《"老洋人"——张庆》，《民国春秋》1989年第6期。

陈列所等）以及金融业（农工商业银行）等，但真正在州县层面推行的，只有农业而已。

为推动农业的发展，近代各县设置了农会、农事试验场、苗圃、劝农员、农事培训学校、水利会、实业局等兴农机构，传播农业生产经验，改良与推广农业技术，兴修水利工程。近代各县政府在农业上所作的努力，试图改善长期困扰中国农村的农业技术瓶颈与水利失修问题，但受制于人才的匮乏与经费的短缺，农政效果不尽如人意。不过，从总体上讲，近代河南的粮食产量是呈上升趋势。也许原因很多，但有一点似乎是不容抹杀的，近代各县政权在农业生产上的作为，应该是有些许效果的。

在近代各县的实业体系是残缺的，除农业之外，别无他业。因此，各县的自治、教育、警察、事业等新政经费，无一不取资于农业。农民负担，除正税浮收外，尚有附加税、摊派等名目。由于政府对农业的汲取远远大于对农业的扶持，农业生产的有限脂膏，完全侵蚀于地方无限索求之欲壑，百姓困顿日甚一日。虽然各地生活有所差别，但就总体而言，河南农村生活处于赤贫状态。

由于生活日益贫困，奋起抗争成了河南农民摆脱窘境的不二选择。从小规模的抗粮抗捐，经由农民武装起义，最后演变成为匪灾泛滥，整个社会处于严重失序之中。时隔一百年之后，在阅读土匪残酷迫害民众暴行的史料时，仍感到背脊发麻。既惊叹于当时时局之动荡，也痛惜于普通民众生活之艰难，以及日日忧惧土匪劫掠残杀之恐慌。正如时人在一首诗《夜居乡里》所描述：

> 昨夜居乡里，终夜犬吠急。
> 和衣未敢眠，更析时惊起。
> 虽无枪炮声，总疑贼将至。
> 偷眼窗外窥，月没星渐稀。[①]

---

① 张子欣：《民国时期的匪患》，载中国人民政治协商会议河南省平顶山市舞钢区委员会文史资料委员会编：《舞钢区文史资料》第四辑，第67页。

　　近代国家试图以地方自治的方式，来建构一个安定的社会秩序，但因不得其要领，其结果与国家追求的目标背道而驰，反而陷入一个更加不稳定的局面。

第七章　上下失隳：近代河南县财政的检视

近代县级地方财政的形成，是国家推行地方自治的内在要求，也是推行地方自治的必然产物。在地方自治办理的过程中，“以本地方之人，用本地方之财，办本地方之事”的原则被朝野人士奉为圭臬。各地士绅不诉诸国家，自行筹措经费，办理各项地方公益事务，由此滋生出近代意义上的县自治财政。但由于准备仓促，在经费的筹措方面始终缺乏一个统一的标准，各地在实践中往往因地制宜，呈现出自行其是的状态；由于各县经费的盈虚程度不同，各地的公益事务也很难照章执行，只能分别轻重缓急，选择性地付诸实施；官方对待自治机构的态度也是变幻不定，在财政运行上也无法按照制度设计框架不折不扣地执行。总体来看，各省甚至是各县的自治财政运行很难做到整齐划一，基本上是各自为政。

第一节　外似内异：近代对日本地方自治的效仿与变异

《城镇乡地方自治章程》和《府厅州县地方自治章程》的先后颁布，标志着近代中国的地方自治的制度化，也标志着州县地方财政的萌生。清末推行的地方自治大体是以日本的地方自治制度为蓝本，这与朝野上下对日本地方制度的认知，以及在推行自治过程中留日学生的大量参与有关。在清末推行自治的过程中，江苏学政唐景嵩较早表达“以日为师”的观点。[①] 袁世凯在试办天津地方自治时，曾留学日本或去日本考察的金邦平

① 《江苏学政唐景崇奏预筹立宪大要四条折》，载《清末筹备立宪档案史料》（上册），第 117 页。

等人发挥着重要作用。从实际运作看，基本上是仿效日本成案。而北京、江苏、浙江、湖北、山东、奉天等地，则是仿效天津之制。清末为推行新政而设置的宪政编查馆，是清末宪政改革的文件拟定机构，且对各地筹办地方自治等事务负有督促检查之责。该馆职员中有留学生 47 人，其中 41 人为留日学生；其核心机构编制局有职员 21 人，留学生占 17 人，其中 16 人为留日学生，曾分别就读于日本法政大学、东京帝国大学、早稻田大学等校。① 正因为如此，宪政编查馆制订的各种地方自治章程法规，大体取法于日本。如清末城镇乡地方自治章程、府厅州县地方自治章程实际上就是照搬日本市町村制和府县制。

表 7-1 《府厅州县地方自治章程》与《府县制》比较表

类别制别		府厅州县自治章程	府县制
行政区域		以府厅州县行政区域为准	按从来之区域包括郡市及岛屿
自治职		府厅州县议事会及参事会议决自治事宜；府厅州县长官执行自治事宜	府县为法人，承官之监督，在法律命令之范围内处理其公共事务，并处理法律命令惯例及将来法律饬令所定属于府县之事务
议事会	员额	总数在 20 万以下者，以 20 名为定额。自此以上，每加人口 2 万得增设议员 1 名。至多以 60 名为限	府县之人口未满 70 万者，以议员 30 人为定员。70 万以上 100 以下每加 5 万增 1 人，100 以上每加 7 万增 1 人
	选举权与被选举权资格	有本国籍者，年满二十五岁男子，居住本地三年以上，年纳正税或本地方公益捐二元以上者有选举权	府县内之市町村公民有市町村会议员之选举权，且在其府县内一年以来纳直接国税年额三元以上者，有府县会议员之选举权。府县内之市町村公民有市町村会议员之选举权，且在其府县内一年以来纳直接国税年额十元以上者，有府县会议员之被选举权
	组织	议长、副议长各一名	议长、副议长各一人

---

① 郑永福、吕美颐：《论日本对中国清末地方自治的影响》，《郑州大学学报》2001 年第 6 期。

续表

类别	制别	府厅州县自治章程	府县制
议事会	职责	本府厅州县自治经费岁入岁出预算事件；本府厅州县自治经费岁出岁入决算事件；本府厅州县自治经费筹集方法；本府厅州县自治经费处理方法；城镇乡议事会应议决而不能决之事件；其余依据法令属于议事会权限内之事件	定岁入岁出预算之事；决算报告之事；除法律命令所定之外，凡使用料、手术料、府县税及夫役现品之赋课征收之事；不动产之处分及买卖让受之事；积立金谷等之设置及处分之事；除岁入出预算所定之外，新有负担义务抛弃权利之事；定财产及营造物之管理方法，但法律命令中别有规定者不在此限；依他之法律命令属于府县会权限之事项
议事会	任期	三年	四年
议事会	会期	会议每年一次，会期为一个月；临时会议以十日为限	府县会为通常会及临时会，通常会每年一次，会期为三十日以内；临时会必要时召开，会期为七日以内
参事会	员额	参事员以该议事会议员十分之二为额	由府县知事、府县高等官二名及名誉职参事会员组成。府名誉职参事会员为八名，县名誉职参事会会员为六名
参事会	组织	以府厅州县长官为会长	以府县知事为议长
参事会	职责	议决议事会议决事件之执行方法及其次第；议决议事会委托本会代议事件；议决府厅州县长官交本会代议事会之事件；审查府厅州县长官提交议事会之议案；议决本府厅州县全体诉讼及其和解事件；公断和解城镇乡自治之权限争议事件；其余依据法令属于参事会权限内之事件	属于府县会权限之事件，受其委任而议决者；属于府县会权限之事件，要临时急施而府县知事无暇召集因代府县会议决者；由府县知事提出于府县会之议案，对于府县知事述其意见；在府县会议决之范围内为管理财产及营造物议决重要之事项；应以府县费支办之工事议决其规定，但法律命令有别段之规定者不在此限；属于府县之诉愿诉讼及和解事项议决之；依一切法律命令属于府县参事会权限之事项
府县行政	组织	府县长官，自治委员	府县知事，有给之府县吏员，出纳吏，临时或常设之委员（名誉职）

续表

类别制别		府厅州县自治章程	府县制
府县行政	府县知事职责	执行府厅州县议事会或参事会议决之事件；提交议案于府厅州县议事会或参事会；掌管一切公牍文件；其余依据法令属于府厅州县长官职权内之事件	执行应以府县费支办之事件；经府县会及府县参事会议决之事件发表其议案；管理财产及营造物其特有管理者监督；命令收入支出监督其会计；保管证书及公文书类；依法律命令或府县会府县参事会之议决，征收使用料手术料府县税及夫役现品；依他项法律命令属于府县知事职权之事件
	财政	收入为公款公产、地方税、公费及使用费、公债；收支实行预决算制度	财产营造物及府县税、手术料、寄附或补助金、公债；岁入出预算及决算
	行政监督	由督抚监督，包括州县行政，削减预算，解散议事会	由内务大臣监督，监督内容包括县行政、削减预算、解散府县会、府县税收等

资料来源：《宪政编查馆奏定府厅州县地方自治章程》，《北洋法政学报》1910 年第 131 期；《府县制》，载《日本地方制度》，中国图书公司 1908 年版，第 1—35 页。

　　从形式上看，清末的府厅州县章程除细节上有差别之外，大体上如出一辙。但由于自治的实施环境、制度的精细化程度、实际运作等方面的不同，中国的地方自治在运行过程中与日本相比呈现出很大的差异性。

一、实施的环境不同

　　日本实施自治有一个长期的酝酿准备过程。首先是幕藩体制下的村落共同体的形成，为近代日本地方自治的形成做了一定的制度上的准备。第一，村落共同体中的寄合，按照全员一致的原则选举町村役人、议决町村大小事务，已具有近代地方议会的性质。第二，村落共同体具有地方财政公共化的特质，"年供的分割"（赋税缴纳）和"村入用"（村费）等收支由合议机关共同议定，而不是由少数人独断；账目要接受村民的监督，同时还要接受上级官吏的检查。第三，以"入会"的形式分享町村山林等公共资源的使用权，即除了土地的个人私有外，作为生活必要补充的薪炭、牲畜饲料所需要的草等，采用入会的形式在村落共同体的山林中获取。第四，通过村法，加大了日本村落共同体社会内部的自我管理和自我约束。①其次，三新法的实行，为后期推行的地方自治奠定坚实的基础。在大久保利通、井上毅的先后推动下，1878 年，明治政府就颁布了郡区町村编制法、府县会规则和地方税规则，被统称为三新法或三大新法。郡区町村编制法在行政区划上废除了大区小区制度，恢复了郡和町村。府县会规则规定设立由府知事县令和内务卿监督的议会，负责地方税的经费预算。地方税规则则规范了地方说的收支类别及其运营方式，为地方财政的运行提供基本遵循。三新法体制在基层社会实行了有限的地方自治，推动了日本地方制度向近代化发展。②

经过不断的探索，为了稳固日本天皇制政权，摆脱受制于列强的局面，在山县有朋的主持下，聘请德国学者莫塞和劳斯雷鲁任法制顾问，加速了地方自治的立法进程。1888 年至 1890 年，市制、町村制和府县制、郡制先后颁布，以国家法令的形式正式确立了地方自治制度。到 1911 年左右，府县制、郡制和市制、町村制经过不断完善最终稳固地确立下来。

反观近代中国的地方自治，却不具备这方面的条件。中国古代亦有一些自治的传统，正如宪政编查馆在奏折中所言："查地方自治之名，虽近沿于泰西，而其实早已根荄于中古，周礼比闾、族党、州乡之制，即名为有地治者，实为地方自治之权舆。下逮两汉三老、啬夫，历代保甲乡约，相沿未绝。即今京外各处水会、善堂、积谷、保甲诸事，以及新设之教育会、商会等，皆无非使人民各就地方聚谋公益，遇事受成于官，以上辅政治而下图辑和。"③但这种自治传统，虽然能够有效弥补国家权力在地方的缺失，但其在管理模式、运行的规则等与近代意义上的地方自治相去甚远。与其说是地方自治，毋宁说是地方士绅在国家权力不在现场的情况

① 郭冬梅：《日本近代地方自治制度的形成》，吉林大学 2008 年博士学位论文，第 35—37 页。

② 郭冬梅：《日本近代地方自治制度的形成》，第 79—85 页。

③ 《宪政编查馆奏核议城镇乡地方自治章程并另拟选举章程折》，载《清末筹备立宪档案史料》（下册），第 724—725 页。

下，秉承守望相助的精神对生存场域的公共事务的一种介入。在这一过程中，起主导作用的是士绅，广大的农村虽然会因承担费用由此而受惠，但在具体运作过程中是失语的，没有太多的话语权，充其量是一种由士绅主导的公共事务管理的行为。而近代所推行的地方自治事出仓促，1905 年五大臣出国考察，1909 年和 1910 年先后颁布《城镇乡地方自治章程》和《府厅县地方自治章程》，确立地方自治目标。在前期缺乏自治传统，后期缺乏深入调研的情况下，短短的三四年时间内，试图将西方的自治传统的一蹴而就大规模移植到中国来，是远远超过中国的承受能力的，也注定是无法达到理想效果的。

二、制度的精细化程度不同

晚清民国的地方自治虽然在法律条文方面与日本的地方自治制度相比有很大的相似性，但由于制度接受、传承的背景和过程等的不同，呈现出不同程度的变形。制度的精细化程度或可操作性是一个突出的表现。梁启超在评价《城镇乡地方自治章程》时，就对三个方面进行质疑。"光绪三十四年十二月所颁之城镇乡自治章程，大率取日本之市制及町村制综合而迻译之，其果能适用于我国与否。盖各条中应商榷之点甚多，未暇具论，今专就其大体而评骘之，则吾所最怀疑而亟思质正者有三端焉。第一，自治章程之名称果适当否乎；第二，城镇乡三者能同适用一种之章程乎；第三，城镇乡之名称及其分类果适当否乎？"[①] 其中第二个方面即涉及制度的精细化程度问题。

清末在制定城镇乡地方自治章程时，是将城镇乡视为同一类别而对待；而日本是根据地方区域特点做了细分。考虑到市和町村两者性质差异较大，无法将其相提并论，从而分别制定市制与町村制。从制度设计上，日本的地方自治制度比清末的地方自治章程更加周密，特别是城市一级自治，充分考虑到城市的规模和时代特征。一是城市自治的适用性问题。中国的城市有二三百万人口之城，亦有不满千人之乡，而自治章程仅有一

---

① 沧江：《城镇乡自治章程质疑》，《国风报》1910 年第 1 卷第 5 期。

种。二是监督层级问题。大都市的立法行政影响及于全国，故欧美各国的大都市多有直隶于民政部，而绝不受地方官之监督。但中国之城镇乡之上有厅州县，厅州县之上有道府，道之上有省，虽然道府的法律位置未定，但城镇乡乃有两重监督才达于中央。"多一重监督，则政务之冗杂涩滞多增一度。"① 三是城市议事会的体制问题。日本1889年颁布的《市制》中实行的是合议制，由市参事会负责城市行政。市参事会由市长、助役、名誉职参事会员组成。其中市长一名，助役东京三名、京都大阪各二名、其他一名，名誉职参事会员东京十二名、京都大阪各九名、其他六名。②1911年的改革将市的执行机关由合议制修改为独任制，由市长全权负责城市事务，扩大市长的权限。③ 中国的府县和日本的府县在规模上也有差别。日本的府县和中国的县在层级上有很大区别，前者是地方高级行政机构，后者则位于地方行政机构的最基层（从行政等级上说日本的县相当于中国的省）。层级不同，而套用其法规，难免会出现南橘北枳的结局。在财政收支各环节中，财政收入当为最重要的一个环节，但在近代虽然国家有划分中央与地方税收之动议，但始终没有考虑县级财政收入来源问题。既然漫无标准，各省乃至各县也只有各行其是，各显神通，最终是使本来就混乱不堪的财政雪上加霜。反观日本，在税收附加上明确规定各级的附加比例，在此之外，如欲增加必有严格的程序，保证财政收入的来源有规可依、违规必究，使财政运行规范有序。

三、议事会权限不同

在日本，废藩置县后设置的府县是国家的地方行政单位，府县的实业、教育、水利、卫生、消防等事务均属"官治"范围。因此，日本的府县议会的权限仅限于审议府县的财政预决算。有时即便府县议会否决了议案，府县知事也有权实施原案。与此相适应，府县参事会也仅仅是府县议

---

① 沧江：《城镇乡自治章程质疑》，《国风报》1910年第1卷第5期。
② 《市制》，载《日本地方制度》，中国图书公司1908年版，第17页。
③ 郭冬梅：《日本近代地方自治制度的形成》，第174页。

会的从属表决机构①。晚清中国则与日本不同，作为地方行政基层单位的县，其职能仅限于征税和法律审判事务；由于州县缺乏实施地方自治所需的人力和财力，政府不得不将实业、教育、水利、卫生等事务委托于地方士绅管理。因此，近代的地方自治就是由地方选举产生的议事会和参事会负责实施诸如教育、实业、水利、卫生等地方自治事务，以此补充地方官治之不足。与日本相较而言，近代的府县议会的职权更大，董事会也不仅是议事会的从属表决机构，而且也具有执行机构的功能。

四、自治的功用不同

地方自治有两种类型：一种是英美型，其指居住在特定区域的人民按照自己的意愿决定并处理该地区内部事务，隐含有与国家权力相对抗或排斥国家权力之意，这种地方自治以英国为原型；二是大陆型，在强调地方自治团体从属于国家权力的前提之下，居住在特定区域内的人们按照国家法律处理该区域内部事务，这种地方自治以普鲁士为原型。②日本的地方自治是以德国为蓝本的。日本的自治是地方团体分任政府之事务，由人民参与其中，以明白施政之难易，逐渐养成参与国事之能力。在日本，国家将人民参与地方施政视作人民的义务而不是权利。③也就是说，日本地方自治制度的特征是自治和官治融为一体，自治成为官治的一部分。中国的地方自治既不同于英国以议会为主导的地方自治，也不同于日本中央集权式的地方自治，是在官治之外"助补官治之不足"④。

综上所述，近代引自日本的地方自治制度，并非是对日本的简单的照搬照抄，而是根据中国的社会历史传统和社会条件进行了某种调适，以适应国家的利益诉求。当然，由于中国缺乏现代自治的传统，使自治的实施

---

① ［日］山田公平著，王晓葵译：《黄东兰著〈近代中国的地方自治与明治日本〉》，《历史研究》2006年第5期。
② 邹进文：《民国财政思想史研究》，武汉大学出版社2008年版，第82页。
③ 郭冬梅：《日本近代地方自治制度的形成》，第122页。
④ 《宪政编查馆奏核议城镇乡地方自治章程并另拟选举章程折》，载故宫博物院明清档案部编：《清末筹备立宪档案史料》（下册），第725页。

缺乏深厚的社会基础；从筹议地方自治到政策的出台，仅仅三四年时间，再加上没有根据现实需求对政策进行适时调整，这种移植显得仓促而笨拙；更为重要的是，对于地方自治的经费问题，国家始终没有在正面予以回应，仅以"以地方之财办地方之事"敷衍了之。但无论如何，在清末君主立宪的背景下，第一次将地方财政引入中国，必将深刻地影响地方行政结构的变革，对中国的政治的发展必将产生深远的影响。

第二节　各自为政：近代各省的县地方财政

清末各省推行地方自治的时间并非整齐划一，各省实施自治财政的时间也不一致。但在清末和民国三年（1914）以前，各省基本上是按照《城镇乡地方自治章程》《府厅州县地方自治章程》设计的方案，完成了县地方自治财政的改造。袁世凯死后，国家统一的局面遭到破坏，呈现出军阀割据的态势。各省军阀为争夺地盘、扩充实力，于是军事扰攘不息。在这种状态下，各省的政局、省当局领导人的态度、士绅对自治财政的认知与参与热情，以及财政收入的制度安排是决定自治财政走向的重要因素。因此，在北洋政府统治的后期，各省县自治财政的发展基本上是自行其是、各自为政的，自治财政的运行已偏离了最初设定的轨道，呈现出很大的差异性。

一、省署主导型：山西省的县财政

山西光复后，阎锡山出任山西都督，但不为袁世凯所信任，派其心腹金永任山西巡按使，代表袁世凯对山西进行统治。袁世凯死后，阎锡山扩充势力，大权独揽，任山西督军兼省长。在军事上，奉行"三不二要主义"，拒绝参加军阀混战，以"保境安民"相号召，使山西省维持了数年的和平与安定。对内兴利除弊，大力推行水利、蚕桑等事业，生产有所发展；推行"用民政治"，发展民德、民智和民财；借鉴日本经验，推行"村本政治"，对稳定全省秩序起了一些积极作用。在阎锡山的主导下，北洋政府时期山西各县的地方财政得以延续。

1. 山西省县财政实施的背景

阎锡山主政山西期间，进行了一系列的改革，为县财政的实施奠定良好的基础。第一，成立政治研究会，研究隆民裕省之策。阎锡山在省城太原设政治研究会，指定省垣各官厅机关人员，及延请士绅为会员，共同讨论如何推进民德、民智、民财建设，研究范围包括国民教育、职业教育、人才教育、社会教育、农业行政、工业行政、商业行政等。第二，制定试验规程，选拔合格县级掾属人才。为整顿山西 105 县掾属人才，制定各县承政员、主计员、承审员、县视学、实业技士、宣讲员、管狱员、检验吏等试验规程。规程分为两试，凡投考人员，均需由专门学校毕业；两试录取以后，得入行政研究所学习两个月，期满颁发证书，分交各厅处存记；任命时，由各县指名呈请，省厅各宪派委，以确保行政人员知识统一与精神连贯一致。第三，设置各类考核机构，确保各项政令落地落实。为促进各县政令有效推行，设立直隶于省长的六政考核处，专门考察各县水利、蚕业、种树、禁烟、剪发、天足等六政。为精密统计各县政绩，则设统计处，统计事项包括人口、经济、政治、道德、社会等。为防范各县政治进行空谈而无实察，则有政治实察所之设。此外，省议会议员视察团，亦为促进政治的机关。[①] 第四，以日本的町村制为蓝本，在山西实行村自治。阎锡山在推行"六政"的过程中，发现县知事职责过繁，无暇兼顾，于是以日本的町村制为蓝本，在山西实行村自治，负责地方兴利除弊之事。村民遇有小事，村长副就可以代办，将县知事从繁杂的村级事务中解脱出来。[②]

2. 山西省县自治财政的运行

在阎锡山的擘画下，山西各县的财政收支类别、运行方式大体能够保持统一态势。

（1）山西各县的财政收入结构

山西各县的财政收入主要分为田赋附加、公款生息、斗捐、各项杂捐、杂收入等五项。从表 7-2 中所列的榆次、太谷、祁县、徐沟、清源五

---

① 陈希周编：《山西调查记》（卷上），南京共和书局 1923 年版，第 8—19 页。
② 周成：《山西地方自治纲要》，上海泰东书局 1929 年版，第 1 页。

县的财政收入来源看，各县的各类收入的规模差别较大。祁县与太谷田赋附加所占比重较高，分别为 48% 和 36%，榆次与徐沟两县的田赋附加占比则较低，仅为 13% 和 14% 左右，远远低于该两县的各项杂捐收入。而在所有的县份中，斗捐是一个专门的收入类别，而且在财政收入中所占的比例亦为不菲，这应是山西各县地方财政收入的一个特点。从山西各县的财政收入来源看，各县的财政收入并不主要依赖于农业收入，商税是一些县份地方财政收入的重要来源。

表 7-2　山西省各县民国十三年度岁入预算表

（单位：元）

款别 县别	榆次县		太谷县		祁县		徐沟县		清源县	
	额数	占比 （%）	额数	占比 （%）	额数	占比 （%）	额数	占比 （%）	额数	占比 （%）
田赋附加	5421	13	12770	36	13401	48	2892	14	7402	28
生息	4459	11	4495	13	380	1	1256	6	1622	6
斗捐	5952	14	2896	8	3000	11	4567	23	3311	12
各项杂捐	18592	44	12467	35	5611	20	7002	34	6608	25
杂收入	7880	19	2860	8	5554	20	4759	23	7769	29
总计	42204	100	35488	100	27946	100	20485	100	26712	100

资料来源：山西省议会编：《民国十三年山西省议会第三届第三次临时会报告书》，山西省议会 1924 年版，第 46—64 页。

（2）山西各县的财政支出结构

山西各县的财政支出结构在主要方面是一致的，主要有警察经费、财务经费、教育经费、实业经费、行政经费等，其中警察费用和教育费用为财政支出大宗。如表列的榆次和太谷两县，警察经费和教育经费的支出份额占总支出的 80% 以上。各县的支出门类并不划一，支出的结构往往因县而异。如榆次与太谷两县的财政支出规模大体相当，但具体的支出类别则不相同。榆次县并未设置卫生经费，而且慈善经费的设置门类也不尽相同，榆次县为孤贫口粮，太谷县为粥厂经费和教养局经费。实业经费中，榆次与太谷县的门类亦有差别。在各县的地方财政支出中，行政预备金别为一项，实际上是在各项经费支出短绌时，以为通融余地。虽然数量不多，但也算是一个特色。

表 7-3 山西省榆次县民国十三年度岁入岁出预算表

（单位：元）

	类别	额数	占比（%）
警察经费	第一项警察所经费	8841	23.4
	第二项临时警察费	386	
	合计	9227	
慈善经费	第一项孤贫口粮	148	0.3
财务经费	第一项公款局经费	608	1.5
教育经费	第一项第一高小校经费	3136	64.6
	第二项第二高小校经费	1738	
	第三项第三高小校经费	1392	
	第四项第四高小校经费	1412	
	第五项第五高小校经费	1458	
	第六项车岗村高小校补助费	200	
	第七项女学校经费	2574	
	第八项模范国民学校经费	1200	
	第九项阳兴中校摊款	1500	
	第十项劝学所经费	768	
	第十二项教育会补助费	462	
	第十三项留省大学校学生津贴	480	
	第十三项留京大学暨高等师范学校津贴	360	
	第十四项留日学生津贴	2700	
	第十五项留法学生津贴	2600	
	第十六项留美学生津贴	600	
	第十七项体育会补助费	264	
	第十八项宣讲员旅费	72	
	第十九项各村国民学校补助费	600	
	第二十项各村小学教员劝学员及优良学生奖励金	600	
	第二十一项观摩会经费	400	
	第二十二项什贴镇高小校补助费	200	
	第二十三项模范示教薪旅费	504	
	第二十四项夏期讲习会经费	50	
	第二十五项宗圣会补助费	150	
	第二十六项洗心分社补助费	45	
	合计	25465	

续表

类别		额数	占比（%）
实业经费	第一项农桑局经费	1056	3.8
	第二项县农会补助费	200	
	第三项权度检定旅费	10	
	第四项蚕桑艺徒津贴	36	
	第五项女子蚕桑传习所经费	186	
	第六项苗圃费	400	
	合计	1488	
行政预备金	第一项行政预备金	2516	6.4
合计	岁出总数	39452	100

资料来源：山西省议会编：《民国十三年山西省议会第三届第三次临时会报告书》，山西省议会1924年版，第46—50页。

表7-4　山西太谷县民国十三年度岁入岁出预算表

（单位：元）

类别		额数	占比（%）
警察经费	第一项警察所经费	10684	33.5
	第二项各区冬防缉捕及警察所修缮购置等费	200	
	合计	10884	
卫生经费	第一项戒烟局经费	120	0.4
慈善经费	第一项粥厂经费	300	8.1
	第二项教养局经费	2332	
	合计	2632	
财务经费	第一项公款局经费	608	2
	第二项催收各捐警察津贴	48	
	合计	656	
教育经费	教育费	15837	48.7
实业经费	第一项农桑局经费	608	6
	第二项女子蚕桑传习所经费	550	
	第三项造林费	230	
	第四项县农会补助费	198	
	第五项种棉费	150	
	第六项植树费	100	
	第七项购领树秧及送成绩旅费	100	
	第七项平民工厂经费	1032	
	合计	1936	

续表

类别		额数	占比（%）
行政预备金	第一项行政预备金	435	1.3
合计	岁出总数	32500	100

资料来源：山西省议会编：《民国十三年山西省议会第三届第三次临时会报告书》，山西省议会1924年版，第50—54页。

（3）县自治财政的运行

阎锡山任山西省长期间，对县财政也进行一系列的改革，相对而言，山西的县自治财政运行较为有序。（一）制定相关法规，剔除赋税征收积弊。为增加新政经费起见，山西省厘定畜税、商税、斗捐、厘金的征收办法；为防范经征非人、至涉中饱，或包商越章专横渔利，则厘定《包收厘税通则》《厘税招商承包投标规则》《县知事监督包收厘税办法》，既可节设局卡之经费，又可剔除中饱，增加收入。（二）设置监督机构，加强对县财政的监管。对于各县之财政，在省设财政审核处，以审核各县之收支；在各县设清查财政公所，临时清查，以除弊窦。各县清查财政公所设正副所长各一人，"以清查本县国家地方岁入岁出并一切陋规中饱和盘托出为宗旨"，每年会计年度告终后三个月内清查一次，期限以两个月为止。如查出浮收、滥支、侵蚀、苛罚等款，由省议会议决后，拨归各县地方留用。[1]（三）设置公款局，作为各县的财政收入管理机关。为保证各县以地方之收入供地方之用，令各县设立公款局。各县地方公款局，设经理、司事、司账等人，采用官督绅办主义，负责一县的地方收入支出款项。县地方应支各款，经县知事核准后，由公款局支发。[2]

3.山西各县财政的运行效果

北洋政府时期，陶希周在考察山西之后，对地方治理效果啧啧称奇，"综观上述晋省之政治，其着手也，则培植相当之人才；其建设也，则本用民政治之主义；其结果也，则期人无弃材，地无旷土。而擘划周详，施

---

[1] 陈希周编：《山西调查记》（卷上），第241—243页。

[2] 陈希周编：《山西调查记》（卷上），第244—245页。

行迅速，正如旭日之方升。"①实际上，这里面也不乏溢美之词。以山西用力最勤的警察和教育观之，虽有成绩，但与陶希周之褒奖似乎差距较大。

在警察方面，清末兴县警察成立之初，仅 30 名。民国四、五年（1915、1916）呈报 40 名，但实际上是以司法警察 10 名充数。民国六年（1917）县知事石荣暲到任后，因警察人数过少，不敷分布，遂增加 10 名司法警察；后又增马警 5 名，在界河口、黑峪口、罗峪口、牛家川口添设分驻所，以便巡缉。民国八年（1919）1 月将全县分为五区，各区区长均兼警佐，共计员额 82 人，其中警佐 5 人，巡官 16 人，警士 52 人。②兴县警察在维持治安方面，发挥了不少作用，1916 年至 1918 年之间，处理违警案件 51 起，罚款 126.2 元。即便如此，警额的数量与实际需求相差很远。五区警士计有 52 人，兴县人口总数 89672，每一名警员负责 1724 名百姓的治安。警察额数与人口及面积、经费均有直接关系，其配置警察，必视人口面积以为珩。由于经费困难，再加上兴县辖境迢远，交通不便，"仅恃此落落数警察，其何能济然。"③芮城在民国八年（1919），设警佐 1 员，巡官 1 员，马警长 1 名，马警 5 名，步警长 4 名，警士及伙夫 43 名。另设冬防马警 4 名，步警 16 名，分设石波池、古仁村、孔村、西陌四卡，但属临时性质，冬防完毕即裁撤。此外，第二区区警 6 名，第三区区警 4 名，除执行区务，送达文告外，亦可为巡警之补助。④除去伙夫 5 名之外，芮城县警员 38 人，再加上辅警 10 名，计 48 人，与兴县相比，规模更小。

在教育方面，1917 年，兴县仅有高小校 2 所及 1 分校，每校不过一班，每班仅 10 余人。国民学校原设 9 处，为数亦少。县知事石荣暲到任后极力整顿，扩充班次。第一高等学校教员 6 人，学生 3 班，共 112 人。第二高等小学校教员 7 人，学生 3 班，共 124 人。同时改良私塾，以旧形式而用新教法改至 30 余处，但各地敷衍者居多．民国七年（1918）一律限令

---

①　陈希周编：《山西调查记》（卷上），第 269 页。
②　民国《合河政纪》，《内务篇》第二章，《警政》。
③　民国《合河政纪》，《内务篇》第二章，《警政》。
④　民国《芮城县志》卷三，《兵防志》。

停止，筹设学校并设女子国民学校及男女合校55处。[①] 同时，于国民学校内附设平民学校，即以教员担任讲授，以人民需知珠算、记账、写信、礼节定为必要课程，调查附近人民，迫令入学，每夜上课二小时，以三个月毕业，城关地方成立4处。[②] 民国十二年（1923），芮城县设立高等小学校3处，女子高等小学校1处，国民学校247处。除少数学校经费充裕外，大多数都为经费所困扰。[③] 教育成就之所以不彰显，时人将其归结为三个原因："一由招生困难，一由师资缺乏，一由经费不敷。"[④]

二、通都大邑型：江苏吴县的县财政

吴县在清末曾是江苏巡抚驻地和苏州府治所在地，地理位置比较特殊，辖境较广，属于通都大邑型。在地方财政的形成上，具有一般县份所不具备的优势。

1.吴县财政实施的背景

宣统元年（1909），长洲、元和、吴县三县合并成立苏城自治筹备公所，选举议员60名，总董1名，董事3名，名誉董事12名；次年6月12日成立三城董事会，设办事员，办理学务、卫生、道路工程、农工商、善举、公共营业等事项；16日成立三城议事会。与此同时，各城镇乡自治机关也迅速成立。[⑤] 武昌起义爆发后，1912年9月、11月，吴县议参两会分别成立。在县议会被袁世凯下令取消后，浙江省议会议决，自1923年1月1日起令各县自动恢复县议会。7月下旬，吴县旧参事会、议会先后恢复。[⑥]

2.吴县财政的运行

（1）吴县的财政收入结构

吴县的财政收入主要有四类：田赋附加；契税、屠宰税及牙税等附加；

---

① 民国《合河政纪》，《教育篇》第二章，《学校教育》
② 民国《合河政纪》，《教育篇》第三章，《社会教育》。
③ 民国《芮城县志》卷三，《兵防志》。
④ 民国《合河政纪》，《教育篇》第二章，《学校教育》。
⑤ 李继业：《传承与更新：1912—1937年吴县县政研究》，第46—47页。
⑥ 李继业：《传承与更新：1912—1937年吴县县政研究》，第64页。

房捐、车捐等杂捐收入；其他收入，包括公款公产、罚金、补助款等。从收入的变化趋势看，收入规模是不断增加的。在收入类别中，田赋附加在总收入中所占比例虽在下降，但绝对数在不断上涨，在县收入中占据绝对优势。

表 7-5 北洋政府时期吴县的财政收入

单位：元，%

类别		1913 年		1920 年		1921 年		1922 年	
		额数	占比	额数	占比	额数	占比	额数	占比
岁入经常门	田赋附税	46100	91.72	182021	58.65	169529	71.60	161518	62.81
	契税附税			8608	2.77	6938	2.93	7573	2.95
	屠牙附税			10616	3.42	2141	0.90	800	0.31
	杂捐			22729	7.32	22729	9.60	16576	6.45
	公产租息	750	1.49	8732	2.81	9732	4.11	11660	4.53
	带征各款	3410	6.78	59757	19.26	15022	6.34	11842	4.61
	补助款			1000	0.32				
	其他收入			9677	3.12	3367	1.42	3200	1.24
岁入临时门	罚金收入			7196	2.32	7320	3.09	2861	1.11
	带征抵补金							41110	15.99
总计		50260		310334		236778		257104	

资料来源：苏州市财政局、苏州市税务局：《苏州市财税志》，苏州大学出版社 1995 年版，第 19 页。

（2）吴县的财政支出结构

民国时期，吴县的财政支出主要为内务、财务、教育和实业等。在各项支出中，教育费用占比最大，基本占地方财政支出的一半。实业费岁占一定的比例，但无论是绝对规模和相对规模都在不断减少。

表7-6　北洋政府时期吴县的财政支出

单位：元，%

类别		1913 年		1920 年		1921 年		1922 年	
		额数	占比	额数	占比	额数	占比	额数	占比
岁出经常门	内务行政费	20700	22.0	98610	31.8	80611	29.4	69796	27.1
	财务行政费			4900	1.6	4900	1.8	6020	2.3
	教育行政费	38858	41.4	127220	41.0	132820	48.4	133752	52.0
	实业行政费	18520	19.7	16389	5.3	14490	5.3	12810	5.0
岁出经常门	典礼费	1500	1.6						
	选举经费	4000	4.3						
	杂支费	7000	7.5						
岁出临时门	内务行政费	3350	3.6	31745	10.2	15264	5.6	20594	8.0
	教育行政费			24070	7.8	20373	7.4	12168	4.7
	实业行政费			7400	2.4	5766	2.1	2000	0.8
总计		93928		310334		274224		257140	

资料来源：苏州市财政局、苏州市税务局：《苏州市财税志》，苏州大学出版社 1995 年版，第 40 页。

（3）吴县地方财政收支的管理

吴县议事会、董事会成立于 1910 年，除 1914 年至 1923 年之间被迫停止以外，其余时间都在发挥作用。但在 1923 年以后，议员缺额严重，再加上政府对待民意机关的态度飘忽不定，议会频繁流会，县议事机构大多情况下无法有效发挥作用。在 1914 年至 1923 年县议事会中断期间，吴县曾设"地方行政会议"作为民意补充机关，由县知事任主席，参加人员包括苏城各善堂董事及本县省会议员，县署科长、科员等人。县行政会议的主要职责是审议预算，议决属于县自治应办事件。[①]

3. 吴县财政运行的效果

从吴县地方财政的支出结构看，警察和教育两项占比最大。清末，吴县为苏州府治所在地，而苏州又是江苏省的省会所在地。因此，吴县的警察创办是与苏州府乃至江苏省警察连为一体的。光绪三十二年（1906）5月，江苏创办警察总局，以苏州知府为总办，长洲、元和、吴县三县知事

---

① 李继业：《传承与更新：1912—1937 年吴县县政研究》，第 124—127 页。

为帮办。中间名称虽有变更，但规模不断扩大。到宣统三年（1911）4月，苏州城警官、巡官、巡长、巡警等已达1500余人。但也存在不少问题，如警政系统尚不完善、经费缺乏保障、警员素质良莠不齐等。[1] 1912年，江苏省改革市乡警察，令各县城设巡警局，在城乡设若干巡警分区。吴县设九个巡警分区，共有警员430名。1913年1月起，北洋政府划一地方警察组织，将各县巡警改为警察事务所。5月，吴县警察事务所成立，下辖23个警区，有警员536人。1914年8月，警察事务所一律改为警察所，由县知事任所长，设佐理员若干人，并于辖区繁华地段设分所。吴县全县共设警察区署13个，警察分驻所8个，派出所18个，各类警察584人，其中警察及职员17人，雇员19人，巡官9人，巡长53人，巡警486人。[2] 至此，吴县的警察系统基本确立起来。根据《江苏省暂行各县办理警察所规程》，县级警察事务所警额为160人，吴县的警额远远超出法定标准，结果是经费异常竭蹶。为筹措经费，吴县除依靠银钱折合以求弥补外，违规收取罚金，甚或任意筹捐、滥刑科罚等手段层出不穷。

清末民国吴县实行学区制度，将全县7市21乡划分为28个学区，每个学区设学务专员一人，后改为学务委员。学务专员（委员）由本区小学校长、教员或董事等兼任，负责学校设备购置和管理、学务款项筹集、经费预决算、学童普查和监督学务等事宜。[3] 后为节省经费起见，吴县开始归并学区，到1915年，减至12个学区。在1929年之前，吴县的教育经费大体能够保持平衡。因此，入学儿童数量不断增加，1912年吴县的学龄入学率为11.1%，到1921年增加为13.4%。[4]

① 李继业：《传承与更新：1912—1937年吴县县政研究》，第197页。

② 江苏省长公署统计处：《江苏省政治年鉴》，锡成印刷公司1924年版，第183页。

③ 戚名绣等：《中国近代教育史资料汇编·教育行政机构及教育团体》，上海教育出版社1993年版，第82—84页。

④ 苏州市地方志编纂委员会：《苏州市志》第三册，江苏人民出版社1995年版，第576—577页。

三、风气开化型：近代浙江宁绍地区的县财政

浙江宁绍地区包括鄞县、慈溪、镇海、奉化、象山、定海、南田、绍兴、嵊县、新昌、余姚、萧山、上虞、诸暨等县。宁绍地区地处沿海，宁波又是一个对外开放商埠，受西方财政思想影响颇深，风气开明。在实行地方自治过程中，宁波绅商往往不遗余力，取得了不错的成绩，在全国尚属罕见。[①]

1. 浙江宁绍地区县财政实施的背景

浙江各县的自治和全国一致，也经历两个时期。1911 年左右，浙江各县普设城镇乡议会，1914 年 2 月，县议事会参事会解散。第二次县自治是在 20 世纪 20 年代，由于浙江政局相对稳定，士绅的力量较为强大，且主政者卢永祥比较支持自治，在 1922 年左右，浙江的县议事会、参事会基本恢复。

2. 浙江宁绍地区自治财政的运行

（1）浙江宁绍地区县自治财政的收入结构

宁绍地区各县的财政收入来源主要是县税、公款公产、杂捐和杂收入。从鄞县和余姚二县的财政收入来源看，田赋附加占大宗，基本保持在 50% 以上。与其他省份不同的是，民国初年，浙江省统一了田赋附加的标准。每正银一两，征 1 元 5 角作为国税，征 3 角作为省税，征 4 角 4 分至 1 元不等作为县税。当时宁绍地区各县的县税征收标准分别为：鄞县、慈溪、镇海 0.75 元，奉化 0.72 元，定海 0.63 元，象山 0.83 元，绍兴 0.443 元，萧山 0.682 元，诸暨 0.67 元，余姚 0.7 元，上虞 0.45 元，新昌 0.7 元，嵊县 0.443 元。[②] 除规定县税的附征标准之外，对地方税分派数目也作了划分，其中准备金占 10%、公益费 30%、教育费 30%、警察费 30%。1922年，浙江省公署对分派数目重新规定，其中准备金 10%、公益费 20%、警察费 30%、教育费 40%，[③] 公益费比重下降，教育费比重提高。但在

---

① 汤太兵：《论近代宁绍地区的县自治财政》，宁波大学 2010 年硕士学位论文，第 1 页。

② 余绍宋等纂：《重修浙江通志初稿》第十七编，《财务略·田赋》，1948 年铅印本。

③ 民国《象山县志》卷一一，《赋税考》。

1922 年，警察经费不再由县分配，而是列入省预算，由省议会议决，省警务处统管。地方杂捐也是县财政收入的主要来源，但各县大都根据实际情况开征，各县名目极不一致。

表 7-7　鄞县 1913 年的县财政收入结构

单位：元，%

款别	额数	占比
田赋附加	62525	48
公款公产	2600	2
杂捐	63172	48
杂收入	3160	2
合计	131457	100

资料来源：《鄞县通志》卷二，《政教志·财政》，宁波出版社 2006 年影印本。

表 7-8　余姚县 1922—1924 年自治财政收入结构

单位：元，%

款别	1922 年		1923 年		1924 年	
	额数	占比	额数	占比	额数	占比
田赋附加	27561	73	29503	57	42535	78
公款公产	2406	6	2867	6	3616	7
杂捐	1040	3	3876	8	4300	8
中小学学费	2274	6	2569	5	2750	5
杂收入	4544	12	12718	24	1083	2
合计	37825	100	51553	100	54284	100

资料来源：余姚县议会编：《余姚县议会民国十二年通常临时会议议案》，出版年份不详，石印本。
转引自汤太兵：《论近代宁绍地区的县自治财政》，第 5 页。

（2）浙江宁绍地区县财政县支出结构

宁绍地区各县的财政支出主要为自治机关、教育、卫生、慈善、警察、慈善、水利等。支出中所占比重较大的为警察和教育，由于后期警察事务归省管辖，所以形成教育一家独大的局面，基本占县财政支出的一半以上。

表 7-9　鄞县 1913 年的县财政收入结构

单位：元，%

款别	额数	占比
自治	10803	8.1
财务	9492	7.1
教育	18950	14.2
实业	11400	8.5
卫生	1000	0.8
水利	500	0.4
慈善	6162	4.6
警察	72939	54.6
杂支	2345	1.7
合计	133591	100

资料来源：《鄞县通志》卷二，《政教志·财政》，宁波出版社 2006 年影印本。

表 7-10　余姚县 1922—1924 年自治财政收入结构

单位：元，%

款别	1922 年		1923 年		1924 年	
	额数	占比	额数	占比	额数	占比
自治	8766	21	6653	14	9960	20
教育	22273	52	23841	49	29342	59
实业	1204	3	1441	3	1274	3
卫生	768	2	457	1	0	0
慈善	3977	9	6400	13	3808	8
杂支	5185	12	10232	21	5018	10
合计	42174	100	49022	100	49402	100

资料来源：余姚县议会编：《余姚县议会民国十二年通常临时会议议案》，出版年不详，石印本。
转引自汤太兵：《论近代宁绍地区的县自治财政》，第 5 页。

（3）浙江宁绍地区自治财政收支的管理

在第一次县自治期间，宁绍地区县议会、县参事会属于自治事务的议决机关，具体执行由县公署负责。大体分工如下：县议会议决自治经费的筹集、处理，县参事会有修正议案的职责，而自治经费的征收、保管、支出，则由县公署负责。由于县公署负责自治经费的征收、保管，且又掌管着实际的支出，在经费使用过程中，经常出现账目不清的情况，甚或据为已有。因此，在第二次自治时，就对三者的职责分配进行调整。县议会除议决经费的筹集、使用之外，对自治经费有检查监督之权；自治经费的保管，以及预算决算的编制由参事会负责，县公署则负责田赋附加与地方杂捐的征收。对经费的筹集、征收、保管等，分别由不同机构负责，有效地克服了第一次自治期间经费账目混乱、交接不清的局面。由于县议事会和参事会拥有对自治经费的检查和管理权，每年定期对自治经费进行检查，在 20 世纪 20 年代的奉化、镇海、嵊县、象山等贤县知事卸任时，都查出有贪污自治经费的情况。①

　　3. 浙江宁绍地区自治财政的效果

　　从宁绍地区自治的实践看，其包罗的范围更广。除了教育、警察、工程外，卫生和改良风俗等事务也是各县关注的重点。在 1912 年奉化县议会议决的 44 件议案中，卫生类有 4 件，包括禁烟局附设戒烟局经费案、酌定禁烟局员役及量并广济局案、戒吸卷烟案、取缔本痘改种牛痘案；改良风俗类 9 件，包括禁止赛会案、强迫剪辫案、节俭婚嫁费用案、节俭丧葬费用案、禁止妇女缠足案、严禁花会串客案、禁止妇女宿山案、严禁灯戏案、严禁凌虐养媳案。② 由于自治事务繁多，民初各县的自治财政就异常竭蹶，各县不得不东挪西凑，勉力应付。到第二次自治时，"自治经费异常支绌"等词汇充斥于各县的议案中。1922 年，诸暨县"自治经费向来竭蹶万分，去岁水灾以后更觉入不敷出，各自治机关或议决停办，或因陋就简"③ 鄞县"总出入收支相抵，尚欠四千元，这部预算不知如何着手也"④。由于经费问题，很多县不得不压缩自治事务，最明显的是在第二次县自治开始后，宁绍地区几乎所有的县都取消了贫民习艺所。

　　综观山西、浙江、江苏等各县的地方自治财政，虽然同样面临着经

---

　　① 汤太兵：《论清末民初宁绍地区的县自治财政》，第 11—12 页。

　　② 《奉化县参议会议决案附县议会议决原案》，档案号：旧 184-4-35，宁波档案馆藏。转引自汤太兵：《论清末民初宁绍地区的县自治财政》，第 32 页。

　　③ 《征收捐案》，载诸暨县议编：《诸暨县议会民国十一年通常会议决案》，转引自汤太兵：《论近代宁绍地区的县自治财政》，第 11—12 页。

　　④ 《参事会会议预算》，《时事公报》1922 年 5 月 14 日。

费困难，但在各方的努力下，各项措施基本能够得以推行。在这一过程中，政局的稳定、地方政府的支持、士绅的热心参与、稳定的收入来源等因素都在起着促进作用。第一，政局的稳定，使政策的推行有稳定的环境并保持连续性。阎锡山在独揽山西大权之时，推行"保境安民"策略，①为山西赢得了一个相对稳定的建设环境。辛亥革命爆发后，江苏都督程德全于 1911 年 11 月 5 日宣布苏州和平光复，避免了因战争而造成的巨大损失，有利于社会秩序的迅速安定，有利于生产的发展，也对辛亥革命的成功推波助澜。民国时期是中国时局非常动荡的时期，据统计，自辛亥革命到 1928 年，总共有超过 1300 个敌对的军事集团进行了 3140 次战争，全国大多数省份都卷入其中，其中鲁、豫、川、皖、湘、鄂等省战祸尤烈。战端一开，交通梗阻，百业停滞，官方勒索在前，兵匪劫掠在后，民众流离失所，国家和地方的经济发展受到相当大的阻碍。然而 1924 年发生的国内战争，基本没有波及江浙两省。②第二，地方政府的支持。如前所述，在山西，为了推行地方自治，实施地方财政，阎锡山做了大量的工作，包括各种赋税的征收、县署各机关人员的培育与遴选、地方财政机构的设立等等，以确保自治财政的有序运行。在江苏，无论是清末的巡抚程德全，还是北洋政府时期两长省署的韩国钧，都以清正廉洁、政声素著著称。卢永祥在主政浙江期间，发起联省自治运动，对地方自治持同情态度。地方大吏对自治财政的态度，是决定自治财政得以顺利推行的重要保障。在1922 年左右，江苏省与内务部，在是恢复旧有议会还是实施《自治法》之争上相持不下，最后，江苏省议会顶住压力，令所属 60 个县知事恢复县议会。1923 年 7 月初，除邳县、泗阳、江宁、宿迁等 10 县外，其余各县议会次第成立。③清廷颁布变法诏令后，时署浙江巡抚的余联沅积极响应，并上陈《条陈变法折》，"改律例则用人行政耳目自可一新；变科举则设学专科人才自能日出；设巡捕则可多裁防营以裕饷；行印税则更可筹集

---

① 雒春普、景占魁等：《山西通史》（卷七），山西人民出版社 2001 年版，第 374—383 页。

② 金普森等：《浙江通史》第 11 卷《民国卷》上，浙江人民出版社 2005 年版，第 248 页。

③ 李继业：《传承与更新：1912—1937 年吴县县政研究》，第 64 页。

巨款以练兵。"① 此后浙江所推行的新政，大体沿袭这一思路。但此后相继担任巡抚的刘树棠、聂缉椝、张曾敭、冯汝骙对新政不甚热衷，因此，新政推行不尽如人意。直到增韫出任巡抚，这种情况才有所改观。增韫思想开明，艳羡三权分立学说和立宪制度，推行较为积极。再加上浙江立宪派及地方开明士绅的势力比较强大，浙江的新政活动次第展开。虽然不在最前列，但也是先进省份之一。辛亥革命爆发后，1911 年 11 月 5 日杭州光复，浙江军政府成立。军政府成立后，在府县一级，按照三权分立的原则和《中国同盟会革命方略》，设府县民事长作为代表行使行政权，设参议会、议会行使立法权，设县法院、地方法院行使司法权。军政府先后颁布《浙江省自治章程决议案》《浙江省修订自治章程决议案》《修改城镇乡自治章程决议案》等法规，使光复后的各级基层政权纳入民主政治的轨道。在 1916 年以前，浙江历次战争中保持中立态势，避免了兵火荼毒。1919 年 8 月卢永祥入浙，在任职期间，对省内治安颇为注意，其治军严明，深得地方绅商好感。在外交上，卢永祥审慎而不失立场。对新文化运动持同情立场，舆论管制的较为放松。② 倡导联省自治，颁布"九九宪法"，比当时号称"省宪运动先锋"的湖南省要早三个月。③ 在 1924 年江浙战争爆发前，浙江省局势稳定，政治上也相对清明。第三，士绅的热心参与。明清以来，随着江浙地区的绅商势力的日益壮大，他们愈来愈对地方政治变迁产生着至关重要的影响，甚至在一定程度上左右着地方官宦的政策取向。④ 在清廷颁布《城镇乡地方自治章程》之前，1906 年 5 月，湖州士绅便成立地方会议公所，截至 1909 年初，浙江各县成立自治团体 22 个。⑤ 第四是稳定的地方财政收入。山西省各县俱有斗捐之设，是地方财政收入的重要来源。⑥

---

① 余联沅：《条陈变法折》，载毛佩之编：《变法自强奏议汇编》卷一九，上海书局 1901 年石印本。

② 金普森等：《浙江通史》第 11 卷《民国卷》上，浙江人民出版社 2005 年版，第 221—222 页。

③ 金普森等：《浙江通史》第 11 卷《民国卷》上，第 239—247 页。

④ 金普森等：《浙江通史》第 11 卷《民国卷》上，第 249—250 页。

⑤ 汪林茂著：《浙江通史》第 10 卷《清代卷》下，第 113—114 页。

⑥ 《山西徵收斗捐章程》，《晋民快览》1925 年第 4 期。

浙江则在田赋项下加征 4 角 4 分至 1 元不等作为县税。相对于其他省份的临时罗掘，山西、浙江等省则明确规定征收的份额及比例，一则可使税收确定，一则可保税源稳定。

第三节 上下失骥：近代河南县财政的审视

山西、浙江、江苏等省在的地方自治，有得天独厚的条件，即便这样，自治财政的运行也面临诸多问题，经费的短绌一直困扰着上述地区。相较之下，河南的处境更糟，自治财政的运行更是不尽如人意。

一、战乱与匪扰横行

袁世凯死后，北洋军阀分化为直、皖、奉三系。而英美等帝国主义国家为了在中国攫取最大利益，在军阀中扶植各自代言人，以达到控制中国之目的。在各自主子的操纵下，各派军阀争斗不已，中国陷入内乱之中。河南位居要冲，成为直、皖、奉三大军阀逐鹿之场所。由于地方军阀的争斗不已，河南饱受战争之苦。北洋政府统治时期，较大战争和兵变发生或主战场位于河南的达九次之多，省内派系错综复杂的驻军最多年份达到30 万人，真可谓是"年年打仗，遍地皆兵"。

表7-11 民国初年河南境内战乱一览表

时间	战争名称	主要波及区域
1920 年 4 月	皖系吴光新部兵变	信阳
1920 年 7 月	直皖战争	豫南、豫西
1921 年 1 月	陆军第三旅兵变	许昌
1921 年 4 月	成慎兵变	豫北
1922 年 4 月	第一次直奉战争	豫中
1925 年 2—3 月	胡（景翼）憨（玉琨）之战	豫中、豫西
1926 年 2—3 月	吴（佩孚）岳（维峻）之战	豫南、豫中、豫西
1927 年 2—3 月	奉（系）靳（云鹗）之战	豫中

资料来源：徐有礼《动荡与嬗变：民国时期河南社会研究》，大象出版社 2013 年版，第 10 页。

军阀的混战时期，战线深入全省各地，军队所至，奸淫抢掠。土匪乘之，村庐为墟，财物荡尽。官府和军队的相继盘剥，又导致广大人民的破产，土匪迅速滋盛，全省几无一县不匪，甚至一些地方几乎无村不匪，整个社会长期陷入动荡之中。"民元至今，第见凶年，屡遭兵燹，小民离居荡析，十室九空。始则白朗扰乱，大河以南村庄，城镇半成丘墟，民气伤残，复原非易。继则老洋人变叛，窜扰蹂躏豫东西南方面，抢掠烧杀，几无完善之区。"① 军阀混战和土匪劫掠如影随形，给河南人民带来沉重的灾难。

1. 军队的征发与劫掠虚耗大量的社会财富，极大地加重了河南人民的负担

军阀混战期间，各派军阀为了在攻城略地中获取优势，最直接的办法就是扩充军队。于是筹饷、预征钱粮、苛捐杂税等，因之以起。1925年，河南境内军队和地方性武装总数不下 100 万人，军费支出自然也十分庞大。为筹措巨额军费，省当局就不断加重对人民的盘剥。从 1922 年起，地丁每两折征由原来的 2.2 元增加为 3.3 元，漕粮每石由原来的 5.5 元增加为 8.25 元。② 军队除征收赋税筹措军费之外，所到之处强令各地商民提供报效。在吴佩孚统治时期，开封、洛阳、郑县、商丘等处苛派军饷有三四次之多（每次均数十万元）。国民军入汴后，因军粮无着，设兵站于各区，以维兵士给养，令各县署直接办理伙食，以避就地筹饷之策。县署则分向各商务会转各农户商家筹拨军食。加以不肖知事藉此大肆勒索，乡中甚有卖妻鬻子以供支应者。③ 孟县自民国十三年（1924）至民国二十一年（1932）计九年度，共支兵差银 1242285 元。④ 长葛县仅民国十四年（1925）一年派款便达 11 次之多，计每次 3 万、4 万不等，共钱数 10 万串。⑤ 信阳自辛亥武昌起义，李纯率第六师驻防，自是差徭无间。民国十三年（1924）秋，直奉再战，信阳县支应局费至七八万元。是年冬，吴佩孚巡

① 《为旧欠粮赋分别免征援案办理呈请》，《河南财政月刊》1924 年第 23 期。
② 程有为、王天奖主编：《河南通史》第四卷，第 244 页。
③ 《豫商不胜军队给养之呼吁》，《申报》1925 年 1 月 30 日。
④ 民国《孟县志》卷四，《财赋》。
⑤ 民国《长葛县志》卷五，《食货志》。

阅李济臣省长，率部由洛阳至信阳，设行署十余日，支应款项由商民摊款，达五六万元。[①]1926 年豫南光山、固始、正阳、泌阳四县供应驻军给养一项不下四五百万元，较之全年国家正赋已有三分之二。[②] 在当时，军队劫掠事件也时有发生。1925 年 4 月 2 日，三十五师第三第四混成旅在登封县附近大肆骚扰，该混成旅守城队伍又在城内哗变，县署及城乡商民被抢一空，署内征存各款及公款局一切款项约计共 2 万余元被劫罄尽。[③]4 月 9 日，陕西都督派驻孟津县的一个旅哗变，四处劫掠，约略核计国税一项共损失 7000 元上下，公款局约 3000 元，市面损失约 10 余万元。[④]

2. 土匪的烧杀抢掠使劳动人民流离失所，严重影响农业生产的正常进行

土匪所到之处，烧杀抢掠无恶不作，对当地居民的生命财产安全造成极大的威胁。1918 年 6 月，内黄县梁庄乡孙朝仲勾结濮阳土匪刘培玉、滑县土匪徐连仲攻破牡丹街，掠去男女 140 人，死伤 30 多人，财物被抢一空，烧房不计其数。1922 年，内黄杆首申文祥攻破李次范寨，杀死村民 108 人，附近各村逃到该村（因为有寨）也被杀害百余人，抢劫财物不可计算。1925 年，又有匪首靳坤岭和孙朝仲等相勾结，在梁庄一带下帖索钱，李官寨、白庄因抗拒不交，村庄遭到洗劫，死伤 70 多人，掠去男女百余人，牲口百余头，烧房百余间。12 月又在小王固、赵庄杀伤 9 人，绑架 10 余人。[⑤] 樊钟秀在 1926 年 7 月攻陷南阳时，将南阳全城官商绅民各界掳劫一空，即使极贫之户亦被光顾。因贫民家中有富户藏匿，及至搜出，一律作为肉票，令其回赎。统计城内损失约有 2000 万元，同时樊匪所获肉票不下五六百人，男票居十分之八九，女票不过数十人。除在县赎

---

① 民国《重修信阳县志》卷一一，《食货志二》。

② 《豫省兵匪之骚扰》，《申报》1926 年 1 月 4 日。

③ 《河南督办胡景翼呈报第三十五军各师旅在登封县城内大肆扰乱情形等因请查核办理由》，1925 年 4 月 4 日，载中国第二历史档案馆馆藏 1001—2—533。

④ 《河南督办呈报孟津县被陕督所派驻旅哗变，略记各款损失数目请备案等因请查照由》，1925 年 4 月 17 日，载中国第二历史档案馆馆藏 1001—2—533。

⑤ 刘静轩：《内黄县匪患纪略》，载政协内黄县委员会、内黄县地方史志编委会：《内黄县文史资料》第四辑，1992 年版，第 174 页。

出数百人外，带走之票共有120余人。①

土匪的烧杀抢掠，架票勒赎，奸淫妇女，使很多人不安于民，无法从事正常的生产活动。1920年春，一个在开封居留了20多天的外地旅人，记述了兵灾匪扰对河南人民造成的沉重灾难。"民国九年，（河南人民）没有得过一天安居乐业的幸福，小百姓们所度的生活就是逃死不暇的生活。兵祸、匪祸、重税、苛敛、公债、军饷，纷沓杂来。竭终岁之所入，不足应付官府的需索。尽人生之智识，不能幸免污吏、暴兵、悍匪的诛求。善良之民，十室九空，生命财产，掠夺殆尽。"②在这种情况下，条件稍好者，迁居城市；有甚至忍无可忍，远走他乡者。老洋人盘踞豫东期间，当地土匪蜂拥而起。各县乡镇中，稍有钱财的都逃往县城借居，而留下的贫苦农民，就只能忍气吞声接受土匪和兵匪的蹂躏。③滑县民国十五、十六年（1926、1927）间，天灾人祸并集一时，加以红会之倡乱，大肆抢劫，互相烧杀，村落为墟，十室九空。虽有孑遗，而地方元气大伤。故民富者变而为贫，贫者变而为极贫，转徙流离，散于四方。观民国十七年（1928）户口调查表，有他往人数男女总计共9390余人，至民国十八年（1929）6月间，迁往东三省就食之民又达六七千人。④

3.战乱和匪扰，导致各种自治事业停滞不前

战乱和匪扰，不仅导致生灵涂炭，即便是地方政权也自顾不暇。1923年旧历8月12日夜二时，西华县城被遭山东巨匪范明新攻破。匪人将四门把守，水流不通，挨户搜刮，并将监狱打开，囚犯完全放出，并将衙署、公款局、盐店大肆抢劫，县署之一部及北门大街一带，均付之一炬。陈州共辖七县，除商水、淮阳、太康三县外，其余四县先后失陷。⑤1923年，遂平、正阳、上蔡、沈丘、项城、息县等县土匪破城，劫掠衙署，损

① 《范钟秀攻陷南阳之惨况》，《申报》1926年7月14日。
② 北京《晨报》1920年5月1、3、26日。
③ 苏辽：《"老洋人"——张庆》，《民国春秋》1989年第6期。
④ 民国《重修滑县志》卷七，《民政》第四。
⑤ 《范明新股攻陷西华详情》，《申报》1923年10月4日。

失多则巨万，少则亦五六千元①。豫东淮阳县地方重要，与安徽毗邻，商务繁盛，地方富庶。因连年土匪蜂起，该处城内驻扎军队一团。1925 年 12 月 3 日辰刻，忽有土匪 200 余人占据县城。驻扎该地之军队与之巷战，兵匪不分，乱为抢劫，县监内人犯全行出城。及出城时，将陈州中学教员学生全行架走，又架去住户小康之家 100 余人，商家亦架走 100 余人，省城各机关所委之委员亦掳去 7 人。②

　　土匪不仅掳掠各机关人员，使正常工作无法开展。而且还抢夺地方警察的武装，骚扰各县的教育事业。民国十二年（1923）8 月 24 日午时，河南杆匪黄建升率其徒众百数十人，腰炮肩枪，蜂拥由孟县县城南门入城，诡称办案，见之者不知其为匪。俄而枪炮骤发，纷向各街抢掠，局所商号货物钞票，悉付一空。架走绅民商学各界 200 余人，被抢击及中流弹死者 9 人，受伤男妇 15 人。抢去警察枪支 10 把，子弹 549 粒，武装警察枪支 7 把，子弹 3550 粒，红旗 1 杆，洋鼓洋号各 1 对，商民损失骡马钱物，约计不下 15 万元。③光山自清末兴学以来，除开始办理数年，地方尚属平靖外。民国二年（1913）秋，突遭土匪 18 人抢劫县署，冬又遭白朗陷城，城内所有各校均暂停办。民国四年（1915）至民国十三年（1924），其中虽间有兵匪往来，而人民生计尚不艰窘，各项教款之收入亦颇顺利，故各处小学尚能逐渐扩充。至民国十四年（1925）春，突遭大股禹匪（匪首禹三山）骚扰，自兹以降，岁无宁日，王泰、李老末各股土匪，迭次扰害，兼之土匪式的军阀盘踞境内，强驻各校，横征暴敛，民不堪命。甚至绑票之事，时有所闻，以致各完全小学校时办时停，不能进展，县立第六完全小学且因而倒闭。④太康县月河寺两等小学堂，光绪二年（1875）由邑人刘贯一、张子仁创办于双陵集月河寺，初、高等学生两班，共 56 名，宣统三年（1911）因会匪猖獗停办。民国十四年（1925）春，邑人郭成章、圭龙骧捐资创设私立先声女子小学校系，招高级预科生一班，初级生

① 《河南财政月刊》1923 年第 10 期。
② 《豫省最近之变乱》，《申报》1925 年 12 月 5 日。
③ 民国《孟县志》卷四，《大事记》，第 441 页。
④ 民国《光山县志约稿》卷二，《政务志》。

两班，年由教育局补助钱 1280 串文，民国十五年（1926）股匪破城停办。该县设立于民国十二年（1923）8 月的县立农业学校，以及县立初级中学校也于民国十五年（1926）因城破于匪而停办。①

二、地方政局混乱不堪

河南省县官员敌视民主革命，极力扼杀新政事业；贪污腐败上下充斥，以掠取财富为终极目标，致使自治财政的发展阻力重重。

河南是辛亥革命后光复较晚的省份。辛亥革命爆发前夕，蒙古贵族宝棻调任河南巡抚。宝棻是袁世凯门徒，虽然对清廷十分忠诚，但却十分老练世故。虽然敌视革命，但又适可而止，在策略上随机应付，不敢严厉镇压革命党人和各种谋求独立的活动。12 月 2 日，宝棻离职，由齐耀琳继任。齐与宝棻不同，以贪残苛暴著称，对革命党人和起义活动采取残酷的方式镇压。由于革命党人力量对比过于悬殊，再加上缺乏斗争经验，四路图汴以及由外省进取河南的计划全部落空。此时，南京临时政府已与袁世凯达成妥协，于是袁世凯加紧逼宫，河南巡抚齐耀琳等本着"请愿共和而不独立"的方策积极配合。2 月 5 日，齐耀琳致电清内阁，称"全省士庶异口同声"要求共和，要求清廷即时宣布共和。

由于齐耀琳在辛亥革命期间残酷屠杀张钟瑞等革命志士，河南各阶层人民恨之入骨，即便是袁世凯也难以庇护，因而在顶充河南都督一个多月便被迫去职。3 月 23 日，袁世凯的表弟张镇芳署理河南都督。张镇芳十分守旧、腐败，在直隶总督任内即为直隶士民所不容，在袁世凯的庇护下，出任河南都督。在施政方针上，张镇芳极力维持旧的统治秩序，"凡事多出亡清之故辙"。在河南都督府以下的各级官署中，进入民国以后的当差人员仍然拖着长辫，清帝、帝后题写的匾额仍然高悬于大堂之上。"牧令之出也，依然旗锣扇伞，高帽红衣，如率猴作戏然。牧令之归也，依然打鼓排衙，鸣炮击点，如优伶登台然。"②"精神上之改革无论矣，即形式

① 民国《太康县志》卷四，《教育志》。
② 《自由报》（开封）1912 年 8 月 19 日。

上之改革而亦无之。"① 与南方各省急谋各项改革，经济、教育、文化、社会建设为之一新的情况相比，河南尚未走出清朝统治的旧轨道，"政治以偏于保守而黑暗刻驰如故，教育则以偏于保守而庞杂凌乱如故，司法则以偏于保守而残缺不全如故，立法则以偏于保守而多言寡要、轻重失宜如故"。② 在维持旧制的同时，张镇芳极力窒息民主生机，消除辛亥革命的影响，公然对抗《临时约法》，下令"取缔自由结社、集会"，"玩视立法机关，俨然专制帝政"。③1912 年，省议会以"蔑视立法、纵容恶吏、信任憝人、纵兵淫掠、残屠居民、嗜好太深、滥保私人、伪电挑衅"等罪状弹劾张镇芳，议案虽然最终未获通过，但却遭到张镇芳的嫉恨。7 月 27 日，张镇芳指示暴徒冲入议会会场，开枪打伤议员 9 人，议会被迫停止活动多日。以武力敢于立法机构的闹剧，在全国实属罕见。且上行下效，河南自省议会惨剧出现后，继之各县议会被打者甚多，"议员往往破头烂额，无处白冤"④。

1914 年 8 月，河南护军使赵倜出掌河南军政大权。从 1914 年 8 月任职到 1922 年 5 月被免职，赵倜持河南军政大权达八年之久。赵倜与张镇芳一样，仇视民主共和。赵出身行伍，对军队特别看重。在任职以后，不断扩充军队，到 1920 年，赵倜控制的私人武装达 10 万人。这些武装，大都由地方兵痞、游棍聚合而成，名为"剿匪安民"，实则四处"捉赌讹人"，护送和买卖烟土，甚至捉人勒赎，公开抢劫，"明目张胆，毫无顾忌"，故被民众称为"官杆""官匪"。军队的枪械和粮饷全由地方供给，不仅增加了河南人民的负担，而且给全省经济和社会带来巨大的灾难。⑤ 作为袁世凯的忠实党徒，赵倜死心塌地为袁世凯复辟效力，在全省实行戒严，镇压人民的反抗，严密查禁革命党人和进步人士的宣传品和书报，辛亥革命在河南的有限成果，被张镇芳、赵倜之流践踏殆尽。作为一个旧官僚、旧军

---

① 《自由报》（开封）1912 年 7 月 6 日。

② 《自由报》（开封）1912 年 7 月 6 日。

③ 《河南又有打议会者》，《顺天时报》1912 年 11 月 13 日。

④ 徐有礼：《动荡与嬗变：民国时期河南社会研究》，第 10 页。

⑤ 程有为、王天奖主编：《河南通史》第四卷，第 202—203 页。

阀，赵倜在省内各县也实行"专制帝政"。"专制帝政"在用人上，就是用人唯旧、用人唯亲，唯金钱贿买。各县县知事"大抵皆前清之守旧官僚"，且辅之以"请托"和金钱，尤其是后者更为重要。"专制帝政"在吏治上，就是"率由旧章"，且更加乌烟瘴气，各县县政少有改革，一切如旧。"专制帝政"在社会经济上，就是广大人民尤其是农民的负担大大加重。[①]

1920 年直皖战争结束后，直系军阀吴佩孚在洛阳建立"直鲁豫巡阅副使署"，后吴升任巡阅使而改为巡阅使署。巡阅副使一职，本是北洋政府为安抚吴佩孚而设，但吴佩孚却以此为契机，不断扩充编练军队，不仅遥控中央政府，而且也成了超越河南省级政权的太上皇。其下属的书记官、军需官、顾问、咨议人员等"改任县知事者甚多……此辈新知事，对于行政虽无经验，而气概则雄居骄横，有恃无恐"[②]。河南军阀的暴虐和贪婪，河南人民所受剥削压迫之深重，大大超过其他省区。

吏治腐败是清代以来河南官场的痼疾，薛福成曾言："凡游河南者，率视为谋厚利之捷径。"[③] 进入民国以后，"各省吏治大约皆不若前清，而豫尤甚。求有安静不扰民，廉洁不贪财，勤奋不废职之人，百不抽一也"[④]。河南民政长田文烈以金钱和关系安插人员，全省 108 县，"半属请托，半属金钱"[⑤]。赵倜卖官鬻爵，大肆搜刮，积累起巨额财富，以致老百姓以"河南有周人，黎民户户贫"讽之。[⑥] 北洋政府时期两任河南省省长的张凤台"自长豫以来，屏除正士，信任群小，以纳贿之多寡，定差缺之优劣，即将县缺分为三等，作为收贿之标准。一等五六千元，二等四五千元，三等二三千元，否则纵是异能，亦难有幸进之缘，间有以海洛因六瓶至八瓶，作为银元之代价贿得差缺者"。张凤台之弟张仙台本一车夫，外

---

① 程有为、王天奖主编：《河南通史》第四卷，第 205—206 页。

② 天津《大公报》1922 年 12 月 15 日。

③ 薛福成：《庸庵文外编·治捻寇》，1888 年版，转引自徐有礼：《动荡与嬗变：民国时期河南社会研究》，第 12 页。

④ 《汴梁旅游记——军政与民政》，《晨报》1920 年 5 月 1 日。

⑤ 上海《民国日报》1916 年 8 月 30 日。

⑥ 《新中州报》(开封) 1918 年 1 月 13 日。

号"五掌鞭"，张任之以省署支应处长，兼卫队统带。张仙台暗通土匪渔利，凡土匪在安阳、汤阴、内黄间的小河之中贩运运枪弹者，均在保护之列。又在原籍崇义村一带广种烟苗，年年阡陌相望，派人制造药丸，运向临近各县销售。张仙台不仅多方罗掘，而且在财政拮据之秋，吞蚀公帑十余万。① 政务厅长陶珙卖官方法甚多："一为债卖法。如已议定某缺价值若干元，先由买者书立署某知县事，某人因赴任无资，向某商号息借洋若干元债权，交后即挂牌外放，赴任后如数归还。该商号尽介绍债券义务，即享一九扣权利，如商城某知事是。一节礼卖法。如夏季送洋千元即可留任；至秋节，秋节送洋千元即可留任；至春节，春节送洋者亦然，如沈丘县某知事是。一带肚卖法。如缺分需款若干，有带肚门丁凑齐现款，交与该厅长门丁萧姓秘密过付，即予挂牌，如禹州县知事李如勋是。"② 另一政务厅长孙世伟在位十年，毫无政绩，营私树党，劣迹昭著。赵倜其喜谄媚，而内有"如夫人"之称；张凤台省长被其朦胧，而外有"二省长"之号。孙世伟有四大恶行：（一）贿卖县缺。孙世伟利用省长昏聩之机上下其手，勾结赵杰暗中贿卖官员，博取金钱，将县缺按上、中、下三等，定洋为四千、三千、二千之差，现款交易，不许欠款。对于旧任人员，改为节礼办法；名为送礼，实则行贿，以 500 元为最低额，欲望稍有不遂，即行撤差。县知事苦于苛求，不得不转取民间，罗掘脂膏。（二）阻挠新政。按省议会之要求，民国八年（1919）特派秘书韩运章赴山西调查，以图通过改革澄清吏治，韩运章归后在省城设立育才馆，培养掾属人才。但政务厅长心怀嫉妒，百方阻挠，竟与前开封道尹叶济联合，暗中串通各县知事，一致反对毕业人员。前后毕业 500 余人，而委用者实属寥寥，以致费款 10 万上下，而毫无丝厘成效。（三）荒废职务。孙世伟荒淫无度，常不到厅办公，日日"征逐于酒食之场，奔走于权势之室，公文积压如山，直以秦越相视"。（四）庇护私人。河南政务厅在职各员，非属厅长姻娅，即

---

① 《河南民法学会等呈为胪陈省长张凤台罪状请撤惩由》，1923 年 4 月 19 日，中国第二历史档案馆：民国北京政府内务部档案，档案号 1001-2-222。

② 《国务院交关于查办河南省长田文烈肆意殃民按及分别惩处令文（抄件）》，中国第二历史档案馆：民国北京政府内务部档案，档案号 1002-2-220。

系厅长友朋；若徒具学识而无关系者，向不录用。各县知事亦属如此，如杞县知事周湘曾在尉氏县私造契纸，隐瞒国税，经人民告发撤惩，应无再用之理，但因其系孙世伟干亲，依然调任杞县；又如杞县知事祝秉彝吸食鸦片，因系孙世伟密友，乃委属县缺。①

由上观之，近代河南的官场旧习气浓厚，敌视共和民主，扼杀和抵制新生事物品，且醉心于追名逐利，贪污成风。在这样的背景下，地方自治的推行与其他各省相比，显得困难重重，县地方财政的发育也变得更加步履维艰。

三、地方士绅的有限参与

清末河南士绅也投身于地方自治的洪流中，纷纷参与到自治会、教育、警察、实业等机构的创办与管理中。即以县议事会言之，据沈松侨统计，滑县、汜水、汝南三县议事会议员共97人，有教育背景者39人，其中拥有生员以上功名者21人，接受中西教育者4人，接受西式教育者14人，传统士绅所占比例为54%。在传统功名的士绅中，生、贡等低级功名议员又占绝大多数。因此，在当时"各州县的上级自治机关大体是由本地低层士绅所控制"②。民国建立后，革命民主势力在对各级自治职位的争取中，与封建势力展开激烈交锋，虽取得部分胜利，但整体而言，民主势力仍处于弱势，大部分州县自治机关仍为旧人物所盘踞。③如信阳在酝酿成立县议会时，"向来未得志之廪、秀生员及卑鄙不堪之腐败绅士，都打动做官念头，群起运动。"④罗山县旧官僚刘家模，于选举时上下其手，窃取了县议事会议长一职，"把持公事，报怨徇私"⑤。祥符县议事会议长王

① 《周起蔚等呈为赵逆余孽孙世伟祸豫罪魁恳严行查办由》，1922年7月，中国第二历史档案馆：民国北京政府内务部档案，档案号1001-2-252。
② 沈松桥：《从自治到保甲：近代河南地方基层政治的演变（1908—1935）》，《"中央研究院"近代史研究所集刊》1989年第18期。
③ 霍晓玲：《近代河南地方自治》，第32页。
④ 《自由报》（开封）1912年8月6日。
⑤ 《自由报》（开封）1912年7月30日。

德懋为前清吏部主事，素以顽固著名极力反对共和。①商水县议会议员直到 1913 年 6 月剪发者仍属寥寥，"每逢开会，后抱豚尾，列屋而居"，议员中有剪去长发者，则遭众人无情嘲讽。②

近代河南各县的一些县议会在地方兴利除弊中发挥了一定的作用。西华县议事会成立之初，剔除县衙积弊计有 30 余案，③其中最为重要的是整理差徭和废除陋规。④宣统三年（1911），汝南县议事会、参事会次第成立，"议决全县兴革事宜颇多"；民国元年（1912），政局飘摇，均赖议参会主持一切，地方相安无事。⑤信阳县参议两会成立后，努力于剔除衙署积弊，搜集吏胥赃私以及励行剪发、禁烟、取缔私塾、抑土豪、查公款种种兴革事宜。⑥

与江浙等地绅士势力强大甚至可以左右政局相比，河南的绅士力量相对弱小，真正能够左右自治机构的县份为数不多，无法有效参与对自治事务的管理；即便能够忝列其中，也会受到官府与地方既得利益群体的百般阻挠与抵制，甚至会危及议会的生存及议员的安全。西华县知事周恕因反对新政被弹劾免职，在离任前数日，密召市井流氓及衙蠹等思谋泄愤，1912 年 4 月某日，突有流氓数百人向县署请愿，周对之泣涕，诿过于县议会，流氓等遂蜂拥闯入县议会，门窗器物文娟等尽被捣毁，幸议员闻信先避他处，得免于难。⑦祥符县车马局向为劣绅把持，屡经县议会提议清理该局积弊。但该局于官府送有陋规，故不肯准。后在县议会的推动下，1912 年 7 月，新任知事谢某决计清理该局事务，除由官派员监理、议事会举人查账外，并著公款局另举车马局局长。得到消息后，该局同人大为反对，群至府署县议会质问。⑧1912 年 8 月 20 日，太康县议会因"提议

① 《河南官绅之怪象》，《申报》1912 年 3 月 4 日。

② 《视发如命之县议员》，《申报》1913 年 6 月 1 日。转引自霍晓玲：《近代河南地方自治》，第 33 页。

③ 民国《西华县续志》卷五，《民政》。

④ 民国《西华县续志》卷六，《财政》。

⑤ 民国《重修汝南县志》卷七，《民政》。

⑥ 民国《重修信阳县志》卷三一，《大事记》。

⑦ 民国《西华县续志》卷一，《大事记》。

⑧ 《车马局之改革难》，《顺天时报》1912 年 7 月 28 日。

讼费致差役无谋食之地"惨遭浩劫，当日上午，议会正在开会之际，差
役 200 余人齐至议会，"手持器械，逢人便打，逢物便毁，捣毁净尽，乃
复至参事会捣毁一空。"①信阳州议会因议事牵涉警务，该州警务长庞某闻
之，带领手下大闹议会，捣毁议会设施，当时议员势力不敌，各自星散。
事后全体议员提案弹劾，不料该警长怙恶不悛，扬言武力解散议会，各议
员惊惧不已，三日不敢到会。②尉氏县自议会成立以来，新旧纷争甚烈，
"旧派斥少年为浮躁，新派斥旧派为顽固，彼此各抱竞争权利之思想"，以
致互有龃龉，已非一日。日前正在议事，两党忽起争端，立刻挥拳相斗，
争闹不已；并各赴会外约人相助，有将裤子扯下，用萝卜直塞肛门者，两
派均大受疮痍。③武安县议会议员李某与同会议员黄某争执，李某心怀叵
测，竟纠集无赖防军 20 余人，于某日开会之时，突将黄议员揪获痛殴，
黄受伤甚重，几有失明之虞。④结果是一些劣绅盘踞其中，借办理自治为
名，横行乡里，损公肥私。"民国成立迄今两载，（河南）各县一切（自治）
机关虽有真为地方谋福，而刁生劣监恶绅惯棍夤缘滥竽，藉以施其欺诈鱼
肉之术者，实所在多有。"⑤

　　与其他省份相比，河南自治的成绩并不理想。由于官场腐败之风充
斥，军阀争斗不已，对民众的搜刮有增无减，河南人民的生存环境逐渐恶
化，最终是导致匪患丛生。出于应对匪患危机的迫切需求，一部分文盲、
新式学校毕业生、前政府职员和新式陆军军官学校学员的社会地位迅速提
升，成为士绅阶层的新贵。这些新崛起的士绅抛弃了由官方主导的地方自
治，以自治为名在本地区建立起了一种割据型的地方自治，在维护地方治
安方面发挥了很大的作用。在 20 世纪前 20 年，最为著名的是内乡的别
廷芳和淅川县的陈舜德。20 世纪初期，内乡县为防御土匪，纷纷筑寨自
卫。所有寨子均有数十到百余人不等的常备民兵，维持费用由寨子内居住

① 《太康县议事会惨剧详志》，《顺天时报》1912 年 9 月 3 日。
② 《信阳议会之受侮》，《顺天时报》1912 年 9 月 21 日。
③ 《尉氏议会之新旧争斗》，《顺天时报》1912 年 10 月 9 日。
④ 《河南又有打议会者》，《顺天时报》1912 年 11 月 13 日。
⑤ 《汴省近闻之种种》，《大公报》1914 年 1 月 10 日。

人家共同分担。别廷芳虽然几近文盲，但却机灵而勇敢，对待保卫村寨兢兢业业，其所保卫的寨子成为周边最安全的寨子，使其赢得了寨中成员的尊重，并且名声不断远播。到 1916 年，别廷芳逐渐成为该县一个较有影响的人物。自兹以后，别廷芳积极地在地方权力结构中维护自己的权力。1919 年，别廷芳同驻扎在回车的剿匪局局长杨宝三较量，在杨宝三被刺死后，别廷芳的队伍由 800 人扩充到 2000 人，其队伍摇身一变成为民团，别则以民团司令自居。不久，别廷芳被县知事任命为西区第二行政区民团首领，其身份得到官方的认可，地位开始合法化。到 1926 年左右，别廷芳获得了内乡县民团的最高领导权。在同一时期，淅川也经历了类似的变迁。在 1920 年之前，淅川虽产生了几个民兵集团，但还没有一个集团强大到足以为本县居民提供充分的安全保护。在这种情况下，陈舜德应运而生。陈舜德出生于一个富裕且有功名的家庭，也曾在开封和信阳的中学或师范学校求学，交游丰富，见多识广。在 1920 年任县简易师范学校校长时，收到了家乡书信邀请，希望他回乡组建民兵，保卫桑梓。陈舜德大为感动，开始回乡建立武装。陈舜德在枪林弹雨表现出来的果敢，赢得了乡民则尊重和爱戴，并且势力不断扩充。到 1926 年，陈舜德的权力已经扩展到淅川县的绝大部分地区，1927 年 4 月在淅川实行自治，逐步取代县政府的权力。①

别廷芳在攫取权力之后，借鉴中外，模古仿今，着手推行地方自治。其主要内容有：调查田亩，确定秭石，以此摊派粮款；整理契税，增加收入，扩充武装；编查保甲，切结连坐，推行五证（出门证、通行证、乞丐证、小贩营业证、迁移证）制度；救穷节流，实行五大禁（禁鸦片、禁毒博、禁纸烟、禁洋靛、禁洋火）；治河改地，植树造林；修路护路，假设电话；兴办教育，培养人才；控制金融，垄断货币发行权；振兴实业，充裕民生；办理卫生，储粮备荒等。②应该说，宛西自治期间，社会的稳定、

---

① ［美］张信著，岳谦厚、张玮译：《二十世纪初期中国社会之变迁：国家与河南地方精英 1900—1937 年》，中华书局 2004 年版，第 77—87 页。

② 王伯顺：《别廷芳事录》，载中国人民政治协商会议内乡县委员会文史资料委员会编：《内乡文史资料》第二辑，1985 年内部发行，第 108—147 页。

进步和发展方面取得了一些比较明显的成效，在粮食产量、蚕茧产量及其价值，主要是粮食每百斤平均价格，完全小学、初级小学、民众学校数量、每百人识字情况等方面，实行自治的各县，都要优于毗邻各县和全省的平均水平。但实际上，依然如故的高额地租剥削和任意的超经济强制，使人们对"丰衣足食、安居乐业"的幻想由希望到失望，再到反感，以致消极应对，甚至相率离村，自治最终以失败而告终。① 但宛西自治仅偏安于豫西南一隅，河南大多数县份的士绅仍在军阀混战与土匪劫掠中有限地发挥着推动自治财政运行的职责。

小　结

近代县地方财政的形成是近代地方自治的必然产物，经费筹集遵循"就地筹款"的原则，由地方自行筹措，无须诉诸国家负担。清末实行的地方自治主要是以日本制度为蓝本，清末颁行的《城镇乡地方自治章程》《府厅州县地方自治章程》中随处可见日本的《市町村制》和《府县制》的影子。但由于实施环境、制度的精细化程度、实际运行方面的不同，中国的自治呈现出很大的变异。变异的原因既有主观上的根据中国的社会传统和社会条件进行的某种调试，客观原因是中国缺乏实施自治的社会基础、政策的仓促上马以及在经费问题上的敷衍塞责等。

师法于日本的地方自治而产生的县地方财政，由于缺乏一个全国上下一致的步调，在运行的过程中逐渐走样，与制度本来的设计渐行渐远，基本上是各自为政的态势。但即便如是，也不乏共性。在收入来源上虽然五花八门，但经费缺乏是各县面临的常态；在支出上，警察和教育是各县关注的焦点，经济发展大都乏善可陈；在管理上，自治机关因国家的时兴时废，也无法在经费的筹措和使用上有效发挥监督作用。因此，县地方财政虽然以日本之制为蓝本，但在实际运行中只是袭其皮毛，其本质与真正意义上的县财政相差甚远。

---

① 徐有礼：《动荡与嬗变：民国时期河南社会研究》，第 172—174 页。

　　如果说山西、江浙等省的县财政属于近代县自治财政的个中翘楚的话，那么河南各县的自治财政充其量也只能是在平均水平以下。河南的县地方财政发展的短板固然在于军阀混战和土匪滋扰所造就的动荡的社会局势，但河南整个官场的保守反动、贪风充斥、敌视新生事物，以及由于旧势力的庞大、新式士绅力量弱小而对自治财政的有限参与似乎影响更大，后者不仅是社会动荡的促成因素，更是县财政充分发育的绊脚石。如果要归结河南县自治财政的特点的话，用"上下失隳型"财政应该是比较合适的，不仅缺乏县财政实施的有利的外部环境，而且内部的各级官员也醉心于对权势与财富的争夺，缺乏勇于变革社会的责任意识和担当精神。这些特质致使河南在社会巨变的洪流中，无法把握有利的时机以谋求更大的发展空间，反而在内部的争斗中将潜在的优势消耗殆尽，最终使各项事业的发展远远落后于其他省份。对于河南历史而言，固然可以从"一部河南史，半部中国史"的历史荣光中寻找自信，但更应从这些近代这种不堪回首的历史尘烟中进行反思。

第八章　结语

对于在清末地方自治过程中孕育的县地方财政，学者们的态度可谓是毁誉参半。从积极方面讲，它注重权力的分立与相互制衡，实施预决算，确立向民众公开的原则，提供公共安全、教育等公共服务，对地方社会的近代化建设起到了一定的促进作用[1]；从消极方面讲，财政收入来源的有限性、财政支出结构的畸形性，以及由此所引起的对既有社会资源的无情压榨，使本来就已残破不堪的经济雪上加霜，特别是农业经济更是陷于万劫不复之境。[2] 但历史研究重在还原现场，以古鉴今，因此，这种财政的本质特征为何或者说是处于什么样的历史坐标？其对地方社会结构有何影响？其对现阶段的县域财政治理有何启示？均是值得我们深入探讨的问题。

---

[1]　冯小红：《乡村治理转型的县财政研究（1928—1937）：以河北省为中心》，复旦大学 2005 年博士学位论文；尹红群：《民国时期的地方财政与地方政治——以浙江为个案》，湖南人民出版社 2008 年版；汤太兵：《论近代宁绍地区的县自治财政》，宁波大学 2010 年硕士学位论文；曾凡贞：《20 世纪 30、40 年代广西县财政改革探析》，《广西社会科学》2011年第 4 期；李继业：《传承与更新：1912—1937 年吴县县政研究》，苏州大学 2013 年博士学位论文；魏光奇：《直隶地方自治中的县财政》，《近代史研究》1998 年第 1 期。

[2]　李龚忠：《谁之县政：民国后期山西四县财政预算岁出结构的案例分析》，《中国社会历史评论》2009 年第 10 卷；曾凡贞：《民国时期广西县财政改革及其收支：以三江县为个案的探讨》，《广西地方志》2013 年第 2 期；李镇君：《清末州县财政实证分析：以山西为例》，山西大学 2014 年硕士学位论文。

第一节　近代县地方财政的特征

根据当时的财政理论，县地方财政规范涉及如下问题：一是自治团体
的级数及其职责，也就是地方政府的层级以及地方政府应当承担的责任。
二是地方经费的标准、费目及税目，即地方经费的规模、支出类别及收入
结构；三是地方财政的配套制度，如货币、预算、会计、税务行政、金库
制度、公债等。① 如以此为标准观照，近代产生的县财政体系是不完整的，
是残缺不全的。其中财政收入凌乱、货币制度紊乱、税务行政混乱是最突
出的问题。

一、财政收入凌乱

县地方财政出现的最初动因，是随着近代国家事务的急剧扩张，中央
无力监管所有事务，按照分权的原则，将一部分管理事务如治安、教育、
实业等交于县地方管理。既然有事权划分，必然会有财权的划分，从而也
牵涉对地方收支的管理，在此背景之下，地方财政应运而生。

基于县地方财政产生的逻辑，划定收入来源应为重要一步，也是县地
方财政运行成败的决定性环节。如前所述，当时各国通行的做法有独立税
制、附加税制、独立税制与附加税混合制三种形式。而且，当时的地方税
征收也有严格的规定：（一）确保地方税源独立，独立税自不待言，即如
附加税也有明确的中央、省、县各级的分成；（二）征税对象、征税标准、
征收方法等，由地方议会审议或中央官厅定夺，不得随意征收；（三）征
税时考虑纳税人的负担能力，如所得税的征收，对于收入微薄之人、士
兵、教士、小学校员等人有豁免权。通过这些规定，既保障各地方收入确
实稳定充足，也防止滥用征税权力侵害纳税人利益。

根据《城镇乡地方自治章程》《府厅州县地方自治章程》，近代各县的

---

① 沧江:《地方财政先决问题》，《国风报》1910 年第 1 卷第 2 期；贾士毅:《划分国税
地方税私议》，《东方杂志》1912 年第 9 卷第 6 期；鼐李:《地方财政制度议》，《公民杂志》
1917 年第 3 期。

财政收入主要有公款公产、地方公益捐、罚金、征收公费和使用费、短期公债等类别。在这五款收入中，占比例较大的是地方公益捐。地方公益捐分为附捐和特捐，附捐属于附加税制，特捐属于独立税制。也就是说，清末民国的县财政收入来源是附加税和独立税相结合的税制结构。但由于国家收入的短绌以及制度设计的粗疏，近代的税制实践存在着诸多弊端：

第一，附加税无明确的分成比例。晚清民国曾有中央税与地方税的划分，但划分主要是在中央与省之间进行，县地方税并不在计虑之列。中央划分税制的目的在于积财权于中央以缓解内忧外患的财政压力，逐渐坐大的地方势力则希冀获得更多的税收支配权，由此在重要税种归属上矛盾重重，自始至终没有设计一个令各方满意的方案。由于地方的激烈争夺，在重要税种田赋上，中央与地方达成妥协，将田赋分为正税和附加税两部分，正税归中央，附加税归地方，但地方附加税不得超过正税税率的 30%。但这种划分只是在中央与省级之间的一种分成。至于省与县之间如何划分，则语焉不详。既承认县享有附加税之权，而又未明确其附加比例。在这种状态下，州县只有自主擘画，相机抉择。当时的附加税主要附加于田赋、牙税、屠宰税等正杂各税上。具体的征收标准方法或由各绅董会议议定，或由县议会议定，或奉上级(省长、财政厅等) 命令加收。[①]至于征收的比例，除民国时期浙江省统一田赋附加标准外，其余地方都是根据需要随意附加，在附加比例上表现出很大的随意性。

第二，独立税在类别上无明确限制。当时各国的杂税，大都有类别限制，如日本的杂税最多不超过 13 种，至于杂税的种类及税率，需随时上报中央定夺，府县不得自行设立。但近代各县的杂税种类糅杂，基本上是逢物必征，征必重额。河南清末杂税征收的种类，有斗捐、商捐、铺捐、油捐、火柴捐、煤油捐、粮房捐、蛋捐、枣捐、柿饼捐、柳条捐、柿花捐、芝麻卷、花生捐、戏捐、会捐、庙捐等，几近 20 种之多，基本上是无物不捐，无事不捐。而且各县税率也各不相同，以戏捐言之，长葛县

每台 3600 文[①]，滑县每台 2000 文[②]，西华县每台 3000 文[③]，武陟县每日捐钱600 文[④]。

第三，征税没有顾及民众负担。按照近代税制，赋税的征收要遵循量能原则，根据个人负担能力承担相应的贡赋。在征税过程中，征税依据为纳税人的纯收入，即扣除生产成本之后的剩余部分，如此可顾及企业的生产和纳税人的生活；在税率上，特别是所得税采取累进主义，所得越丰厚，所负担税率越高。但近代的征税完全是以满足财政需求为目标，从不顾及老百姓的生活，基本上是竭泽而渔。虽然近代田赋收入在国家总收入中所占的比重有所降低，19 世纪 40 年代占国家总收入的 70% 以上，到 1911 年降至 27%，[⑤] 民国以后，田赋仅占 20%—25%，且有逐年递减之势。[⑥] 但对县级政府来说，田赋更加稳定可靠；而且田赋附加也更为便捷，所以当时的附加税，以田赋附加为大宗。当时附着于田赋上的附捐有丁串捐、漕串捐、亩捐、粮差捐、册书捐、随粮学堂捐、政治警察附捐、自治附捐等。近代长葛县的丁地附捐有补助捐、学务捐、警务及自治捐、巡缉队捐四种，总计每正银一两附加 2080 文[⑦]，按照当时的折价，附加税是正税的一倍多。在征收亩捐时，各县也有按照地等征收，往往将地分为上中下三等，然后按等附加数量不等的钱文，但这与累进税不可同日而语。

二、货币制度混乱

近代中国的货币制度非常混乱，在市场上流通的货币种类繁多，有银两、制钱、银元、铜元、纸币等数种。而且各种货币之间的比值并不固定，在赋税缴纳和日常交易中需要反复折算。

---

① 民国《长葛县志》卷五，《食货志》。
② 民国《重修滑县志》卷八，《财政第五》。
③ 民国《西华县续志》卷六，《财政志》。
④ 民国《续武陟县志》卷六，《食货志》。
⑤ 邓绍辉：《晚清财政与中国近代化》，四川人民出版社 1998 年版，第 99 页。
⑥ 杨荫溥：《民国财政史》，中国财政经济出版社 1985 年版，第 5 页。
⑦ 民国《长葛县志》卷五，《食货志》。

鸦片战争以前中国通用的货币主要是银两和制钱，当时白银只使用于田赋征收和其他大额支付，一般流通货币，主要还是制钱。但银钱的比价，常变动不居。清初白银一两易制钱七八百文，嘉庆年间可以换到一千多文，道光、咸丰年间，也有换到二千文，同治十年（1871）还能换到1800多文，但到光绪三十一年（1905），每两只能换到一千零十文。①

由于银两折算繁杂，流通时人民极感不便。尤其是碎银，一次交易，需把不同的成色反复折合，手续非常烦琐。当外国银元流入中国时，由于使用方便，大受百姓欢迎。道光年间，外国银元已深入内地，自广东福建一直到黄河以南，都有流通，不仅在日常交易中使用银元，在一些省份，在缴纳赋税时亦可使用银元。当时流通的外国银元计有十几种，其中西班牙银元和墨西哥银元流通最广且数量较大。在清末，各省督抚出于社会经济发展和扩张自己经济实力的需要，在抵制外国银元的名义下，开始自造银元，银元渐有代替银两之势。银元制度的实施，适应了清季经济发展以及货币制度改革的需求，从而不断发展壮大，无论是民间日常交易还是政府收支，都广泛使用银元。同时银元制度的逐渐确立以及自铸银元数量的日益增多，相对地减削了外国银元的在华流通额，也促进了各种产业及国内外贸易的发展。② 所以银元制度的实施具有积极意义。但是，由于中央政府没能统一造币权，银元铸造为各省督抚所把持。各督抚自由设局铸造，中央政府无力过问。各督抚自身利益考虑，不惜减低成色以获厚利，所以铸造数量漫无限制，质量成色也千差万别，最终导致币面价格远远低于市场价格，从而影响着银元在市场上的流通。

在银元代替银两的同时，铜元制度也开始代替制钱。制钱制度经过鸦片战争前后银价昂贵的打击，已濒于崩溃，再经太平天国革命期间战争的影响，遂不可收拾。战后清政府虽力图恢复制钱的信用，但终因不能适应客观的需要而归于失败，于是铜元便代之而起。光绪二十六年（1900），李鸿章在广东先行试铸二等铜元。每一元以紫铜百分之九十五，白铅百分

---

① 彭信威：《中国货币史》，上海人民出版社1958年版，第577—587页。
② 魏建猷：《中国近代货币史》，黄山书社1986年版，第134页。

之四、点锡百分之一配合铸成，计重二钱。每百个铜元抵大银元一元。①
铜元铸行之后，"行销无滞，军民称便"②。清廷见广东铸造铜元成效显著，
乃令沿江沿海各省设厂仿铸③。于是各省造币厂纷纷成立，到光绪三十三
年（1907），铸造铜元省份达十六省，而一省或设置二三局。④ 起初因所
铸无多，极为民间乐用，不但按币面每百枚换洋一元，有时且超过币面价
额。由于铜元品质低劣，且铸局太多，铸额过巨，很快就形成通货膨胀，
价格迅速跌落，到宣统元年（1909）银元每元可换铜元一百七八十枚。⑤

　　清末曾有设立国家银行统一发行纸币的尝试。中国最早发行纸币的
银行是光绪二十三年（1897）设立中国通商银行。中国最早成立的国家
银行是光绪三十年（1904）设立的户部银行。户部银行于光绪三十一年
（1905）9月先在北京发行纸币，后来天津、汉口、济南、奉天等处分行
也各自发行。据统计，该行曾发行三种纸币：（一）银两票，自一两至千
两共二十八种；（二）银元票，有一元、五元、十元三种；（三）钱票，有
二、三、四、五及十吊等五种。银元票的流通额相当大，在东北及蒙古各
地，都能流通。⑥ 光绪三十四年（1908）1月，户部银行总分各行一律改
名为大清银行。

　　辛亥革命后，银两制度依然保留，所不同的是，只是以前日常使用小

---

　　① 署两广总督德寿折：《粤东试造二等铜元行使无滞》，光绪二十六年十二月初四日。
中国人民银行总行参事室金融史料组编：《中国近代货币史资料》第一辑《清政府统治时期》
（下册），中华书局1964年版，第873页。

　　② 闽浙总督许应骙折：《闽省兼铸铜元》，光绪二十六年闰八月二十一日。中国人民银
行总行参事室金融史料组编：《中国近代货币史资料》第一辑《清政府统治时期》（下册），
第873页。

　　③ 上谕：《铸沿江沿海各省普铸铜元》，光绪二十七年十二月二十四日。中国人民银行
总行参事室金融史料组编：《中国近代货币史资料》第一辑《清政府统治时期》（下册），第
873页。

　　④ 考查铜币大臣陈璧折：《考查各省铜元铸造情形》，光绪三十三年五月初八日。中国
人民银行总行参事室金融史料组编：《中国近代货币史资料》第一辑《清政府统治时期》（下
册），第875页。

　　⑤ 魏建猷：《中国近代货币史》，第140—141页。

　　⑥ 魏建猷：《中国近代货币史》，第159页。

锭碎银，现在多改用大银元、小银元或银毫了；从前完粮纳税需用银两，现在多改折银元了。至于商业往还和国际收支，还是普遍用银两计算。在银元通行之后，银两制度的存在，对于社会经济的影响是巨大的。在财政方面，第一是税吏藉两、元比价的时常变动，以及各地银两的不一致，营私舞弊，使人民蒙受折耗损失。第二是银两制度本身不统一，国家征收赋税时，折算既已烦难，市价又有涨落，折算便不能一定。第三是由于各省纳税的货币不同，折合的方法不同，民众负担极不公平。①

三、税务行政紊乱

按照现代财政原则，财政权应当与行政权分离，财政的征收权、使用权、分配权亦应各自独立，以期相互牵制，而不虚靡财富。而清制，"丁粮租税由州县征收，是兼地方行政之职，而为用财之官也。又有责令就地筹款之职，是兼有分配财政之职矣。又有承领承发之责，是又兼支发之职矣。至州县以外，佐贰杂职亦往往有征收之事，权限不明，莫此为甚。"②

因此，在推行新政的过程中，国家明令将新政经费的筹集权归于专门的机关办理，不假州县官之手。但由于事属草创，财政独立的原则贯彻不够彻底，仅是将财政权从行政权中独立出来，或将收款发交殷实商铺保管，将财政的使用权和保管权有限分离，因为殷实商铺对财政的征收机关没什么约束力。当时，劝学所的经费的征收权由劝学所主管，警察经费由巡警总董管理，所有的收款由村董发交殷实商铺。劝学所或巡警总董不经手现金，只是凭使用证明到商铺提取现金。但是，用款权和收款权集于一身的话，还是容易出现弊病。"查直隶各厅州县自办学堂、巡警等新政以来，因账目不清，财政淆乱、致兴讼狱者，不可胜数。推其原因，盖由办事之人，兼任理财，存款、用款归于一手。其不肖者，出入自由，固易于营私舞弊，其贤者嫌疑莫辨，亦或受谤招尤。且讼狱一兴，无论其行政上

① 魏建猷：《中国近代货币史》，第167—168页。
② 《直隶正监理官刘参议世珩副监理官陆主政上度支部说帖》，载《北洋公牍类纂续编》卷五，《财政一》。

成绩如何，罔不窒碍横生，阻其进步。欲祛此弊，非清厘权限，使财政独立不可。"① 到民国时期，税务系统仍然紊乱如故，税收仍由县知事兼征或各省厘税征收局征收，负责税款收纳的金库仍然没有建立起来。

在税务征收方面，仍然采用国家自行征收、地方自治团体征收与包办制相结合的方式。为降低征收成本、提高征收效率，赋役征收以书差包征最为常见。经征之权握于几无薪给的书差，势必造成大量的"中饱"。②"官倚书为包纳，书即视花户为产业，官坐享成功，而书之侵渔含，厚利加收，流弊有不可胜言者"③。甚至到了20世纪30年代，税务征收中的弊乱依然如故。1935年前后，临漳县的田赋征收仍为各区催征员及比头把持。每届开征时，即由各区催征员及比头负责包办，与县署约定完纳成数，向人民分收汇缴。其中弊端百出，历年侵吞公款，难计其数。各区催征员及比头与地方恶劣士绅相勾结，其以士绅为护符，士绅则以不纳粮为交换。全县各机关士绅，在县稍有地位者，多不知完粮为何事。如第二区区长郭日增、第五区区长王之佐，商会会长吴希颜，前商会会长曹福等，数年概未完纳。其家族亲戚，亦借其势力随同抗征，只有薄田无多的驯弱小民，循分完纳；又多被催征员等侵吞，不为代缴，致每年丁漕两项，仅征至六成有余。④

近代，当时流行的各种财政思想进入了统治者的视野，在国家宏观指导下，各县开始将这些财政理念付诸行动。当时实施县财政的初衷，除了对世界潮流的迎合之外，更多的是对自己不足的反思。县域范围广袤，但县域治理结构简单，仅仅仰仗守令一人，是无法履行管理职责的，因此，推行自治，弥补官治的不足成为朝野上下共识。但由于制度设计的粗疏性、经济结构的农业性、官员群体的掠夺性等原因，当时的县财政始终无法按照其应有的面目重构。如按其呈现的状态而言，至多只能是县财政的

---

① 《顺直咨议局议决厅州县设立理财所章程案》，载《北洋公牍类纂续编》卷五，《财政一》。

② 周健：《清代中后期田赋征收中的书差包征》，《中国社会历史评论》2012年第13卷。

③ 《湖南全省财政说明书》，《总说》第6页。

④ 《令知整顿临漳县征收田赋积弊》，《河南省政府公报》1935年第1334期。

萌芽形态。

第二节　近代县地方财政对传统社会的有限重塑

近代各县的自治事宜，除县议会旋起旋灭未能始终之外，其他各项新政未曾中辍。诸如，各县次第设立巡警、巡缉队、保卫团等城乡保卫机构，以卫闾阎、清盗源；按照西法设置的新式学校代替旧有的庠序之制，以造就新式人才；设置劝农员、实业局等农事管理和农事试验场等农业革新和推广机构，以谋农业经济之发展。然在实际运行中，各县新政大都"上者形式整备，下者舍业以嬉起"①，徒袭欧美之皮毛，而真精神泯然无有。就形式论之，若查户口、清乱源、务公益、普及教育以及垦荒开渠，种类似颇明备，然并未解决根本问题。在当时的各项自治事务中，实业不尽如人意，而警察和教育则用力最勤，投入最多，但其效果并不理想。

一、新式教育与乡村社会的不契合

近代教育的转型，主要体现在四个方面：一是教育内容的更新，由传统的四书五经，向着综合能力提升转变，修身、国文、算术、历史、地理、理科、唱歌、体操、英文等课程列入了初等小学堂和高等小学堂的课程表。二是学堂制度的变化，由传统的儒学、学堂、私塾向着初等教育、师范教育、职业教育和社会教育过渡，成立主管教育事业推广与管理的劝学所、教育局等机关，统一管理教育事务。三是学堂学生规模的扩张，无论是学堂数量还是学生数量均取得长足进步。四是教育目标的变化，以选拔、甄别为目的的传统精英教育向着以开启民智为目标的普及教育转化。②

近代各地的教育规模急剧扩张，从 1905 年至 1910 年间，官立学校从 3605 所增至 14301 所，公立学校从 393 所增至 32254 所，私立学堂则从

---

① 民国《盐山县志》卷一〇，《法制略·新政》

② 尤育好：《因地制宜：晚清温州士绅社会研究》，上海三联书店 2019 年版，第 92 页。

224 所增至 5793 所，各种学堂年均增速很快。各种学堂的学生增加速度也同样迅猛，1903 年新学堂的学生总数仅为 1274 人，到 1910 年增加到 1625534 人。[1] 到 1914 年，各省学校为 122286 所，学生人数达 4075338 人。1916 年学校总数为 121119 所，学生人数为 3974454 人。[2] 虽然总体规模在扩张，但各省之间严重不平衡。以宣统元年（1909）为例，直隶与四川两省同有教育会 65 个，而黑龙江只有 1 个，甘肃仅有 4 个；直隶与四川二省各有 152 个与 145 个教育研究会，而黑龙江、吉林仅有 17 个与 18 个；各省演讲会所差之数也较大，贵州 1167 所，四川有 396 所，黑龙江仅有 6 所；各省学校数与学生数之相差，也大相径庭。[3]

近代的新式教育虽然发展很快，也产生了一定的效果，但在近代他对社会改造的影响非常有限。（一）新式教育受到乡村民众的强烈抵制，乡村毁学之事屡有发生。学校规模的扩张必然引起经费的扩张，在"就地筹款"原则下，办学经费全由地方民众承担。由于清末乡村教育财政制度的不健全导致经费分摊中的实际不公平，地方绅士在经办教育经费过程中存在着严重的腐败现象，地方政府与官员在教育财政政策中缺位造成乡村教育与乡村社会之间缺乏必要的缓冲，以及这种新财政体制对传统农民的心理和日常生活所产生的强烈冲击等，新式教育遭受到乡村民众的强烈抵制。据田正平、陈胜的估计，清末各地乡村发生的毁学事件计 170 起。而有关教育问题诉讼案件的报道，更是充斥报端。1908—1911 年经浙江提学司批饬的乡村教育诉讼案件即达 256 起之多。一般而言，时人解决争端的方式主要是依靠民间调解，而大量争端采取诉讼的方式，足见乡村教育冲突之激烈程。近代的乡村教育冲突不仅为数甚多，很多教育冲突的规模也是十分惊人。[4]（二）新式教育处境窘迫，千疮百孔。当时中国的新式教育的现状，可用"贫""劣""缺"三个总结。具体而言，当时的新式教育面临的主要问题主要是教育经费不足且不均衡、学校学额不足、优良合格

---

[1] 郭秉文：《中国教育制度沿革史》，福建教育出版社 2007 年版，第 63—64 页。

[2] 陈景磐：《中国近代教育史》，人民出版社 1981 年版，第 305 页。

[3] 郭秉文：《中国教育制度沿革史》，福建教育出版社 2007 年版，第 64 页。

[4] 田正平、陈胜：《教育负担与清末乡村教育冲突》，《浙江大学学报》2008 年第 5 期。

教师的缺乏、新式教育制度与中国固有的农村经济组织不尽适应等等。[①]
（三）新式教育严重脱离乡村生活，没有实现改造社会的任务。普及教育
应以乡村为起点，而改良社会要用学校作中心，而近代的地方教育只知一
味地谈论学校社会化、教育生活化等表面的东西，所规定的工作与农村关
系脱离，与农村生活断绝。这些抽象的设施，只是偏狭的知识教授、理想
支配的教育，并不是参照活动的广大的社会生活，使学校成为一社会，可
以与广大的社会所接触，成为广大的社会之枢要的有机的教育，这样，辛
苦经营的乡村教育，这永远不可能完成其改造社会的任务。[②] 正如论者所
言，民国时期的乡村教育初步完成了制度层面的现代转型，但观念层面和
行为层面的转型还远远没有完成。[③]

二、警察行政与保境安民需求的背离

州县警察大规模的设立，始于光绪三十二年（1906）7 月 13 日发布
的"仿行宪政"上谕。根据上谕精神拟定的"逐年筹备事宜清单"中提出：
由民政部和各省督抚共同负责，于筹备立宪的第二年（宣统元年）在各厅
州县设立巡警，限当年粗具规模，次年"一律完备"。第四年（宣统三年）
筹办乡镇巡警，第五年（1912）推广，第六年（1913）粗具规模，第八
年（1915）一律完备。[④] 但到清亡，各省厅州县及乡镇巡警的普及程度
仍很有限。徐世昌曾说："前清末年，有乡镇巡警之议，迄难实行。盖乡
镇与城市不同，村落又与乡镇不同，筹费难易往往判若霄壤。"[⑤] 北洋政
府成立以后，制定了《地方警察官厅组指令》《县警察所官制》等文件，
规定了地方警察机关的组织体制、权责职守，但各县的警察机关极为紊

---

① 高希裴：《乡村教育的初步认识》，《经世》1937 年第 1 卷第 8 期。

② 陈锦堂：《发展乡村教育问题的总探讨》，《江苏学生》1936 年第 5 卷第 2 期。

③ 柳丽娜：《民国时期乡村教育的现代转型：以安徽省为中心的考察》，安徽师范大学
2020 年博士学位论文，第 336 页。

④ 《宪政编查馆资政院会奏宪法大纲暨议院选举法要领及逐年筹备事宜折》，载故宫
博物院明清档案部编：《清末筹备立宪档案史料》，第 63—66 页。

⑤ 徐世昌：《将吏法言》卷五，《知事》（二），《警察》，载《近代中国史料丛刊续编》（第
二十一辑），台北文海出版社 1986 年版，第 259 页。

乱，不仅省与省不同，就是一省之内，各县也有很大差别，而且变化无常，不断更换姓名。时人有言："大率形式略具，名不副实，求其完备，更属为难。"①

近代的警察事业发展中存在的问题很多，主要表现在如下方面：（一）警额不足。何刚德记述说："端午桥制军告余曰：以中国地大，只求一里有两个警察，年已需五万万，以全国岁入，办一警察尚受不觳，当时岁入未至四万万，何论其他？渠倡言立宪，喜办新政，所言竟与之相反，不知何意。嗣后各县勉强兴办，小县二三十人，大县亦不过五六十人。"②民初规定，各县警额，大县三百人，中县二百人，小县一百人。但实际上，各县的警察大多都没达到这个标准。（二）各地警政发展不平衡。当时的不平衡主要体现在两个方面：一是各省份之间的不平衡。清末各省警政可分三种情况：一种是比较发达的，如直隶、广东、四川以及东北三省；一种是相对比较落后的，大多数省份皆如此；一种是特别落后的，如贵州、云南、甘肃、新疆、西藏等省。当时曾有人评述说："平情而论之，各省巡警当以直隶为冠……其余山东之模样初谙，河南之血脉初畅，秦晋之鼾睡初醒，闽浙之制度将定，两广之则例刚备，两湖之局势方新，云贵之梦寐扰浓，四川之精神未准。若不早为大声疾呼，将见聋者终聋，聩者终聩，其流弊何于胡底？"③二是省城及重要城市商埠与一般城市之间的不平衡。清末举办地方警政，大多集中于省城或重要城市、商埠，至于一般府、厅、州县治城，则极为简陋。如成都省城警察总局，共有各级巡警官兵1300多人，重庆府亦拥有警察官兵500多人。而一般的府城不过数十人而已；一般的厅州县警察，城乡总数也不过几十人。④其三，城乡发展不平衡。一般说来，清末的警察相对集中于城市，而广大的农村则设置极

---

① 江苏省内务司编：《江苏省内务行政报告书》下编，1913年版，第221页。

② 何刚德著，张国宁点校：《春明梦录客座偶谈》，山西古籍出版社1997年版，第124页。

③ 《项左辅禀呈》，中国第一历史档案馆藏档案。转引自韩延龙等：《中国近代警察制度》，中国人民公安大学出版社1993年版，第138页。

④ 韩延龙等：《中国近代警察制度》，第139页。

少。（三）警员素质低下。清廷办理警察初期，急需用人，但又缺乏学有专长的警官，因此在警官任用上没有严格限制，以致造成了很多弊病，任人唯亲、滥竽充数、流品繁杂、学识不论、结党营私等现象特别严重。时人指出："现在办理新政，悬缺待人，虽不得不降格以求，勉期拔十得五之效。"[①] 清末警兵主要是从旗兵、绿营、团练、保甲、商团转化而来，或为招募、考选的壮丁。警兵大多素质低劣，目不识丁，对于警察内涵大多一无所知，"站岗时任意坐卧，与途人谈笑，几不知岗规为何物"[②]。北洋政府推行"招募制"解决警源问题，但应募之人大多是生活无着的城市无业游民，地痞无赖也不乏其人。这些人录用之后，经过为期两周的短期培训即可上岗。巡警素质极差，除盘剥欺诈百姓之外，几乎别无所能。甚或白日巡街，晚上为盗，"日间沿街走，夜间带做扒儿手。"[③] 维持地方治安本为警察之责，但在近代社会动荡的背景下，警察常为弹压地方的重要力量，由此导致警民冲突不断。

三、地方管理格局的有限改变

近代地方自治推行的过程中，地方形成了官治与自治两个并行的管理系统：一方面在衙署内部设置佐治人员分科治事，以分担知县的管理责任；一方面设立治安、教育、实业、财政等自治部门，作为官治的补充，以改变清代州县治理过于粗疏的弊端。但实际上，在这一变革过程中，既有新部门的设立，也不乏旧机构的因仍，地方管理格局并未实现彻底的变革。

河南各县管理机构中，新旧杂糅的情况特别严重，或沿袭清代建置，或设新机关以旧员役充之，新机关新人的情况实属寥寥。内黄县在民国元年（1912）将知县改为县知事，将县丞改为承审，裁教谕设劝学所，改训导为孔庙奉祀官（民国十八年奉文裁撤），改典史为警察所，其他办事

---

① 《民政部议复御史麦秩严奏各省警察腐败》，载《大清法规大全续编》卷四，转引自韩延龙等：《中国近代警察制度》，第 170 页。

② 《东三省：巡警之腐败》，《广益丛报》1907 年 6 月 30 日。

③ 《四川：警察之新童谣》，《广益丛报》1910 年 7 月 26 日。

机构沿用旧制。① 民国二年（1913），邓州改为邓县，改州衙为县署，知州为县知事。县署仍设三班六房，增设承审员、账房和劝学所、警察所。民国十六年（1927），始将壮、快、皂班改为政务警察队。② 民国初年，唐河县除县署改称县知事公署、知县改称县知事外，仍沿袭清代建制。民国十年（1921），废六房三班，县知事公署改设民政科、财政科、教育科、兵役科、司法科、建设科和警察所。民国十三年（1924），县知事公署改称县政府，县知事改称县长，县政府设置依旧。③ 中华民国成立后，新野县衙改为县公署，知县改称县知事，公署设总务、内务、财政三科。各科设主任，废门丁、稿案，设收发处；改各房书为各种录事，改差役为司法警察，仍以旧员役充任。④ 民国初期，叶县地方政府因袭清制，仍称县署，行政首长如旧。民国三年（1914），知县改称县知事，县署改称县知事公署，下设有"五班"（头快、二快、皂班、民壮、兵快）、"十房"（吏、户、礼、兵、刑、工、承发、仓、库、招）。民国十三年（1924），废除"十房"，设一、二、三科，分管民政、财政、建设等，另设教育局。⑤ 濮阳县民国元年（1912）至民国十七年（1928），县政设置仍因袭清朝旧制。民国十七年，吏治改革，才将六房、八班一律砍掉。⑥ 民国初年，卫辉县"三班六房"依然存在，各房有雇员6人，分别担任县知事护行、仪仗和缉捕、用刑、巡夜打更等事宜，另设管狱员、警务长各1人，负责管理犯人和警务事宜。民国十六年，改县知事为县长，撤销"三班"，改设政务警察队。⑦ 民国初建，长垣县仍沿清制。民国二年（1913），改组行政公署，除添设警察所外，内部未变。民国十二年（1923），始将旧有之幕宾、房书、差役尽行裁撤，组成五科及

---

① 史其显主编：《内黄县志》，中州古籍出版社1993年版，第167页。

② 王复战主编：《邓州市志》，中州古籍出版社1996年版，第179页。

③ 唐河县地方史志编纂委员会：《唐河县志》，中州古籍出版社1996年版，第193页。

④ 新野县史志编纂委员会编纂：《新野县志》，中州古籍出版社1991年版，第151页。

⑤ 叶县地方志编纂委员会：《叶县志》，中州古籍出版社1995年版，第232页。

⑥ 濮阳县地方志编纂委员会：《濮阳县志》，华艺出版社1989年版，第116页。

⑦ 卫辉市地方史志编纂委员会：《卫辉市志》，生活·读书·新知三联书店1993年版，第236页。

秘书室，并招募司法巡警。①

除县署新旧杂糅、旧制未废之外，区村政权也大多沿袭旧制。襄城县民国初年仍沿袭 16 保旧制。每 4 保设区公所一处，连同城厢共设 5 个区公所。② 民国初年，浚县沿袭清末旧制，仍为 21 所，所置所正，管理辖区政务。③ 卫辉县民国初年村政权与清末大致相同。④ 民国初年，郏县下设区公所，区下仍沿袭清代保甲旧制。⑤

近代国家在内忧外患的窘境下，尝试引进当时各国盛行的地方自治以改造传统社会的顽瘴痼疾，从而化解所面临的各种社会危机，但效果与初衷背道而驰。教育和警察是近代地方政府投入精力和财力最多的两项事业，实施这些政策的本意是谋求国民素质的提升和社会秩序的稳定，但在推行过程中，由于经费筹措而引起民众负担的加剧，以及在植入西方制度时脱离中国的社会现实，因而招致民怨鼎沸，"毁学""毁警"事件层出不穷。惠民善政却走向民众的对立面，其他政策更无论矣。在各县的机构改革中，因袭旧政，新瓶装旧酒的情况依然严重。总而言之，近代所推行的县地方财政对地方社会的重塑非常有限。

地方财政是地方治理的基础，如何进一步加大改革力度，不断提升地方财政的治理能力仍然是现代县级政府面临的重要课题。虽然时代在变，但清末民国县级财政变迁中所留下的负面遗产依然具有警示意义。如何设计周密的改革方案以保证改革彻底进行，如何进行充分的民众动员以发挥群众的主力军作用，如何擢任有责任心的管理者以创百姓民生之福，等等，亦是当今的县级财政改革所要关注的问题。

---

① 长垣县地方史志编委会：《长垣县志》，中州古籍出版社 1991 年版，第 394 页。
② 襄城县史志编纂委员会：《襄城县志》，中州古籍出版社 1993 年版，第 207 页。
③ 浚县地方史志编纂委员会：《浚县志》，中州古籍出版社 1990 年版，第 651 页。
④ 卫辉市地方史志编纂委员会：《卫辉市志》，第 329 页。
⑤ 郏县县志办公室：《郏县志》，中州古籍出版社 1996 年版，第 193 页。

参考文献

档　案

中国第一历史档案馆：《宫中全宗》《宪政编查馆全宗》《军机处全宗》。

中国第二历史档案馆：《民国北京政府内务部档案》。

政书官报

《清实录》。

《大清会典》。

《大清会典事例》。

《清朝文献通考》。

《皇朝政典类纂》。

《六部处分则例》。

《东华录》。

《皇朝经世文编》。

《皇清奏议》。

《大清法规大全》。

《清史稿》。

《宣统政纪》。

《清理财政章程解释》。

《政治官报》。

《北洋公牍类纂》。

《河南官报》。

《河南咨议局宣统二年常年会及临时会公布议案》。

《山东清理财政局编订全书财政说明书》。

《浙江财政说明书》。

《广东财政说明书》。

《河南财政说明书》。

《北洋政府公报》。

《政府公报分类汇编》。

《内阁官报分类合订本》。

《浙江军政府公报》。

近代报纸杂志

《申报》。

《东方杂志》。

《北洋法政学报》。

《国风报》。

《公民杂志》。

《自由报》。

《顺天时报》。

《银行周报》。

《宪志日刊》。

《学林》。

《学艺》。

《独立周报》。

《进步》。

《钱业月报》。

《东方杂志》。

《谠报》。

《来复》。

《北洋政学旬报》。

《银行杂志》。

《复旦》。

《合力周报》。

《财政经济汇刊》。

《中国经济评论》。

《财政评论》。

《河南政治月刊》。

《湖北地方自治研究会杂志》。

《公民杂志》。

《财政月刊》。

《大公报》。

《自治丛录》。

《北洋官报》。

《大中华》。

《教育公报》。

《河南政治》。

《河南自治周刊》。

《河南实业周刊》。

《总商会月报》。

《四川官报》。

《河南财政月刊》。

《河南政治》。

《河南教育》。

《税务月刊》。

《政衡月刊》。

《建国月刊》。

《国衡》。

《县政验究》。

《余兴》。

《绥远月刊》。

《晨报》。

《湖北农会报》。

《钱业月报》。

《江西农报》。

《浙江省农会报》。

《河南林务公报》。

《总商会月报》。

《实业周刊》。

《农事月刊》。

《河南建设》。

《中国农民》。

《中国青年周刊》。

《统计月报》。

《晋民快览》。

《晨报》。

《民国日报》。

《新中州报》。

《中国农村》。

《时事公报》。

地方志

乾隆《洛阳县志》。

光绪《畿辅通志》。

乾隆《洛阳县志》。

乾隆《林县志》。

乾隆《新郑县志》。

乾隆《辉县志》。

乾隆《汲县志》。

嘉庆《密县志》。

道光《舞阳县志》。

道光《河内县志》。

道光《禹州志》。

同治《鄢陵文献志》。

光绪《南阳县志》。

光绪《鹿邑县志》。

光绪《南阳府南阳县户口地土物产畜牧表图说》。

宣统《项城县志》。

民国《昆新两县续补合志》。

民国《邕宁县志》。

民国《阜宁县新志》。

民国《续修巨野县志》。

民国《昌黎县志》。

民国《磁县县志》。

民国《景县志》。

民国《长寿县志》。

民国《宣平县志》。

民国《贺县志》。

民国《全县志》。

民国《澄城县附志》。

民国《太康县志》。

民国《正阳县志》。

民国《重修信阳县志》。

民国《香河县志》。

民国《鄢陵县志》。

民国《重修汝南县志》。

民国《重修信阳县志》。

民国《续荥阳县志》。

民国《光山县志约稿》。

民国《河南阌乡县志》。

民国《续荥阳县志》。

民国《许昌县志》。

民国《确山县志》。

民国《光山县志约稿》。

民国《林县志》。

民国《西华县续志》。

民国《确山县志》。

民国《郑县志》。

民国《太康县志》。

民国《许昌县志》。

民国《长葛县志》。

民国《新乡县续志》。

民国《巩县志》。

民国《淮阳县志》。

民国《考城县志》。

民国《汜水县志》。

民国《西平县志》。

民国《中牟县志》。

民国《阳武县志》。

民国《新安县志》。

民国《续武陟县志》。

民国《孟县志》。

民国《修武县志》。

民国《通许县新志》。

民国《重修滑县志》。

民国《河南获嘉县志》。

民国《郾城县记》。

民国《盐山县志》。

民国《内乡县志》。

民国《渑池县志》。

民国《灵宝县志》。

民国《禹县志》。

民国《合河政纪》。

民国《芮城县志》。

民国《象山县志》。

民国《长寿县志》。

民国《齐东县志》。

民国《澄城县附志》。

民国《阜宁县新志》。

民国《望都县志》。

民国《重修浙江通志初稿》。

林县志编撰委员会编：《林县志》，河南人民出版社 1989 年版。

濮阳县地方志编纂委员会：《濮阳县志》，华艺出版社 1989 年版。

浚县地方史志编纂委员会：《浚县志》，中州古籍出版社 1990 年版。

长垣县地方史志编委会：《长垣县志》，中州古籍出版社 1991 年版。

新野县史志编纂委员会编纂：《新野县志》，中州古籍出版社 1991 年版。

卫辉市地方史志编纂委员会：《卫辉市志》，生活·读书·新知三联书店 1993 年版。

史其显主编：《内黄县志》，中州古籍出版社 1993 年版。

襄城县史志编纂委员会：《襄城县志》，中州古籍出版社 1993 年版。

叶县地方志编纂委员会：《叶县志》，中州古籍出版社 1995 年版。

苏州市地方志编纂委员会：《苏州市志》，江苏人民出版社 1995 年版。

宝丰县史志编纂委员会：《宝丰县志》，方志出版社 1996 年版。

王梦立主编：《灵宝市财政志》，河南人民出版社 1996 年版。

王复战主编：《邓州市志》，中州古籍出版社 1996 年版。

唐河县地方史志编纂委员会：《唐河县志》，中州古籍出版社 1996 年版。

郏县县志办公室：《郏县志》，中州古籍出版社 1996 年版。

毛佩之编：《变法自强奏议汇编》，上海书局 1901 年版。

《日本地方制度》，中国图书公司 1908 年版。

陈希周编：《山西调查记》，南京共和书局 1923 年版。

江苏省长公署统计处：《江苏省政治年鉴》，无锡锡成印刷公司 1924 年版。

《河南建设概况》，出版地不详，1933 年版。

中央大学经济资料室：《田赋附加税调查》，上海商务印书馆 1935 年版。

财政部财政年鉴编纂处：《财政年鉴》，上海商务印书馆 1935 年版。

《河南政治视察》，河南省政府秘书处 1936 年版。

尹会一著，张受长编：《尹少宰奏议》，上海商务印书馆 1936 年版。

章有义编：《中国近代农业史资料》，生活·读书·新知三联书店 1957 年版。

中国史学会编：《辛亥革命》，上海人民出版社 1957 年版。

中国人民银行总行参事室金融史料组编：《中国近代货币史资料》，中华书局 1964 年版。

萧铮主编：《民国二十年代中国大陆土地问题资料》，成文出版社有限公司、 (美国) 中文资料中心 1977 年版。

沈云龙主编：《近中国史料丛刊》《近代中国史料丛刊续编》《近代中国史料丛刊三编》，台北文海出版社 1973、1983、1997 年版。

故宫博物馆明清档案部编：《清末筹备立宪档案史料》，中华书局 1979 年版。

杜春和编：《白朗起义》，中国社会科学出版社 1980 年版。

台北"中央研究院"近代史研究所编：《近代中国对西方列强认识资料汇编》 (第三辑)，台北"中央研究院"近代史研究所 1984 年版。

中国第一历史档案馆、北京师范大学历史系编选：《辛亥革命前十年民变档案史料》，中华书局 1985 年版。

东亚同文会编：《"支那"省别全志》，台北南天书局 1988 年版。

章伯锋、李宗一主编：《北洋军阀》，武汉出版社 1989 年版。

河南省档案馆、河南省地方史志编纂委员会整理：《河南新志》，中州古籍出版社 1990 年版。

中国第二历史档案馆编：《中华民国史档案资料汇编》第三辑《财政》，江苏古籍出版社 1991 年版。

璩鑫圭、唐良炎编：《中国近代教育史资料汇编·学制演变》，上海教育出版社 1991 年版。

朱有瓛、戚名琇、钱曼倩编：《中国近代教育史资料汇编·教育行政机构及教育团体》，上海教育出版社 1993 年版。

丁贤俊、喻作凤编：《伍廷芳集》，中华书局 1993 年版。

李桂林、戚名琇、钱曼倩编：《中国近代教育史资料汇编·普通教育》，上海教育出版社出版 1995 年版。

璩鑫圭、童富勇、张守智编：《中国近代教育史资料汇编：实业教育师范教育》，上海教育出版社 1994 年版。

何刚德著，张国宁点校：《春明梦录客座偶谈》，山西古籍出版社 1997 年版。

杨恩寿：《一个师爷的案牍生涯》，九州图书出版社 1998 年版。

天津市档案馆：《天津商会档案汇编（1903—1911)》，天津人民出版社 1998

年版。

　　蔡鸿源主编：《民国法规集成》，黄山书社 1999 年版。

　　甘厚慈辑：《北洋公牍类幕》（正续编），全国图书馆文献缩微复制中心 2004 年版。

　　北京图书馆出版社：《清末民国财政史料辑刊》，北京图书馆出版社 2007 年版。

　　上海商务印书馆编纂：《大清新法令》（点校本），商务印书馆 2010 年版。

　　中国第二历史档案馆编：《北洋政府档案》，中国档案出版社 2010 年版。

各地文史资料

《临颍文史资料》。

《南召县文史资料》。

《上蔡文史资料》。

《洛阳文史资料》。

《鹤壁文史资料》。

《滑县文史资料》。

《叶县文史资料》。

《南阳文史资料》。

《内乡县文史资料》。

《洛宁文史资料》。

《密县文史资料》。

《长葛县文史资料》。

《平顶山文史资料》。

《宝丰文史资料》。

《舞钢区文史资料》。

《信阳县文史资料》。

《鲁山文史资料》。

《淮滨文史资料》。

《内黄文史资料》。

著　作

贾士毅：《民国财政史》，商务印书馆 1917 年版。

［日］小林丑三郎著，姚大中译，卢寿箋校注：《地方财政学》，崇文书局 1919 年版。

周成：《山西地方自治纲要》，泰东书局 1929 年版。

林众可：《地方自治概论》，上海商务印书馆 1931 年版。

汗血月刊社编：《田赋问题研究》，汗血书店 1936 年版。

董修甲：《中国地方自治问题》，上海商务印书馆 1936 年版。

贾怀德：《民国财政简史》，上海商务印书馆 1936 年版。

曹仲植：《河南省地方财政》，重庆文威印刷所 1941 年版。

朱博能：《地方财政学》，重庆正中书局 1942 年版。

朱博能：《县财政问题》，重庆正中书局 1943 年版。

财政部地方财政司编：《十年来之地方财政》，重庆中央信托局 1943 年版。

杨仪山：《河南自治史略》，河南省自治协进会 1947 年版。

彭雨新：《县地方财政》，重庆商务印书馆 1945 年版。

朱斯煌：《民国经济史》，上海银行学会、银行周报社 1948 年版。

彭信威：《中国货币史》，上海人民出版社 1958 年版。

冀朝鼎著，朱诗鳌译：《中国历史上的基本经济区与水利事业的发展》，中国社会科学出版社 1981 年版。

陈景磐：《中国近代教育史》，人民出版社 1981 年版。

叶显恩：《明清徽州农村社会与佃仆制》，安徽人民出版社 1983 年版。

魏建猷：《中国近代货币史》，黄山书社 1986 年版。

吴吉远：《清代地方政府的司法职能研究》，中国社会科学出版社 1988 年版。

［英］贝思飞著，徐有威等译：《民国时期的土匪》，上海人民出版社 1992 年版。

郑振满：《明清福建家族组织与社会变迁》，湖南教育出版社 1992 年版。

韩延龙等：《中国近代警察制度》，中国人民公安大学出版社 1993 年版。

佐伯富：《清雍正朝的养廉银研究》，台湾商务印书馆 1996 年版。

何平：《清代赋税政策研究：1644—1840 年》，中国社会科学出版社 1998 年版。

［美］马若孟著，史建云译：《中国农民经济：河北和山东的农民发展 1890—

1949》，江苏人民出版社 1999 年版。

[美] 黄宗智：《长江长江三角洲的小农家庭与乡村发展》，中华书局 2000 年版。

[美] 黄宗智：《华北的小农经济与社会变迁》，中华书局 2000 年版。

[美] 黄宗智：《清代的法律、社会与文化：民法的表达与实践》，上海书店出版社 2001 年版。

[美] 黄宗智：《法典、习俗与司法实践：清代与民国的比较》，上海书店出版社 2003 年版。

[美] 白瑞德：《爪牙：清代县衙的书办差役》，斯坦福大学出版社 2000 年版。

[英] 莫里斯·弗里德曼著，刘晓春译：《中国东南的宗族组织》，上海人民出版社 2000 年版。

马小泉：《国家与社会：清末地方自治与宪政改革》，河南大学出版社 2001 年版。

雒春普、景占魁等：《山西通史》，山西人民出版社 2001 年版。

任放：《明清长江中游市镇经济研究》，武汉大学出版社 2003 年版。

刘五书：《20 世纪二三十年代中原农民负担研究》，中国财政经济出版社 2003 年版。

陈支平：《民间文书与明清赋役史研究》，黄山书社 2004 年版。

陈支平：《民间文书与台湾社会经济史》，岳麓书社 2004 年版。

魏光奇：《官治与自治：二十世纪上半期的中国县制》，商务印书馆 2004 年版。

魏光奇：《有法和无法：清代的州县制度及其运作》，商务印书馆 2010 年版。

杨国安：《明清两湖地区基层组织与乡村社会研究》，武汉大学出版社 2004 年版。

杨国安：《国家权力与民间秩序：多元视野下的明清两湖乡村社会史研究》，武汉大学出版社 2012 年版。

[美] 张信著，岳谦厚、张玮译：《二十世纪初期中国社会之变迁：国家与河南地方精英 1900—1937 年》，中华书局 2004 年版。

[美] 曾小萍著，董建中译：《州县官的银两》，中国人民大学出版社 2005 年版。

[美] 白凯著，林枫译：《长江下游地区的地租、赋税与农民反抗斗争》，上

海书店出版社 2005 年版。

程有为、王天奖主编：《河南通史》（第四卷），河南人民出版社 2005 年版。

金普森等：《浙江通史》第 11 卷《民国卷》，浙江人民出版社 2005 年版。

郭秉文：《中国教育制度沿革史》，福建教育出版社 2007 年版。

[美] 杜赞奇著，王福明译：《文化、权力与国家：1900—1942 年的华北农村》，江苏人民出版社 2008 年版。

邹进文：《民国财政思想史研究》，武汉大学出版社 2008 年版。

[美] 李怀印著，岁有生、王士皓译：《华北村治》，中华书局 2008 年版。

尹红群：《民国时期的地方财政与地方政治——以浙江为个案》，湖南人民出版社 2008 年版。

[美] 科大卫著，卜永坚译：《皇帝与祖宗：华南的国家与宗族》，江苏人民出版社 2009 年版。

刘志伟：《在国家与社会之间：明清广东地区里甲赋税制度与乡村社会》，中国人民大学出版社 2010 年版。

[日] 岩井茂树著，付勇译：《中国近代财政史的研究》，社会科学文献出版社 2011 年版。

瞿同祖著，范忠信、何鹏、晏锋译：《清代地方政府》，法律出版社 2011 年版。

徐有礼：《动荡与嬗变：民国时期河南社会研究》，大象出版社 2013 年版。

岁有生：《清代州县经费研究》，大象出版社 2013 年版。

尤育好：《因地制宜：晚清温州士绅社会研究》，上海三联书店 2019 年版。

论　文

彭雨新：《清末中央与各省财政关系》，《社会科学杂志》1947 年第 9 卷第 1 期。

王希贤：《从清末到民国的农业推广》，《中国农史》1982 年第 2 期。

吴仁安：《清代的州县官》，《历史教学》1986 年第 5 期。

李林：《清代的县官职掌与作用》，《辽宁大学学报》1986 年第 5 期。

苏辽：《"老洋人"——张庆》，《民国春秋》1989 年第 6 期。

沈松桥：《从自治到保甲：近代河南地方基层政治的演变（1908—1935）》，《"中央研究院"近代史研究所集刊》1989 年第 18 期。

柏桦、李春明：《论清代知县出身与康雍乾时期的用人政策》，《史学集刊》1990 年第 4 期。

陈铮：《清代前期河南农业生产述略》，《史学月刊》1991 年第 1 期。

王天奖：《从单产看近代河南的农业生产》，《史学月刊》1991 年第 1 期。

[日] 长野朗著，李占才译：《中国的财政续》，《民国档案》1994 年第 4 期。

乔志强、张平：《近代华北农家消费水平和消费结构分析》，《山西大学学报》1994 年第 2 期。

古鸿廷、黄昭仁：《清代知县研究》，《中华文化学报》（创刊号）1994 年第 1 期。

杜恂诚：《民国时期的中央与地方财政划分》，《中国社会科学》1998 年第 3 期。

张神根：《清末国家财政、地方财政划分评析》，《史学月刊》1996 年第 1 期。

张神根：《论抗战后期国民党对国家与地方财政关系的重大调整》，《历史档案》1997 年第 1 期。

郑秦：《清代县制研究》，《清史研究》1996 年第 4 期。

陈锋：《清代中央财政和地方财政的调整》，《历史研究》1997 年第 5 期。

陈锋：《论耗羡归公》，《清华大学学报》2009 年第 3 期。

沈家五、任平：《民国元年袁世凯争夺江苏地方财政的经过》，《民国档案》1997 年第 3 期。

财政部科研所课题组：《北洋时期农民负担问题研究》，《财政研究》1997 年第 10 期。

魏光奇：《直隶地方自治中的县财政》，《近代史研究》1998 年第 1 期。

魏光奇：《清代州县财政探析》（上），《首都师范大学学报》2000 年第 6 期。

魏光奇：《清代州县财政探析》（下），《首都师范大学学报》2001 年第 1 期

魏光奇：《国民政府时期县国家财政与自治财政的整合》，《首都师范大学学报（社会科学版）》2005 年第 3 期。

魏光奇：《北洋政府时期的县知事任用制度》，《河北学刊》2005 年第 3 期。

魏光奇：《清代州县官任职制度探析》，《江海学刊》2008 年第 1 期。

张连红：《南京国民政府时期中央与地方财政收支结构的划分与实施》，《江海学刊》1998 年第 6 期。

吴桂龙：《晚清地方自治思想的输入及思潮的形成》，《史林》2000 年第 4 期。

郑永福、吕美颐：《论日本对中国清末地方自治的影响》，《郑州大学学报》2001 年第 6 期。

刘慧宇：《论南京国民政府时期国地财政划分制度》，《中国经济史研究》2001年第 4 期。

邓绍辉：《咸同时期中央与地方财政关系的演变》，《史学月刊》2001 年第 3 期。

何汉威：《清季中央与各省财政关系的反思》，《"中央研究院"历史语言研究所集刊》2001 年第 72 本第 3 分。

申学锋：《清代中央与地方财政关系的演变》，《河北学刊》2002 年第 5 期。

夏国祥：《近代西方财政学在中国的传播》，《江西财经大学学报》2004 年第 6 期。

夏国祥：《西方财政学在近代中国的传播》，《财经研究》2011 年第 3 期。

马金华：《晚清中央与地方的财政关系》，《清史研究》2004 年第 1 期。

姬丽萍：《北京政府时期文官考试与任用制度评析》，《史学学刊》2005 年第 12 期。

［日］山田公平著，王晓葵译：《黄东兰著〈近代中国的地方自治与明治日本〉》，《历史研究》2006 年第 5 期。

张君卓：《1927—1937 年华北田赋征收体制与农民负担》，《中国经济史研究》2006 年第 3 期。

陆兴龙：《清末新政对民生问题的恶性操作与社会矛盾的激化》，《社会科学》2007 年第 10 期。

朱汉国、王印焕：《民国时期华北乡村的捐税负担及其社会影响》，《河北大学学报（哲学社会科学版）》2002 年第 4 期。

侯鹏：《清末浙江地方自治中县财政的演变》，《地方财政研究》2008 年第 3 期。

侯鹏：《清末浙江地方新政筹款》，《华东师范大学学报》2011 年第 2 期。

刘增合：《制度嫁接：西式税制与清季国地两税划分》，《中山大学学报》2008 年第 3 期。

［美］黄宗智：《集权的简约治理：中国以准官员和纠纷解决为主的半正式基层行政》，《开放时代》2008 年第 2 期。

田正平、陈胜：《教育负担与清末乡村教育冲突》，《浙江大学学报（人文社会科学版）》2008 年第 3 期。

尹红群：《民国时期的地方财政与乡村政治：以浙江兰溪模式为中心，兼论"内卷化"模式》，《广西师范大学学报（哲学社会科学版）》2009 年第 1 期。

尹红群：《国民政府县财政政策演变述论》，《江西师范大学学报（哲学社会科学版）》2010 年第 5 期。

李龚忠：《谁之县政：民国后期山西四县财政预算岁出结构的案例分析》，《中国社会历史评论》2009 年第 10 卷。

郭钦：《清代知县选拔和任用的特点》，《光明日报》2009 年 10 月 13 日。

郑起东：《农民负担与近代国家财政体制》，《经济社会史评论》（2009 年）。

张利民：《清末天津的地方自治及其示范效应》，《史学月刊》2010 年第 3 期。

李铁强：《现代国家建构中的县财政：以国民党统治时期的湖北省为例》，《长江论坛》2010 年第 2 期。

苏全有、阎喜勤：《有关晚清河南财政税收的几个问题》，《河北经贸大学学报》2010 年第 3 期。

曾凡贞：《20 世纪 30、40 年代广西县财政改革探析》，《广西社会科学》2011年第 4 期。

曾凡贞：《民国时期广西县财政改革及其收支：以三江县为个案的探讨》，《广西地方志》2013 年第 2 期。

刘伟、石武英：《清末州县巡警的创办与基层社会》，《社会科学》2012 年第12 期。

刘伟、刘魁：《晚清州县的办公经费与公费改革》，《安徽史学》2013 年第 3 期。

王梅：《民初北京政府划分国地税研究》，《史学月刊》2016 年第 9 期。

颜军：《"自治"与"官治"：从地方自治改革看清朝的灭亡》，《广东社会科学》2014 年第 6 期。

梁勇：《清末四川经征局的设置与州县财政改革》，《华中师范大学学报（人文社会科学版）》2018 年第 2 期。

霍晓玲：《清末地方自治经费来源、管理使用考》，《史学月刊》2019 年第10 期。

致　谢

　　清代县级衙门事务繁巨，统揽司法、税收、治安、教育、邮驿、风俗、礼仪诸务；但县署组织却极为粗疏，在知县之下，仅设少数"县丞""典史""教谕"等僚属，辅佐知县处理相关公务。清末民国官制改革，地方管理格局发生重大变化。首先是充实县署组织，在署内设置佐治人员分科治事；其次是在县以下推行地方自治，将教育、警察、工程、慈善等部分国家职能交由地方管理；再次是成立民选的县议会，议决地方兴革及收支预算。在清代，知县如何以有限的正式官员，督临着平均约20万的人口？清末民初的县级官制改革因何而生？如何而生？生而何用？诸如此类，一直是学者们津津乐道的话题。

　　对财政的最早探究是在攻读硕士期间，当时以周学熙主持的北洋政府财政改革为治学方向。而促成我研究视角转换的是我的博导张研教授，张老师善治社会史，在地方社会治理研究上建树颇多。在她的循循善诱之下，我开始将财政史研究由中央下移至地方，并以清代直隶（今河北省）县级财政作为这种转变的一个尝试。但当时研究的重心主要是县级财政的运作及其在清末的转型，而其与地方社会的关系，则着力不多。

　　博士毕业以后，我开始思索地方财政在近代的转型及其与地方社会的关联。从宏观层面上讲，是尝试打破传统的以国家典制或士绅职役等解释近代地方管理格局的研究思路，以财政为视角，从财政维度呈现影响近代县域管理的多元因素；从微观层面上讲，是对自己学术研究脉络的一种拓展，完成中央财政——地方财政——地方财政与地方社会治理学术思路的转变。带着这种考量，我开始思索研究时段和地域选择，最终将研究时段聚焦在县级财政制度处于重要转型阶段的清末北洋政府时期，研究地点则选择在位置较为重要而研究相对较少的河南。但视野的局限以及思路的混乱，研究迟迟难以进展。幸蒙陈锋先生厚爱，使我能幸运地忝列陈门，到财政史研究重地武汉大学从事博士后研究工作。陈先生是国内少有的资深财政史研究专家，高屋建瓴的指点总能化解我在研究中的迷茫和困惑。陈先生对待学生严厉而慈爱，既督促学生一心向学，又时时关心学生的学习和生活。虽然自己资质驽钝，但在求学的历程中有幸遇到一个又一个德学双馨的导师，才使得自己不断进步，并且也能在清苦繁重的学术研究中领略到一些意想不到的乐趣！

之所以将研究时段定在 1901 年至 1927 年，是因为这个时间段是近代县地方财变迁的两个重要时间节点。1909 年《府厅州县地方自治章程》的颁布，实际上是清廷以律令的形式规定县地方财政支出范围、收入结构及管理方式，标志着县地方财政开始出现。在清末各县的自治事务中，清廷所最为倚重的是教育，改革时间也相对较早。光绪二十七年（1901）八月初二日，光绪皇帝发布上谕："人才为政事之本。作育人才，端在修明学术……近日士子，或空疏无用，或浮薄不实，如欲革除此弊，自非敬教劝学，无由感发兴起。着各省所有书院，于省城均改设大学堂，各府及直隶州均改中学堂，各州县均改设小学堂，并多设蒙养学堂。"各县纷设小学堂，其校舍取资地方公款公产，"或借公所、寺观为之"，以州县旧有的建筑作为学校的开办地点。从这个意义上说，可以将 1901 年视为县地方财政产生的转捩点。1928 年 6 月 8 日，国民党军队进入北京，北洋军阀政府在中国的统治最后结束。但实际上，在 1927 年中国的政局发生了天翻地覆的变化。1926 年 7 月，北伐战争开始，北伐军先打吴佩孚，再攻孙传芳，最后击张作霖，各个击破，不到一年，即控制全国半壁江山。与此同时，国共合作破裂，武汉政府迁都南京，改组"中华民国国民政府"；另一方面，中国共产党召开"八七会议"，毛泽东在井冈山建立农村革命根据地，开始了土地革命。在当时的情况下，县地方实际上已经失却了继续生长的温床。

按理而言，县级财政的转型对地方社会的影响应该是全方位的，包括政治生态、经济社会、治理结构、思想观念、社会文化诸方面，每一个方面都是值得深入探究的命题。最初的设想是将经济社会和治理结构作为深入考察的对象，但在资料查阅过程中，最多也最直观的感受是县财政规模的扩大而给纳税人负担增加所造成的痛苦，其他资料实属寥寥。即以经济各行业观之，理应涉及工业、交通运输业等方面，但在县域一级，除了贫民工厂以外，鲜有其他官办之工业，而贫民工厂大多因经费的匮乏而惨淡经营；目力所及的为数不多的私营企业，也往往因资金和税负问题而风雨飘摇。鉴于此种缘由，遂将农业经济作为重要的考察对象，其他诸方面以待之后去探索。

书稿的写就固然是自己努力的结果，但也与众人相助密不可分。在研究之初，武汉大学的张建民、李少军、彭敦文、任放、杨国安等诸位老师指出了写作思路中的一些缺陷，提供了非常有价值的建言，使我在以后的写作中有规可依，避免了很多弯路，在此表示感谢！感谢评审国家社科基金项目结项报告的五位专家提出的宝贵意见，能即时完成者已在文中进行增润，需要进一步探究的将在以后完善！非常感谢华中师范大学魏文享教授，在研究中提供查阅资料的便利，使我能在华中师范大学查到自己心仪的资料！非常感谢中国第一历史档案馆、第二历史档案馆、河南省档案馆、武汉大学图书馆、河南大学图书馆、华中师范大学近代史所资料室等机构的工作人员，在资料查阅过程中为我提供的各种便捷！非常感谢国家社科基金规划办提供的经费支持，使我有资力到各地查阅资料，最终助成研究报告的完成！非常感谢从事相关研究的人员，他们研究成果的借鉴为文章增色不少！非常感谢人民出版社的赵圣涛博士的热情相助，他以丰富的编辑经验和专业的历史知识，帮我修订了文中的一些舛错！最后，也要感谢我的家人帮我分担一切，让我能够心无旁骛地从事写作！

岁有生于 2021 年 8 月 9 日

责任编辑：赵圣涛

责任校对：吕　飞

封面设计：王欢欢

图书在版编目（CIP）数据

近代河南县域财政变迁与地方社会研究（1901—1927）/ 岁有生著 . —北京：
　人民出版社，2021.12

ISBN 978 － 7 － 01 － 023700　8

I.①近…　II.①岁…　III.①县 - 地方财政 - 研究 - 河南 -1901—1927 ②县 -
　社会变迁 - 研究 - 河南 -1901—1927　IV.① F812.761 ② K296.14

中国版本图书馆 CIP 数据核字（2021）第 171865 号

近代河南县域财政变迁与地方社会研究（1901—1927）

JINDAI HENAN XIANYU CAIZHENG BIANQIAN YU DIFANG SHEHUI YANJIU 1901—1927

岁有生　著

人民出版社 出版发行

（100706　北京市东城区隆福寺街 99 号）

中煤（北京）印务有限公司印刷　新华书店经销

2021 年 12 月第 1 版　2021 年 12 月北京第 1 次印刷

开本：710 毫米 ×1000 毫米 1/16　印张：27.75

字数：380 千字

ISBN 978 － 7 － 01 － 023700 － 8　定价：99.00 元

邮购地址 100706　北京市东城区隆福寺街 99 号

人民东方图书销售中心　电话（010）65250042　65289539